Histoire de la France contemporaine

Du même auteur

Les « XXᵉ siècle » français.
La France et les Français de 1914 à nos jours
Paris, Ellipses, 2006

Le plus bel âge ? Jeunes et jeunesse en France
de l'aube des Trente Glorieuses à la guerre d'Algérie
Paris, Fayard, 2007

Jeunesse oblige.
Histoire des jeunes en France (XIXᵉ-XXIᵉ siècle)
(en codirection avec Ivan Jablonka)
Paris, PUF, 2009

Sous l'œil de l'expert.
Les dossiers judiciaires de personnalité
(en codirection avec Jean-Claude Vimont)
Rouen, PURH, 2010

Hériter en politique.
Filiations, générations et transmissions politiques
(Allemagne, France et Italie, XIXᵉ-XXIᵉ siècle),
(en codirection avec Arnaud Baubérot)
Paris, PUF, 2011

LUDIVINE BANTIGNY

La France
à l'heure du monde

De 1981 à nos jours

Histoire de la France contemporaine

10

ÉDITIONS DU SEUIL
25, bd Romain-Rolland, Paris XIVᵉ

Ce livre est publié dans la collection
L'UNIVERS HISTORIQUE

DIRECTION SCIENTIFIQUE : Johann Chapoutot

ISBN 978-2-02-104754-7

100739135 X

www.seuil.com

L'histoire d'un temps vivant

« L'histoire ne naît pour une époque que quand elle est morte tout entière. Le domaine de l'histoire, c'est donc le passé. Le présent revient à la politique, et l'avenir appartient à Dieu. » Ainsi l'historien Jules Thiénot achevait-il son imposant et important *Rapport sur les études historiques en France*, en 1867. Pour qui entend écrire un ouvrage sur la période courant de 1981 à nos jours, la formule a de quoi troubler. Car l'époque dont on va faire ici l'histoire n'est pas morte ; c'est au contraire une matière vive et difficile à saisir. À rebours des catégories défendues par Thiénot voilà un siècle et demi, l'histoire du temps présent a aujourd'hui trouvé sa légitimité. Mais une telle certitude se paie au prix de l'inquiétude : cette période n'est en rien une cité engloutie, même si elle recèle déjà sa part d'oubli. Le récit que l'historien ou l'historienne en propose dépend de la façon dont il ou elle s'interpose. Du moins est-ce là l'histoire d'un temps vivant.

Chateaubriand évoquait « une certaine couleur de contemporanéité, vraie dans le moment qui s'écoule, fausse après le moment écoulé » ; la contemporanéité que ce volume doit affronter semble, de fait, glisser entre les doigts. Il y a, dans le constat que nous sommes des contemporains parce que le temps nous est commun, une affirmation et une injonction. Dans l'époque que nous partageons se rejoignent des traits dominants et des teintes plus pâles, des ombres légères et des contours assurés ; il y a sans doute une couleur majeure, mais aussi d'autres tons selon les manières dont nous la vivons, ressentons et pensons. En somme, les contemporains ne sont pas toujours strictement contemporains puisque voisinent dans le temps qu'ils dessinent coexistences et concurrences, intérêts et indifférences. Dès lors se pose la question de ce qui fait époque, de la tension entre l'ancien et le nouveau, la tradition et ses transformations, l'actuel et le potentiel. On ne saurait considérer ce segment de temps comme une masse homogène, un bloc ou un roc : il a ses évidences mais aussi ses interstices, et son déroulement n'a pas la linéarité mécanique qu'on pourrait trop vite lui prêter.

LES FRONTIÈRES DE L'ÈRE PLANÉTAIRE

Paris, 1996 : Joe Berlin est un Américain installé dans la capitale et s'en est approprié les mœurs supposées. La première fois qu'on l'aperçoit, il débouche sur le pont des Arts, béret sur la tête et baguette sous le bras. Comment ne pas s'amuser du cliché que campe Woody Allen dans *Everyone Says I Love You*, figeant une image des Français qui aurait traversé le temps ? À l'aube du troisième millénaire, la France y apparaît toujours pétrie de sa tradition, dans l'assurance de faire référence et pourtant en retard sur l'horaire planétaire. Par-delà cet humour décapant mais finalement bienveillant, quel regard porter sur la France, quand le monde semble devenu le meilleur critère pour comprendre cette nouvelle ère ? Quelle pertinence à réfléchir encore en termes nationaux, alors que s'affaiblissent les frontières ?

La ligne d'horizon est désormais celle de la mondialisation. Est-elle si nouvelle ? Les géographes diront que c'est bien davantage une étape dans une évolution qui part des XVe et XVIe siècles – avec la rencontre économique de l'Atlantique et de l'océan Indien –, traverse le XIXe siècle du capitalisme triomphant pour aller jusqu'à notre propre présent. Pour d'autres cependant, anthropologues notamment, la « globalisation » serait une expérience inédite, pour le meilleur – les

8

rencontres de cultures qui se touchent et parfois se mêlent – et pour le pire – l'imposition d'une domination appauvrissante et dégradante. Avec l'extension des métissages, le tissage des réseaux, la suprématie des technologies, les communications et les interactions, un autre monde est né, où le réel jouxte le virtuel et se montre ouvert au temps planétaire.

Et cependant, les frontières demeurent des lignes de clivage, des signes de partage. Si les États ne sont pas, loin s'en faut, les seules instances de décision, ils conservent leurs monopoles et leur autorité. Et si l'État, au cœur du « néolibéralisme », se démet de certaines prérogatives, il garde l'initiative, même pour organiser le marché.

La modernité : avancées, détours et arrière-cours

L'époque que ce livre étudie débute avec les années 1980. Or cette période paraît bien constituer, par rapport à celle qui l'a précédée, une réaction, dans tous les sens que ce terme revêt. En France et dans le monde, les « années 1968 » avaient été marquées par la contestation et la radicalité. Sur le plan social et politique, un « compromis » avait été trouvé entre le travail et le capital. Même si la « gloire » des « Trente Glorieuses » doit être relativisée, elle se fondait sur une progression continue du pouvoir d'achat et des dépenses sociales que l'État-Providence garantissait.

C'est ce qui change, et durablement, à compter des années 1980. Le « néolibéralisme » s'impose, avec ses progressions et ses accélérations, ses crises profondes aussi. Arc-bouté sur la puissance postulée des marchés, il engendre une modification des structures de production, un réagencement du rôle joué par l'État, le bouleversement du travail et de l'emploi, la mise en cause de certains droits. Le chômage de masse constitue une menace pointée sur les destinées de la majorité : car nul ne peut vraiment se sentir épargné, que ce soit par la peur de perdre son travail ou par la crainte de le voir régresser. Une concurrence exacerbée s'impose entre les individus, entre les entreprises et entre les nations, valorisée ou au contraire redoutée. La loi de la performance trouve alors sa légitimation et parfois son obsession dans une division du travail elle-même mondiale. L'extension des précarités autorise à considérer qu'en cette pointe extrême de la modernité se loge aussi une régression : un retour en arrière vers ce XIXᵉ siècle où l'on vivait « au jour la journée ».

La sphère politique est contaminée par ces incertitudes qui laissent la période troublée. La fréquence des alternances n'empêche pas les continuités de l'emporter en réalité, par-delà les promesses de changement. L'Europe poursuit sa construction non sans cahots et suscite des interprétations antagoniques, entre sphère de prospérité et de paix ou cheval de Troie des marchés. Parallèlement, là où la politique paraît s'user, le politique comme engagement et comme conflictualité arbore, malgré les commentaires désabusés, une réelle vivacité. En dépit des discours répétés sur l'apothéose de l'individualisme, le collectif est fort loin d'avoir quitté la scène qui noue le social et le politique ; il n'est pas un théâtre d'ombres et des enjeux essentiels s'exposent sur ses tréteaux. Il est vrai en revanche que l'autonomie de l'individu est plus que jamais valorisée, au point de devenir une norme imposée où chacun se doit de jouer sa partie, isolé.

LA FIN DES FINS ?

En refermant la page des « années 1968 », cette époque nouvelle a paru amorcer le début de la fin : fin prétendue de l'histoire ou du moins de l'optimisme historique, fin du futur imaginé, fin présumée des idéologies, fin de l'État et même fin d'une planète en danger. Cette sorte de mélancolie très « fin-de-siècle » ne s'est toutefois pas arrêtée aux bornes du XXᵉ siècle et a allègrement ou désespérément empiété sur le XXIᵉ, sans se soucier des millésimes ni des calendriers. Ce règne des fins supposées s'articule au sentiment de crise, dont la singularité réside dans la durée et la complexité. Toute la période est marquée par une faible croissance avec de timides reprises et des récessions – comme en 1992-1993 ou, plus profonde, à partir de 2008. Mais au-delà des cycles s'impose la régularité implacable du chômage massif qui aiguise la perception de la crise.

Une fois encore, l'époque n'a rien d'une entité à prendre en bloc ou à laisser. De prime abord, une périodisation peut être dessinée, clivée par une ligne qui traverse la décennie 1990. Dans la première phase, ouverte au début des années 1980, par exaltation ou résignation, le sentiment prédomine qu'il n'y a plus d'autre monde possible, qu'il faut s'en contenter voire s'en enthousiasmer, qu'il n'y a plus en tout cas à le refuser ; le temps est à la grâce du présent. Dans la seconde phase, les certitudes se craquellent, le libéralisme économique et parfois le système tout entier voient leurs adversaires se multiplier ; le présent n'est plus si évident. Dans les faits, le paysage est évidemment plus strié : les contestataires n'avaient pas tous baissé la garde au cours des années 1980 et, dans les années 2000, ces protestations restent diffuses, de surcroît sans alternative à une échelle massive. Il s'agit de tendances et non d'hégémonies garanties.

En dernière instance, la définition de la période tient peut-être dans son absence même de nom : elle n'a rien d'une Belle Époque, ni d'Années folles, ni d'entre-deux. Comme pour celles qui l'ont précédée, il faudra attendre encore pour la dénommer. Mais c'est en soi une propriété, même dans son creux et son non-lieu. On notera cependant qu'elle est souvent marquée par ses après : l'après 1981, 1989, 11 septembre 2001 ou 21 avril 2002.

Dans ce livre, le temps sera donc omniprésent : rien de plus banal en histoire, dira-t-on, à moins d'envisager que le temps lui-même soit un objet de cette histoire et non pas seulement une matrice ou un « plasma » comme l'appelait Marc Bloch. « À l'heure du monde », il y a lieu de comprendre qui donne l'heure, quand l'heure est grave ou ce que sont au contraire les heures creuses, les temps morts, les temps qui courent et les contretemps. Dans cette configuration, le temps peut être vu comme un rapport de forces où se jouent les conflits, au travail et au quotidien. Ce temps est riche de virtualités et de possibles à ciel ouvert. Laissant à Jules Thiénot la liberté de juger que l'avenir appartient à Dieu, on prendra soin de considérer le futur, non en diseuse de bonne aventure mais à travers les manières dont les contemporains l'imaginent, le redoutent ou aspirent à cet avenir. Cette façon de concevoir le temps s'impose d'autant plus que l'époque est inachevée : son absence de clôture convie d'autant mieux aux retours vers le futur.

Première partie

Politiques de crise
et crises du politique

CHAPITRE I

Des roses et des épines
La gauche au pouvoir
(1981-1986)

« Nous sommes au pouvoir pour trente ans si nous ne faisons pas de bêtises », avait lancé le gaulliste Alain Peyrefitte en septembre 1970. Le 10 mai 1981, l'élection de François Mitterrand vient conjurer la prophétie et prouver que l'alternance est possible dans la Vᵉ République. C'est une nette victoire de surcroît, puisque le candidat de la gauche l'emporte avec 51,75 % des voix face à Valéry Giscard d'Estaing. Mais quelle est la signification de cette victoire : est-ce celle de la démocratie, du socialisme, de l'anticapitalisme ? Quel symbole l'emporte, de la rose ou du poing ? François Mitterrand assure : « Il n'y a qu'un vainqueur le 10 mai 1981, c'est l'espoir. » Ce faisant, il rassure celles et ceux du moins qui craignent qu'avec cette élection le rouge soit mis : il veut « convaincre » et non « vaincre ».

L'événement marque un triple avènement : celui de la gauche au pouvoir pour la première fois sous le régime conçu par le général de Gaulle ; celui d'un homme qui fut longtemps hostile à ses institutions et bâtit sa carrière sous la République précédente ; celui du Parti socialiste qui devient la première force politique du pays. Durant quelques semaines, la liesse et l'allégresse des uns s'opposent à l'angoisse des autres. Le temps est comme suspendu, pétri d'attentes et d'incertitudes. Par-delà le changement de président, va-t-on assister au renversement du régime voire du système ? En s'inscrivant dans l'histoire – il dit au soir du 10 mai mesurer « sa rigueur, sa grandeur » –, François Mitterrand prend la charge du pouvoir en fanfare mais sans fracas et indique que son septennat ne sera ni la catastrophe que d'aucuns redoutaient, ni la révolution que d'autres espéraient. En ce mois de mai, la fête laisse croire en un temps des cerises, mais elle s'achèvera rapidement.

En devenant un parti de gouvernement, le PS refondé au congrès d'Épinay dix ans auparavant modifie sa culture politique et son rapport au temps. Pour la première fois, la gauche est au pouvoir pour longtemps. « Il faut laisser le temps au temps », aime à répéter François Mitterrand. Cependant, l'« état de grâce », comme l'appelle le nouveau président, s'effrite assez vite. Il faut revoir à cette aune l'histoire des « tournants » : l'année 1983 est-elle bien celle de la rupture, parce qu'elle affiche l'heure de la rigueur ? Cette évolution apparaît davantage comme une accélération que comme un revirement : le changement de politique s'installe en fait progressivement, au nom de la modernité, de l'Europe, du réalisme à adopter face à la concurrence du monde. Les mots en sont posés et assumés à partir de 1983, pour une « parenthèse » qui ne sera jamais vraiment refermée.

LES NOUVEAUX MAÎTRES DU TEMPS

Les grandes espérances

L'étonnant est peut-être dans l'étonnement précisément, qui saisit la France au soir du 10 mai 1981 ; même ceux qui souhaitaient la victoire de la gauche n'y croyaient pas. Cette gauche est divisée mais une telle division sert François Mitterrand : la faute en revient au Parti communiste, comme il ne manque pas de le rappeler. Lui-même a contribué à l'union de la gauche, rompue à l'initiative du PCF en septembre 1977. Cette gauche ne rassemble que 47 % des suffrages au premier tour le 26 avril, date à laquelle un bouleversement fracture la tradition des élections : non seulement le candidat du PS arrive largement devant celui du

PCF, Georges Marchais, mais il le dépasse dans une catégorie jusque-là acquise au Parti communiste, l'électorat ouvrier. C'est un désaveu pour le PCF, dont l'érosion électorale se transforme en chute accélérée. Le PS apparaît dès lors plus rassurant auprès des quelque 5 à 10 % d'électeurs centristes qui peuvent faire pencher la balance. La surprise provient des électeurs de Jacques Chirac qui, pour 16 % d'entre eux d'après les estimations, votent François Mitterrand. Valéry Giscard d'Estaing parle de « trahison », sans nommer pourtant le maire de Paris qui a appelé du bout des lèvres seulement à voter pour le président sortant. D'après les calculs menés au vif de l'événement, sans ce report contre-nature, Giscard aurait été élu. Mais François Mitterrand proclame qu'enfin la majorité électorale du pays épouse sa majorité sociale : 72 % des ouvriers et 62 % des employés ont voté pour lui.

L'explosion de joie qui saisit les hommes et les femmes de gauche, au soir du 10 mai, s'impose telle une libération soudaine. Comme si la Bastille n'était plus à prendre, des dizaines de milliers de personnes – jusqu'à 200 000 peut-être – y convergent, mêlant *La Marseillaise* à *L'Internationale*, les drapeaux tricolores aux drapeaux rouges. Un groupe de Chiliens scande : « Le peuple uni ne sera jamais vaincu ! » Des militantes du Mouvement de libération des femmes (MLF) disent leur espoir. « Ce soir les gays sont gais », y entend-on aussi. Quelques notes viennent de Mai-Juin 1968 : « Ce n'est qu'un début, continuons le combat. » À Grenoble, la municipalité d'Hubert Dubedout organise un gigantesque buffet gratuit. À Rennes se forme une farandole géante qui danse sa réjouissance. À Lille, devant une foule heureuse, l'ancien maire socialiste Augustin Laurent proclame que la République est rendue au peuple. La fête est sans pareille.

L'heure, toute lumineuse qu'elle paraît pour celles et ceux qui espèrent en Mitterrand, se révèle lugubre pour les perdants. Un journaliste du *Figaro* ne cache pas son désarroi : « Depuis ce matin, écrit Antoine-Pierre Mariano, tous ceux qui ont la rage de gagner et d'entreprendre ont les jambes coupées. » Le 11 mai, la Bourse de Paris vit une folle journée : les actions ne peuvent être cotées en raison du nombre extraordinaire d'ordres de vente. Sur les principales places boursières, le cours du franc diminue fortement. À Washington, l'administration Reagan craint l'effet de contagion « socialo-communiste ». D'autres cependant se veulent rassurants. C'est le cas de l'éditorialiste Louis Pauwels qui, dans *Le Figaro Magazine*, fait cette prédiction : François Mitterrand a changé de nature en changeant de fonction ; le président de la République déjugera vite le candidat socialiste. La prévision a de quoi troubler mais elle n'affecte pas, en cette heure, celles et ceux pour qui son élection scelle le destin d'un pouvoir honni, voire la chute de l'ancien régime. Il y a donc là aussi une fête de la défaite, celle d'une droite aux affaires depuis trop longtemps. Le 21 mai, lors de l'investiture de François Mitterrand, on chante encore sous la pluie. Le tout nouveau Premier ministre, Pierre Mauroy, reprend un cri venu du Front populaire : « Vive la vie ! » C'est un mai sans pavés. En ce jour de prise de fonction, la foule porte François Mitterrand jusqu'au seuil du Panthéon, mais elle l'y laisse seul. « La rue » est dans la rue, mais le pouvoir n'y est déjà plus. Le nouveau président paraît ouvrir les portes de l'histoire, en déposant une rose sur les tombes de Victor Schœlcher qui a aboli l'esclavage en 1848, de Jean Jaurès dont il entend être un successeur et de Jean Moulin en qui il salue la Résistance. Le journal *Libération* ironise : « Mitterrand (déjà) au Panthéon. » Mais « le réel » l'attend.

François Mitterrand en prince-président

Avant de devenir l'incarnation de la gauche au pouvoir, François Mitterrand a dû passer plusieurs années à prouver qu'il était, précisément, un homme de gauche. Ses engagements de jeunesse, dans les années 1930, l'ont porté vers la droite extrême et xénophobe. Après s'être évadé d'un camp de prisonniers en Allemagne durant la guerre, en décembre 1941, c'est vers Vichy qu'il se tourne, en y occupant un poste dans le commissariat aux Prisonniers de guerre et en recevant la francisque des mains du maréchal Pétain en décembre 1943. Mais c'est aussi en 1943 qu'il se lance dans la Résistance, au sein du Rassemblement national des prisonniers de guerre. Après la Libération, il refuse de rejoindre les grandes formations de la gauche et leur préfère de petites organisations, centristes comme l'Union démocratique et socialiste de la Résistance (UDSR), ou plus à gauche comme la Convention des institutions républicaines (CIR) dont il prend la direction en 1964. Candidat de la gauche à l'élection présidentielle de 1965 contre le général de Gaulle, qu'il a la gloire de mettre en ballottage, il n'adhère au Parti socialiste en juin 1971, au congrès d'Épinay, que pour en être élu Premier secrétaire. Georges Pompidou le croque alors en « intelligent calculateur », machiavélien « apparenté aux Borgia » – François Mitterrand est souvent appelé « le Florentin », et ce depuis des années. « Ce qui m'étonne, note Georges Pompidou non sans ironie, c'est la voie choisie, je veux dire la voie socialiste alors qu'il suffit de le voir pour se rendre compte qu'il n'est pas socialiste. » Comme ont pu le montrer Alain Bergounioux et Gérard Grunberg, François Mitterrand n'est pas un homme de doctrine. Contrairement au PS des années 1970 qui puise encore ses convictions théoriques dans le marxisme, il n'a rien à voir avec cette culture politique – en 2008, François Hollande rappellera qu'il n'avait probablement pas « lu la première ligne du *Capital* ». Son opposition morale est tournée vers « l'argent », dans une indignation qui relève plutôt de ses origines catholiques. Certes, il prend la direction du PS en affichant sa détermination à lutter contre le capitalisme. Mais il s'agit aussi de conquérir le parti par sa gauche pour obtenir la majorité lors des congrès. La tendance de François Mitterrand est plutôt à la lutte contre les « monopoles » et le « libéralisme », ainsi qu'il l'a lui-même écrit dans son livre paru en 1978, *L'Abeille et l'Architecte* : « Tout homme à l'esprit libre devrait s'écrier devant les châteaux forts bâtis aux carrefours de la production et des échanges : "Le libéralisme, voilà l'ennemi !" »

Le nouveau président de la Ve République s'était longtemps

distingué par son opposition à ses institutions. Mais, comme
Michel Winock l'a relevé non sans malice, le pamphlet anti-
gaulliste de 1964, *Le Coup d'État permanent*, ne se trouve plus
en librairie. François Mitterrand a mené une bonne partie de
sa carrière sous le régime précédent. À bientôt 65 ans, cette
carrière, commencée comme député de la Nièvre en 1946,
est déjà longue – ce qui lui avait valu d'être brocardé en
« homme du passé » par Valéry Giscard d'Estaing en 1974.
Beaucoup n'ont pas oublié le rôle qu'il a joué pendant la
guerre d'Algérie, comme ministre de l'Intérieur puis garde
des Sceaux, attaché à l'Algérie française et impitoyable envers
les combattants de l'indépendance – il refusa systématiquement sa grâce aux Algériens condamnés à mort. Nombre de
militants n'ont pas davantage oublié qu'en 1968, François
Mitterrand traitait les étudiants mobilisés de « zozos ». Sa
carrière avait bien failli mourir là, lorsqu'il était apparu
manœuvrier et impatient en annonçant qu'il était candidat
au pouvoir quand le poste n'était pas vacant.

Pourtant, en 1981, Charles de Gaulle semble désormais le
modèle du nouveau président. Loin de la lutte des classes,
François Mitterrand plaide pour le rassemblement national. Lui fait-on grief de faire entrer des communistes dans
son gouvernement ? Il rappelle que de Gaulle l'avait fait
en 1944-1945. D'aucuns manifestent-ils leur hantise des
nationalisations ? Il renvoie à ce même après-guerre où les
nationalisations s'étaient succédé sans mettre en péril le système économique et avaient même constitué une condition
de sa relance. L'ancien adversaire du Général emprunte
jusqu'à son style : il affiche comme lui son « amour physique
de la France », son attirance charnelle pour ses paysages
et ses terroirs. La petite église de Sermages et la sérénité
de ce village sur les affiches de la campagne en ont forgé
l'image : la « force tranquille » invite à rassurer et à récuser
la conflictualité.

Comme de Gaulle, François Mitterrand se veut maître du
jeu et maître du temps. En faisant entrer quatre ministres
communistes au gouvernement quand il n'y est nullement

tenu – les élections législatives de juin assurent au PS une majorité absolue –, le président embarque le PCF dans la coresponsabilité des politiques qui seront menées. Le Parti socialiste unifié (PSU) étant aussi représenté au gouvernement avec Huguette Bouchardeau comme secrétaire d'État à l'Environnement et au Cadre de vie, il n'a dès lors pas d'adversaires à gauche hormis l'extrême gauche, puisqu'il a pris soin de les intégrer. Quant aux institutions, François Mitterrand affirme à leur sujet le 2 juillet : elles « n'ont pas été faites à mon intention mais elles sont bien faites pour moi ». Malgré les engagements pris pendant la campagne, le Parlement n'est pas revalorisé. Très vite, François Mitterrand s'impose comme une sorte de prince-président, soucieux comme il le dit de « veiller à tout », de diriger et d'arbitrer, en esthète de la politique ou en sphinx énigmatique.

L'esprit des lois et leur éclat

En nommant Pierre Mauroy à la tête du gouvernement, François Mitterrand procède habilement : le maire de Lille, ouvertement social-démocrate et donc rallié à l'économie de marché qu'il s'agit de tempérer par des mesures sociales – ses positions ont d'ailleurs été jugées droitières lors du congrès de Metz en 1979 –, est alors minoritaire dans le PS. Il devra donc se soumettre à l'autorité du président et de sa majorité. Ardent, connu pour ses coups de sang, le nouveau Premier ministre est aussi un homme du compromis. « Vous mettrez du bleu au ciel », lui confie François Mitterrand. Or c'est rapidement qu'il faut afficher la couleur : le gouvernement Mauroy entend aller vite pour imposer les mesures décisives qui marqueront le changement politique. Le souvenir du Front populaire aux bases si rapidement sapées hante les mémoires. Il faut agir, et il faut le dire.

L'abolition de la peine de mort, portée par Robert Badinter, en témoigne avec éclat. Le discours qu'il prononce à l'Assemblée nationale, le 17 septembre 1981, s'inscrit dans une visée universelle. Regardant « la marche de la France », le nouveau garde des Sceaux constate son retard sur la question, en Europe du moins ; mais « ce n'est pas la faute du génie national », précise-t-il ; la responsabilité en revient selon lui à la droite, qui a préféré attendre « comme si la peine de mort ou la guillotine était un fruit qu'on devrait laisser mûrir avant de le cueillir », quand la gauche fait pour sa part « avancer l'histoire ». Malmené par certains députés de l'opposition, Robert Badinter doit reconnaître que le Front populaire ne s'était pas prononcé sur la question ; mais « le temps de la gauche » avait alors été « compté » : c'est dire encore l'importance d'entrer dans la durée. La loi est finalement votée le 18 septembre 1981. L'heure est à l'affirmation des libertés. Puisant là aussi au Front populaire ses références et sa confiance, le programme du Parti socialiste avait avancé ces trois mots : « la paix, l'emploi, la liberté ». L'information est proclamée libre et pluraliste ; les « radios libres » sont autorisées. La suppression des juridictions d'exception conduit à la disparition des tribunaux permanents des forces armées. La Cour de sûreté de l'État est également supprimée. En octobre, la loi dite « anticasseurs » promulguée en 1970 est abrogée : considérée comme liberticide, elle instaurait une responsabilité collective lors de manifestations jugées violentes. Mais la bataille la plus rude que la gauche doit mener face à une opposition déterminée concerne l'homo-sexualité : Robert Badinter pourra souligner l'âpreté de débats plus violents que sur l'abolition de la peine capitale. Dès le 12 juin, le communiste Jack Ralite, ministre de la Santé, annonce que la France ne prendra plus en compte la classification de l'Organisation mondiale de la santé (OMS) qui fait toujours de l'homosexualité une maladie mentale. Sur proposition du garde des Sceaux, l'Assemblée nationale vote la dépénalisation de l'homosexualité : elle supprime la discrimination qui prévalait pour la majorité sexuelle établie jusque-là à 15 ans pour les hétérosexuels et 18 ans pour les homosexuels – un article du Code pénal hérité de la « Révo-lution nationale », le régime du maréchal Pétain. « Sept ans de bonheur ? » avait titré *Le Gai Pied* en mai.

Les avancées sont moins tranchées pour les femmes et les étrangers. Certes, les premières sont reconnues dans un ministère à part entière, celui des Droits de la femme et non plus, comme sous Valéry Giscard d'Estaing, de la Condition féminine : Yvette Roudy entend bien au contraire « déconditionner » la place des femmes et cesser donc de l'essentialiser. Elle voudrait faire de son ministère celui de l'égalité et de la dignité, et elle se bat pour cela, parfois contre sa propre majorité. Mais elle se trouve assez vite isolée, son budget asséché et ses mesures assignées à une dimension symbolique plus qu'à une application pratique : une journée de la femme est instaurée le 8 mars ; l'égalité des droits, sur le plan professionnel en particulier, est proclamée, mais elle n'est telle que sur le papier. Quant aux étrangers, le droit de vote aux élections locales auquel le programme du PS s'était engagé n'est finalement pas accordé. La régularisation de 132 000 personnes marque néanmoins une inflexion. Cependant, à partir de l'automne, un durcissement s'opère aux frontières tandis que les expulsions prennent un rythme accéléré sous la férule du ministre de l'Intérieur, Gaston Defferre.

Au-delà de ces « réformes qualitatives », un certain nombre de mesures socio-économiques sont prises et affichées comme rupture avec le passé. Les prestations sociales sont fortement augmentées : l'allocation logement et les allocations familiales le sont respectivement de 45 et 25 %, le minimum vieillesse de 50 % en un an. Le SMIC est revalorisé de 5 % en termes réels. Dans le même mouvement, un impôt sur les grandes fortunes est créé. Le temps de travail est réduit à trente-neuf heures hebdomadaires au lieu de quarante précédemment. Avec l'instauration de la cinquième semaine de congés payés – dont environ 40 % des salariés disposaient déjà – et de la retraite à 60 ans, la gauche se montre soucieuse de « changer la vie » en donnant à chacun plus de temps gagné sur le travail pour d'autres épanouissements. Quelque 55 000 emplois sont par ailleurs créés dans la Fonction publique. Certains espaces s'ouvrent, symboliquement, à de nouvelles formes d'égalité : le ministre communiste des Transports Charles Fiterman fait supprimer la première classe dans le métro. Son collègue Anicet Le Pors, chargé de la Fonction publique et des réformes administratives, fait créer une nouvelle filière d'entrée à l'École nationale d'administration, ouverte aux élus locaux, aux syndicalistes et responsables d'associations : il est loin pour autant de faire de l'ENA, malgré son souhait, « le reflet social de la France ». Au Parlement, la composition sociologique des députés se modifie et reconduit cette « République des professeurs » dont avait parlé Albert Thibaudet en 1926 à propos du Cartel des gauches : 48 % des élus socialistes sont des enseignants, là où prédominaient auparavant les avocats et les médecins. Mais les principaux dirigeants sont quant à eux hauts fonctionnaires ou issus de professions libérales : le changement s'opère à l'Assemblée, beaucoup moins aux sommets de l'État.

Ces avancées ne vont pas sans nuances. Les autres salaires ne suivent pas la hausse du SMIC ; le relèvement des prestations et minima sociaux est rapidement écorné par une cascade d'augmentations tarifaires qui touchent, à la sortie de l'été 1981, le gaz et l'électricité, les transports publics et le prix de l'essence, les péages d'autoroutes et les tarifs postaux, sans compter le prix du tabac : toutes se situent entre 15 et 25 %. À l'automne 1981, le gouvernement rétablit le point de cotisation salariale d'assurance maladie supprimé sous le gouvernement Barre ; il instaure également un prélèvement pour les chômeurs à destination de l'assurance maladie. Quant à l'impôt sur les grandes fortunes, son taux initialement prévu à 1,5 % est abaissé à 1 % ; les biens professionnels, les forêts, les objets d'art comme les droits de propriété littéraire en sont exonérés. Dès l'été 1981, une série de grèves touche les usines Renault et Peugeot, les banques et Air France, pour l'augmentation des salaires et la diminution des horaires. Cependant, outre le fait que le gouvernement abandonne les « trente-cinq heures » pourtant promises durant la campagne, le passage aux trente-neuf heures doit s'effectuer branche par branche en fonction de négociations entre syndicats et patronat.

Les lois de décentralisation de 1982 et 1983, sous l'impulsion de Gaston Defferre, transfèrent quant à elles l'exécutif départemental du préfet au président du conseil général et érigent la région en collectivité territoriale de plein exercice. Mais beaucoup d'élus estiment que la contrepartie financière de ce désengagement de l'État n'est pas assez assurée. En outre, cette réforme administrative touche peu la population, bien davantage les notables des départements et des régions. Comme le relève alors le journaliste et patron de *Libération* Serge July, « le fait que les présidents des conseils généraux aillent désormais vivre à la préfecture du département n'a pas ému outre mesure l'électorat de gauche ».

Enfin, si une revendication portée par une longue et puissante lutte des années 1970, le retrait de l'armée du plateau du Larzac, trouve satisfaction dès juin 1981, une autre promesse de campagne, le service militaire de six mois au lieu d'un an, n'est pas tenue : le ministre de la Défense Charles Hernu argue du chômage qui en serait accru, mais il entend aussi ne pas contrarier l'armée. François Mitterrand ne renonce pas davantage au nucléaire civil et militaire. C'est d'ailleurs à propos de l'armée que s'affrontent pour la première et unique fois de la mandature le chef de l'État et sa majorité. Parmi le « quarteron » de généraux qui avaient en avril 1961 tenté un putsch contre de Gaulle au nom de l'Algérie française, Raoul Salan a appelé à voter pour François Mitterrand – ralliant ainsi une partie de l'électorat « pied-noir ». Le nouveau président entend l'en remercier et tirer un trait définitif sur l'épisode putschiste. Nul besoin là d'amnistie puisque le général de Gaulle y avait déjà procédé en juin 1968 pour s'assurer le soutien de l'armée ; la réforme proposée tient dans la réparation des préjudices de carrière subis par ces officiers. Cela n'empêche pas Pierre Joxe, qui préside le groupe socialiste à l'Assemblée, de considérer que ce n'est plus de l'« amnistie » mais de l'« amnésie ». La bataille fait rage au nom de l'histoire et de la mémoire : le 22 octobre

1982, 266 députés socialistes sur 289 votent contre cette mesure ; le lendemain, le recours à l'article 49-3 de la Constitution permet au gouvernement de faire passer le texte sans vote, puisque aucune motion de censure n'est déposée. Cet épisode dit aussi combien François Mitterrand peut être un homme de fer quand il a décidé de faire entériner, coûte que coûte, ses projets.

QUELS FERS DE LANCE POUR LA CROISSANCE ?

La croissance par la relance

Le programme sur lequel François Mitterrand a été élu est néokeynésien : il se fonde sur une relance de la croissance par les salaires, la consommation et les dépenses publiques, et est porté par l'espoir qu'intervienne une reprise économique mondiale. Cette attente est toutefois vite déçue. Les temps sont rudes et la gauche française isolée dans son projet : la plupart des autres pays ont renoncé aux politiques néokeynésiennes pour avoir déjà trop usé de leurs déficits publics ; la dominante économique est au néolibéralisme. Le second choc pétrolier, plus progressif mais tout aussi nocif que le premier, continue de produire ses effets : entre 1973 et 1981, le prix du baril a été multiplié par 5,5. On assiste de surcroît à une forte remontée du dollar, en raison de la hausse des taux d'intérêt pratiquée par la Réserve fédérale américaine afin de drainer vers les États-Unis des capitaux venus du monde entier et de raffermir leur puissance financière. La France, qui règle sa facture énergétique en dollars, en paie le prix. Au-delà, le crédit international, devenu très cher, pénalise un peu plus les pays en voie de développement qui, croulant sous le poids de leur dette, réduisent leurs importations ; or parmi eux figurent de nombreux clients des productions françaises. Dans le marché mondial, la France souffre de faiblesses structurelles : elle vend des produits relativement banals (automobiles, produits agricoles, électroménager...) à des pays peu solvables, alors qu'elle doit acheter des produits sophistiqués (ordinateurs, machines complexes...) à la RFA et aux États-Unis en particulier.

À l'été 1981, il y a en France 1,7 million de chômeurs, une inflation de l'ordre de 14 %, et la production industrielle a chuté de 7 % en moins d'un an. En outre – mais la France n'est pas, loin de là, seule touchée –, la rentabilité des investissements productifs a fortement diminué tout au long des années 1970. Les détenteurs de capitaux leur préfèrent la spéculation financière : banques, groupes d'assurances et de réassurances, sociétés d'investissement et d'agents de change font florès et fortune. Cette spirale entraîne une hypertrophie du système financier mondial, déconnecté de la valeur réelle des biens et des services produits.

Très vite, la politique de relance apparaît intenable : elle pèse sur le taux de profit – déjà très bas – et accroît le déficit commercial ; inflationniste, elle est incompatible avec les exigences du Marché commun européen qui pousse au libéralisme et empêche le contrôle des flux commerciaux et financiers. En octobre 1981, la dévaluation du franc, outre la hausse des prix qu'elle implique, s'accompagne d'un gel des dépenses publiques de 15 milliards, à contre-courant de la politique menée au cours des mois précédents. Dès cet automne 1981, la relance par les salaires et la consommation est très largement freinée puis abandonnée. Le bilan qui peut en être tiré est maigre : Jean-Charles Asselain et Robert Salais ont parlé d'une « relance naine ». Prudente et précocement amputée par les hausses tarifaires, elle se révèle *in fine* de moindre ampleur que celle entreprise par Raymond Barre au premier semestre 1981 et représente un surcroît de demande inférieur à la relance menée par le gouvernement de Jacques Chirac en 1975. Sur l'ensemble de l'année 1981, l'accroissement des gains nets des salariés du secteur privé en termes de pouvoir d'achat est modeste : + 1,2 %, ce qui ne compense pas le recul en valeur absolue des années 1979 et 1980.

L'heure n'est déjà plus à la hausse des revenus mais à l'encouragement des investissements. Le gouvernement se montre soucieux d'écouter le patronat et son principal représentant, Yvon Gattaz, le président du Conseil national du patronat français (CNPF). Les subventions publiques versées aux entreprises par de multiples biais – aides au développement, à l'innovation, à la création d'emplois, à l'aménagement du territoire, au développement régional –, auxquelles s'ajoutent des exonérations sociales et fiscales, voient leur montant doubler par rapport à celles qu'avaient accordées les gouvernements Chirac et Barre entre 1974 et 1981. À telle enseigne que l'on peut lire dans *Les Échos*, en mars 1982, à propos du montant des aides publiques aux entreprises : « 12 milliards ? Absolument pas. 15 milliards ? Beaucoup plus. 30 milliards ? Loin du compte. Alors combien ? Eh bien probablement entre 70 et 100 milliards même si officiellement 35 milliards seulement sont inscrits au budget. » Comme le remarque Serge July dès octobre 1981, le président s'affiche en « radical mâtiné de gaullisme », tant les patrons de PME paraissent devenus « les enfants chéris du régime ». Pierre Mauroy paraît le confirmer en déclarant : « Les chefs d'entreprise comprendront-ils que la gauche au pouvoir apporte ce que la droite n'a jamais pu leur assurer : un climat social de négociation et non d'affrontement ? »

C'est à l'instauration d'un tel climat que travaillent les lois Auroux adoptées en novembre et décembre 1982. Elles doivent leur nom à Jean Auroux, le maire de la ville ouvrière de Roanne devenu ministre du Travail en mai 1981. Cette législation qui entend mieux intégrer les travailleurs aux entreprises et en faire, plus que des salariés, des « citoyens », crée une obligation de négocier les salaires par branche au moins une fois par an. Elle instaure également des comités d'hygiène et de sécurité qui offrent aux salariés un droit d'alerte et de retrait lorsque leurs conditions de travail sont jugées dangereuses. Les délégués syndicaux sont par ailleurs mieux protégés et ne peuvent plus être licenciés. Aux comités d'entreprise revient en outre une dotation, d'un montant équivalant à 0,2 % de la masse salariale. L'entreprise, dit le ministre, « ne doit pas être le lieu du bruit des machines et du silence des hommes » : la loi autorise désormais les salariés à parler tout en travaillant ; elle leur redonne une place et une dignité en les considérant moins comme des machines à produire que comme des femmes et des hommes à respecter. Mais, malgré un autre engagement figurant dans le programme de 1981, Jean Auroux se refuse à accorder au comité d'entreprise un droit de veto sur les licenciements. Comme l'avait dit Pierre Mauroy dans un discours prononcé à Douai le 6 septembre 1981, il ne saurait y avoir « une double direction dans l'entreprise » ; le pouvoir ne s'y partage pas : il revient au patronat. On est loin de l'autogestion défendue dans les années 1970. L'entreprise est pensée comme une communauté de travail, où la négociation est préférée au conflit : le Parti socialiste cesse de se réclamer de la lutte des classes. Au sein de ce que Luc Boltanski et Ève Chiapello ont nommé le « nouvel esprit du capitalisme », les travailleurs doivent se faire les acteurs des gains de productivité, de la compétitivité accrue et des profits restaurés. Comme le dira un peu plus tard l'industriel Jean Riboud, président du groupe Schlumberger et proche de François Mitterrand, « en brisant le carcan social, les lois Auroux favoriseront, j'en suis sûr, le développement économique ».

C'est aussi l'objectif poursuivi par les nationalisations réalisées en 1982. Elles concernent 39 banques, 2 compagnies financières, cinq groupes industriels et 2 firmes sidérurgiques. Le secteur public représente désormais 24 % de l'emploi industriel et 32 % du chiffre d'affaires de l'industrie, soit au total 17 % du PNB contre 11 % auparavant. Pour important que soit ce programme, il n'est toutefois pas inédit : outre les nationalisations réalisées en 1945 et 1946, l'État avait accru son intervention durant les mandats précédents par une politique de rachat renforçant le secteur public dans la chimie, l'informatique, l'industrie pharmaceutique et le secteur pétrolier. Les actionnaires sont très largement indemnisés à l'issue d'une négociation de plusieurs mois qui fait dire au *Financial Times*, peu suspect de complaisance à l'égard de la gauche française, que les indemnités sont « tout à fait généreuses » : elles s'élèvent à 40 milliards de francs – ce montant majore de 20 à 25 % la valeur boursière des actions avant nationalisation. Bon nombre des entreprises nationalisées se trouvaient en fait dans un état de quasi-faillite : il s'agit de les redresser et de leur éviter le dépôt de bilan – c'est le cas de Pechiney, de Rhône-Poulenc, de Thomson, des firmes sidérurgiques et même de la société d'informatique Bull. Plus globalement, la plupart souffraient de faibles investissements : l'État actionnaire les dote en capital à hauteur de 11,7 milliards au total, là où les propriétaires antérieurs n'avaient investi que 1,6 milliard entre 1974 et 1981. Le ministre de l'Économie Jacques Delors explique alors : « Le plan devra donner aux entreprises publiques les moyens d'être compétitives et puissantes sur le marché mondial, qui est leur marché naturel, face à leurs grands concurrents internationaux. Cela se traduira par un cahier des charges au service d'objectifs dictés par le marché. »

Que change ce transfert de propriété dans la vie des salariés ? Peu de chose en réalité. Selon la lettre de mission adressée le 17 février 1982 aux administrateurs généraux des groupes nationalisés : « Les critères habituels de gestion et de concurrence des entreprises industrielles s'appliqueront intégralement à votre groupe », « vous rechercherez d'abord l'efficacité économique par une amélioration continue de la compétitivité ». Chez Alsthom, Pechiney ou Rhône-Poulenc notamment, des militants syndicalistes et politiques, parmi lesquels des socialistes, évoquent des brimades exercées à l'encontre des salariés ; ils déplorent aussi les réductions d'effectifs et les licenciements, ainsi que l'absence de négociations sur les salaires et les conditions de travail. Dans une entreprise plus anciennement nationalisée, la Régie Renault, les cadences élevées sont dénoncées et le temps de travail hebdomadaire reste fixé à quarante et une heures. L'évolution des salaires, plus encore que dans le secteur privé, retarde sur celle des prix. Comme le relève Michel Margairaz, le secteur nationalisé se présente, *in fine*, en « laboratoire de la rigueur ».

Arrêts de rigueur

« Rigueur » : le mot est employé dès 1982. Au mois de juin, le conseiller de François Mitterrand Jacques Attali estime que « désormais elle est légitime ». De nombreux experts dans l'entourage du président l'y avaient encouragé en 1981 ; « pour l'instant, je fais de la politique », leur rétorquait-il. Mais au début de l'année 1982, l'accent a changé, les priorités se sont inversées. L'objectif est à présent de restaurer la rentabilité des entreprises et de réaliser la désindexation des salaires sur les prix. Pierre Mauroy y insiste le 21 mai 1982 : « Les hausses nominales excessives de revenus et de salaires entretiennent l'inflation et privent notre économie des moyens de créer des emplois. Le gouvernement est décidé à agir pour modérer davantage l'évolution des salaires. » Le 6 juin, c'est le président de la République qui explique : « Nous entrons dans la deuxième phase de notre action. La consommation toute seule, c'est insuffisant. Cela peut être dangereux. Les facteurs inflationnistes jouent sans contrepoids. L'investissement complète une politique. Priorité aux investissements. » Dès ce printemps 1982, le changement est assumé, même si les mots ne viennent pas encore publiquement l'accompagner. Le gouvernement fait procéder au blocage des prix et des salaires : la lutte contre l'inflation est devenue un enjeu primordial dans la politique nationale. Au mois d'octobre suivant, il entérine la sortie du blocage des prix, mais pas celle des salaires. C'est bien là un premier plan de rigueur, donnant satisfaction à ceux qui la prônaient déjà instamment fin 1981, comme Jacques Delors. Plus tard, ce dernier se félicitera d'avoir mené un tel revirement sans qu'il engendre de soulèvement : « Personne n'a oublié que nous avons obtenu la suppression de l'indexation des salaires sans une grève », rappellera-t-il. Dans le même temps, des pans entiers de l'industrie sont condamnés au nom de la rentabilité. Même si, un an plus tôt à Longwy, le chef de l'État était venu dire aux travailleurs de la sidérurgie : « il n'y a pas de secteurs condamnés », « vous êtes mes amis », le plan Mauroy de 1982 prévoit la suppression de 12 000 emplois. Quant aux chômeurs, dont le nombre officiel dépasse la barre des 2 millions, ils voient leur système d'indemnisation se dégrader : les décrets Bérégovoy signés en novembre réduisent la durée et le montant des allocations ; en dix-huit mois, 600 000 chômeurs perdent leurs droits à indemnisations, qui chutent de 20 % environ.

Le « tournant de la rigueur » ne date donc pas de 1983. Le changement est intervenu dès l'automne 1981, avec une première accélération au printemps 1982 et une accentuation au printemps 1983. Mais si 1983 apparaît, pour les contemporains et *a posteriori*, comme « la seconde mort des Trente Glorieuses » selon le mot de Jean-François Sirinelli, c'est que désormais le terme de « rigueur » est assumé. Et si tournant il y a, c'est que des propos nouveaux détonnent dans la bouche de dirigeants socialistes et signalent une rupture de ton. Au sujet de la grève des ouvriers de Renault en janvier 1983, Gaston Defferre stigmatise l'influence des « chiites » tandis que Pierre Mauroy lui emboîte le pas : « Les travailleurs immigrés sont agités par des groupes religieux et politiques qui se déterminent en fonction de critères ayant peu à voir avec les réalités sociales françaises », déclare-t-il. Ces propos choquent même les journalistes : la plupart se refusent à traiter sur un mode ethnique et culturel une grève qui s'inscrit dans une tradition de lutte sociale mêlant travailleurs français et immigrés. C'est dire le désarroi d'un gouvernement de gauche face à des grèves déterminées, au moment où grandit l'influence du Front national. Le parti de Jean-Marie Le Pen, qui n'était encore qu'un groupuscule deux ans plus tôt, commence à donner le ton en axant son discours sur l'immigration. Le FN engrange ses premiers succès en dénonçant la « bande des quatre » – le PCF, le

PS, le RPR et l'UDF – au nom d'un slogan vite brandi :
« Tous pourris ! »

Les élections municipales de mars 1983 mettent au jour
les désillusions. L'abstention progresse fortement, ce qui
pénalise le Parti socialiste et le Parti communiste : le premier
perd 4 villes de plus de 100 000 habitants (Brest, Grenoble,
Nantes et Roubaix), le second 3 (Saint-Étienne, Nîmes et
Reims) ; tous deux perdent également 30 villes de plus de
30 000 habitants. Le gouvernement est remanié : après la
démission du ministre de l'Industrie Jean-Pierre Chevènement, qui critique « l'alignement de la France sur le monétarisme ambiant », celui-ci est remplacé par Laurent Fabius
tandis que l'équipe gouvernementale est resserrée autour de
15 ministres de plein exercice et un homme fort, Jacques
Delors, dont le ministère concentre le Budget, l'Économie
et les Finances. C'est une autre manière de confirmer que
la politique a changé. Le terme « tournant » n'est pas pour
autant prononcé : au Parti socialiste, le Premier secrétaire
Lionel Jospin lui préfère celui de « parenthèse » ; quand un
tournant peut se négocier, une parenthèse, elle, doit par
essence se refermer. La formule laisse donc l'avenir ouvert ;
mais ce temporaire-là est amené à durer.

Un deuxième plan de rigueur est annoncé le 25 mars
1983, qui réduit les dépenses du secteur public et prévoit des
milliers de suppressions d'emplois dans les mines (6 000), la
sidérurgie (25 000) et l'industrie navale (50 000). C'est une
« purge », comme l'admet Jacques Delors : à ses yeux, toute
contestation de cette politique menée au nom de la compétition mondiale peut être considérée comme antifrançaise,
puisqu'« il y va de notre indépendance nationale » pour
« demeurer dans le peloton de tête des nations ». Cette pratique politique traduit un changement à cent quatre-vingts
degrés par rapport aux propos anticapitalistes qui prévalaient
au parti socialiste jusqu'en 1981.

1984 : désillusions et camouflets

1984 apporte la confirmation du changement idéologique opéré par la gauche de gouvernement. C'est aussi une année de mobilisations, à sa droite comme à sa gauche, dont François Mitterrand et son Premier ministre sortent avec une cote de popularité laminée. 1983 s'était achevée avec une grève totale de la production aux usines Talbot de Poissy, l'occupation de l'usine durant le réveillon de Noël et de violents affrontements avec les CRS venus déloger les grévistes. À la reprise, en ce début d'année, 1 900 licenciements sont entérinés auxquels le gouvernement entend donner un « accompagnement social », comme le dit le ministre communiste chargé de l'emploi Jack Ralite. Son collègue de l'Industrie, Laurent Fabius, reste prudemment en retrait. Il adopte une attitude similaire lors des batailles rangées qui opposent les ouvriers lorrains aux gendarmes mobiles et aux CRS en mai, après de nouvelles restructurations annoncées dans la sidérurgie. Le 13 avril, François Mitterrand avait refusé de recevoir une délégation d'ouvriers de Longwy venus manifester à Paris. « Et pourtant, ils y croyaient dur comme fer », relate avec un humour amer *Le Canard enchaîné*. C'est bien la gauche de gouvernement qui est visée par les actions menées par ces ouvriers : le groupe « 79-84 » met à sac, à Metz, la permanence d'un député socialiste local, ancien cadre supérieur d'Usinor, et s'en prend à la mairie communiste de Longwy.

Le résultat d'une telle politique se lit à nouveau dans les urnes. Le 17 juin, les élections européennes infligent à la gauche un véritable camouflet. L'abstention atteint des sommets puisque 2 millions d'électeurs ne se sont pas déplacés – ce qui s'explique aussi par le faible intérêt porté au Parlement européen et au Marché commun. Le PCF s'effondre à 11 %, ce qui le renvoie à son niveau de 1928. Surtout, le FN fait jeu égal avec la formation communiste, quelques mois après le résultat obtenu à Dreux en septembre 1983 avec près de 17 % des voix pour la liste de Jean-Pierre Stirbois. Le Parti socialiste réalise quant à lui le score désastreux de 20,7 %, quand la liste RPR-UDF glane 42 % des suffrages. Depuis le 10 mai 1981, 4,5 millions de voix ont quitté la gauche ; parmi elles, 2,5 millions sont passées à droite dont environ 500 000 au FN.

La droite a donc le vent en poupe. Cette droite qui goûte peu les pavés et pour qui « la rue » doit s'effacer devant l'Élysée et l'Assemblée vient le battre, ce pavé, le dimanche 24 juin : 1 million de personnes protestent à Paris contre le projet Savary. Celui-ci prévoit un « grand service public unifié et laïque de l'Éducation nationale » ; il ne remet nullement en cause les subventions publiques accordées à l'école privée depuis les lois Marie/Barangé (1951) et Debré (1959) ; au contraire, il vient les confirmer, au point d'ailleurs que l'accueil réservé par les associations laïques au projet Savary est plutôt négatif. Avec parmi leurs mots d'ordre « fonds publics à l'école publique, fonds privés à l'école privée », 200 000 personnes se sont réunies le 9 mai pour célébrer le centenaire de l'école publique et laïque. Mais les opposants au projet, au premier rang desquels de nombreux évêques, rejettent l'idée que les enseignants du privé puissent devenir fonctionnaires : la proposition Savary prévoit leur titularisation progressive sur la base du volontariat. La loi passe à l'Assemblée grâce à l'article 49-3 auquel le gouvernement recourt pour la sixième fois. Mais devant l'ampleur du mouvement, François Mitterrand annonce son retrait. C'est, plus qu'un recul, un nouvel affront pour la gauche, particulièrement pour le ministre de l'Éducation Alain Savary qui démissionne aussitôt. Les ministres communistes ne peuvent plus cautionner cette politique : Charles Fiterman, Anicet Le Pors, Jack Ralite et Marcel Rigout quittent le gouvernement. L'union de la gauche, tissée en 1972, déchirée en 1977 et ravaudée en 1981, est de nouveau en pièces. Dans le même mouvement, c'est au tour de Pierre Mauroy d'annoncer sa démission ; d'après les sondages, sa cote de confiance n'atteint plus que 25 %.

L'ÉDUCATION À LA « MODERNITÉ »

Être absolument moderne : la politique du style chez Laurent Fabius

Laurent Fabius est donc nommé au poste de Premier ministre en juillet 1984. L'homme a de nombreuses qualités. Son intelligence est partout vantée, son parcours scolaire est exemplaire : École normale supérieure, agrégation de lettres modernes, Sciences Po, l'ENA ; il brille même un peu trop et s'efforce dès lors de se montrer décontracté, presque familier, dans la manière dont il s'adresse aux Français. Il doit aussi faire oublier à la gauche sa fortune personnelle et son héritage de fils d'antiquaire : la presse le campe donc en toute simplicité, aux côtés de ses jeunes enfants ou en pantoufles au petit matin. Le Premier ministre ne manque pas non plus de souligner qu'il est l'élu d'une des circonscriptions les plus ouvrières de France, celle du Grand-Quevilly près de Rouen. Surtout, Laurent Fabius est jeune et c'est pour cela aussi que François Mitterrand le choisit : à 37 ans, c'est le plus jeune Premier ministre de toute l'histoire politique française. C'est aussi le premier chef de gouvernement né après la guerre. Comme le répète le président, Laurent Fabius « a l'âge de l'avenir ». Avenir et modernité : telles seraient les notions-clés pour gouverner désormais, auxquelles vient s'ajouter un autre mot, « rassembler ».

La « décrispation » prônée par Laurent Fabius doit s'entendre comme une atténuation de la fracture entre gauche et droite : « La France n'est jamais aussi forte que lorsqu'elle est rassemblée. » L'un de ses premiers gestes à Matignon consiste d'ailleurs dans la proposition faite aux députés de l'opposition de participer à des missions de collaboration avec le gouvernement. La modernité selon Laurent Fabius passe tout aussi bien par le déploiement d'un plan informatique que par l'éloge des entreprises. Comme Valéry Giscard d'Estaing auquel il est souvent comparé, le locataire de Matignon aime s'appuyer sur des chiffres, commenter des courbes, parler de statistiques, comme s'ils étaient plus neutres que les idées. Comme Valéry Giscard d'Estaing encore, il entend au fond gouverner au centre. « Socialisme de droite », « centrisme de gauche », s'interroge l'éditorialiste du *Monde* Jean-Marie Colombani : en tout cas, selon lui, Laurent Fabius est « le grand prêtre d'un Bad Godesberg rampant », par allusion au Parti social-démocrate ouest-allemand qui, lors du congrès tenu dans cette ville en novembre 1959, abandonna toute référence au marxisme, au renversement du capitalisme.

Le Premier ministre se dit bien sûr socialiste, mais il est avant tout mitterrandien : il apparaît à beaucoup comme l'homme du président. François Mitterrand l'a rencontré en 1975 et en a fait très vite son directeur de cabinet. Laurent Fabius passe pour son poulain, son héritier. Mais, comme il le dira aussi dans une formule tautologique et énigmatique : « Lui c'est lui et moi c'est moi. » Le Premier ministre, s'il symbolise l'avenir, prépare aussi le sien. Il se démarque par sa communication et forge l'archétype de ce que l'on commence à appeler le « marketing politique », avec ses émissions mensuelles intitulées « Parlons France ». Cette machinerie communicante n'empêche pas toutefois le Premier ministre de devoir affronter, comme il le dit lui-même, « la cognée des réalités ».

« La cognée des réalités »

Toute la difficulté pour Laurent Fabius consiste à faire passer pour un changement ce qui est en réalité une continuité. En effet, la politique menée par le précédent gouvernement est reconduite. Les plans de restructurations et leurs cortèges de licenciements se poursuivent : le rythme des destructions d'emplois dans l'industrie s'élève à 140 000 par an. « La modernisation n'est pas une option, c'est une obligation », explique le Premier ministre. En l'occurrence, elle s'instaure à marche forcée pour reconfigurer le paysage industriel français et restaurer la compétitivité. Face à cette aggravation, les grèves se multiplient dans la sidérurgie mais aussi dans l'automobile, d'autant que la CGT est devenue plus offensive à présent que les communistes ont quitté le gouvernement.

Celui-ci entreprend de réformer le marché du travail : il s'agit d'y introduire plus de flexibilité, avec horaires décalés, temps partiel, contrats à durée déterminée, recours à l'intérim et à la sous-traitance. La création d'entreprises est facilitée. Laurent Fabius et son ministre de l'Économie et des Finances Pierre Bérégovoy mènent une politique fiscale qui rompt avec la tradition de la gauche : sur le modèle proposé par Ronald Reagan, le gouvernement procède à une baisse des prélèvements obligatoires de l'ordre de 5 milliards pour l'impôt sur le revenu et de 10 milliards pour la taxe professionnelle versée par les entreprises.

Certes, il tente bien de compenser cette politique. C'est le cas avec la loi sur la presse qui vise à limiter sa concentration entre les mains du géant Hersant. Le groupe de Robert Hersant compte 19 quotidiens parmi lesquels *France-Soir*, *L'Aurore* et *Le Figaro*. La loi votée en octobre 1984, avec un nouveau passage en force par le 49-3, prévoit que nul individu ou groupe ne peut posséder plus de 15 % des tirages de quotidiens nationaux ou régionaux. Mais c'est de nouveau un fiasco puisque le Conseil constitutionnel annule les articles de loi qui mettent en cause les concentrations existantes : l'empire Hersant en sort renforcé. Le monde des médias est peu à peu bouleversé, mais cette fois à l'initiative de François Mitterrand et de son gouvernement. La publicité commerciale est autorisée sur les radios privées ; surtout, deux chaînes de télévision privées sont créées : Canal Plus, la première chaîne de télévision payante, en novembre 1984, et la Cinq en novembre 1985. Entre une chaîne à péage et une autre fondée par le tandem Jérôme Seydoux-Silvio Berlusconi pour proposer des séries américaines, des jeux et beaucoup de publicité, cette privatisation de l'espace télévisuel est une nouvelle déception pour de nombreux partisans de la gauche : comme l'écrit alors Serge July, elle revient pour eux à une « ingestion de plomb en fusion ».

Mais c'est outre-mer qu'un double coup d'estoc est porté au gouvernement de Laurent Fabius et contribue à effriter sa popularité. Le premier vient de Nouvelle-Calédonie. Les élections territoriales organisées en novembre 1984 sont boycottées par une écrasante majorité de Kanak à l'appel du Front de libération nationale kanak socialiste (FLNKS). Le 14 janvier suivant, le Groupe d'intervention de la gendarmerie nationale (GIGN) exécute le dirigeant indépendantiste Éloi Machoro. La population kanak, minoritaire dans l'île par rapport aux Caldoches blancs, se révolte et manifeste au cri de « Nous sommes 60 000 Machoro ». Elle milite pour récupérer les terres spoliées. Durant plusieurs mois, la crise s'installe, au point que le gouvernement avance un plan d'« association » proposé par un ancien ministre de De Gaulle, Edgard Pisani. La bombe calédonienne est pour un temps désamorcée. C'est à ce moment qu'intervient un scandale de retentissement international. Depuis plusieurs années, l'association écologiste Greenpeace milite contre les essais nucléaires réalisés par la France dans le Pacifique. À l'été 1985, l'un de ses bateaux, le *Rainbow Warrior*, mouille dans la rade d'Auckland en Nouvelle-Zélande en attendant de s'approcher de Mururoa, l'atoll où ont lieu les essais. La Direction générale de la sécurité extérieure (DGSE) mène alors une opération de sabotage particulièrement risquée : ses agents font exploser le *Rainbow Warrior*, le 10 juillet 1985. Un photographe néerlandais d'origine portugaise, Fernando Pereira, y perd la vie. Deux protagonistes qui se faisaient passer pour des touristes, les « faux époux Turenge », sont arrêtés par la police néo-zélandaise : ce sont en réalité le chef de bataillon Alain Mafart et le capitaine Dominique Prieur, officiers de la DGSE. Le drame prend des dimensions géopolitiques. À la tragédie vient vite s'ajouter le scandale dans le scandale : François Mitterrand et Charles Hernu affirment n'avoir rien su. Au mieux, ils apparaissent ridiculisés puisque bien mal informés sur les opérations des services secrets français. Au pis, ils révèlent crûment un mensonge d'État obstinément insistant. Or il est évident qu'une opération de cette gravité n'a pu être montée sans un ordre de l'Élysée. Le ministre de la Défense, après bien des tergiversations, doit démissionner.

Le Premier ministre affronte quant à lui l'humiliation de n'avoir pas été mis dans le secret et le désastre politique qui s'ensuit. Il doit pourtant subir une autre vexation encore qui vient briser l'assurance acquise comme « communicant » performant. Le 27 octobre 1985, alors que la campagne électorale pour les législatives a déjà commencé, Laurent Fabius et Jacques Chirac débattent en un duel télévisé. Le maire de Paris y apparaît serein mais cassant, ébréchant l'arrogance de son adversaire. Une formule surtout enlève la mouche du fleuret : « Soyez gentil de me laisser parler et de cesser d'intervenir incessamment un peu comme le roquet. » Laurent Fabius sort alors de ses gonds, sous le ressort de l'indignation : « Vous parlez au Premier ministre de la France », s'exclame-t-il avec fureur. Mais Jacques Chirac a beau jeu de riposter : « Non, je parle à monsieur Fabius, représentant du Parti socialiste. » La guerre des chefs est déclarée, tout comme la guerre des nerfs que Laurent Fabius, de toute évidence, perd. Mais cet échange ne saurait éclipser l'accord manifesté entre les deux hommes sur certains sujets, comme l'immigration. À un Jacques Chirac qui la lie au trafic de drogue, à la délinquance et à la prison et qui précise : « Ces étrangers il faut les expulser et non plus les régulariser », le Premier ministre répond : « À une ou deux exceptions près je crois qu'il n'y aurait pas de désaccord fort. »

Le paradoxe des conséquences : un bilan des cinq ans

Le bilan de cette mandature est donc contrasté. Paradoxe des conséquences, les résultats sont bons dans des domaines qui n'avaient jamais été jusque-là des priorités pour la gauche : l'inflation est maîtrisée, la balance commerciale améliorée, la compétitivité des grands groupes industriels s'est redressée, le franc est fort et cette monnaie de la rigueur est saluée comme telle par les marchés financiers, les cours de la Bourse se sont envolés, la part des profits dans la valeur ajoutée remonte fortement après avoir atteint un point bas au début des années 1980. Tous les discours de la gauche sont centrés sur la valorisation de ces bons indices. Mais, dans le même temps, le chômage est allé croissant. Durant l'hiver particulièrement rigoureux de 1985-1986, les Français découvrent, effarés, les images télévisées de chômeurs et de miséreux venus nombreux implorer l'aide des soupes populaires. Parallèlement, la part des salaires a diminué de 10 % dans la valeur ajoutée. Selon Jean-Charles Asselain, le salaire réel moyen et le pouvoir d'achat global des salaires nets ont connu trois années de recul en valeur absolue entre 1982 et 1985, une situation inconnue depuis la guerre.

Le 17 juillet 1985, un responsable du Parti socialiste signe une tribune dans le journal *Le Matin* intitulée « L'apologie de la patience », nouvelle façon de signaler un rapport dilaté à la durée. Son auteur, François Hollande, qui a été chargé de mission auprès de l'Élysée en 1981 puis directeur de cabinet des porte-parole du gouvernement, insiste sur la nécessité de « respecter les grands équilibres au risque de sacrifier l'emploi », de « poursuivre le mouvement de désinflation quitte à contenir les augmentations salariales », de « redresser les marges des entreprises dans l'attente d'une hypothétique reprise de l'investissement ». Il vante le « dynamisme du marché financier » avec 300 milliards d'émissions l'année précédente, loue la désindexation salariale qui « a permis aux entreprises d'encaisser des gains de productivité », approuve le fait que « les dépenses publiques de l'État ont diminué » et rappelle que « plus de 5 000 postes de fonctionnaires ont été supprimés ». Il indique aussi non sans fierté que « la France reste le pays industrialisé dont l'endettement public est le moins élevé » – 33 % du PIB contre 41 % en RFA et 55 % au Royaume-Uni. Et François Hollande de conclure qu'il n'existe « pas d'autre politique ». Ce positionnement est confirmé par Pierre Bérégovoy, pour qui cette « révision doctrinale » est revenue simplement à « mettre nos montres à l'heure ». Le ministre de l'Économie souhaite aussi le souligner : « Le marché n'est ni de gauche ni de droite. Il a une fonction d'échange qui est à restaurer. »

L'art et la culture peuvent-ils échapper à cette économie de marché qui n'est plus contestée mais au contraire encouragée ? Dans le bilan de ces cinq années, ce champ d'intervention tranche par sa singularité, qu'il soit vanté comme radical et brillant ou critiqué pour des motifs équivalents. Jack Lang, ministre de la Culture de mai 1981 à mars 1986, se distingue par une popularité qu'à la différence de ses collègues il ne voit pas s'abîmer. Cet ancien professeur agrégé de droit, fondateur du festival mondial du théâtre universitaire de Nancy, auteur d'une thèse pionnière sur le théâtre et l'État, sait se mettre en scène, imposer un style mais aussi un budget. En 1982, les crédits alloués à son ministère ont doublé en francs constants, un fait exceptionnel dans toute l'histoire budgétaire comme l'ont rappelé Laurent Martin et Pascal Ory. Pour autant, le seuil symbolique de 1 % n'est pas atteint et Jack Lang doit batailler face aux exigences vétilleuses des ministres du Budget. Laurence Bertrand Dorléac l'a analysé : la culture sous l'égide de Jack Lang est conçue comme « lieu de la conquête du nouveau ». Des arts jusquelà jugés mineurs sont valorisés, comme la bande dessinée ou la musique populaire. Le Fonds d'incitation à la création instauré en 1982 aide les productions vivantes et non pas seulement l'art consacré. Des cadres culturels et artistiques importants sont créés, tels l'École nationale de danse à Marseille, l'École nationale de photographie à Arles, le Centre de la bande dessinée à Angoulême. Quant à la musique, elle se fête désormais, le soir du solstice d'été, dès 1982. Cette politique ne va pas sans critique. À droite, on déplore un abaissement voire un avilissement de l'art au profit du « tout culturel ». À gauche, on regrette la main tendue aux entreprises et la promotion du mécénat privé favorisé par la fiscalité. Mais c'est au fond par la culture que François

Mitterrand, amateur d'art et grand lecteur, entend durer. Jack Lang, cet autre homme du président, rend hommage à un François Mitterrand « bâtisseur et créateur ». De vastes chantiers sont alors lancés : l'Opéra Bastille, la pyramide du Louvre, la Grande Arche de la Défense, la Cité de la Villette. Si « la vie » n'en est pas « changée », le paysage culturel l'est.

En octobre 1981, le Parti socialiste était réuni en congrès à Valence. À ses camarades rassemblés, François Mitterrand avait fait lire un message, qui conviait à modérer les ardeurs de militants jugés trop pressés : « Je comprends vos impatiences devant certaines lenteurs ou certaines résistances. Tout ne peut pas se faire en quelques semaines ni même en quelques mois. Puisque nous avons la durée, il nous faut savoir la gérer et nous assurer que les pas en avant accomplis sont solides, avant que d'avancer encore. » Une expression passée dans le langage courant, « le locataire de l'Élysée », prend ici un sens aiguisé : il s'agit d'occuper les lieux dans la durée, tout en sachant que c'est une durée limitée. La déclaration de François Mitterrand traduit la conversion des socialistes à la gestion, en cet automne 1981 où le gouvernement marque une pause.

Au cours de ce même congrès, le Premier secrétaire du PS Lionel Jospin avait quant à lui déclaré : « Le pouvoir politique, pour l'essentiel, c'est nous. Le pouvoir économique, pour l'essentiel, ce sont les secteurs dominants du capitalisme bancaire et monopoliste industriel. Entre ces deux pouvoirs, y aura-t-il choc ou compromis ? Puisque nous avons choisi de ne pas briser d'un coup ce système économique, mais de le transformer graduellement, cela veut dire que nous allons chercher une situation de compromis, qui consacre d'importants changements, et qui naturellement sera plus favorable aux forces de transformation sociale, sera un progrès pour le monde du travail. » La motion Jospin dit bien l'abandon de toute révolution, l'option du réformisme tempéré, l'insistance sur une politique qui se veut tout à la fois progressiste et ralliée à l'économie de marché. En devenant un parti de gouvernement, le PS a modifié sa culture politique et son rapport au temps.

Dans cette configuration où le « compromis » n'est pas censé devenir une compromission, le gouvernement opère par glissements plus que par tournants. Un changement de cap est perceptible au printemps 1982 et ratifié au printemps 1983. La politique classique de relance keynésienne a montré ses limites : la France ne peut que lire l'heure du monde, de sa compétition et d'un Marché commun qui accélère sa libéralisation. Au printemps 1986, au moment où la droite s'apprête à revenir au pouvoir, il n'est pas si étonnant de lire ces propos du président Mitterrand : « Dans quelques années, quand la droite, revenue aux affaires, aura échoué, les chefs d'entreprise nous regretteront, vous verrez. La gauche ne restera plus jamais vingt-cinq ans de suite dans l'opposition. »

CHAPITRE II

Les partages du pouvoir
La succession des cohabitations
(1986-2002)

« Cohabitation » : le mot renvoie à des pratiques politiques renouvelées et à des changements de légitimité. Lancé par Édouard Balladur dans le journal *Le Monde* le 20 septembre 1983, il désigne la coexistence entre un président de la République et un gouvernement issus de majorités opposées. Or ce que ce terme fait résonner s'apparente davantage à une adaptation qu'à une confrontation : on peut cohabiter contraint et forcé ou de son plein gré ; quoi qu'il en soit, il y a lieu de composer plus que de s'opposer puisqu'il s'agit de vivre sous le même toit, en l'occurrence au sommet de l'État. Les institutions ne sont pas bouleversées mais la fonction présidentielle est écornée : le président de la République ne peut plus avoir la prétention d'incarner à lui seul la nation. Au fil des années, les alternances se présentent de moins en moins comme des alternatives et laissent s'installer un sentiment d'interchangeabilité.

Ce constat ne se comprend pas sans référence au dépassement de la puissance par des instances qui mettent à mal le cadre national. Une conscience plus vive émerge quant à la mondialisation et à ses injonctions ; les gouvernements ne cessent de s'y référer : il y a là une contrainte pesante, aux allures d'inéluctable. La volonté politique ne disparaît pas cependant, même si elle tend à s'aligner sur un axe d'homogénéité : rigueur, libéralisme économique et respect des exigences européennes. Ces politiques sont aussi de plus en plus contestées : comme l'a relevé Nonna Mayer, l'époque, surtout à partir des années 1990, est à la « hausse spectaculaire du potentiel protestataire ».

LA DROITE REVIENT

La cohabitation : première expérimentation

C'est sans aucune surprise que la droite remporte les élections législatives de mars 1986. La gauche s'y attend tellement que le président Mitterrand a anticipé cette défaite : en introduisant un mode de scrutin proportionnel départemental, il respecte une promesse de campagne avancée en 1981 tout en amortissant l'échec de son camp. Mais sa conséquence mécanique est un séisme politique : le Front national entre en force à l'Assemblée, avec 35 députés. Dotée de 44,8 % des suffrages exprimés, la droite occupe 290 sièges, ce qui lui donne une majorité absolue mais limitée – PS et divers gauche, avec 32,1 % des suffrages, en obtiennent 213 et le PCF, avec ses faibles 9,8 %, 35.

Jacques Chirac est désormais le chef de cette majorité. Depuis son premier passage à Matignon entre 1974 et 1976, il a beaucoup changé. Il apparaît certes toujours comme l'homme énergique et fringant qui, avec l'appui de ses parrains en politique Henri Queuille et Georges Pompidou, avait été élu député de la Corrèze à 35 ans, plusieurs fois ministre et finalement Premier ministre à 42 ans. Tacticien, politicien, jugé opportuniste d'instinct, il semble plus que jamais s'adapter à l'air du temps. Naguère porté à la relance et aux transferts sociaux, il s'est depuis mué en libéral affirmé ; sa fibre gaulliste s'est effilochée, même si elle reste affichée. Comme il l'assure dans sa déclaration de politique générale, il s'agit officiellement de défendre l'union de la nation et non « telle ou telle classe, groupe ou corporation ». Contre la lutte de classes à laquelle une bonne partie de la gauche a de toute façon renoncé, la droite prétend être garante de l'« intérêt général ». Le nouveau Premier ministre ne

46

manque pas d'indiquer qu'il veut se détourner des « idéologies fermées » ; ce thème est également à l'image du moment : la fin présumée des idéologies aurait ouvert la voie à une forme de neutralité, alimentée par l'évidence de la nécessité. Enfin, Jacques Chirac n'oublie pas de se référer au poids du monde et à cette « course sans repos où le progrès entraîne les grandes nations ».

Le chef du gouvernement ne souhaite pas pour autant faire le bilan du pouvoir précédent : il entend ménager François Mitterrand. Tous deux ont à gagner de cette coexistence pacifique au sommet. Pour le président, éviter l'affrontement permet d'indiquer que le suffrage universel est respecté. Pour le gouvernement, c'est une manière de gagner la confiance par le refus de l'hostilité. Les deux hommes cependant ont aussi intérêt à se démarquer. « Je ne serai pas Vincent Auriol », garantit le chef de l'État en se référant au président socialiste de la IVe République dont la fonction était surtout honorifique. On imagine mal François Mitterrand se contentant d'inaugurer chrysanthèmes et monuments. Il faut donc jouer serré, en s'imposant sans indisposer. Le président y parvient en s'attribuant le monopole de la décision sur la politique étrangère et militaire, en tant que chef des armées. Mais il se rappelle aussi au souvenir du gouvernement en refusant de signer trois ordonnances ; il l'oblige ainsi à passer par la voie législative, un circuit plus long mais plus démocratique. Par ce geste, François Mitterrand prend ses distances face à ces textes qui portent sur les privatisations, l'aménagement du temps de travail et la suppression de l'autorisation administrative de licenciement. Il manifeste sa différence, tout en sachant que cette position ne changera rien quant au fond : les mesures projetées sont entérinées par l'Assemblée. Le gouvernement doit pour sa part se montrer résolu, justement, à gouverner : en vertu de l'article 20, la Constitution lui confère pleine légitimité à « déterminer et conduire la politique de la nation » ; c'est donc au Premier ministre de donner l'impulsion. Certes, les hôtes de Matignon et de l'Élysée ne s'entendent pas vraiment ; le Premier ministre ne parvient pas à briser la froideur du président ; lors du premier Conseil des ministres, François Mitterrand refuse de leur serrer la main. Mais ce n'est là que l'écume du quotidien : sur le fond, la cohabitation fonctionne plutôt bien. En revanche, le temps politique est modifié : le gouvernement sait qu'il est là seulement pour deux ans. Le président de son côté est beaucoup moins exposé ; tout loisir lui est donné, dans ces conditions, de préparer sa réélection.

Le gouvernement gouverne

Jacques Chirac cherche donc à rassurer, en employant des termes supposés partagés : liberté, création, responsabilité. Derrière les mots bien sûr se préparent des actes politiques qui s'inscrivent, qu'il le revendique ou non, sur des axes idéologiques. Durant les premiers mois de la législature, le gouvernement travaille à marche forcée : la temporalité politique semble précipitée. Priorité est donnée à l'économie, confiée à Édouard Balladur qui se voit ainsi érigé en une sorte de vice-Premier ministre tant ses attributions sont étendues : il est le seul ministre d'État et son portefeuille englobe l'Économie, les Finances et la Privatisation. Car il s'agit de transférer rapidement au secteur privé le contrôle majoritaire de nombreuses sociétés publiques : 42 banques parmi lesquelles les 39 nationalisées en 1981 en plus de la BNP, de la Société générale et du Crédit Lyonnais, les 2 compagnies financières intégrées au secteur public quatre ans auparavant (Paribas et Suez), 3 compagnies d'assurances (UAP, GAN, AGF), ainsi que l'agence de presse Havas et 9 groupes industriels (la CGE, Saint-Gobain, Pechiney, Rhône-Poulenc, Thomson, Bull, Matra, Elf Aquitaine et la CGCT). Quant à la première chaîne de télévision, elle est vendue à l'industriel Francis Bouygues, lui-même conseillé par Bernard Tapie. Ces privatisations, encore appelées par euphémisme « dénationalisations », rencontrent un réel succès auprès des nouveaux actionnaires. Le contexte est à l'euphorie boursière, d'autant que le pouvoir accorde un allégement fiscal pour l'épargne investie en Bourse. Comme le dit le ministre le plus libéral du gouvernement, Alain Madelin : « C'est à la Bourse qu'on a le plus de chances de voir s'esquisser l'image de l'avenir. »

Cet avenir revêt aussi le visage des plus riches et des entrepreneurs, considérés comme les seuls véritables créateurs. L'impôt sur la fortune est abrogé, ce qui en dispense quelque 100 000 foyers fiscaux. Une amnistie fiscale est proclamée pour les capitaux placés jusqu'au printemps 1986 à l'étranger – manière de les attirer à nouveau vers des investissements français. Facilité est donnée aux employeurs de licencier et aux propriétaires d'augmenter à leur gré leurs loyers – les lois Méhaignerie prises en ce sens les font progresser de 10 à 15 %. Les impôts voient leur taux diminuer et cette baisse, si elle est de 3 % pour l'ensemble des contribuables, atteint 7 % pour les revenus les plus élevés. En revanche, les salariés ne bénéficient pas d'avancées et voient même bien souvent leur position régresser : l'ordonnance du 11 août 1986 sur le « travail différencié » facilite pour les entreprises le recours au temps partiel, aux CDD et à l'intérim, qui accentuent la flexibilité et la précarité ; le SMIC n'est pas revalorisé. Quant aux fonctionnaires, ils sont les premiers visés par la politique de restriction budgétaire – de nombreux postes (1,5 %) sont supprimés – et les grèves sont plus sévèrement sanctionnées du point de vue financier – l'amendement Lamassoure permet de retirer à tout fonctionnaire une journée entière de salaire pour une seule heure de grève effectuée.

Ce libéralisme économique s'accompagne d'une politique qui mise sur la sécurité où l'État est pleinement engagé. Nommé pour sa poigne, Charles Pasqua n'entend pas décevoir ceux qui comptent sur sa fermeté ; en devenant ministre de l'Intérieur, ce fils de gardien de la paix, résistant dès l'âge de 15 ans, ancien membre du Service d'action civique (SAC), le service d'ordre gaulliste devenu une sorte de milice politique, créateur des Comités de défense de la République en mai 1968, a aussi pour mission d'attirer vers la droite classique les voix d'un Front national dont le succès va croissant. Aux côtés du garde des Sceaux Albin Chalandon et du ministre délégué à la Sécurité Robert Pandraud, Charles Pasqua n'hésite pas à s'en prendre par priorité aux étrangers et accompagne sa politique d'un réquisitoire : « La France doit cesser d'être un dépotoir. » Les mots sont violents et les mesures sont brutales : généralisation des contrôles d'identité qui ont souvent le « faciès » pour critère, aggravation des peines, restrictions du droit d'asile, expulsions par charters. La politique sécuritaire, qui revalorise le rôle de la police, n'empêche pas le groupe Action directe, qui continue à revendiquer la lutte armée, de commettre un attentat spectaculaire en assassinant le PDG de Renault Georges Besse le 17 novembre 1986, en plein Paris. Elle ne parvient pas davantage à déjouer la série d'attentats sanglants perpétrés entre février 1985 et septembre 1986 et attribués à des islamistes syriens, iraniens et libanais.

Après plusieurs mois d'une politique menée au pas cadencé et sans apparente difficulté, le gouvernement est confronté fin 1986 à une puissante mobilisation lycéenne et étudiante qui le laisse déstabilisé. Ces jeunes qui manifestent par centaines de milliers s'opposent à la réforme du ministre chargé de la Recherche et de l'Enseignement supérieur Alain Devaquet ; celle-ci prévoit une autonomie accrue des universités et la possibilité d'une sélection à l'entrée. Ce mouvement lycéen et étudiant, efficacement organisé, est brutalement endeuillé par le décès d'un jeune homme, Malik Oussekine, battu à mort par des policiers dans la nuit du 5 au 6 décembre 1986. D'impressionnantes marches funèbres associent en province et à Paris jeunes et salariés, en signe d'indignation et de chagrin. Aussitôt, le projet de loi est retiré et Alain Devaquet doit démissionner. Mais Charles Pasqua, pourtant au premier rang des responsabilités, ne se retire pas.

Jacques Chirac est donc contraint de reculer et cela lui est reproché par certains de ses électeurs, par une partie de sa propre majorité et même par la presse étrangère qui ne se prive pas de souligner, comme le *Times*, « la faiblesse de ce soi-disant homme fort » qui n'aurait pas su prouver là son statut d'homme d'État. Le « syndrome Malik Oussekine » le hantera longtemps. Quoi qu'il en soit, en cette heure grave, le rythme politique se met à changer. Quelques mesures envisagées sont abandonnées : la modification du Code de la nationalité, la privatisation des prisons et la réforme de la Sécurité sociale. C'est bien une pause dans un tempo jusque-là effréné, pause ménagée pour désamorcer la crise de l'automne mais qui indique aussi une fragilité de la majorité.

Quel libéralisme pour l'héritier du gaullisme ?

« Le grand air de la liberté » titre *Le Figaro* en matière de bilan, le 13 avril 1988. Liberté aux grands airs, donc, mais dont les sens diffèrent. Pour les uns, qui fustigent un libéralisme débridé, cette liberté n'est rien de moins que celle « pour les spéculateurs de faire rentrer leurs capitaux illégalement exportés », « pour les patrons de licencier », « pour les propriétaires d'assommer leurs locataires », « pour les maîtres de la finance de s'approprier TF1 » selon les mots de l'hebdomadaire *Témoignage chrétien*. Pour d'autres au contraire, ultralibéraux revendiqués, cette politique ne va pas assez loin : que n'a-t-on privatisé davantage ?, se demandent certains journaux comme *Le Figaro Magazine* ou *Les Échos*. Pourquoi n'avoir pas englobé dans le champ des privatisations la Régie Renault et la sidérurgie ou encore la SNCF et EDF-GDF, ce qui pourrait se faire « par lots » ? Pourquoi n'avoir pas donné pleine autonomie au gouverneur de la Banque de France, au lieu de le laisser sous la surveillance des pouvoirs publics toujours maîtres de le révoquer ? Pourquoi n'avoir pas mené une politique fiscale encore plus libérale, à la manière reaganienne ? Certes, le gouvernement Chirac a diminué l'impôt sur les sociétés de 50 à 45 %, mais on est loin des taux pratiqués aux États-Unis, de l'ordre de 30 %.

La politique menée est bien néolibérale. Le ministre de l'Industrie Alain Madelin la revendique en abaissant les cotisations sociales versées par les entreprises ou en poursuivant

51

le démantèlement par pans entiers de secteurs industriels, à commencer par la fermeture programmée des chantiers navals. Cette politique n'est pas pour autant ultralibérale et certains lui reprochent donc d'être trop modérée ; Yvon Gattaz, le « patron des patrons », ne cesse d'adresser au gouvernement l'injonction d'« accélérer le changement », quand l'ancien ministre Alain Peyrefitte fustige la « tyrannie du *statu quo* », à la suite de l'ardent théoricien du libéralisme Milton Friedman. Finalement, à l'exception d'Alain Madelin, les libéraux de la première heure restent en dehors du gouvernement, à commencer par Valéry Giscard d'Estaing qui se pose en « vigilant gardien du libéralisme ». Il n'en reste pas moins que Philippe Séguin, le ministre du Travail soucieux d'imposer les réformes par la « concertation » avec les syndicats, apparaît assez isolé comme représentant d'un « gaullisme social ». L'équilibre est donc difficile à tenir pour Jacques Chirac qui s'est converti au libéralisme et dont la culture gaulliste s'émousse face au désengagement économique de l'État amorcé durant ces deux années.

La Nouvelle-Calédonie donne cependant l'occasion au Premier ministre de célébrer l'État fort. Le RPR a clairement pris parti pour le mouvement anti-indépendantiste caldoche mené par Jacques Lafleur. En septembre 1987, le FLNKS décide de boycotter le référendum organisé par le gouvernement, qui pose la question de l'indépendance : pour voter, en effet, il suffit de prouver une résidence sur place de seulement trois ans, ce qui paraît inacceptable aux indépendantistes : le résultat donne donc un écrasant 98,3 % des voix en faveur du maintien de la Nouvelle-Calédonie dans le cadre français, mais avec une abstention de près de 40 %. En pleine campagne présidentielle, la tension monte violemment ; le contingent de soldats et de gendarmes présents sur place est renforcé. Le 22 avril 1988, à deux jours du premier tour, un groupe d'indépendantistes kanak membres du FLNKS attaque la gendarmerie de Fayaoué sur l'île d'Ouvéa et prend des gendarmes en otages ; 3 militaires sont tués. Malgré leur volonté de négocier, l'assaut est décidé par

François Mitterrand de concert avec le chef du gouvernement et la répression est sans pitié : 19 preneurs d'otages sont tués. Au cœur de l'entre-deux-tours, on ne sait encore à qui va « profiter » cette fermeté, des deux candidats qui se partagent le sommet de l'État.

Dans sa *Lettre à tous les Français*, François Mitterrand paraît avoir définitivement renoncé à se dire socialiste : on est loin des 110 propositions de 1981. Le pari apparaît gagnant puisqu'il remporte largement l'élection présidentielle le 8 mai 1988 face au Premier ministre sortant, avec 54,02 % des voix.

Vague à l'âme pour gauche au pouvoir

Michel Rocard à la barre

« Demain ne sera pas facile », déclare Michel Rocard au soir des élections législatives. La situation est en effet inédite depuis 1958 : aucune majorité absolue ne se dessine. C'est l'occasion pour le nouveau Premier ministre de pratiquer l'« ouverture », même s'il n'aime pas, dit-il, ce vocabulaire de serrure. Arithmétiquement il serait possible de se tourner vers sa gauche, donc vers le PCF qui a obtenu 11 % des voix, mais politiquement il ne le peut pas : la direction du Parti communiste ne le souhaite pas, échaudée par sa précédente expérience gouvernementale et par sa chute électorale. C'est au centre que Michel Rocard choisit de s'adresser, et même à une droite modérée. Dans le gouvernement formé en juin 1988 figurent 6 ministres centristes parmi lesquels Jean-Pierre Soisson, un proche de Raymond Barre, qui va s'occuper des relations entre salariés et patronat : il est nommé ministre du Travail. Quant à Lionel Stoléru, qui fut membre du gouvernement Barre, il devient secrétaire d'État chargé du Plan. Ce dépassement des clivages contribue au rapprochement fréquent fait sur le moment entre Michel Rocard et Raymond Barre. Pour le gouvernement, c'est un pari qui ne manque pas de faire grincer des dents : « Les électeurs de gauche perdent un peu leurs repères », admet Jean-Jack Queyranne, le porte-parole du PS. Sur 49 ministres et secrétaires d'État, seuls 26 sont socialistes. Dans cette nouvelle équipe siègent aussi des « personnalités » issues de la « société civile » : le cancérologue Léon Schwartzenberg comme ministre délégué à la Santé, l'historien Alain Decaux nommé ministre délégué à la Francophonie et l'homme d'affaires tétraplégique Michel Gillibert qui devient secrétaire d'État aux personnes handicapées. Le gouvernement est présenté comme celui de la réconciliation et de la modernisation.

« Je préfère prendre le temps. Comme disait Victor Hugo en substance, mesurer au plus juste la proportion d'avenir qu'on peut injecter dans le présent est la marque d'un bon gouvernement. » En faisant cette confidence peu après sa nomination, le nouvel hôte de Matignon exprime son obsession du temps et un souci de modération. Sobriété, morale et technicité sont les atouts avancés par cet homme pragmatique, souvent comparé à Pierre Mendès France pour sa pondération et son attachement au « parler-vrai ». Inspecteur des Finances, Michel Rocard a commencé sa carrière de haut fonctionnaire à la Direction de la prévision : il a le goût de l'expertise et de la bonne gestion. Après avoir dirigé le PSU créé en 1960 pour s'opposer à la ligne politique de Guy Mollet durant la guerre d'Algérie, il a rejoint le PS en 1974, incarnant en son sein une « deuxième gauche » critique à l'égard de la toute-puissance étatique et ralliée à ce qu'il appelle un « capitalisme tempéré ». L'alliance avec François Mitterrand ne peut s'entendre que comme un mariage de raison : les deux hommes, rivaux pour l'investiture de 1981, ne s'apprécient guère. En nommant Michel Rocard, le président joue la carte du recentrage. Le Premier ministre revendique un « devoir de grisaille », sans lien avec la ferveur de 1981.

Le chef du gouvernement explique d'emblée que lui aussi se met à l'heure de la rigueur, « guid[ant] vers une autre croissance » et « brisant les rigidités de l'État-Providence ».

Les priorités affichées n'ont rien pour ranimer l'ardeur du « peuple de gauche » : maîtrise des dépenses publiques et rétablissement de la compétitivité. Michel Rocard propose de « se hâter sagement » pour accompagner une « société solidaire en économie de marché ». Sa politique combine quelques mesures-phares rappelant l'ancrage à gauche du gouvernement et ce que maints observateurs n'hésitent pas à nommer un « barrisme économique » mêlant politique budgétaire sévère et souci de relancer les investissements. Parmi les premières, on relève le rétablissement de l'impôt de solidarité sur la fortune que le Premier ministre ne veut cependant pas « confiscatoire ni meurtrier » : son taux maximal est inférieur à 1 % du patrimoine, œuvres d'art, forêts et outils de travail en sont exonérés ; comme le dit le ministre des Finances Pierre Bérégovoy en insistant sur sa dimension « symbolique » : « Il faut savoir raison garder. » Mais parmi ces mesures les mieux revendiquées, c'est le Revenu minimum d'insertion (RMI) qui a la primauté et fait d'ailleurs l'unanimité : situation inédite, seuls trois députés refusent de le voter. « L'important, avait écrit François Mitterrand dans sa *Lettre à tous les Français*, est qu'un moyen de vivre ou plutôt de survivre soit garanti à ceux qui n'ont rien, qui ne peuvent rien, qui ne sont rien. » Le RMI est conçu comme un droit, mais aussi comme un devoir puisque son allocataire doit s'engager dans un processus de « réinsertion ». Toutefois le nombre de bénéficiaires potentiels a été sous-estimé : dès sa promulgation en décembre 1988, 1 million de personnes peuvent y postuler ; c'est bien plus que le nombre possible de stages supposés les « réinsérer ». Quant aux moins de 25 ans, les plus touchés par le sous-emploi, ils n'en bénéficient pas : le gouvernement compte dans ces cas sur l'entraide familiale plus que sur la solidarité nationale.

Parallèlement, Michel Rocard donne priorité à la liberté des changes, à la défense du franc et à l'aide aux investissements. Ce monétarisme encourage les marchés financiers et la Bourse continue de bien se porter. La fiscalité tend à favoriser les entreprises : le ministre du Budget Michel Charasse diminue le taux d'impôt sur les sociétés – de 42 %

à 38 %. Le plafond de la taxe professionnelle est également abaissé. Un nouvel impôt est créé, la contribution sociale généralisée (CSG), qui pèse sur tous les foyers fiscaux sans progressivité mais aussi sur les revenus du capital. Pour respecter l'orthodoxie budgétaire à laquelle le Marché européen le contraint, le gouvernement Rocard ne crée pas de postes de fonctionnaires ; il cesse néanmoins d'en supprimer.

Or c'est des fonctionnaires surtout que va partir une contestation sans cesse amplifiée, qui ébranle un gouvernement rapidement fragilisé. Durant l'année 1988, le pouvoir d'achat du traitement net des fonctionnaires baisse. La « modernisation » du service public lui impose des critères de compétitivité, un argument justifiant l'instauration de l'intéressement sous forme de prime pour récompenser l'efficacité des agents. Pour le secteur public, Michel Rocard assume d'avoir un « projet d'entreprise ». Mais très vite, le gouvernement est confronté à un « automne social », à compter de septembre 1988. Les infirmières et les postiers se lancent dans une grève de longue durée et reprennent aux étudiants un mode d'organisation sous forme de coordinations. Ils sont suivis par les personnels d'Air France et de la RATP ainsi que par les cheminots, les instituteurs et les agents des impôts. Non sans cynisme, l'écrivain Jean d'Ormesson se demande dans *Le Figaro* : « À quoi sert la gauche si elle n'est plus capable d'assurer la paix sociale ? » Dans certains cas, le gouvernement mise sur le pourrissement ; dans d'autres, il brandit l'arme de la fermeté. Face aux grévistes de la RATP, le ministre des Transports Michel Delebarre fait recourir à des autobus privés mais aussi à des camions militaires. Pour Michel Rocard, ces grèves sont « des entreprises de démolition de l'économie nationale » ; Pierre Mauroy quant à lui traite les agents mobilisés d'« irresponsables ». Les parlementaires du PS réunis à Chartres doivent être protégés des grévistes – dont bon nombre sont socialistes – par des CRS. « *Rocard at the Barricades* », titre en octobre le *Times*. Même si elles ne retrouvent pas l'intensité de cet automne 1988, d'autres grèves s'étendent durant les mois suivants, chez Renault et

Michelin, aux chantiers navals de Saint-Nazaire, chez les employés des banques et des assurances ainsi qu'à France Inter. En novembre et décembre 1990, le gouvernement Rocard doit encore affronter un puissant mouvement lycéen, auquel il décide de « céder » en accordant une rallonge de moyens : c'est le « plan d'urgence » présenté par le ministre de l'Éducation nationale Lionel Jospin pour rénover les lycées (son montant est estimé à 4 milliards de francs). Le président de la République en personne reçoit à l'Élysée une délégation de jeunes mobilisés. Au mois d'octobre précédent, des révoltes dans les quartiers populaires de Vaulx-en-Velin avaient poussé le gouvernement à promouvoir une politique de la ville pour lutter contre l'exclusion et le fléau du mal-logement. Sont donc ébauchées quelques mesures comme la péréquation fiscale entre communes riches et pauvres et une loi sur le logement des plus démunis.

En mai 1991, tandis que le gouvernement, usé, s'apprête à être remplacé, ces deux années sont jugées satisfaisantes sur le plan de la croissance tandis que l'inflation est jugulée. Le Parti socialiste entérine son ralliement au libéralisme, en ouvrant les entreprises publiques aux capitaux privés, tout en acceptant de gouverner au centre et avec le centre. Certaines des personnalités entrées au gouvernement se sont montrées plutôt effacées, quand elles n'ont pas été remerciées. C'est le cas de Léon Schwartzenberg, dont Michel Rocard a exigé la démission dès juillet 1988, soit neuf jours après sa nomination ; le cancérologue avait publiquement envisagé le dépistage systématique du SIDA pour les femmes enceintes et la libéralisation, sous contrôle médical, de la distribution de drogue pour contourner l'influence des trafiquants. L'atmosphère politique est en outre dégradée par la multiplication des « affaires ». Quant au fonctionnement des institutions, l'Assemblée n'a pas recouvré sa primauté : le gouvernement a eu recours sans détour à l'article 49-3 pour faire passer nombre de ses projets. De surcroît, la focalisation médiatique et politique sur la guerre du Golfe, à partir d'août 1990, a fini par occulter l'action du gouvernement avec l'hypermédiatisation du président. Après une autre forme de cohabitation, celle de deux hommes qui ne s'apprécient pas, d'un Premier ministre peu soutenu par le chef de l'État, il est temps pour François Mitterrand d'aller puiser au vivier de ses fidèles incontestés.

Édith Cresson, première Première ministre

Ce faisant, le président entend innover : pour la première fois en France, une femme dirige le gouvernement. La nomination d'Édith Cresson en ce mois de mai 1991 charrie tout aussitôt un flot de critiques sexistes contre ce geste pionnier : la place des femmes en politique reste, bien davantage qu'une évidence, un espace à conquérir. Cette proche de François Mitterrand est rapidement nommée « la Pompadour », le sobriquet laissant penser qu'elle devrait son poste à un échange de faveurs. Sa déclaration de politique générale devant l'Assemblée nationale, le 22 mai 1991, est unanimement jugée manquée ; mais cette appréciation aurait-elle revêtu le même ton si l'orateur avait été un homme ? Les commentateurs relèvent des détails secondaires, formels voire vestimentaires – Édith Cresson lisant laborieusement son texte, Édith Cresson retroussant les manches de son tailleur ; ils évoquent son ton considéré comme vulgaire, sa voix haut perchée, son manque supposé de sensibilité… Ces arguments sont typiques d'une focalisation sexuée. Quant au profil politique d'Édith Cresson, il correspond à l'esprit d'une période marquée par un consensus entre les principales formations. C'est une partisane de la construction européenne – elle était ministre des Affaires européennes dans le gouvernement précédent et à ce titre chargée d'organiser l'entrée dans le Marché unique prévue en 1993. Cette perspective s'accompagne d'une politique économique aux ambitions resserrées : franc fort, inflation maîtrisée, préservation des équilibres financiers, confiance dans le marché et dans la liberté du secteur privé. Édith Cresson a le sens de la gestion et le goût de l'entreprise, dont elle entend vanter les mérites à l'étranger – elle préside l'association « France Exporte Plus » ; elle salue les industriels, ces « héros anonymes d'un combat où la France est engagée » : la gauche perd un peu plus ses repères dans cet hommage appuyé rendu au patronat français. Enfin, Édith Cresson arbore à Matignon son rejet des « grandes théories » et des « projets de société ».

Concrètement, il s'agit bien de poursuivre une politique caractérisée par la rigueur salariale et budgétaire, justifiée par la perspective du Marché unique. Pierre Bérégovoy s'y emploie : reconduit à la tête d'un imposant ministère de l'Économie, il entend préparer la France « au choc du grand marché ». Dans une situation marquée par la récession et l'aggravation du chômage – l'horizon est barré par le pro-bable franchissement du seuil de 3 millions de chômeurs prévu pour 1993 –, c'est moins à l'emploi qu'à la désinflation compétitive que cette politique est consacrée. Des postes ne cessent d'être supprimés chez Bull, Renault, Thomson, Rhône-Poulenc ou encore Usinor-Sacilor. Pour Michel Dele-barre, le marché du travail doit être plus que jamais souple et flexible, selon les termes désormais consacrés ; le ministre de la Ville fustige « la sacralisation du travail à temps plein et à durée indéterminée ». L'ouverture au centre droit est confirmée : l'UDF Jean-Pierre Soisson accède au rang de ministre d'État – il est chargé de la Fonction publique et de la « Modernisation de l'administration ». Quant à l'austérité budgétaire, elle trouve ses limites dans les faibles marges de manœuvre dont dispose le gouvernement ; Édith Cresson le reconnaît en mai 1991 quand elle se demande comment baisser encore les dépenses publiques avant d'admettre : « Il y a un moment où on touche à l'os. »

En matière d'immigration, la politique menée reste sécuri-taire et sévère : après avoir validé le recours aux expulsions par charters – ce qui lui vaut l'approbation publique de Robert Pandraud pour le RPR et de Bruno Mégret lui-même pour le FN –, Édith Cresson charge le ministre de l'Intérieur Philippe Marchand de prendre des dispositions pour accroître le nombre de reconduites à la frontière.

Dans le prolongement du gouvernement précédent, cette politique provoque de nouvelles protestations et un mouvement social profond. Salariés d'Alsthom, de Thomson, de Renault et des Arsenaux, infirmières et assistantes sociales, mais aussi agriculteurs multiplient grèves, manifestations, sit-in et mobilisations. Le gouvernement choisit la méthode forte : la police est envoyée face aux grévistes de Renault-Cléon ; les infirmières subissent les grenades lacrymogènes et les canons à eau des gendarmes mobiles. Cette protestation se traduit également lors des élections : le vote sanction des régionales, en mars 1992, est un désastre pour la gauche. Le pays traverse une crise politique, crise de défiance et de dénigrement envers le gouvernement et, au-delà, le président. Les scandales de délits d'initiés et de fausses factures accroissent l'hostilité généralisée contre un pouvoir qui bat des records d'impopularité. L'atmosphère a tout d'une fin de règne. Pour les dirigeants socialistes, la principale question est de savoir comment ils vont affronter le typhon qui s'annonce en 1993, lors d'élections législatives qui pourraient bien les balayer. François Mitterrand doit le concéder : c'est là « une sorte de vague à l'âme ». Pourtant, il veut encore rassurer : revenant du sommet européen de Maastricht, en décembre 1991, il se montre confiant : « Vous verrez, assure-t-il, que face à la carte du monde, la France se défend bien. »

Onze mois pour Pierre Bérégovoy

Le président met fin aux fonctions d'Édith Cresson en mars 1992 après la débâcle des régionales ; son mandat aura duré dix mois. Pierre Bérégovoy, qui la remplace à Matignon, sait quant à lui qu'il lui en reste seulement onze avant les prochaines élections législatives. Une course contre la montre se joue donc pour reconquérir une part de l'opinion et du moins limiter les dégâts. L'image de Pierre Bérégovoy, pense-t-on, pourrait être mise à contribution. Le maire de Nevers est modeste et discret ; ce n'est pas un homme du sérail mais un ancien ouvrier ajusteur, qui a ressenti toute sa vie le clivage entre ses origines et ses fonctions ; il souffre de la condescendance d'une classe politique où son parcours fait exception. Fidèle parmi les fidèles à François Mitterrand, il n'obtiendra jamais vraiment l'amitié du président, qui reste distant. Pour toutes ces raisons, une certaine amertume ne quittera pas Pierre Bérégovoy.

Après plusieurs années d'espoir et d'attente, il obtient pourtant Matignon. Il n'entend pas pour autant changer de politique. La ligne tracée au ministère de l'Économie est reconduite, ce qui lui vaut des compliments paradoxaux. Le *Financial Times* lui décerne la « palme du monétarisme » en Europe ; bien qu'il se réclame de Pierre Mendès France, il est davantage comparé à Antoine Pinay et même à Raymond Poincaré pour sa rigueur budgétaire. Pierre Bérégovoy va jusqu'à reprocher à l'Allemagne son « dérapage salarial ». Le Premier ministre se montre favorable à un abaissement du coût du travail, qui devrait à ses yeux accroître la compétitivité et peut-être relancer l'emploi. Pourtant, le fléau du chômage ne se résout pas : les prévisions sont unanimes à envisager le franchissement de la barre des 10 % de chômeurs au terme de la législature.

Malgré son image de « Père la confiance », Pierre Bérégovoy est d'emblée déstabilisé par l'événement qui se produit à l'Assemblée le 8 avril 1992. Alors qu'il prononce son discours de politique générale devant les députés, certains parlementaires parmi ses adversaires l'interpellent sur les « affaires ». L'opposition lance des noms, certes pas d'oiseaux, mais symboles de corruption : « Tapie ! Urba ! Boublil ! Naouri ! » Alain Boublil et Jean-Charles Naouri sont deux anciens directeurs de campagne de Pierre Bérégovoy, inculpés dans des scandales boursiers. Depuis 1987, l'affaire Urba éclabousse la majorité, en révélant les financements occultes du Parti socialiste lors d'attributions de marchés publics. Quant à Bernard Tapie, il a fait son entrée dans le gouvernement comme ministre de la Ville, ce qui ne fait pas oublier sa réputation d'homme d'affaires sans scrupule. Sa nomination entraîne d'ailleurs *ispo facto* la démission de Roland Castro, ministre délégué à la Rénovation des banlieues : pour l'architecte et ancien militant maoïste, animateur de l'association « Banlieues 89 », il faut du temps à consacrer aux quartiers populaires alors que Bernard Tapie représente à ses yeux « le contraire », « le temps médiatique », l'homme des coups et des coups de force, une « pure escroquerie ». Or devant les députés, pour son baptême du feu, Pierre Bérégovoy perd son sang-froid : il menace de dévoiler « une liste de personnalités » supposément impliquées dans des affaires qu'il choisit finalement de taire. Cette façon de faire peser le soupçon lui vaut d'être accusé par la droite de méthodes qui « rappellent le régime de Vichy » selon Pierre Mazeaud (RPR), tandis que Charles Millon (UDF) parle d'un « procès en suspicion qui n'est pas sans rappeler les heures noires de notre histoire ». Cet épisode à l'Assemblée traduit le sentiment de crise qui plane sur le débat public.

La « sécurité » y est plus que jamais une notion privilégiée, ce qui pour la gauche est encore une nouveauté. Paul Quilès, place Beauvau, est ministre de l'Intérieur et de la Sécurité publique, une appellation qu'avaient inaugurée Jacques Chirac et son ministre Robert Pandraud en mars 1986 et qui en son temps avait suscité l'indignation de l'autre camp. Pierre Bérégovoy soutient à présent l'argument, en précisant : « La sécurité est l'un des tout premiers droits de l'homme. J'entends qu'il soit absolument garanti pour tous. »

Une fois encore, le bilan est nuancé et paradoxal pour la gauche au pouvoir. Le taux d'inflation est l'un des plus bas d'Europe, à 3,1 %. Le commerce extérieur retrouve des bases favorables. Le déficit des finances publiques est lui aussi l'un des plus faibles du continent. Mais le chômage ne cesse de progresser et c'est l'État qui apparaît comme le premier des licencieurs avec de nombreuses suppressions d'emplois dans les entreprises nationalisées. Le Premier ministre, qui dit ne pas vouloir « faire une politique sociale à crédit », ne semble pas pouvoir mener de politique sociale du tout. En moins de douze mois passés à Matignon, Pierre Bérogovoy achève de brouiller les repères du clivage gauche-droite ; il passe pour un allié des marchés financiers, rude envers les salariés – comme en témoigne encore la réforme du statut des dockers –, mais aussi les agriculteurs – la réforme de la PAC, jugée libérale, est très contestée.

Pierre Bérégovoy aura passé trois cent soixante et un jours seulement à Matignon : la gauche, qui en 1981 s'était attribué la durée, voit son temps se morceler. Dans ses saccades et ses interruptions, cette temporalité politique n'est pas loin de rappeler la IVe République.

D'UNE COHABITATION À L'AUTRE :
ALTERNANCES SANS ALTERNATIVES

Une cohabitation-coopération : le gouvernement Balladur

Une bérézina : telle est la façon dont sont interprétés les résultats, au soir du second tour des législatives, le 28 mars 1993. Le PS et ses alliés proches ne recueillent que 19,2 % des suffrages exprimés, le PCF 9,3 % ; les écologistes réalisent une percée avec 10,78 % mais ils n'ont aucun élu, là où le PS ne compte plus que 67 députés contre 288 auparavant. Comme René Rémond a pu le souligner, cette Assemblée est « la plus à droite qu'ait connue la France depuis plus d'un siècle, plus que la Chambre bleu horizon élue en 1919 après la guerre et même que l'Assemblée sortie des urnes en juin 1968 ». Pour la droite, c'est donc un raz-de-marée avec 44 % des voix et 488 députés : c'est la plus large majorité de toute la Ve République.

Édouard Balladur est désigné Premier ministre, et presque aussitôt caricaturé : on le représente en chaise à porteurs, comme s'il s'agissait d'un aristocrate venu du Grand Siècle, garant à tout le moins d'un certain conservatisme. C'est un homme prudent, qui apparaît pondéré, placide voire flegmatique. Le nouveau Premier ministre doit tout à la fois gérer la cohabitation et les tensions au sein de la droite. Paradoxalement, la première s'annonce bien, François Mitterrand se montrant d'emblée prêt à coopérer. En revanche, Édouard Balladur doit composer son gouvernement en ménageant les sensibilités et susceptibilités dans sa propre majorité. La place de l'UDF centriste y est assurée : Simone Veil apparaît comme l'une des plus fortes figures de l'équipe gouvernementale, ministre d'État chargée des Affaires sociales, de la Santé et de la Ville ; Pierre Méhaignerie est nommé garde des Sceaux et François Léotard ministre de la Défense ; le ministre de l'Économie Raymond Alphandéry est centriste lui aussi. Pour le RPR, l'homme fort du gouvernement est Charles Pasqua qui retrouve la place Beauvau, tandis qu'Alain Juppé s'installe au Quai d'Orsay. Nicolas Sarkozy se fait remarquer comme ministre du Budget. Enfin, le très libéral Alain Madelin est ministre délégué aux Entreprises et au Développement économique. Quant au secrétariat d'État aux Droits des femmes, il disparaît purement et simplement.

Lorsque Édouard Balladur prend ses fonctions, la France est en récession. L'économie mondiale est mal en point, et au niveau national les prévisions annoncent à peine 0,5 % de croissance. Ces prémisses ne laissent qu'une faible marge au gouvernement, d'autant que le pays compte 3 millions de demandeurs d'emploi officiellement. Pour préparer à la rigueur promue comme une nécessité, le Premier ministre ne se prive pas d'y insister : la situation économique serait selon lui « plus grave qu'aucune de celles que la France a connues depuis une quarantaine d'années ». Le mot « effort » est brandi comme un rempart contre un marasme d'étendue mondiale. Édouard Balladur demande à ses ministres de trouver 20 milliards d'économies budgétaires. Pour les ménages, cela se traduit par une cascade d'augmentations supplémentaires. Le taux de la CSG passe de 1,1 % à 2,4 % dès juillet 1993 : c'est un changement de cap pour la droite qui avait jusque-là stigmatisé cette taxe comme un « impôt socialiste ». L'augmentation des prélèvements touche aussi les cotisations salariales, tandis que s'accroissent les déremboursements de médicaments. Le gouvernement poursuit la politique de privatisations entamée depuis plusieurs années, ce qui rapporte à l'État quelque 100 milliards de francs soit 1,25 % du PIB. Il lance également un grand emprunt qui se révèle un succès. Outre cette quête de recettes, l'équipe dirigée par Édouard Balladur se fixe deux priorités : abaisser le « coût » du travail et assurer la stabilité de la monnaie. Pour remplir le premier de ces objectifs, des exonérations totales ou partielles de cotisations sociales sont entérinées pour les entreprises, qui bénéficient également de prêts bonifiés et de soutiens dans certains domaines comme l'immobilier. Pour satisfaire la seconde de ces ambitions, le gouvernement mène une réforme que les libéraux réclamaient depuis des années : l'indépendance de la Banque de France par rapport aux pouvoirs publics ; son nouveau statut entre en vigueur le 1er janvier 1994 ; il doit permettre de rassurer les marchés financiers et de renforcer la crédibilité du franc. C'est aussi une réforme imposée par le traité de Maastricht. Cette insistance suscite des critiques fortes, jusque dans la majorité : même s'il est isolé, Philippe Séguin juge désastreuse cette stricte orthodoxie monétaire et la qualifie de « Munich social ».

De fait, cette politique engendre bien des protestations. Curieusement, ce n'est pas le cas pour la réforme des retraites, qui ne provoque pas de réaction à la hauteur de son enjeu majeur : le régime général est en effet profondément modifié pour les salariés du secteur privé, avec un passage progressif de 37,5 à 40 annuités pour bénéficier d'une retraite à taux plein et la prise en compte du salaire sur les vingt-cinq meilleures années au lieu des dix précédemment. En revanche, dès l'automne 1993, un mouvement social de grande ampleur s'amorce, qui fait dire à Nicolas Sarkozy : « L'état de grâce est maintenant terminé. Nous arrivons au seuil des tempêtes. » La mobilisation commence avec les grévistes d'Air France, à ce point déterminés que le PDG, Bernard Attali, doit démissionner – le gouvernement préfère cette solution à une possible contagion. L'extension du mouvement social se poursuit bel et bien : il touche les salariés du secteur public, les agriculteurs, les marins pêcheurs et une partie de la jeunesse. Si les jeunes sont nombreux à manifester partout en France et durant trois semaines au début de l'année 1994 – il s'agit surtout d'étudiants et de lycéens et parmi eux beaucoup d'élèves de lycées professionnels et d'IUT –, c'est qu'ils s'opposent au projet de Contrat d'insertion professionnelle (CIP) qui propose des emplois jugés « au rabais », payés 20 % de moins que le SMIC. La mesure n'a rien d'exceptionnel à l'échelle européenne : elle répond à une recommandation de l'OCDE ; en Espagne, le gouvernement du socialiste Felipe Gonzalez l'a également mise en place, au prix là aussi de manifestations rassemblant des centaines de milliers de jeunes. Mais Édouard Balladur préfère y renoncer devant l'ampleur de la contestation et le risque d'un ébranlement généralisé. D'autant qu'au même moment converge l'opposition à la révision de la loi Falloux, un projet porté par le ministre de l'Éducation nationale François Bayrou ; la réforme doit permettre aux établissements de l'enseignement privé de recevoir des aides supplémentaires de la part des collectivités locales. Le 16 janvier 1994, une puissante manifestation, qui rassemble 1 million de personnes environ, est organisée par les tenants de l'école laïque ; les syndicats appellent même à une grève générale d'une journée pour s'opposer au projet. Là encore, le gouvernement prend le parti de « reculer ».

C'est dire l'état de tension et de crise politique prolongée, accentuée par les « affaires » qui conduisent à la démission de trois ministres en exercice – Alain Carignon, Gérard Longuet et Michel Roussin. Dans ce climat, le gouvernement parvient à faire passer cependant une réforme décisive : celle du Code de la nationalité, remise sur le métier par Charles Pasqua qui avait dû y renoncer six ans auparavant. Pour les enfants nés en France de parents étrangers nés à l'étranger, l'acquisition de la nationalité n'est plus automatique : la réforme met donc en cause le droit du sol en faisant place bien plus qu'auparavant au droit du sang. Les obstacles se multiplient pour les immigrés quant aux titres de séjour, au droit d'asile et au regroupement familial. La tonalité politique se fait virulente contre les étrangers, comme en témoigne l'« amendement Marsaud » qui suscite la colère jusque dans la majorité – Simone Veil et Pierre Méhaignerie se disent indignés : ce texte autorise des contrôles d'identité fondés sur « tout élément permettant de présumer la qualité d'étranger autre que l'appartenance raciale ».

Si, comme dans tout début de mandature, la « rupture » avait été proclamée par Édouard Balladur, elle se révèle moins prégnante que la continuité. Certains voient dans le bilan de son gouvernement « du Rocard sans Rocard » par la recherche affichée du consensus, quitte à reculer en cas de mouvements sociaux prolongés, ou « du Bérégovoy sans Bérégovoy » dans la politique du franc fort. Et si l'économie paraît repartie sur une tendance positive, la cause en est davantage dans une reprise mondiale que dans la politique nationale.

Les fractures repensées du couple Chirac-Juppé

« Je suis le dernier. Après moi, il n'y aura que des comptables », avait annoncé François Mitterrand. Après quatorze ans à la tête du pouvoir, le président de la République, ébranlé par le scandale des écoutes téléphoniques, bousculé par les révélations sur son passé vichyste et entré dans la dernière phase de sa maladie, a conscience de passer la main dans un monde qui a profondément changé. L'homme qui lui succède en 1995, après avoir battu Lionel Jospin avec 52,64 % des voix, ne lui ressemble pas : Jacques Chirac est moins solennel. Cependant, comme François Mitterrand mais dans des sens différents, il a lui aussi connu des évolutions politiques qui ressemblent à des métamorphoses idéologiques. On pourrait le peindre en habit d'Arlequin, dont chaque facette correspondrait à une couleur politique changeant avec le temps : gaulliste, puis travailliste, puis libéral affiché, puis républicain modéré. Comme le dit Michel Winock, « l'idéologie n'est pas son fort ». En 1995, il a remisé le libéralisme exacerbé des années 1980 et mène une campagne bien plus « sociale ». « On ne bâtit pas une réussite économique sur les décombres d'une collectivité socialement éclatée. Qu'avons-nous vu grandir sous nos yeux depuis quinze ans ? Une France des inégalités », déclare-t-il lors d'une réunion publique. La France compte 5 millions de personnes très pauvres, « exclues » : comment ne pas évoquer la « fracture sociale » ? C'est ce que met en avant Jacques Chirac ; mais ce faisant il a conscience d'avoir rompu avec une partie de la droite. Ce positionnement se marque jusqu'aux détails protocolaires. « Le moindre secrétaire d'État aux Choux farcis a droit à deux motards avec sirène et tout le toutim », déclare le nouvel hôte de l'Élysée ; « moi, je serai le premier président modeste ». C'était sans compter les « frais de bouche » dont on découvrira plus tard les comptes exorbitants et qui vaudront au président des déboires judiciaires de longue durée.

Le Premier ministre que Jacques Chirac choisit, Alain Juppé, est son fidèle depuis des années. Sa réputation intellectuelle est sans faille : normalien, agrégé, énarque, il n'a manqué aucun maillon dans la chaîne des distinctions. Il est toutefois jugé froid, distant voire condescendant. Son gouvernement est empreint de quelques caractéristiques insolites : un magistrat, Jean-Louis Debré, devient ministre de l'Intérieur ; un médecin, Philippe Douste-Blazy, est nommé à la Culture ; plus sournoisement, des commentateurs relèvent que le nouveau ministre de la Défense, Charles Millon, n'a pas fait son service militaire. Le libéralisme est toujours revendiqué avec Alain Madelin en ministre de l'Économie et des Finances. Remarquable est la présence de femmes dans ce gouvernement : elles sont près de 30 %. Mais le Premier ministre est fragilisé dès l'été 1995 lorsqu'est révélée l'affaire de son appartement loué à la Ville de Paris pour un loyer défiant toute concurrence ; le chef du gouvernement a beau déclarer vouloir « rester droit dans [ses] bottes », il reconnaîtra plus discrètement cependant : « J'avais les jarrets coupés pour longtemps. » Alors qu'il lui faut demander aux Français des sacrifices financiers, il est difficile de passer pour un privilégié au moyen de tels passe-droits. Quant aux femmes, elles sont pour la plupart cantonnées à des secrétariats d'État ; outre le fait que les commentateurs ne peuvent s'empêcher de les surnommer les « juppettes », la plupart ne passeront pas le cap du remaniement, au mois de novembre suivant.

La reprise économique mondiale qui venait de s'amorcer n'a de surcroît pas les conséquences espérées. Déjà, les États-Unis et le Japon montrent des signes d'essoufflement, tandis que l'économie allemande souffre d'un réel ralentissement ; les investisseurs restent indécis, tandis que les contraintes européennes pèsent d'un grand poids depuis l'entrée en vigueur du Marché unique le 1er janvier 1993 et la rigueur imposée aux comptes publics. Faut-il alors réduire les inégalités sociales, comme le disait Jacques Chirac durant sa campagne, ou s'attaquer aux déficits ? Après quelques hésitations, le gouvernement fait le pari d'augmenter les impôts, ce qui ébranle les repères traditionnels qui distinguaient la gauche et la droite ; la hausse des prélèvements obligatoires est même assez spectaculaire : leur part dans la richesse nationale passe de 44 % à 45,7 % en deux ans. C'est une autre façon de désavouer le libéralisme à tous crins d'Alain Madelin, démissionné dès juillet 1995 : le titulaire de Bercy avait voulu discuter des acquis sociaux des fonctionnaires, de nouveau comparés à des privilégiés. Durant ces premiers mois, le gouvernement accorde une hausse du SMIC de l'ordre de 4 % ; elle est cependant quasiment annulée par la hausse des prix (de 2 % environ), par celle de la TVA (dont le taux normal passe de 18,6 à 20,6 %) et par la suppression de l'abattement sur la CSG. En revanche, si le pouvoir déclare, comme les précédents, une guerre au chômage, il ne change pas les politiques menées jusqu'alors : contrats initiative-emploi et contrats d'accès à l'emploi exonèrent les employeurs de toutes cotisations sociales. Outre qu'elles accroissent la précarité, ces mesures n'entament pas la progression du chômage puisqu'elles ne font que le déplacer : des salariés sont remplacés par d'autres, payés moins cher.

L'automne 1995 marque cependant un tournant. Sous la

pression de sa majorité qui le convie à changer de braquet, sur les injonctions aussi de l'Union européenne et du FMI, une politique plus libérale est engagée, qui revient cette fois à faire « du Madelin sans Madelin ». Les privatisations gagnent à nouveau du terrain avec des entreprises emblématiques comme les AGF, Pechiney ou encore Usinor-Sacilor ; même la branche militaire de Thomson-CSF est concernée. Comme en 1986, le gel des salaires dans la Fonction publique est entériné, tandis qu'augmentent le forfait hospitalier et les cotisations maladie des chômeurs et des retraités. Pour justifier cette politique, Alain Juppé évoque même « une situation de péril national ». Une fois de plus, le contexte économique international impose son rythme : pour réaliser la monnaie unique en 1999, les déficits doivent être ramenés à 3 % du PIB alors qu'ils atteignent 5 %. Au niveau mondial, les marchés financiers surveillent le gouvernement Juppé. « Je suis obligé de faire des économies », se sent-il tenu de déclarer. En octobre, Jacques Chirac insiste bien davantage sur la stabilité du franc que sur la fracture sociale, laquelle semble oubliée désormais. Le « plan Marshall pour les banlieues », brandi durant la campagne, reste mort-né, sans crédits pour le financer. Calendriers et mises sur l'agenda imposent plus que jamais leur loi : l'Union économique et monétaire doit être réalisée en deux années et ses impératifs n'attendent pas.

C'est pourquoi le gouvernement décide d'accélérer. En novembre, il lance trois chantiers simultanés, qui vont entraîner le mouvement social le plus puissant que la France ait connu depuis Mai-Juin 1968. Alain Juppé souhaite réformer le système des retraites, le régime de la Sécurité sociale et le contrat de plan de la SNCF. Le gouvernement propose d'encadrer très strictement et par la loi les dépenses de santé, d'augmenter pour les fonctionnaires le nombre d'annuités nécessaires à une retraite à taux plein et de mettre en cause le système des pensions de la SNCF et de la RATP. Parmi ses soutiens de poids, Alain Juppé peut compter sur Nicole Notat : la secrétaire générale de la CFDT juge que le gouvernement « va dans le bon sens » et prend sa défense contre « le camp de l'immobilisme ». Car d'un autre côté, les projets du gouvernement mettent le feu aux poudres, un feu social qui couvait depuis longtemps. Dès le 25 novembre, les cheminots se mettent en grève, suivis par les salariés de la RATP ; leur mouvement va durer trois semaines et paralyser le pays. Ils sont bientôt rejoints par des enseignants, des agents d'EDF-GDF, France Télécom et des salariés de différents secteurs. Si fracture il y a, elle passe au sein des syndicats, entre ceux qui soutiennent le projet – CFDT et CFTC – et les plus déterminés à s'y opposer – CGT et FO. Le 5 décembre, on compte quelque 250 défilés dans toute la France et 2 millions de personnes dans les rues. D'après les enquêtes d'opinion, plus de 60 % des sondés déclarent approuver cette mobilisation. Par référence à 1968, *The Economist* évoque « *the* événements *in France* ». Devant l'ampleur d'un mouvement impressionnant et qui ne faiblit pas, le gouvernement doit donc faire en partie marche arrière : le 10 décembre, Alain Juppé annonce l'abandon des projets sur les retraites. Mais la réforme de la Sécurité sociale est maintenue : le Parlement pourra voter chaque année une loi de financement et des objectifs de dépenses en matière de santé. Le *Wall Street Journal* a beau parler d'une « défaite historique » à propos du recul effectué par Alain Juppé, ce n'est en réalité pour lui qu'une demi-défaite puisque la réforme à laquelle le gouvernement tenait est finalement passée. Il est vrai qu'il doit maintenant modifier son rythme politique : le Premier ministre parle de réforme « tranquille », de changement « dans l'harmonie » et non dans la « brutalité ».

La brutalité est néanmoins encore au rendez-vous lorsque, à l'été 1996, quelque 300 personnes sans papiers, occupant l'église Saint-Bernard à Paris, pour certaines en grève de la faim afin d'obtenir la régularisation de leur situation, en sont évacuées – le portail de l'église est même brisé à coups de haches par les forces de police qui procèdent à l'expulsion. Quelques mois plus tard, en février 1997, des cinéastes lancent un appel à se mobiliser contre les lois Debré : celles-ci instaurent un fichier national des personnes hébergeant des étrangers, les obligent à se signaler, créent un fichier d'empreintes digitales des étrangers en situation irrégulière et allongent le délai du placement en rétention. La mobilisation est exceptionnelle par son origine – des cinéastes, jeunes souvent, plutôt que des intellectuels confirmés – et par ses modalités – l'appel à la désobéissance, qui évoque à certains la guerre d'Algérie et un autre appel, celui des « 121 ».

« Si Alain Juppé continue à baisser comme ça dans les sondages, il va finir par trouver du pétrole », déclare André Santini, le député-maire UDF d'Issy-les-Moulineaux. Il est vrai que l'impopularité d'Alain Juppé affaiblit considérablement le pouvoir. Sa perte de crédibilité tient tout à la fois au mouvement social de novembre-décembre 1995, aux « affaires » qui se multiplient – le maire de Paris Jean Tibéri est cette fois directement visé – et au contraste entre les promesses de campagne et la réalité de la politique menée : le chômage atteint 12 % de la population active et s'est accru de 367 000 demandeurs d'emploi entre 1995 et 1997. Le nombre d'allocataires du RMI a franchi pour la première fois la barre du million en décembre 1996. La « fracture sociale », naguère dénoncée, s'est en fait accentuée.

Jacques Chirac se sait enfermé dans les rets du calendrier. Il parle d'un « nouvel élan », afin d'« aller plus loin sur le chemin du changement », des formules convenues mais qui signalent l'urgence de la situation : le Marché unique n'attend pas et le gouvernement est trop miné pour le réaliser. C'est ainsi qu'il faut sans doute comprendre la dissolution de l'Assemblée nationale annoncée par le président de la République le 21 avril 1997. Si la surprise est générale, tout comme l'est le désarroi dans la majorité, la décision n'est pas dépourvue de rationalité. Mais le pari est manqué. C'est à la gauche désormais que va incomber l'accélération des mesures à réaliser pour la pleine intégration européenne.

La gauche plurielle et l'économie de marché

Lors des élections législatives des 25 mai et 1er juin 1997, le désaveu est en effet sans appel pour la majorité sortante : la droite recueille 36 % des suffrages, c'est son étiage sous la Ve République. La gauche obtient 42 % des voix et 320 députés. Le Front national n'en a qu'un, en dépit de son score élevé : près de 15 %.

Celui qui conduit la nouvelle majorité, Lionel Jospin, a un passé politique compliqué, qui va l'embarrasser. « Je n'ai jamais été trotskiste », a-t-il beau proclamer, en réalité les révélations sur ses années passées dans l'Organisation communiste internationaliste, dite « lambertiste », sont accréditées. Ce mensonge n'entame pas pour autant l'image vertueuse de Lionel Jospin, qui passe sur ce point pour l'anti-Mitterrand : loin du machiavélisme, aux antipodes de tout lyrisme, c'est un homme imprégné de rigorisme. Il entend « gouverner autrement », accroché à une moralisation de la vie publique qui fonde sa réputation d'intégrité. En même temps, privilégier le « pacte républicain » comme il le fait ne tient pas de l'originalité : c'est dans les mêmes termes qu'Alain Juppé s'était exprimé, deux ans auparavant. S'il revendique un « droit d'inventaire » sur l'héritage laissé par François Mitterrand, Lionel Jospin s'apprête à mener une politique qui en est par bien des aspects le prolongement. Son projet s'inscrit dans un libéralisme social qui, sans être pleinement assumé, revendique du moins « l'économie de marché », même si ce n'est pas une « société de marché ».

Son gouvernement est à l'image de la « gauche plurielle » : il rassemble des socialistes, des communistes, des radicaux, une écologiste, ainsi que le souverainiste de gauche Jean-Pierre Chevènement. Lionel Jospin demande du temps et de la rigueur – il dit préférer « affronter des impatiences plutôt que des regrets » : c'est dire que l'heure n'est pas à l'euphorie. À l'image de ses prédécesseurs, il veut surtout s'inscrire dans la durée ; et tout comme eux mais cette fois avec plus de succès, il compte sur la reprise de l'économie mondiale. Pour autant, la voie est étroite et le chemin escarpé : le Premier ministre veut démontrer qu'une politique de gauche est encore possible, tout en ne faisant aucune concession aux revendications qui risqueraient de mettre à mal les impératifs européens. À peine désigné, Lionel Jospin ratifie les conclusions du traité d'Amsterdam signé en octobre 1997 et le Pacte de stabilité qui y est instauré ; ce carcan monétaire lui laisse peu de choix dès lors qu'il l'accepte. Dominique Strauss-Kahn, le nouveau titulaire de Bercy au faîte de sa puissance puisqu'il chapeaute l'économie, les finances, l'industrie, le budget, le commerce extérieur, les PME, les postes et les télécommunications, peut affirmer qu'il n'y a pas de marge de manœuvre budgétaire. Le gouvernement privilégie donc la maîtrise des dépenses publiques, déterminante pour lancer la monnaie unique.

« La gauche française est-elle libérale ? », se demande *Le Monde* en une, le 23 septembre 1997. L'interrogation a sa pertinence, quand on examine l'importance des privatisations et autres ouvertures du capital lancées à marche forcée : Aérospatiale, Air France, Crédit Lyonnais, France Télécom. Pour respecter les critères sévères de la rigueur budgétaire, ces mises sur le marché constituent une aubaine : les recettes qui en sont tirées dépassent celles des privatisations menées sous les gouvernements Balladur et Juppé. Au « ni ni » (ni nationalisations ni privatisations) succède un « et et » (et public et privé) ; pour le gouvernement, la combinaison doit permettre de constituer de grands groupes compétitifs à l'échelle européenne et mondiale. Contrairement à ce qu'il avait envisagé, Lionel Jospin n'attend pas à France Télécom une consultation des salariés ; il prend sa décision sur le fondement d'un rapport favorable à la privatisation. Le *Financial Times* la salue comme un « tournant historique ». À Air France, le rocardien Christian Blanc devient un patron de choc ; pour Jacques Delors, il est nécessaire que les salariés de cette entreprise mesurent « ce qu'est la concurrence ». « Le temps de l'économie administrée est terminé », affirme Lionel Jospin.

Les repères de la gauche ont décidément changé. On le constate sur la question des retraites : Lionel Jospin comme Dominique Strauss-Kahn envisagent publiquement de greffer sur le régime par répartition un système de fonds de pension. On le relève encore sur la fiscalité : après la démission de « DSK » en novembre 1999, mis en cause dans le scandale de la MNEF – une affaire d'emplois fictifs et d'enrichissement personnel liée à la mutuelle étudiante –, Laurent Fabius lui succède et poursuit la baisse des impôts amorcée sous son propre gouvernement seize ans auparavant ; « c'est la première fois, note l'économiste Thomas Piketty, qu'un gouvernement de gauche baisse les taux les plus élevés de l'impôt sur le revenu » ; en revanche, quelques engagements de campagne comme l'augmentation de l'impôt sur les sociétés et la taxation des capitaux sont abandonnés. De ces diverses pratiques naît une expression passée dans le vocabulaire courant de la sémantique politique : le social-libéralisme. Le Premier ministre le reconnaît dès juillet 1997 : « Il faut combiner les logiques économiques, y compris libérales, mais sans nier le social. »

« Jospin, ce n'est pas Merlin », explique le ministre de l'Éducation nationale Claude Allègre pour évoquer l'absence de toute baguette de magicien. Certes, Martine Aubry est à la tête du plus imposant ministère social qui ait jamais existé : la ministre de l'Emploi et de la Solidarité a sous sa tutelle la formation professionnelle, l'insertion, la ville et l'intégration. Son volontarisme apparaît énergique. Ainsi les trente-cinq heures sont-elles progressivement mises en place par une loi Aubry I en juin 1998, qui se veut incitative, puis une loi Aubry II en décembre 1999, qui rend ce passage obligatoire pour les entreprises de plus de 20 salariés ; mais en annualisant le temps de travail, elles créent aussi une plus grande flexibilité, qui s'accompagne d'une modération salariale. Le marché du travail est également « assoupli » avec les « emplois jeunes », des contrats à durée déterminée de cinq ans pour les moins de 26 ans payés au SMIC, principalement dans la Fonction publique ; l'État ne les pérennise pas. De surcroît, les plans de licenciements se succèdent dans de grands groupes : Renault, Michelin, Danone, Valeo. En ce domaine, le gouvernement assume son refus d'intervenir. Le 6 juin 1997, lorsque est annoncée la fermeture de l'usine Renault de Vilvorde en Belgique, qui compte 3 100 salariés, Lionel Jospin a cette formule lapidaire et qui servira de critère : « L'État ne peut pas tout. » Il avait pourtant, avant son installation à Matignon, pris part à une euro-manifestation organisée le 16 mars à Bruxelles pour protester contre ce projet. Alors que l'État est l'actionnaire principal, il se contente de « rouvrir le dossier de la fermeture de l'usine », en termes d'« accompagnement des salariés ». Deux ans plus tard, le 17 septembre 1999, à propos des 7 500 licenciements programmés chez Michelin, le chef du gouvernement reprend le même argument : « Il ne faut pas tout attendre de l'État. »

Le terme commence à s'imposer : c'est davantage dans le champ « sociétal » que des réformes sont menées. Elles entérinent de profondes évolutions au sein de la société. La loi promulguée le 15 novembre 1999 instaure le Pacte civil de solidarité (PaCS), qui crée une situation juridique à mi-chemin entre concubinage et mariage ; parce qu'il est ouvert aussi bien aux couples de même sexe qu'aux personnes de sexes opposés, il reconnaît pour la première fois des droits aux couples homosexuels, même si le débat évite d'aborder le mariage et l'homoparentalité. Pour les femmes se réalise une autre avancée : la parité d'accès aux mandats électoraux ; dès les élections municipales de mars 2001, les retombées peuvent en être mesurées puisque 48 % de femmes composent désormais les conseils municipaux. Autre tradition brisée : la femme qui se marie n'a plus l'obligation de porter le nom de son époux. Quelques tabous sont encore dépassés : Ségolène Royal, la ministre déléguée à la Famille et à l'Enfance, autorise les infirmières scolaires à délivrer la « pilule du lendemain » aux élèves qui la demanderaient. Le congé payé de paternité, qui passe de trois jours à deux semaines, privilégie une autre forme de parité, entre les deux parents à la naissance de leur enfant. En matière de justice, Élisabeth Guigou fait passer une loi sur le divorce qui ouvre la possibilité d'une garde alternée des enfants et établit une égalité pour les pensions alimentaires. La garde des Sceaux parvient aussi, malgré l'opposition de certains syndicats de police, à imposer une loi sur la présomption d'innocence qui renforce les droits des personnes placées en garde à vue ou mises en examen. Enfin, la Couverture maladie universelle (CMU), entrée en vigueur le 1er janvier 2000, prévoit l'affiliation à la Sécurité sociale de tous ceux qui n'ont pas de couverture maladie ; parmi les quelque 5 millions de bénéficiaires figurent pour une part des étrangers en situation « régulière », par opposition aux « sans-papiers ». Cependant, en matière de santé et de Sécurité sociale, la réforme Juppé est appliquée, le forfait hospitalier est augmenté et l'heure est à la maîtrise généralisée des dépenses de santé.

Si environ 20 000 sans-papiers sont régularisés, on est toutefois loin de la politique menée en 1981. Les critères sont très précis : il faut avoir un conjoint français ou être parent d'enfants nés en France, conjoint ou enfant d'étrangers en situation régulière. En outre, certaines préfectures rechignent à appliquer ces circulaires. Quant à l'immigration irrégulière, elle est combattue de façon sévère, sous l'autorité du ministre de l'Intérieur Jean-Pierre Chevènement, qui encourage les préfets à obtenir de meilleurs taux de reconduites à la frontière. Le ministre se fait fort aussi de combattre l'« insécurité ». Cette lutte est affichée comme une priorité : le discours en ce sens tenu par Lionel Jospin au colloque de Villepinte, en octobre 1997, est interprété comme le « tournant sécuritaire » du PS. C'est à cet effet qu'est instaurée dans les quartiers une police dite de « proximité ». Après les attentats commis aux États-Unis le 11 septembre 2001, le gouvernement Jospin intègre dans le projet de loi sur la sécurité quotidienne des mesures renforcées, dispositifs d'abord temporaires mais qui seront pérennisés.

Malgré sa position consolidée au sein du gouvernement, Jean-Pierre Chevènement préfère démissionner, le 30 août 2000. En effet, son désaccord est profond avec le Premier

77

ministre sur le statut de la Corse, ébranlée par l'assassinat de son préfet, Claude Érignac, le 6 février 1998 à Ajaccio. Le « processus de Matignon » désigne les longues discussions menées sur le projet d'accorder à l'assemblée territoriale corse le droit de promulguer des lois, dans certaines conditions et sous forme d'expérimentation. Le ministre démissionnaire y voit un « démantèlement de l'unité française ». En janvier 2002, le Conseil constitutionnel lui donnera d'ailleurs raison, en rejetant la dévolution de pouvoirs législatifs à l'assemblée territoriale.

La majorité est donc ponctuellement divisée, comme en témoignent encore les déboires de Dominique Voynet. Les tensions se multiplient entre la ministre de l'Écologie issue des Verts et ses partenaires communistes au sein du gouvernement, donc entre une aile écologiste et une aile plus productiviste, tensions qui se manifestent autour du surgénérateur nucléaire de Creys-Malville, dit « Superphénix », abandonné. La ministre subit aussi, contre sa volonté, la décision d'ouvrir une troisième piste à l'aéroport de Roissy. Mais c'est l'opposition de sa propre formation politique que Dominique Voynet doit affronter lorsqu'elle autorise la culture du maïs transgénique. Enfin, son manque apparent d'émotion et de compassion après le naufrage du pétrolier *Erika* le 12 décembre 1999, qui ravage les côtes du Finistère, achève de la fragiliser.

In fine, l'équipe de Lionel Jospin aura battu un record de longévité gouvernementale. Elle aura répondu à l'un de ses principaux objectifs fixés lors de son arrivée : réduire les déficits publics, qui passent de 4,2 % du PIB en 1997 à 1,5 % en 2001. La conjoncture économique mondiale l'aura bien aidée, en lui faisant profiter de plusieurs années de croissance liée au « boom » de la « nouvelle économie », seulement assombrie en fin de mandat par un ralentissement imprévu. Durant presque toute la législature, les exportations engrangent des records, la production industrielle se redresse et l'inflation est maîtrisée. Toutefois, cette situation économique n'aura pas permis d'accomplir le projet trop hâtivement formulé par Lionel Jospin au printemps 2001 : le plein emploi comme ligne d'horizon réaliste dans un délai rapproché. Avec 2 millions de chômeurs officiellement recensés, le niveau de ce fléau, bien qu'il ait reculé, reste particulièrement élevé. Le pouvoir d'achat a stagné et, comme le remarquent les économistes Philippe Labarde et Bernard Maris, « l'inégalité des revenus augmente, du fait des primes, des stock-options, de l'intéressement et surtout de l'élévation des rendements du capital ». Les électeurs traditionnels du Parti socialiste, ouvriers et employés, s'en sont éloignés tandis que les enseignants, sa principale base électorale, ont été indignés par les sorties virulentes de Claude Allègre à propos de l'Éducation nationale, qualifiée de « mammouth » à « dégraisser » : ils se sont massivement mobilisés contre sa politique et ont obtenu sa démission. Vingt ans après le « Changer la vie », c'est bien plutôt la gauche qui a changé.

L'« alternance dans l'alternance » dont a parlé Jean-Jacques Becker n'aura finalement pas bousculé le socle constitutionnel français. Certes, pour reprendre la formule des politistes Marc Sadoun et Jean-Marie Donegani, la fonction présidentielle s'est « déhanchée » : le président de la République apparaît tantôt comme l'incarnation de la nation, lorsqu'il est secondé par sa propre majorité, tantôt comme occupant une magistrature d'influence, en situation de cohabitation. Mais son rôle et son prestige restent prépondérants. En janvier 1996, les funérailles de François Mitterrand renvoient à la tradition des deux corps du roi : le corps du défunt est inhumé à Jarnac dans l'intimité, mais son corps politique bénéficie d'une cérémonie grandiose, qui rassemble les chefs d'État venus du monde entier lui rendre un dernier hommage sous la voûte de Notre-Dame. Le quinquennat, approuvé par 73,21 % des suffrages exprimés lors du référendum du 24 septembre 2000 mais fragilisé par une abstention record (69,81 %), renforce encore l'autorité présidentielle en alignant le calendrier législatif sur l'élection du président de la République. À quelques anicroches près, les trois cohabitations se sont déroulées sans crise. La matrice de la Ve République en est changée : ce n'est plus tout à fait la « monarchie élective » qu'avait conçue le général de Gaulle. Mais la pratique de la cohabitation a aussi montré que, d'une certaine façon, elle pouvait consolider le régime.

CHAPITRE III

Bouillons de ruptures
Remodelages et séismes politiques
(2002-2012)

Séisme et stupeur pour les électeurs et les commentateurs, au soir du 21 avril 2002 : Jean-Marie Le Pen est qualifié pour le second tour de l'élection présidentielle, devant Lionel Jospin. Par-delà l'incrédulité domine aussi le sentiment que rien ne se comprendra plus comme avant. Est-ce une crise politique ? Sans doute au sens où une crise dépasse toujours l'événement pour révéler une configuration bouleversée. En l'occurrence, l'effritement durant vingt ans de véritables alternatives, les « affaires » multipliées, l'indifférence ou la méfiance qui en ont résulté éclairent cet évident constat : le modèle de la représentation politique qui prévalait jusque-là est ébranlé.

La période est marquée par des oppositions et mobilisations renouvelées : du « Non c'est non » que clament les manifestants contre le FN entre le 21 avril et le 1er mai 2002, au « non » qui repousse trois ans après le projet de Constitution de l'Union européenne. De grandes protestations scandent ces années ; 2003, 2005, 2006, 2007, 2010 : le calendrier est rythmé par de gigantesques manifestations qui expriment le rejet des politiques menées. Le mot « réforme » devient un terme-clé, mais son sens a perdu de son évidence : s'agit-il d'avancer des mesures progressistes ou de revenir sur des conquêtes anciennes, à la manière de retours en arrière ? Ce qui frappe du moins dans ces mouvements, c'est la mémoire qu'ils créent : chacun produit ses références, réactivées lors des suivants, dans une temporalité active et sédimentée.

Le monde et l'Europe ne sont pas ici qu'un arrière-fond. La puissance de leur influence touche à la « sécurité », quand police et politique retrouvent leur proximité sémantique : après le 11 septembre 2001, le modèle puisé au nouveau dessein états-unien impose une manière de « gouverner par la peur », comme l'écrit Georges Vigarello avec d'autres auteurs. Elle atteint aussi l'économie, lorsque certains leviers ne peuvent plus être utilisés – en matière monétaire comme en termes de fiscalité. Et « l'Europe » devient plus que jamais un sujet de haute intensité.

LA NORME DES RÉFORMES

Le 21 avril 2002 entre commotion et mobilisation

Lorsque, au cours de la campagne présidentielle, un journaliste demande au candidat du Parti socialiste s'il envisage de ne pas être présent au second tour, Lionel Jospin éclate de rire : « J'ai une imagination normale, assure-t-il, mais tempérée par la raison tout de même. » C'est dire l'ampleur de la surprise quand l'hypothèse se réalise. Pour autant, si la situation apparaît grave, elle se comprend aisément. Toute la campagne est traversée par l'obsession de la « sécurité », un thème qui favorise la droite et l'extrême droite même si Lionel Jospin en fait lui aussi un axe de son programme. Surtout, par-delà ses maladresses ponctuelles – comme ses propos polémiques sur l'âge de Jacques Chirac selon lui « fatigué » et « vieilli », qui se retournent contre lui –, Lionel Jospin ne parvient pas à convaincre pleinement la gauche, ce d'autant qu'il entend gommer les repères en proclamant : « Mon programme n'est pas socialiste. » Si les candidatures à droite et à l'extrême droite sont multiples (Jacques Chirac recueille au premier tour 19,9 % des suffrages exprimés, François Bayrou 6,84 %, Alain Madelin, 3,91 %, Jean-Marie Le

Pen 16,86 % et Bruno Mégret 2,34 %), elles sont encore plus dispersées à gauche (Lionel Jospin 16,18 %, Jean-Pierre Chevènement 5,33 %, Noël Mamère 5,25 %, Robert Hue 3,37 %, Christiane Taubira 2,32 %). Les voix qui se portent vers l'extrême gauche témoignent d'un rejet des politiques menées par la « gauche plurielle » au pouvoir durant cinq années : à eux trois, Arlette Laguiller (5,72 %), Olivier Besancenot (4,25 %) et Daniel Gluckstein (0,47 %) rassemblent plus de 10 % des suffrages exprimés. Ce rejet se manifeste également par un niveau d'abstention élevé (28,4 %). Ainsi les deux candidats qui se hissent au second tour ne sont-ils choisis que par le quart des inscrits (24,9 %). Certes, tout ne s'est joué qu'à 200 000 voix près. Reste que l'implantation de Jean-Marie Le Pen dans certaines régions comme l'Alsace, Provence-Alpes-Côte d'Azur, le Nord-Pas-de-Calais ou encore la Picardie est frappante : au total, 9 des 22 régions françaises l'ont placé en tête. Cependant, par rapport à l'élection présidentielle précédente, l'extrême droite ne recueille en fait que 14 000 voix supplémentaires : l'abstention a mécaniquement accru sa place, en proportion. Ce vote majoritairement « protestataire » s'installe dans la durée pour celui qui n'hésite pas à se présenter comme « l'homme des Français libres », faisant jouer les références à de Gaulle et à la Résistance. En se tournant vers « les mineurs, les métallos, les ouvrières et les ouvriers de toutes ces industries ruinées par l'euro-mondialisme de Maastricht », il entend se positionner en candidat des classes populaires face aux élites. « N'ayez pas peur, entrez dans l'espérance », s'exclame encore Jean-Marie Le Pen au soir du premier tour, mobilisant cette fois la matrice chrétienne. Tandis que Jacques Chirac en appelle au sursaut républicain, Lionel Jospin ajoute à l'effarement dans son camp quand il annonce se retirer de la vie politique.

L'événement fait la une des journaux dans le monde entier. Dès le soir du 21 avril, des manifestants envahissent les rues des villes et, à Paris, la place de la Bastille aux cris

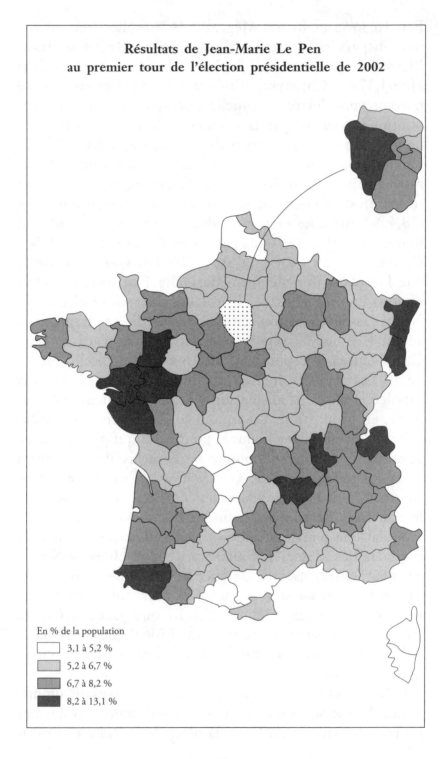

**Résultats de Jean-Marie Le Pen
au premier tour de l'élection présidentielle de 2002**

En % de la population

3,1 à 5,2 %

5,2 à 6,7 %

6,7 à 8,2 %

8,2 à 13,1 %

de « Ils ne passeront pas ! » ou de « Résistance ! » – « la honte » s'affiche aussi sur de nombreuses pancartes. Le 1er mai, des centaines de milliers de personnes manifestent leur rejet de ce qu'elles nomment le « F-Haine ». Un « front républicain » se dessine rapidement : parmi les candidats, seule Arlette Laguiller refuse d'appeler à voter pour le président sortant – Lutte ouvrière n'accepte pas de se rallier à celui qu'elle dénonce comme l'un des principaux responsables de la situation. Les « affaires » ne sont certes pas oubliées, mais Jacques Chirac parvient à s'imposer comme l'« homme providentiel » qui, avec ses 82 % du second tour, se déclare « obligé » par cet « élan républicain ». L'Union pour la majorité présidentielle (UMP) qu'il vient de fonder le 5 mai rassemble différents courants d'une droite jusque-là divisée. Elle doit composer, dit-il, un « gouvernement de mission ».

Jean-Pierre Raffarin ou le libéralisme partagé

La France de mai : c'est le titre du livre d'entretiens que publiera Jean-Pierre Raffarin en mai 2003, pour tracer le bilan d'un an de gouvernement. Celui qui vient d'être nommé Premier ministre fait l'éloge d'une « France rassemblée ». C'est une référence retournée à l'autre Mai, celui de 1968 : on lui emprunte la puissance de la mobilisation mais on lui oppose un consensus qui n'était pas le sien. « Il s'agit de rassembler grâce à un mouvement de réformes », précise le nouveau locataire de Matignon. Le mot, on le voit, s'impose. Pourtant, une nouvelle fois, il semble moins y avoir là rupture que continuité : les « réformes » annoncées, amorcées par les gouvernements précédents, doivent assurer la compétitivité de la France dans la mondialisation. À Barcelone en mars 2002, Jacques Chirac et Lionel Jospin avaient signé l'accord européen exigeant un retour rapide à l'équilibre budgétaire ; la France est alors sous le coup d'une procédure pour déficit excessif que Bruxelles la somme de combler. La conjoncture économique, avec une croissance de 1,2 %, est déprimée. Dès lors, les « promesses de mai » semblent d'emblée compromises.

Jean-Pierre Raffarin apparaît comme l'homme d'une certaine ouverture : il n'est pas membre du RPR ; son parti, Démocratie libérale, vient de rejoindre l'UMP. Sénateur de la Vienne et président de la région Poitou-Charentes, il n'est pas non plus issu du sérail politique même si son père fut secrétaire d'État dans le gouvernement Mendès France : il n'est pas énarque ; diplômé de l'École supérieure de commerce, il a longtemps été un pilier du marketing dans l'entreprise des cafés Jacques Vabre : c'est un « communicant ». Élu de province face au monde parisien, il entend incarner la « France profonde » qu'il nomme rapidement, non sans accent condescendant, « la France d'en bas ». Qualifié par son mentor, Valéry Giscard d'Estaing, de « Pompidou poitevin », le Premier ministre joue sur cette audace bonhomme pour convaincre de la nécessité de réformes qu'il est bien décidé à imposer : « J'ai mes rondeurs, mais j'ai mon énergie », aime-t-il à confier. Il compte pour cela sur le temps si tant est, comme il l'affirme, que « la politique est le cimetière des impatients ».

Son gouvernement peut s'appuyer sur une majorité imposante à l'Assemblée, après les législatives de juin qui donnent à l'UMP 70 % des sièges soit 465 députés inscrits ou apparentés. Il est largement composé de fidèles de Jacques Chirac parmi lesquels son ancien conseiller à l'Élysée Dominique de Villepin, nommé au Quai d'Orsay, ou encore Michèle Alliot-Marie, ancienne présidente du RPR, première femme ministre de la Défense. Quelques personnalités issues de Démocratie libérale, outre le chef du gouvernement, y font aussi leur entrée parmi lesquelles Tokia Saïfi, fille d'un ouvrier algérien et remarquée comme telle, promue secrétaire d'État au Développement durable et proche d'Alain Madelin. De l'UDF viennent Gilles de Robien, l'ancien directeur de campagne de François Bayrou, et Jean-Louis Borloo, nommé ministre de la Ville. Relative nouveauté, un représentant du monde des affaires, Francis Mer, devient ministre de l'Économie : président du groupe sidérurgique européen Arcelor, cette figure du patronat français symbolise une intervention plus prononcée et plus directe des milieux d'affaires en politique. Deux lignes se dessinent parmi les membres du gouvernement : une aile « libérale » qui entend imposer rapidement des réformes de fond et une aile désignée comme « sociale » plus soucieuse d'associer aux mêmes objectifs les « partenaires sociaux » pour déboucher sur des « diagnostics partagés ».

Or, à peine la page du 21 avril tournée, ce sont bien des réformes libérales qui sont menées au pas de charge : poursuite des baisses d'impôts amorcées par Laurent Fabius dans le gouvernement précédent (la diminution de 5 % de l'impôt sur le revenu profite surtout aux ménages les plus aisés), allégement de l'impôt sur la fortune, dégrèvement pendant dix-huit mois de la taxe professionnelle (le coût de la mesure est estimé à 2,5 milliards), aides aux restaurateurs (1,5 milliard), aux buralistes (130 millions) et aux médecins libéraux autorisés à augmenter leurs honoraires (250 millions). Le SMIC ne connaît pas le « coup de pouce » pourtant de tradition à la composition d'un nouveau gouvernement. En décembre 2002, le Medef et plusieurs syndicats de salariés (CFDT, CFE-CGC, CFTC) concluent un accord qui diminue drastiquement le nombre de chômeurs indemnisés : la durée d'indemnisation passe de 30 à 23 mois ; 265 000 personnes perdent ainsi leurs indemnités et vont rejoindre le million de RMIstes auxquels le gouvernement réserve un nouveau contrat, le Revenu minimum d'activité (RMA). Il s'agit d'un CDD de six mois, de vingt heures hebdomadaires payées au SMIC horaire ; les employeurs peuvent y voir une aubaine puisque le RMA est exonéré de charges sociales. Prolongeant le Plan d'aide au retour à l'emploi promu par Lionel Jospin, ce nouveau contrat précaire symbolise le passage du *Welfare* au *Workfare* : perdant peu à peu leurs droits fondés sur les cotisations et donc la partie socialisée du salaire, les chômeurs sont obligés désormais d'accepter tout emploi proposé sous peine de voir leurs allocations supprimées.

Cette politique libérale se manifeste encore dans la poursuite des privatisations. La part de l'État dans le capital d'Air France est placée sous le seuil des 50 %. Le Parlement vote également une loi qui transpose dans le droit français la législation européenne sur l'ouverture du gaz et de l'électricité à la libre concurrence. L'exemple allemand inspire aussi les mesures amorcées à la Poste : c'est le début d'une vaste réforme assortie de la suppression de quelque 6 000 bureaux et le recrutement des salariés sur des contrats de droit privé. Libéralisme oblige, les effectifs de la Fonction publique sont réduits : pour la première fois en France, trois budgets successivement présentés par le gouvernement font baisser le nombre de fonctionnaires. La décentralisation accompagne ce désengagement de l'État. Hormis la police, la justice et la défense (dont les crédits augmentent pour leur part de façon substantielle), tous les ministères sont invités à réduire leur budget.

Dans ce train de réformes, celle des retraites est préparée avec grand soin par le gouvernement Raffarin. François Fillon, ministre des Affaires sociales, est déterminé à y associer les syndicats dans le cadre du « dialogue social ». Le souvenir de l'automne 1995 et du recul d'Alain Juppé est encore cuisant ; il s'agit de ne pas le reproduire et dès lors de « responsabiliser » les « partenaires sociaux ». Les concertations s'étirent donc durant plusieurs mois, tandis que le chef du gouvernement rappelle à l'ordre quelques ministres impatients. Selon le plan Fillon, les salariés, pour bénéficier d'une retraite à taux plein, devront cotiser durant quarante-deux annuités ; un système de « décote » pénalise ceux qui partiraient à la retraite sans les avoir accumulées. Pour compléter la retraite par répartition, des mécanismes d'épargne sont facilités. Ni les régimes spéciaux ni l'âge légal à 60 ans ne sont toutefois modifiés – c'est à ces conditions que la CFDT se rallie à la réforme.

Malgré cette approbation, une mobilisation d'une ampleur

équivalente au mouvement de 1995 traverse le pays. Le 13 mai 2003, près de 2 millions de personnes manifestent contre le projet. Les fers de lance du mouvement sont les cheminots, les salariés de la RATP et les enseignants, dont la grève dure plusieurs semaines sans discontinuer. Lors d'un gigantesque meeting réuni à Marseille le 12 juin, les participants scandent le mot d'ordre de « grève générale » et sifflent Bernard Thibault, le dirigeant de la CGT, qui se refuse à y appeler. Le gouvernement obtient des syndicats de l'enseignement qu'ils empêchent le boycott du baccalauréat, envisagé un temps par les grévistes. Matignon et François Fillon sortent victorieux de cette épreuve de force : malgré plusieurs journées nationales de grève très suivies, des secteurs en grève reconductible et des manifestations imposantes, la réforme des retraites est adoptée.

Une même fermeté est affichée face aux intermittents du spectacle dont le statut est révisé à la baisse, à l'été 2003 : en dépit d'impressionnantes mobilisations (festivals annulés, fréquentes manifestations, actions sur les plateaux télévisés...), le gouvernement ne cède pas. Il agit de même lors du mouvement des électriciens et gaziers qui protestent par dizaines de milliers contre la privatisation d'EDF-GDF, au printemps 2004 ; malgré la mobilisation (80 000 manifestants à Paris et 75 % de grévistes le 27 mai, multiplication des coupures de courant ciblées...), la réforme est appliquée et ouvre l'énergie à la concurrence du marché.

Deux événements cependant viennent fissurer l'assurance du gouvernement. La canicule de l'été 2003 cause la mort d'au moins 15 000 personnes âgées ; l'opinion y voit une incurie des pouvoirs publics ; le ministre de la Santé Jean-François Mattéi, qui dans un premier temps minimise la tragédie, est limogé. Le gouvernement prend appui sur ce drame pour mettre en place une nouvelle réforme : la suppression du lundi de Pentecôte férié, qui devient une journée de « solidarité nationale » en faveur des personnes âgées. Le deuxième événement n'est dramatique que pour la majorité, qui essuie un revers cinglant aux élections régionales de mars 2004 : la droite perd toutes les régions à l'exception de l'Alsace. Profondément affaibli dans sa légitimité, Jean-Pierre Raffarin est cependant reconduit. On lit alors dans *Le Figaro* : « L'heure est à l'habillage social de la politique à mener. Il ne faudra plus parler de "réformes nécessaires", mais de "réformes justes". » Le remaniement décidé par le président renforce l'orientation libérale du gouvernement. Ainsi Renaud Dutreil, nommé ministre de la Fonction publique, est-il décidé à hâter sa « modernisation » : réduction des effectifs accélérée, décentralisation et promotion de la « performance » comme critère inspiré du secteur privé. À l'occasion de ce remaniement, Nicolas Sarkozy passe de la place Beauvau à Bercy ; mais il reste l'homme-phare du gouvernement et ne cesse de faire parler de lui.

Le talon de fer :
Nicolas Sarkozy et la politique sécuritaire

« *Sarkozy's moment* », titre *The Economist* en avril 2004 ; « *The Sarkozy's show* », lance *The Financial Times* le mois suivant. Même si Jacques Chirac réaffirme son autorité de président par des formules tranchantes à l'adresse d'un ministre jugé impétueux et trop ardent – « Je décide, il exécute » –, il ne peut que constater la popularité dont bénéficie Nicolas Sarkozy. Face au président qui ne lui pardonne pas de lui avoir préféré Édouard Balladur en 1995, le ministre de l'Intérieur se pose en futur successeur. Nicolas Sarkozy axe toute sa politique sur le thème de la « sécurité ». Sous sa houlette et celle de son collègue à la Justice Dominique Perben, la « loi d'orientation et de programmation pour la performance de la sécurité intérieure » (LOPPSI, juillet 2002) et les lois Perben, pour partie inspirées du *Patriot Act* états-unien adopté après le 11-Septembre, créent de nouveaux délits : mendicité agressive, racolage passif pour les prostituées, occupation des halls d'immeuble visant surtout les « jeunes de banlieues ». S'imposent aussi l'extension de la notion de « bande organisée », l'accroissement du temps des gardes à vue, les procédures de comparution immédiate et l'introduction du « plaider-coupable » sur le modèle états-unien. Les effectifs de la police et de la gendarmerie sont renforcés. L'hôte de la place Beauvau prône la « culture du résultat ». Dans le même temps cependant, Nicolas Sarkozy peut affirmer avoir réalisé ce que la gauche n'avait pas fait : la suppression de la « double peine ». L'été 2003 est l'occasion pour le ministre d'afficher sa fermeté – interpellation musclée de José Bové dans l'Aveyron en juin – et son plus grand succès : l'arrestation d'Yvan Colonna, soupçonné d'avoir assassiné le préfet de Corse Claude Érignac le 6 février 1998. Cependant, c'est sur le « dossier corse » que Nicolas Sarkozy connaît aussi son plus sérieux revers, avec l'échec du référendum pour la création d'une collectivité territoriale unique.

L'immigration et les conditions de séjour des étrangers connaissent un nouveau durcissement. L'objectif du ministre est d'augmenter de manière spectaculaire les reconduites à la frontière. Les principaux pays d'émigration (Roumanie, Sénégal, Algérie, Mali...) sont invités à « reprendre » leurs ressortissants, selon des accords dits « de coopération ». Tandis que l'attribution de la carte de séjour devient plus restrictive, les possibilités de regroupement familial sont limitées.

Après la déroute des élections régionales, Nicolas Sarkozy change de fonction sans rien perdre en réputation : il s'impose toujours en numéro 2 du gouvernement. Habile à attirer micros et caméras, le nouveau ministre de l'Économie vole la vedette à Jean-Pierre Raffarin autant qu'à son successeur place Beauvau, Dominique de Villepin. Il entend déployer à Bercy le même volontarisme qui l'a jusque-là distingué : « Je suis là pour mettre de l'ordre dans nos finances publiques », affirme-t-il d'emblée. Il poursuit durant quelques mois la politique libérale qui constitue l'axe de l'équipe gouvernementale : l'État cesse d'être actionnaire majoritaire à France Télécom, tandis que le groupe Areva est partiellement privatisé. Devenu président de l'UMP fin novembre 2004 après la démission d'Alain Juppé poursuivi pour « prise illégale d'intérêts », Nicolas Sarkozy quitte le gouvernement et se déclare « plus que jamais » prêt à « incarner le changement ». Il est remplacé par Hervé Gaymard, lui-même emporté dans la tourmente d'une « affaire » liée au luxe de son appartement de fonction. En février 2005, c'est à nouveau un grand patron, Thierry Breton, PDG de Thomson puis de France Télécom, qui devient ministre de l'Économie et du Budget. Tous réaffirment leur volonté de respecter le pacte de stabilité qu'impose l'Union européenne sous peine de sanctions.

Or c'est à cause de la division sur l'Europe que le gouvernement, déjà fragilisé, finit par voler en éclats. La droite n'en porte pas seule la responsabilité : les principales formations de gouvernement, à l'exception de Laurent Fabius, de la gauche du PS, du PCF et de quelques Verts en rupture avec leur direction, font campagne pour le « oui » à la Constitution que Jacques Chirac a décidé de soumettre à référendum. Le Premier ministre, dont la cote de popularité est au plus bas, s'engage en première ligne et n'hésite pas à brandir le spectre d'une catastrophe qui isolerait les Français s'ils votaient « non ». Comparant l'enjeu au Tour de France, Jean-Pierre Raffarin assure qu'« abandonner une étape, c'est abandonner la course » ; plus encore, il se réfère à la guerre pour convaincre à tout prix de voter « oui » : « Le premier pays qui dira non prendra une responsabilité historique, ce sera une secousse terrible dans l'Union européenne, une remise en cause qui a commencé avec le "plus jamais ça", au lendemain de la Seconde Guerre mondiale. » Or le « non » l'emporte bel et bien, avec 54,87 % des suffrages exprimés. C'est un camouflet pour le gouvernement qui s'est à ce point impliqué, pour le président de la République et, au-delà, pour la classe politique qui a soutenu le « oui ». Par la secousse qu'il implique, le 29 mai 2005 ressemble fort à une réplique du 21 avril 2002.

Les « cent jours » de Dominique de Villepin

Dominique de Villepin hérite de cette situation lorsqu'il est nommé à Matignon, deux jours après la victoire du « non ». Il dit vouloir tenir compte de « l'état de souffrance et de colère » populaire exprimé lors du référendum et « réconcilier les deux France, celle du oui et celle du non ». Pourtant, la composition même du gouvernement ne laisse voir que très peu de changements : la plupart des ministres de Jean-Pierre Raffarin sont reconduits dans le gouvernement Villepin – à commencer par Nicolas Sarkozy ; celui-ci retrouve le poste qui a ses faveurs, le ministère de l'Intérieur.

Le profil du nouveau Premier ministre semble n'avoir rien à voir avec celui de son prédécesseur. Quand Jean-Pierre Raffarin symbolisait l'élu de province et l'homme de terrain, Dominique de Villepin est un énarque très parisien. Lui qui n'a jamais été élu doit pour partie sa promotion au rôle de conseiller qu'il a occupé auprès de Jacques Chirac durant des années. Ministre des Affaires étrangères, son discours à la tribune de l'ONU contre la guerre en Irak, le 14 février 2003 – dont on reparlera – lui a valu une admiration fascinée. Passionné par Napoléon Ier – la particule de sa famille date d'ailleurs du Premier Empire –, c'est un homme de lettres et de plume, un tempérament altier, méprisant « l'intendance » et tout entier voué à un « verbe » exalté. Son style entend ressusciter l'antique, le tragique et l'épique, en écho à la parole que portait un André Malraux. « La politique modeste n'est pas ce qu'attendent les Français », croit-il pouvoir proclamer. Empruntant son titre à Rimbaud, son *Éloge des voleurs de feu* décrit son amour de la poésie : « le poème nous met au monde », explique-t-il en citant Guillevic. On s'étonne néanmoins de le voir reproduire les vers du surréaliste René Crevel jetés sur le papier en 1929 avec la rage de l'insurgé : « Un révolté, qu'un révolté, un seul, mais au moins un, hurle donc à grands cris d'écarlate. » Car la culture politique de Dominique de Villepin est celle d'une droite classique, soucieuse d'ordre et conservatrice.

À la différence de Jean-Pierre Raffarin qui disposait de temps pour mettre en œuvre ses réformes, Dominique de Villepin sait qu'il en a peu. Déjà se profile l'échéance présidentielle, qui lui laisse moins de deux ans. La situation est encore compliquée par une croissance atone (1,8 % en 2005), un chômage qui a crû sous le gouvernement précédent à un rythme record (son taux dépasse 10 % de la population active), des déficits publics creusés qui font redoubler les pressions de la Commission européenne. Le Premier ministre se donne donc « cent jours » pour « redonner confiance aux Français » : l'allusion directe à la reconquête napoléonienne n'a rien dans sa bouche d'anodin.

Les premières mesures sont prises au pas de course. Dès le 5 juin, l'État vend 6 % du capital de France Télécom, ce qui lui retire sa minorité de blocage : la privatisation progresse d'un pas supplémentaire. GDF entre à la Bourse de Paris tandis que le processus est lancé pour EDF ; l'État cède au même moment la totalité de ses participations dans plusieurs sociétés concessionnaires d'autoroutes. Le 22 juin, Dominique de Villepin annonce qu'il faut se préparer à la rigueur car « la France vit au-dessus de ses moyens ». Dès la première semaine de juillet, l'Assemblée et le Sénat adoptent la loi qui permettra au Premier ministre de légiférer par ordonnances sur la question de l'emploi, dont il dit faire « une affaire personnelle ». Au cœur de ce même été, le gouvernement réduit la rémunération du livret A détenu par plus de 46 millions de personnes. Approuvée par le ministre des Transports Dominique Perben, la direction de la SNCF annonce la fermeture d'un certain nombre de lignes interrégionales jugées peu rentables. La politique libérale se poursuit sans coup férir ; le « non » du 29 mai semble déjà bien loin.

Le feu aux poudres :
la révolte des quartiers populaires

Si cette ligne politique est susceptible de ranimer le mouvement de protestation que craignent les gouvernements depuis dix ans, l'explosion sociale ne vient pas cette fois du monde salarié : ce sont les jeunes des quartiers populaires qui viennent ébranler le sommet de l'État. Le 27 octobre 2005, Zyed Benna, 17 ans, et Bouna Traoré, 15 ans, meurent dans le transformateur électrique où ils s'étaient réfugiés, poursuivis par la police. Une révolte spontanée, commencée à Clichy-sous-Bois où les deux jeunes ont péri, embrase les banlieues de la France entière : 300 communes sont touchées durant trois semaines.

La colère de ces jeunes est encore alimentée par la réaction de Nicolas Sarkozy : les deux enfants d'éboueurs malien et tunisien sont présentés comme des voleurs par le ministre de l'Intérieur, qui exonère les policiers de toute responsabilité. Cette déclaration vient après ses propos sur le nettoyage « au propre comme au figuré » de la « cité des 4 000 » à La Courneuve le 20 juin, une cité qu'il suggère de « nettoyer au Kärcher », puis sur les « bandes de racaille » dont il faudrait « se débarrasser ». Ceux que les médias nomment des « émeutiers » brûlent des voitures et des établissements privés comme publics, et affrontent les policiers. L'état d'urgence est proclamé, qui confère « aux autorités civiles des pouvoirs de police exceptionnels » ; parmi eux figure le couvre-feu qui n'avait été appliqué en métropole qu'en 1961 – et en Algérie en 1955, 1958 et 1961, ainsi qu'en Nouvelle-Calédonie en 1984 ; c'est donc une première, qui indique l'ampleur de la répression policière. Au Parti socialiste, François Hollande et Jean-Marc Ayrault l'approuvent publiquement tandis qu'à leur gauche, les Verts, le PCF et la LCR signent un communiqué commun pour le dénoncer.

Après la mise en place de cet impressionnant dispositif policier – des milliers d'hommes en armes quadrillent les quartiers – et judiciaire – plus de 600 personnes sont incarcérées et jugées pour la plupart en comparution immédiate –, le retour à l'ordre voulu par le gouvernement et par Nicolas Sarkozy plus particulièrement passe par une accentuation de la politique restrictive en matière d'immigration. La loi CESEDA adoptée en 2006 met fin à la régularisation automatique après dix ans de présence dans le pays ; elle restreint le droit d'asile par des délais de demande et de recours réduits ; elle entend également favoriser l'immigration « choisie » comme y insiste Nicolas Sarkozy, manière de stigmatiser une immigration et dès lors des populations qui seraient quant à elles « subies ». Au sein du gouvernement, Azouz Begag, ministre délégué à la Promotion de l'égalité des chances, a bien du mal à faire entendre une voix différente et craint de devenir, comme il le reconnaît, « l'Arabe qui cache la forêt ».

Surprise et crise du CPE

Une fois l'ordre rétabli, le gouvernement peut penser en avoir fini avec les troubles sociaux qui l'ont déjà affaibli. Se sachant pris par le temps, Dominique de Villepin se montre moins soucieux que Jean-Pierre Raffarin de consulter les « partenaires sociaux ». Déjà, au mois de juillet 2005, c'est par ordonnance qu'il a mis en place le Contrat nouvelle embauche (CNE). Ce contrat se distingue de ses avatars précédents par une « période d'essai » de deux ans durant laquelle le licenciement est possible sans motif et à tout moment. Le CNE ne concerne que les entreprises de 20 salariés au plus et est donc en apparence réduit à une sphère d'application limitée ; en réalité, 96 % des entreprises françaises sont concernées, qui regroupent au total environ 30 % des salariés. Dans ce prolongement, la loi sur l'égalité des chances est adoptée sans concertation et à l'issue d'une brève discussion parlementaire. Elle abaisse l'âge de l'apprentissage à 14 ans, autorise le travail de nuit et le dimanche dès l'âge de 15 ans, instaure enfin le Contrat première embauche (CPE), annoncé par surprise en janvier 2006 et introduit dans la loi au moyen d'un amendement. Ce nouveau contrat, d'une durée maximale de deux ans au cours desquels l'employeur a le droit de licencier sa recrue sans justification, est réservé cette fois aux moins de 26 ans.

Selon le Parti socialiste, il y a lieu d'attendre les prochaines élections pour revenir sur un tel contrat ; François Hollande déclare le 1er février : « Soyons réalistes, le texte va passer. Le travail d'explication que nous engageons trouvera son dénouement non dans la rue mais dans les urnes. » C'est compter cependant sans la mobilisation de centaines de milliers d'étudiants et de lycéens. À partir de février, la grève avec blocage des universités se répand partout en France, et ce deux mois durant. Elle s'inspire des mouvements précédents – ceux de 1986, de 1995 et de 2003 en particulier – en reprenant leur répertoire d'actions : démocratie directe, élections de délégués par des assemblées générales, coordinations régionales et nationales, manifestations imposantes. Début mars, les lycéens entrent à leur tour dans le mouvement – quelque mille établissements scolaires sont touchés, soit environ 25 %. Ancrant leur lutte dans la défense du Code du travail et contre la précarité, les jeunes mobilisés s'adressent aux salariés en estimant que tous et toutes sont concernés. De fait, le 18 mars, des salariés rejoignent eux aussi le mouvement, lors de manifestations qui rassemblent 1 million de personnes environ. Dix jours plus tard, lors d'une journée de grève appelée par plusieurs syndicats, ils sont cette fois 3 millions à manifester dans les rues. La semaine suivante, la mobilisation ne faiblit pas. Le 10 avril, Jacques Chirac doit annoncer que le CPE ne sera pas appliqué ; la loi sur l'égalité des chances, dont les étudiants et lycéens mobilisés demandaient le retrait, est néanmoins promulguée. C'est la première fois depuis l'automne 1995 qu'un gouvernement renonce à un projet devant l'ampleur du rejet manifesté dans « la rue ». Dominique de Villepin a perdu son pari, quand Nicolas Sarkozy continue d'afficher son autorité dans le domaine de la sécurité. Empêtré dans une affaire Clearstream compliquée, le Premier ministre ne peut concourir à l'élection dont il avait rêvé : c'est son rival devenu son ennemi juré qui prétend à la fonction de président.

Donner à voir : les nouvelles mises en scène du pouvoir

Selon le politiste Jean-Luc Parodi, l'élection présidentielle des 22 avril et 6 mai 2007 est une « élection de rupture ». Rupture dans la progression de l'abstention : le traumatisme collectif du 21 avril 2002 explique le taux élevé de participation (83,7 % au premier tour et 84 % au second). Rupture dans le score de la droite et de l'extrême droite qui remportent au premier tour leur meilleur résultat depuis quarante ans : les voix rassemblées par Nicolas Sarkozy, François Bayrou, Philippe de Villiers et Jean-Marie Le Pen totalisent 62,41 %. Rupture dans la progression du Front national, qui s'effondre par rapport à son score de 2002 (– 6,5 points). Rupture dans le genre : pour la première fois, une femme est candidate à la présidence de la République. Rupture de génération : les deux candidats présents au second tour, Ségolène Royal et Nicolas Sarkozy, ont 53 ans en moyenne contre 67 pour les prétendants de 2002. Rupture enfin avec l'habitude de l'alternance prise depuis vingt ans.

Jean-Marie Le Pen, qui recueille 10,44 % des suffrages exprimés, fustige alors le « siphonnage » de ses voix par le candidat de l'UMP. Il est vrai que Nicolas Sarkozy a fait campagne sur l'axe de l'insécurité qui lui était devenu familier, de l'immigration choisie, du travail, de l'autorité et de l'identité nationale, autant de sujets qui ont pu séduire l'électorat du FN ; on estime à 1,35 million environ le nombre de voix passées, entre 2002 et 2007, de Jean-Marie Le Pen à Nicolas Sarkozy. Face à lui, Ségolène Royal mène une campagne fondée sur « l'ordre juste » et une fermeté « exemplaire » qui n'est pas sans rappeler certains thèmes de son adversaire : la candidate du PS insiste sur le travail, l'autorité et la famille, et suggère une mise en cause des trente-cinq heures. Elle prône la « réconciliation des Français avec l'entreprise et la modernisation du dialogue social ». « Je veux que la France devienne un pays d'entrepreneurs », avance-t-elle lors de ses meetings de campagne. Une partie de la gauche est sceptique et critique face à ce qu'elle voit comme une politique sociale-libérale. Cependant, souvenir du 21 avril oblige, le « vote utile » est favorable à Ségolène Royal : les Verts ne retrouvent pas leur score de 2002 (Dominique Voynet obtient un maigre résultat : 1,57 %), le PCF continue de s'effondrer (1,93 % des voix pour Marie-Georges Buffet) ; seul le candidat de la LCR Olivier Besancenot confirme son score précédent (4,08 % contre 4,25 en 2002, avec une progression en nombre de voix). François Bayrou apparaît de son côté comme le « troisième homme » de l'élection puisqu'il recueille 18 % des suffrages exprimés ; même s'il n'appelle pas à voter pour Nicolas Sarkozy, ce dernier l'emporte haut la main le 6 mai avec 53,6 % contre 46,4 % des voix à Ségolène Royal – le score le plus bas pour une candidature de gauche au second tour de l'élection présidentielle depuis 1974.

La difficulté pour le président nouvellement élu est d'incarner la « rupture » qu'il a promue alors qu'il a siégé au gouvernement durant les cinq années précédentes. Rupture du moins y a-t-il dans le style que Nicolas Sarkozy souhaite imposer à l'Élysée. Son père hongrois lui aurait dit que jamais un Sarközy de Nagy-Bocsa ne pourrait devenir un président français. Cette ambition n'a pourtant jamais quitté celui qui fut jeune militant à l'UDR dès 1974, élu maire de Neuilly-sur-Seine à 28 ans en 1983, ministre du Budget dans le gouvernement Balladur entre 1993 et 1995 puis rallié à la candidature de ce dernier face à Jacques Chirac, ce qui lui valut une brève traversée du désert. Trois jours après cette élection, le président du Conseil italien Silvio Berlusconi affirme : « Nicolas Sarkozy m'a pris comme modèle en politique. » Le rapprochement est en partie pertinent.

Tous deux entretiennent les mêmes liens avec le monde des affaires – les amis de Nicolas Sarkozy se nomment entre autres Arnaud Lagardère (Hachette, Matra, EADS), Martin Bouygues (Bouygues-BTP, TF1, Bouygues-Télécom), Serge Dassault (Dassault-Aviation, Socpresse, *Le Figaro*) et Liliane Bettencourt (dont L'Oréal suffit à faire la quatrième fortune de France). Tous deux sont soucieux de « décomplexer », disent-ils, le rapport à l'argent : au soir du 6 mai, Nicolas Sarkozy fête sa victoire au Fouquet's puis se retire sur le yacht du milliardaire Vincent Bolloré. Tous deux cultivent le même style relâché et un vocabulaire à la lisière de la triviali-té : « Je parle comme le peuple », affirme Nicolas Sarkozy ; le 23 février 2008, au Salon de l'agriculture, il gratifie celui qui refuse de lui serrer la main d'un « Casse-toi pauv' con » qui complète sa réputation. Tous deux encore partagent une fascination pour l'hypermédiatisation, la réaction spontanée à l'actualité et la surexposition de leur vie privée : quelques semaines avant son divorce, Nicolas Sarkozy prend à témoin la France entière de ses déboires sentimentaux avec son épouse Cécilia. Tous deux encore imposent une « brutalisation du vocabulaire », comme l'écrit Michaël Fœssel : dans le lexique sarkozyste se déroule une suite de « casseurs », « violeurs », « barbares », « racailles » et autres cités à « nettoyer ». Son registre est compassionnel et émotionnel : Nicolas Sarkozy veut se montrer proche des « victimes », de « ceux qui souffrent », des « Français du milieu ». « Prolixe de proxi-mité », ironise *Libération*.

Par-delà ce style souvent commenté, c'est la culture poli-tique de Nicolas Sarkozy qui frappe par sa cohérence et sa stabilité. Le nouveau président revendique son appartenance à la « droite », une « droite républicaine » qui encense ses traditions et leurs piliers : l'autorité, la famille, la religion, l'ordre, le labeur et l'effort. Il multiplie les déclarations sur « la France qui se lève tôt », la nécessité de « travailler plus pour gagner plus », « l'instituteur [qui] ne remplacera jamais le curé », la nécessité de « liquider » Mai 68 en tournant la page de son héritage. Le président de la République incarne une droite libérale et autoritaire qui regarde la redistribution comme de l'assistanat, vante la responsabilité individuelle et la réussite personnelle, juge les inégalités stimulantes pour l'activité, promeut la productivité et la compétition. Nicolas Sarkozy loue explicitement le capitalisme – à la différence des précédents présidents, plus discrets sur le sujet ; il en assume pleinement l'ambition comme en témoigne, le 15 septembre 2008, son discours de Toulon : « Le capitalisme, ce n'est pas le court terme, c'est la longue durée, l'accumulation du capital, la croissance à long terme. Le capitalisme, ce n'est pas la primauté donnée au spéculateur. C'est la primauté donnée à l'entrepreneur. [...] C'est d'ailleurs le capitalisme qui a permis l'essor extraordinaire de la civilisation occidentale depuis sept siècles. »

L'exacerbation des oppositions

La « rupture » cependant est moins politique que symbolique. La composition du gouvernement en est un bon indice : des femmes y accèdent aux plus hautes fonctions (Michèle Alliot-Marie au ministère de l'Intérieur, Rachida Dati comme garde des Sceaux, Christine Lagarde à Bercy) ; des personnalités « issues de l'immigration » y font leur entrée (outre Rachida Dati, Rama Yade et Fadela Amara) ; des ministres « d'ouverture » viennent en droite ligne de la gauche (Bernard Kouchner aux Affaires étrangères, Éric Besson comme secrétaire d'État à la prospective et à l'évaluation, Jean-Marie Bockel secrétaire d'État à la Coopération, Jean-Pierre Jouyet aux Affaires européennes ainsi que, sur un autre registre, Martin Hirsch, le président d'Emmaüs, nommé haut-commissaire aux Solidarités). Pour le reste, le gouvernement demeure classique dans sa composition et dans le prolongement des précédents, comme l'illustre le nouveau locataire de Matignon : François Fillon que l'on a vu à l'œuvre dans les réformes qui portent son nom.

Devenu président, Nicolas Sarkozy met en avant « l'identité nationale ». Brice Hortefeux prend en charge une fonction dont la dénomination suscite à elle seule l'indignation de la gauche : le ministère de l'Immigration, de l'Intégration, de l'Identité nationale et du Développement solidaire. Les réactions sont nombreuses pour protester contre le « débat sur l'identité nationale » que le gouvernement entend impulser, inspiré par le conseiller de l'Élysée Patrick Buisson. Ainsi l'Association française des anthropologues s'en alarme en affirmant que la notion d'identité nationale « est une construction sociale imaginaire qui, sous couvert d'unité, tend à renforcer les divisions, les discriminations et les inégalités » ; « un État qui se veut démocratique, poursuivent les signataires, ne saurait édicter l'identité d'une nation, que ce soit en termes ethnique ou culturel, moral ou encore idéologique ». On sent en effet dans cette dénomination comme dans l'organisation d'un tel débat la volonté de défendre la tradition d'une France chrétienne – manière contournée de pointer du doigt la place des musulmans. « On est français parce qu'on regarde la chrétienté et les Lumières comme deux versants d'une même civilisation », affirme Nicolas Sarkozy en novembre 2007 ; François Fillon lui fait écho en revendiquant pour la France « un vieil héritage chrétien qui ne saurait être ignoré par les autres religions installées plus récemment sur notre sol ». Brice Hortefeux durcit une nouvelle fois les conditions de séjour des étrangers en France. Sa loi sur l'immigration intègre un amendement sur la possibilité de réaliser des tests ADN afin de prouver une filiation biologique en cas de regroupement familial ; cette mesure suscite des protestations jusque dans les rangs de la droite – et notamment celles de Simone Veil, Dominique de Villepin et Jean-Pierre Raffarin.

La politique socio-économique de ce mandat prolonge également le précédent. En 2002, Jacques Chirac avait mené une politique d'allégements fiscaux, équivalant à environ 5 milliards d'euros ; avec le « paquet fiscal », Nicolas Sarkozy les amplifie, par des allégements de l'ordre de 15 milliards ainsi qu'un « bouclier fiscal » qui diminue la progressivité de l'impôt et entend explicitement protéger les contribuables les plus fortunés. Pour activer le « travailler plus » prôné lors de sa campagne, les heures supplémentaires sont exonérées d'impôt sur le revenu et quasiment de cotisations sociales – le coût de la mesure est estimé à plusieurs milliards d'euros ; le dispositif encourage de surcroît à favoriser les heures supplémentaires au détriment de l'embauche et donc de l'emploi. Dans le même esprit que le RMA, le Revenu de solidarité active (RSA) doit remplacer le RMI pour permettre aux chômeurs de retrouver une activité ; mais il s'agit une nouvelle fois de les contraindre à accepter un emploi parfois sans rapport avec leur formation ou leur situation. Quant à la politique de restrictions budgétaires, elle se poursuit aussi : la Révision générale des politiques publiques, lancée en juillet 2007, prévoit de ne plus remplacer qu'un fonctionnaire sur deux.

Deux importants mouvements sociaux, en 2007 et 2010, tentent de contrecarrer la politique libérale du gouvernement en protestant contre la nouvelle réforme des retraites que François Fillon veut appliquer. La grève des cheminots et des agents de la RATP, la grève des fonctionnaires, des postiers et des salariés des télécommunications, la grève des travailleurs du privé dans de nombreux secteurs, la grève avec blocage des universités à l'automne 2007 ne parviennent pas à l'empêcher. La mobilisation de 2010 ne l'entrave pas davantage, alors que cette contestation dure cinq mois environ, qu'elle fait descendre 2 à 3 millions de personnes dans la rue et que les grèves se multiplient dans les secteurs public et privé – cette fois, les salariés des raffineries sont parmi les plus mobilisés. Avec ces réformes, l'âge légal de la retraite est reculé à 62 ans ; l'âge de la retraite prise à taux plein est reporté à 67 ans. Entre-temps, les universités ont connu, en 2007 et 2009, de puissantes mobilisations de leurs étudiants, personnels et enseignants protestant contre l'autonomie qu'ils dénoncent comme une façon de les asphyxier financièrement. Mais la caractéristique commune à l'ensemble de ces mouvements est finalement leur défaite face à la détermination du gouvernement.

Cette fermeté s'affiche d'autant plus avec la crise qui frappe de plein fouet les économies du monde entier. Dès l'automne 2008, tout en disant vouloir « moraliser le capitalisme financier », Nicolas Sarkozy annonce un plan de sauvetage des banques. Signe que le libéralisme économique trouve ses limites en cas de crise, l'intervention de l'État favorise les entreprises : le plan prévoit un allégement de 1,1 milliard d'euros de taxe professionnelle, des avances de trésorerie, des prêts bonifiés ainsi qu'un fonds d'investissement pour recapitaliser les entreprises en difficulté. Au sommet de Davos, le président français lance quelques diatribes contre les *traders*, à l'heure où l'affaire Jérôme Kerviel défraie la chronique – il aurait fait perdre plusieurs milliards d'euros à la Société générale. Mais c'est le gouvernement lui-même qui sombre dans la tourmente d'un scandale au long cours ; une nouvelle fois lié au financement occulte d'un parti politique, en l'occurrence de l'UMP, il implique le ministre du Budget Éric Woerth, la milliardaire Liliane Bettencourt et atteint l'Élysée par ricochet. Nicolas Sarkozy achève son quinquennat au plus bas dans les sondages.

Fin de partie

La popularité du président est désormais écornée. Il tente bien, en fin de mandat, de changer de style, ce style que les observateurs ont beaucoup raillé. Après avoir privilégié la « communication » intense d'un homme présent sur tous les fronts, Nicolas Sarkozy s'en distancie ; en mars 2012, il assure ne pas vouloir « céder à l'agitation », « envisager les choses dans la durée, avec du recul, du sang-froid ». Faite de gravité et de sobriété, cette nouvelle posture semble néanmoins trop tardive pour effacer ses faux pas. Beaucoup de ceux qui l'avaient soutenu se détournent de lui, déçus. La forme a pu désappointer, jugée trop désinvolte eu égard à la solennité qui sied par tradition à la fonction. Sur le fond, surtout, ils peuvent avoir le sentiment d'avoir été trompés par les promesses non tenues. Celui qui s'était engagé à accroître le pouvoir d'achat n'a pu en être le garant. La conjoncture économique n'a pas aidé : la crise débutée en 2008 est l'une des plus graves que le monde ait connues depuis 1929. Nicolas Sarkozy, fréquentations et surtout cadeaux fiscaux aidant, est apparu comme le « président des riches » ainsi que les sociologues Monique Pinçon-Charlot et Michel Pinçon l'ont appelé. Ni la suppression du bouclier fiscal ni l'instauration d'une contribution exceptionnelle de 3 % sur les ménages déclarant plus de 250 000 euros, en fin de mandat, n'ont pu modifier cette image. Sous la présidence Sarkozy, les impôts payés par les 1 % les plus riches ont été réduits de 1,5 milliard d'euros. Quant aux entreprises, le montant des exonérations de cotisations sociales dont elles ont été gratifiées est estimé à quelque 30 milliards d'euros par an.

« Président des riches » : c'est aussi la façon dont François Hollande qualifie Nicolas Sarkozy durant la campagne qui l'oppose au président sortant. François Hollande candidat à l'élection présidentielle : dans les rangs du PS, peu auraient misé sur cette hypothèse jugée inconcevable sauf en cas de « crash de l'avion qui transporte DSK et Aubry et qui tomberait sur Ségolène », plaisante en 2010 le strauss-kahnien Christophe Borgel. Mais un « crash » d'une autre nature se produit le 14 mai 2011 et vient déjouer les prévisions les plus assurées qui voyaient Dominique Strauss-Kahn à l'Élysée : accusé d'agression sexuelle par une femme de chambre d'un hôtel new-yorkais, le directeur du FMI se retrouve au centre d'un scandale mondial qui retire du jeu le favori des sondages. Des « primaires citoyennes » ont lieu les 9 et 16 octobre 2011, événement politique et médiatique qui voit se mobiliser les sympathisants socialistes pour désigner leur candidat : 2,9 millions de personnes y participent. La secrétaire nationale du PS, Martine Aubry, est largement devancée par François Hollande (56,57 % contre 43,43 %). « Le changement, c'est maintenant » : le candidat désigné a choisi son slogan dans le fonds récurrent des promesses de ruptures et de renouvellements. Le style de Nicolas Sarkozy est beaucoup critiqué ; la volonté affichée par François Hollande d'être quant à lui un « président normal » est cependant contestée jusque dans son camp ; d'où l'oxymore : « Pour être normal, il faut être exceptionnel », l'essentiel étant qu'un « président normal » « se retient, se contient », explique-t-il. Sur le fond, son programme ne propose pas toutefois de mettre en cause la politique menée durant cinq ans à l'Élysée : ni les lois sécuritaires, ni la législation sur l'immigration, ni la Révision générale des politiques publiques même si elle est appelée à changer de nom, ni la réforme des retraites ne seront abrogées. L'un des engagements-phares du PS est d'ordre « sociétal » : le droit au « mariage pour tous » et donc pour les homosexuels. François Hollande promet aussi de « donner du sens à la rigueur », façon de dire par ailleurs que rigueur il y aura, quoi qu'il en soit.

Les déçus du sarkozysme viennent grossir les rangs des électeurs du FN. Marine Le Pen, qui fait campagne sur la « préférence nationale », le « protectionnisme social », la fermeture des frontières et l'opposition souverainiste à l'Union européenne, réalise au premier tour un score important : 17,9 %, plus élevé en nombre de voix (6,4 millions) que ceux de Jean-Marie Le Pen et Bruno Mégret en 2002 (5,4 millions). François Bayrou ne parvient pas à rééditer le résultat de 2007 : avec 9 % des suffrages, il appelle pour la première fois à voter pour le candidat de la gauche au second tour, mais la majorité de ses électeurs ne se rallient pas à ce choix. À la gauche du PS, Jean-Luc Mélenchon s'affirme en tribun luttant contre le social-libéralisme pour lui opposer un réformisme antilibéral. Son appel à une « révolution citoyenne » est entendu par 11,11 % des électeurs, pris surtout à une extrême gauche radicale et anticapitaliste qu'il contribue à affaiblir : Philippe Poutou, le candidat du Nouveau Parti anticapitaliste (NPA), ne recueille que 1,15 % des voix et Nathalie Arthaud pour Lutte ouvrière, 0,56 %.

François Hollande remporte une victoire étroite le 6 mai : 51,6 % contre 48,4 %. Antisarkozyme ambiant aidant, le résultat apparaît davantage comme un vote de rejet et de résignation que comme une élection d'adhésion et de mobilisation.

Nicolas Sarkozy a pu présenter son mandat comme « le premier du XXIe siècle » ; c'était volontairement occulter celui de son prédécesseur, commencé en 2002. L'élu de 2007 était-il fondé en raison à se présenter de la sorte ? En matière sociale et économique, sur les questions d'immigration ou de sécurité, la ligne générale, libérale et autoritaire, est en réalité sans rupture depuis 2002. En revanche, le style a de toute évidence changé. Avec l'« hyperprésidence » de Nicolas Sarkozy, la Ve République paraît plus proche que jamais de ce que Max Weber avait appelé un régime « charismatique » et « plébiscitaire ». « D'où sort cet aérolithe ? » se demande Marcel Gauchet en tentant d'analyser le « sarkozysme » ; selon lui, Nicolas Sarkozy serait typique de « l'homme politique postmoderne » qui déjoue les repères, ceux du clivage gauche-droite en particulier. Les cultures politiques en sortent peut-être ébranlées.

CHAPITRE IV

Ambiguïtés sur l'échiquier
Avatars, renouvellements et bouleversements des cultures politiques

À l'aube de la décennie 1980, la revue *Le Débat*, tout juste fondée, pose la question : « De quoi l'avenir intellectuel sera-t-il fait ? » Sollicité, le philosophe François Ewald se demande : « Comment être de gauche quand nous ne pouvons déjà plus l'être ? » Quelques années plus tard, Jacques Attali confie dans *Verbatim* : « La gauche n'est plus ce qu'elle était. Mais qu'est-elle alors ? » Quant au candidat Jacques Chirac, le 14 mars 2002, en pleine campagne présidentielle, il assure : « Je ne suis pas de droite. » Achevant d'ébranler les repères, l'éditorialiste du *Point* Franz-Olivier Giesbert avance que François Mitterrand serait un homme de droite incarnant la gauche et Jacques Chirac un homme de gauche incarnant la droite.

De ce bref florilège, dont on pourrait étoffer le recueil, peut-on conclure à l'effritement de l'axe gauche-droite ? La période se caractérise par un brouillage des habituels clivages. Une formule surgie dans le langage médiatique des années 2000 s'est vite imposée au faîte des expressions toutes faites : « bouger les lignes ». Or les « lignes bougent », en effet, sur l'échiquier politique. Les sondages annoncent avec un rythme de métronome la progression du phénomène : en 1981, 33 % des personnes interrogées trouvent dépassées les notions de droite et de gauche ; elles sont 56 % en 1989, 60 % en 2002 et un peu plus encore en 2012 puisque, à cette date, seuls 17 % de ceux qui se disent de gauche et

14 % de ceux qui se revendiquent de droite jugent encore ces référents déterminants.

Que l'on définisse une culture politique, après Marc Lazar, comme un « ensemble d'idées, de valeurs, de symboles et de croyances et une multitude diversifiée de règles et de pratiques qui, combinés, donnent une signification au réel, établissent les règles du jeu, façonnent les comportements politiques et conduisent à l'inculcation de normes sociales » ou encore, comme Jean-François Sirinelli, tel un « ensemble de représentations qui soude un groupe humain sur le plan politique, c'est-à-dire une vision du monde partagée, une commune lecture du passé, une projection dans l'avenir vécue ensemble », elle ne peut se regarder que dans ses évolutions. Plus qu'auparavant, elle se lit au prisme d'un monde changeant auquel il s'agit souvent de s'adapter.

PASSES D'ARMES À GAUCHE

De quoi le socialisme est-il le nom ?

La vocation historique du socialisme trouvait son origine dans la revendication d'une appartenance sociopolitique, le mouvement ouvrier, et dans un projet de société, le renversement du capitalisme jugé exploiteur et aliénant. Les socialistes en affichaient toujours la pertinence après plus d'un siècle d'existence. En faisant s'effondrer ce socle au point de le briser, le PS opère, à partir des années 1980, une métamorphose qui le dépasse largement puisqu'elle concerne l'ensemble de ce qu'en politique on nomme métaphoriquement l'échiquier. Cette prise de distance à l'égard de l'anticapitalisme débute au congrès de Valence, en octobre 1981 ; la question est formulée dans une alternative : « Entre le capitalisme et nous, y aura-t-il choc ou compromis ? » La deuxième option prévaut finalement, puisque tout est une question de temps : il s'agit de « transformer graduellement le système économique ». C'est ce que François Mitterrand appelle « vivre avec son temps ». Cette injonction, dans laquelle certains voient un réalisme pragmatique et d'autres un abandon sous forme de haute trahison, se coule dans le moule de la « modernité », de la « redécouverte de l'entreprise » ou encore d'une « rigueur » qui ose dire son nom. C'est ainsi que la cohabitation devient envisageable, quand elle semblait inimaginable quelques années auparavant.

Les propositions politiques se rapprochent à telle enseigne qu'en 1988 le candidat-président François Mitterrand esquive le mot « gauche » dans sa *Lettre à tous les Français* et écarte *a fortiori* le terme « socialisme ». Certains commentateurs remarquent l'hommage appuyé rendu par Pierre Bérégovoy à Antoine Pinay, le chantre d'une droite économe et libérale, lors du centenaire de ce dernier en décembre 1991. À cette date, la « maîtrise des dépenses de santé », la « désinflation compétitive », la défense de la monnaie, les allégements d'impôts et les exonérations de cotisations sociales pour les entreprises sont autant de pratiques partagées par la gauche et la droite au pouvoir. Les privatisations et le changement de vocabulaire, qui voit Lionel Jospin nommer « charges » ou « taxation » ce que la gauche désignait jusque-là comme « cotisations » et « protection » sociale, amplifient le tournant amorcé depuis quinze ans. Dans *Le Monde comme je le vois* publié en 2005, Lionel Jospin tourne en dérision ce qu'il décrit comme « la radicalité de la posture ultra-gauche » – et que Bernard Kouchner nomme des « utopies fripées » ; il réaffirme la volonté de « faire évoluer le capitalisme, mais progressivement ». Il s'agit toujours de « donner le temps au temps », mais ce temps-là semble s'être étiré. En cela, Lionel Jospin rejoint Michel Rocard qui, à l'été 2005, déclare : « Nous sommes partisans de petites avancées, de petits progrès, de choses tenables. »

À travers cette convergence, deux gauches dans le Parti socialiste paraissent réconciliées. Au cours des années 1970, l'expression « deuxième gauche » avait vu le jour pour qualifier un courant décentralisateur et libéral sur le plan économique. Jean-Pierre Chevènement la stigmatisait comme une « gauche américaine », porteuse d'un néolibéralisme en voie d'hégémonie aux États-Unis. À la Ligue communiste révolutionnaire, on pouvait lire en février 1979 dans la revue *Critique communiste* ce diagnostic en forme de pronostic : « Le discours de Michel Rocard préfigure l'adaptation en cours », l'acceptation de « la rigueur ». La « deuxième gauche » entend donner toute sa place au marché dans la régulation économique et assume son identité sociale-démocrate. Or cette ligne finit par dominer. Il faut attendre dans le cas du PS français l'année 1991, avec le congrès de la Défense, pour voir des mots se poser sur la politique menée : « Le capitalisme borne désormais notre horizon historique. » L'écroulement de l'URSS, au même moment, n'est évidemment pas pour rien dans l'assurance de ce bilan, qui tient de la reconnaissance davantage que du revirement. Et le ministre Jean Poperen d'ajouter : « Nous ne sommes pas devenus sociaux-démocrates, nous l'avons toujours été. »

Certes, cela ne va pas sans tensions. Car le PS est divisé : par-delà le bal compliqué d'alliances contrariées entre « jospinistes », « fabiusiens » et « rocardiens », des sensibilités plus à gauche continuent de s'affirmer en son sein. Le Centre d'études, de recherches et d'éducation socialiste (CERES), créé dès 1966 sous l'égide de Jean-Pierre Chevènement, Alain Gomez, Pierre Guidoni et Didier Motchane, abandonne peu à peu ses références marxistes pour se recentrer sur le socle républicain, évoqué en 1983 comme « une idée d'avant-garde ». Jean-Pierre Chevènement refuse le tournant pris par son parti même s'il se réaffirme « solidaire du gouvernement ». Cette évolution vers le républicanisme comme projet politique, cette défense de l'État contre le néolibéralisme, cette opposition entre souverainisme de gauche et Union européenne le conduisent finalement à quitter le Parti socialiste pour fonder, en 1995 le Mouvement des citoyens. Au sein du PS, la Gauche socialiste, courant créé en 1988 par Jean-Luc Mélenchon et Julien Dray, en opposition à la politique menée par le gouvernement Rocard, marque elle aussi sa différence sur le projet européen, dont elle rejette les pactes de stabilité et la rigueur, même si elle se rallie finalement au traité de Maastricht. Mais le 21 avril 2002 fait éclater ce regroupement : Jean-Luc Mélenchon fonde Nouveau Monde avec Henri Emmanuelli. Celui-ci, lors du congrès de Dijon en mai 2003, juge que « la gauche ne fait plus la différence avec la droite, dans un monde où le politique semble avoir renoncé à gouverner et à orienter l'histoire ». Fin 2002, le Nouveau Parti socialiste (NPS) est lancé par Julien Dray, Arnaud Montebourg, Vincent Peillon et Benoît Hamon. Ces courants s'en prennent surtout à des politiques jugées trop libérales, sans mettre en cause l'économie de marché.

La campagne présidentielle de 2007 menée par Ségolène Royal puise à d'autres sources. La candidate emprunte des thèmes à la droite, comme la critique des trente-cinq heures ou la proposition de supprimer la carte scolaire, « une revendication traditionnelle de la droite que la gauche avait toujours repoussée » fait remarquer Lionel Jospin. Ses slogans résonnent d'accents autoritaires (l'« ordre juste ») et certaines de ses propositions, de tonalités militaires (l'intervention de l'armée dans les banlieues). Son style n'est pas lui non plus dépourvu d'ambiguïtés au point qu'elle doit justifier ses formules imprégnées de références néotestamentaires – « Je vais accomplir ma mission », « Aimez-vous les uns les autres », « Je leur pardonne car ils ne savent pas ce qu'ils font » : non, assure-t-elle, « je ne suis ni Jeanne d'Arc ni la Vierge Marie ».

Entre 2007 et 2011, l'hypothèse la plus probable pour l'élection présidentielle à venir réside dans la candidature de Dominique Strauss-Kahn. Mais cette solution ne fait pas l'unanimité dans les rangs du PS. Deux arguments jugés essentiels pour contrer Nicolas Sarkozy disparaîtraient en effet : d'une part, les liens avec l'argent et le luxe ; d'autre part, l'austérité, vu celle pratiquée à l'échelle mondiale par le directeur du Fonds monétaire international. Certains observateurs estiment d'ailleurs que Dominique Strauss-Kahn appliquerait s'il était élu un « sarkozysme de gauche » – l'expression de Jacques

Julliard est un autre témoignage du brouillage affectant les repères classiques du politique. À partir de mai 2011, le scandale de l'affaire DSK provoque le retrait de l'intéressé ; il n'efface pas pour autant l'enjeu de cette identité troublée. Certes, à la gauche du PS, Arnaud Montebourg défend un « capitalisme coopératif » et une « démondialisation » opposée au libéralisme internationalisé ; en mai 2012, il devient ministre du Redressement productif dans le gouvernement de Jean-Marc Ayrault. Mais il y cohabite avec Manuel Valls, qui représente quant à lui la « droite » du parti. Et lorsque le nouveau ministre de l'Économie Pierre Moscovici évoque la « révolution copernicienne » que représente pour le PS le ralliement à la baisse du coût du travail, la « révolution » en question a bel et bien changé de nom.

C'est aussi le socle social et électoral du PS qui s'est métamorphosé. En 1981, le parti dénigre encore, par la voix de Pierre Mauroy, « les gens du château » et ses références politiques sont tournées d'abord vers les ouvriers et les employés. Mais un cercle vicieux s'installe dont les spirales sont autant de pièges peu à peu refermés : la politique menée déçoit les classes populaires, qui se détournent du PS ; celui-ci s'en désintéresse à son tour, creusant toujours plus le fossé.

Le terme même de « socialiste » est par conséquent interrogé. Le débat est soulevé dès 1983 ; on se souvient que Lionel Jospin déclare en 2002 : « Mon projet n'est pas socialiste » ; mais il prend davantage d'acuité lorsque Manuel Valls suggère de s'en défaire. L'ancrage du mot dans le passé serait gage de sa péremption supposée : là encore, il s'agit d'épouser son temps. Manuel Valls n'est d'ailleurs pas le seul à relever ce que certains pensent être une incongruité : selon Michel Winock, le PS continue de se dire « socialiste » sans l'être dans les faits, comme le parti que l'on nommait jadis « radical » ne l'était pas davantage. Au-delà de l'étiquetage, beaucoup jugent, comme Marcel Gauchet, que le PS reste « étrangement incapable de paraître ce qu'il est » : « social-démocrate » voire, comme on le dit à sa gauche, « social-libéral ».

« Gauches de gauche »

La défense d'une « gauche de gauche » sous-entend l'existence d'une sorte de gauche de droite ou du moins d'une gauche trop à droite. Selon Jean-Luc Mélenchon, la social-démocratie opérerait un basculement vers une « postgauche » qui la rejetterait dans une sphère de non-gauche, sur le modèle des démocrates états-uniens.

Or cette autre gauche doit dorénavant compter avec une formation politique jusque-là non identifiée, et de fait toujours difficile à classer. Fondée à l'automne 1982 sous le nom Les Verts-Parti écologiste et sur le modèle du premier parti « vert », les *Grünen* en Allemagne, elle rassemble une nébuleuse d'associations, un an après les 3,37 % recueillis par le candidat écologiste Brice Lalonde – qui n'appelle pas au deuxième tour à voter Mitterrand. Ce parti a longtemps pour porte-parole Antoine Waechter, candidat à l'élection présidentielle de 1988 où il remporte 3,78 % des voix. Mais sa véritable percée a lieu l'année suivante, lors des élections européennes : les Verts obtiennent 10,6 % des suffrages. Ce bon résultat s'accroît encore aux élections régionales de 1992 (14 %, score cumulé des Verts et de Génération Écologie) ; pour la première fois, les Verts gagnent la présidence d'un conseil régional : Marie-Christine Blandin est portée à la tête de la région Nord-Pas-de-Calais. Or Antoine Waechter affiche un « ni droite ni gauche » au fondement de sa motion « l'écologie n'est pas à marier », alors que d'autres courants comme celui mené par Yves Cochet voudraient au contraire sceller des alliances avec « la gauche de la gauche ». Antoine Waechter finit par être mis en minorité et quitte le parti en 1994. Les Verts revendiquent désormais l'héritage de la gauche ; plus précisément, ils estiment le combat écologiste incompatible avec les valeurs de la droite. Dans la « compétition des enjeux » théorisée par le politiste états-unien David Robertson – les organisations politiques sont contraintes de s'ajuster aux discours de leurs concurrents –, le parti écologiste est un « parti de niche » auquel d'autres formations, plus « attrape-tout », s'adaptent en puisant dans le vivier de ses thématiques. Ainsi peut-on noter le spectaculaire accroissement de l'attention portée par le Parti socialiste aux enjeux environnementaux à partir des années 1990, à la suite des bons scores électoraux réalisés par les Verts.

Ceux-ci entrent d'ailleurs dans le gouvernement Jospin en 1997 : Dominique Voynet, qui avait obtenu 3,32 % des suffrages à l'élection présidentielle de 1995, devient ministre de l'Environnement et de l'Aménagement du territoire. Malgré la « loi Voynet » favorisant les énergies renouvelables et l'agriculture biologique, ce passage au pouvoir est vivement contesté au sein des associations écologistes : gestion de la marée noire après le naufrage du pétrolier *Erika* en décembre 1999 jugée négligente et dilettante ; autorisation de l'enfouissement des déchets nucléaires sur le site de Bure dans la Meuse ; inscription d'une variété d'OGM au catalogue des espèces autorisées à la culture. Pour autant, les Verts sont à présent une formation politique qui compte à gauche, grâce aux scores obtenus lors de scrutins européens (9,72 % en 1999 pour la liste emmenée par Daniel Cohn-Bendit ; 16,3 % pour Europe Écologie en 2009) ou municipaux (8,7 % en 2008). Après le bon résultat de Noël Mamère à l'élection présidentielle de 2002 (5,25 %), celui de Dominique Voynet en 2007 est au contraire mauvais (1,57 %), comme l'est aussi, cinq ans plus tard, celui d'Eva Joly (2,31 %). La cohésion même des Verts, devenus Europe Écologie Les Verts en novembre 2010, est régulièrement troublée par des dissensions politiques. En témoignent les déchirements suscités en 2005 par le Traité constitutionnel européen, en faveur duquel une courte majorité se prononce tandis que de nombreux militants mènent un travail d'opposition à une Europe jugée trop libérale. Le contraste entre les positions soutenues – lutte antinucléaire, combat pour des transports moins polluants, défense de l'agriculture biologique – et les politiques gouvernementales menées, en fragilise l'identité. Ainsi, à partir de mai 2012, les ministres Cécile Duflot et

Pascal Canfin prennent-ils place dans un gouvernement Ayrault qui, sur le nucléaire comme sur l'aéroport de Notre-Dame-des-Landes, se montre en porte-à-faux avec les idéaux proclamés par leur parti.

Adaptation et renouvellement ou dérive et dévoiement : les questions ne manquent pas pour caractériser, au même moment, l'évolution du Parti communiste français. Comme a pu y insister l'historien britannique Tony Judt, la stratégie du PCF est désormais principalement dictée par ce que disent et font les socialistes. Pourtant, loin de le favoriser, cette pratique, au sein du gouvernement entre mai 1981 et juillet 1984 puis entre juin 1997 et mai 2002, contribue à le marginaliser, comme si le sens de son existence perdait de sa pertinence. Même si elle n'a rien de linéaire – elle varie selon les scrutins –, sa chute se mesure sur le plan électoral : 15,35 % pour Georges Marchais en 1981 ; 6,67 % en 1988 pour André Lajoinie, il est vrai concurrencé par le dissident « rénovateur » Pierre Juquin qui obtient 2,10 % des voix ; 8,64 % pour Robert Hue en 1995 ; 3,37 % pour le même en 2002 ; 1,93 % pour Marie-Georges Buffet en 2007. À l'intérieur du parti, le désarroi se dit dans le mot, assumé, de « bérézina ». « L'histoire est passée comme à côté de nous », écrit après cette débâcle Patrice Cohen-Séat, chargé de communication au PCF. Le déclin s'évalue également au nombre des adhérents, passé de 511 000 en 1981 à 133 000 en 2009 selon Roger Martelli. Durant la même période, la proportion d'ouvriers dans ses rangs tombe de 46,5 % environ à moins de 10 %.

Ici comme ailleurs mais sans doute encore plus qu'ailleurs, le rapport au passé sert de soubassement au présent. Sous l'ère Marchais, l'évolution de la position à l'égard de l'Union soviétique est de taille : après le « bilan globalement positif » affiché en février 1979, l'approbation de l'invasion de l'Afghanistan en 1980 et celle de la répression subie par Solidarnosc en Pologne l'année suivante, le XXVe Congrès en 1985 est le moment au contraire d'une franche prise de distance : le secrétaire général reconnaît le « retard » du PCF quant à l'analyse du « stalinisme » en particulier. Sous l'impulsion de Robert Hue, son nouveau « secrétaire national » – le changement de titre étant aussi un changement politique –, le parti abandonne au cours de son XXVIIIᵉ Congrès en 1994 des pans entiers de son identité : centralité donnée à la classe ouvrière et centralisme démocratique, renoncement politique qu'accompagne, d'un point de vue symbolique, la disparition de la faucille et du marteau dans son logo. Marc Lazar l'a démontré, le passé n'en est pas effacé pour autant ; il est reconsidéré et l'héritage globalement endossé – à la différence, par exemple, de l'ancien Parti communiste italien où il s'agit plutôt de jouer *Comment s'en débarrasser*. La chute du Mur est une déchirure mais elle est aussi l'occasion de puiser à un autre vivier, celui de l'« éthique » et de la « citoyenneté ».

C'est ce que fait également Jean-Luc Mélenchon. Ministre sous Lionel Jospin, membre de l'aile gauche du Parti socialiste qu'il quitte en novembre 2008, il devient le tribun d'un Front de gauche constitué en 2009 qui regroupe, entre autres formations, le PCF lui-même et le Parti de gauche tout juste créé. Or, si « révolution » il doit y avoir pour le Front de gauche, c'est une « révolution par les urnes ». Il y a lieu selon lui de mieux réguler le capitalisme en donnant moins d'importance aux banquiers et davantage aux salariés. Il imagine ainsi « un futur où la marchandisation recule au lieu de tout envahir », « où le droit au bonheur n'est plus un slogan de supermarché ». Désireuse de combattre la « tyrannie molle » des marchés, cette politique affiche son volontarisme en reprenant la formule du philosophe Henri Bergson : « L'avenir n'est pas ce qui va arriver, c'est ce que nous allons en faire. » Pour réaliser ce programme, incluant notamment un moratoire sur les délocalisations et un projet de loi pour interdire les licenciements dits « boursiers », le FdG entend changer de majorité à gauche. L'antilibéralisme et le réformisme sont revendiqués. En octobre 2011, Jean-Luc Mélenchon le résume à grands traits : « C'est quand même incroyable de voir qu'on passe pour un révolutionnaire quand on est simplement keynésien. »

Révolutionnaires sans révolution

Dès lors, au clivage gauche « radicale » / gauche « sociale-libérale » vient s'en superposer un autre, qui renouvelle la classique question « réforme ou révolution ? ». Pour les courants anticapitalistes en effet, le keynésianisme ne met pas en cause le capitalisme ; il a de surcroît échoué en 1981. C'est pourquoi la révolution qu'ils imaginent ne sera pas électorale mais politique et sociale, et devra en finir avec le système capitaliste lui-même. Ces marxistes privilégient l'auto-organisation par opposition à la délégation parlementaire, vue comme une relégation dans une passivité résignée. La vision qu'ils se font du pouvoir, « gouvernement des travailleurs » ou « gouvernement au service de la population », rend incompatible toute alliance avec les partis qui se succèdent au sommet de l'État.

Alors que le maoïsme, significatif dans les « années 1968 », disparaît presque, trois formations se revendiquant du trotskisme couvrent en France ce spectre politique : Lutte ouvrière (LO), le courant dit « lambertiste » de l'Organisation communiste internationaliste (OCI) qui fonde en mai 1992 le Parti des travailleurs (PT) puis en juin 2008 le Parti ouvrier indépendant (POI), enfin la Ligue communiste révolutionnaire (LCR), autodissoute en février 2009 dans le Nouveau Parti anticapitaliste (NPA). Si leurs effectifs sont faibles par comparaison à ceux des autres formations (quelques milliers de militants pour chacun de ces courants), leur influence est plus grande que les chiffres ne le laissent entrevoir : partis de militants et non de simples adhérents, ils sont très présents dans la plupart des luttes sociales, investis dans les syndicats, engagés dans de nombreuses associations. Les années 1980 sont rudes pour ces organisations, au cours d'une période où le marxisme est donné pour mort. Mais, acceptant d'être à contre-courant, elles maintiennent par des voies différentes leur attachement au mouvement ouvrier et le projet d'un communisme ni autoritaire ni totalitaire, où seraient abolies la propriété privée des moyens de production et l'exploitation de l'homme par l'homme qui définissent pour elles le système capitaliste. Si les figures dirigeantes de l'OCI-PT-POI, Pierre Lambert, Daniel Gluckstein et plus tard Gérard Schivardi, sont mal connues du public et si leurs résultats électoraux sont très faibles (0,47 % pour Daniel Gluckstein le 21 avril 2002 ; 0,34 % pour Gérard Schivardi le 22 avril 2007), celles d'Arlette Laguiller, porte-parole de Lutte ouvrière, d'Alain Krivine, Olivier Besancenot et Philippe Poutou pour la LCR puis le NPA lui sont devenues familières. Assumant de s'adresser par priorité politique aux « travailleuses et travailleurs », mettant l'accent sur l'emploi, les salaires et le logement, Arlette Laguiller, employée au Crédit Lyonnais, impose un discours tranchant au cours des différentes campagnes électorales auxquelles elle prend part depuis 1974 – elle est la première femme à s'y présenter. En 2012, Nathalie Arthaud est la seule candidate à se revendiquer explicitement du communisme ; LO, son organisation, est implantée dans les entreprises et affiche une culture ouvrière dont elle demeure fière. Quant à la LCR, dont le nom même évoque la culture communiste révolutionnaire, elle n'a pas de candidat au premier tour de 1981 : Alain Krivine ne peut se présenter, faute d'avoir obtenu les cinq cents parrainages d'élus nécessaires, y compris ceux que lui avaient promis PS et PCF. Au programme de cette organisation figurent notamment l'interdiction des licenciements, de vastes nationalisations et la réquisition des logements vacants. Elle se montre aussi investie dans les luttes antiracistes, féministes et écologistes. Connaissant un déclin au milieu des années 1980, elle ne présente pas de candidat en 1988 mais soutient le dissident du PCF Pierre Juquin. Les années 1990 constituent pour elle une forme de renaissance politique, liée au regain de luttes sociales amorcé au milieu de la décennie. Son nouveau porte-parole à partir de 2002, Olivier Besancenot, est un jeune facteur que son opposition déterminée au patronat et aux gouvernements rend populaire bien au-delà des rangs de la LCR. Le NPA, au nom du slogan « Nos vies valent plus que leurs profits », met à son programme l'expropriation des banques sans indemnité ni rachat et leur mise sous le contrôle de la population. Pour Olivier Besancenot, il y a toujours lieu de croire à « la vertu émancipatrice de la lutte des classes » et à un communisme « à l'opposé du système capitaliste » comme des « sociétés bureaucratiques ». En 2012, il laisse sa place de candidat à un ouvrier de l'automobile, Philippe Poutou, qui revendique lui aussi sa qualité de « non-professionnel » en politique.

LES DROITES ET LEUR EXTRÊME

Une droite de droite

Si l'axe gauche-droite paraît souvent se brouiller, la responsabilité n'en revient pas qu'à la gauche de l'échiquier. Dans l'atténuation de ce clivage, la droite aussi a sa part. Certes, elle se revendique de plus en plus comme telle. Une fois encore, 1981 est à l'origine d'un changement important : rejetée dans l'opposition alors qu'elle se nommait naguère « majorité », une partie de la droite n'hésite plus à se dire de droite. Charles Pasqua le reconnaît avec sérénité en janvier 1982 : « Être de droite n'est plus désormais un handicap. » À l'exception d'un Jacques Chirac moins prompt à se laisser caractériser, cette autonomination revendiquée poursuit son chemin jusqu'à Nicolas Sarkozy, qui affirme en 2007 : « Je suis de droite et je veux redonner à la droite son sens, sa clarté, sa fierté », ou au secrétaire général de l'UMP Jean-François Copé, auteur en 2012 d'un *Manifeste pour une droite décomplexée*. À cette date, les courants de l'UMP endossent pour la plupart l'étiquette : « droite sociale » de Laurent Wauquiez, « droite forte » de Brice Hortefeux ou « la France droite » de Nathalie Kosciusko-Morizet.

Mais qu'est-ce à présent que cette droite ? Comme le fait remarquer Michel Winock, « la droite ne peut se réclamer ni de Mac-Mahon, ni des antirépublicains, ni des antidreyfusards, ni des ligueurs, ni des pétainistes, ni des colonialistes (souvent de gauche, du reste) ». En somme, « la gauche a gagné » : ses normes historiques se sont imposées comme dominantes sur l'échiquier. De son côté, « la droite contemporaine est coupée de son passé » : les valeurs de référence qui formaient ses piliers, la famille, le patrimoine, l'Église et l'armée, se sont affaissées. Cet effritement n'empêche pas leur rappel ponctuel ; ainsi Jacques Toubon définit-il de la sorte ses axes politiques en 1982 : « Pas le féminisme mais la famille, pas l'idéologie mais le travail et le niveau de vie, pas le régionalisme mais la nation, pas la permissivité mais la morale. » On retrouve ce socle traditionnel trente ans plus tard dans l'opposition au « mariage gay », même si l'UMP est divisée sur le sujet : venue de l'UDF, ministre du Logement et de la Ville entre 2007 et 2009, Christine Boutin apparaît certes quelque peu isolée à l'UMP dans la virulence de ses positions contre l'avortement et le mariage homosexuel, revendiquées au nom de la foi chrétienne et de la famille traditionnelle ; cependant, en 2012 et 2013, une majorité des cadres de l'UMP participe activement aux manifestations opposées au « mariage pour tous ». Globalement cependant, la droite n'a plus grand-chose à voir avec ce qui la fondait à la fin du XIXᵉ siècle, avant qu'elle ne se rallie à la République. Elle n'a pas davantage de ressemblance avec la droite antisémite dont les relents s'étendent de l'affaire Dreyfus à Vichy. Ceci peut expliquer la tempête politique soulevée par Lionel Jospin le 14 janvier 1998 ; commémorant le centenaire du « J'accuse » écrit par Émile Zola en défense de Dreyfus, le Premier ministre déclare alors à l'Assemblée nationale : « Si l'on se replace à l'époque des événements on peut être sûr que la gauche était pour l'abolition de l'esclavage. On ne peut pas en dire autant de la droite. On sait que la gauche était dreyfusarde et la droite antidreyfusarde. »

Suscitant à droite un véritable tollé, Lionel Jospin doit présenter excuses et regrets : le propos est apparu comme un contresens historique et une provocation politique. Cette évolution contribue à éclairer, selon les mots du politiste Philippe Raynaud, « l'incapacité grandissante de la droite à dire ce qui la distingue de la gauche ».

La droite plurielle

Mais, comme la gauche, la droite se révèle plurielle. Le gaullisme historique, incarné par quelques personnalités comme Philippe Séguin puis Nicolas Dupont-Aignan, président du parti souverainiste Debout la République fondé en 1999, s'est estompé : le RPR puis l'UMP se font d'abord douloureusement puis plus franchement pro-européens, ce que rejettent ces souverainistes affirmés, tel encore Philippe de Villiers. Un néolibéralisme tempéré est désormais partagé par les différentes familles de la droite parlementaire, RPR et UDF d'abord, UMP et MoDem ensuite. Nicolas Sarkozy vient y ajouter une tendance populiste et autoritaire, qui mêle le registre de la familiarité et des thématiques puisées au vivier de l'extrême droite : revendication d'une « identité nationale » exacerbée, dénonciation d'une « islamisation » supposée de la société, « présomption de légitime défense pour les policiers ». La droite sous son mandat tend à se radicaliser : elle s'assume de plus en plus comme telle – une « droite forte » pour une « France forte ».

Porteur d'une politique libérale confiante dans la liberté du marché, le centre garde une existence non négligeable d'un point de vue électoral, attirant classes moyennes, cadres supérieurs et professions libérales. Ni parti de cadres ni parti de masse, il repose surtout sur un regroupement de notables. Soucieux de s'appuyer sur ce que Valéry Giscard d'Estaing nomme en 1984 le « groupe central », les classes moyennes, ce courant n'en a pourtant pas le monopole puisque la gauche comme la droite les convoitent elles aussi non sans efficacité. De surcroît, l'UDF est fragilisée par un

rassemblement inconstant : Parti républicain (PR) pleinement acquis à l'économie libérale, Centre des démocrates
sociaux (CDS) dans la tradition de la démocratie chrétienne
et radicaux vite hors du jeu. Pour compliquer encore les
désaccords, le PR lui-même est divisé : s'en détache en 1997
le parti Démocratie libérale (DL) dirigé par Alain Madelin,
défenseur d'un ultralibéralisme assumé. Dans cette configuration difficile, François Bayrou, à la tête de l'UDF à partir
de 1998 puis du Mouvement démocrate (MoDem) fondé
en 2007, occupe une réelle place politique, mais marquée
du sceau de l'instabilité. Il trouve néanmoins sa cohérence
dans l'enthousiasme pour le projet européen. Prônant une
meilleure séparation des pouvoirs et un rôle plus important conféré au Parlement, le centre peut aussi bénéficier
du rayonnement de certaines personnalités comme Simone
Veil, première femme à présider le Parlement européen
entre 1979 et 1982, ministre des Affaires sociales dans le
gouvernement Balladur puis membre du Conseil constitutionnel entre 1998 et 2007. Mais elle-même admet que
l'UDF ressemble à une « auberge espagnole » et reproche à
François Bayrou son exercice personnel du pouvoir. Sa prise
de distance à l'égard de l'UMP et son refus d'appeler à voter
pour Nicolas Sarkozy en 2012 ne sauraient faire oublier que
François Bayrou a participé à plusieurs gouvernements de
droite : comme ministre de l'Éducation nationale au sein
du gouvernement Balladur puis de nouveau à ce portefeuille
étendu à l'Enseignement supérieur et à la Recherche dans
le gouvernement Juppé. Au-delà de ces constats, on suivra
Theodore Zeldin lorsqu'il explique la relative marginalité
de la formation politique centriste par le fait que les grands
partis de droite comme de gauche gouvernent, au fond, au
centre. Dans cette « République du centre » que François
Furet, Jacques Julliard et Pierre Rosanvallon appelaient de
leurs vœux en 1988, il y a peu de place pour ceux qui se
réclament du centre puisque d'autres, plus puissants, en
orchestrent à leur place la mise en œuvre.

Le Front national ou le baiser de l'araignée

Pour Jean-Marie Le Pen, ces droites de gouvernement ne forment qu'une « droite courbe », une « droite molle ». Il n'en rejette pas moins pour sa formation le qualificatif d'« extrême droite » : le Front national se désigne plus volontiers comme une « droite sociale, populaire et nationale ». À cet égard, il faut relever le tournant opéré au milieu des années 1990 : dans ses discours, son dirigeant délaisse l'ancrage à droite au profit d'un « ni droite ni gauche : Français ! ». « Le Front national n'est pas le parti de la droite, c'est le parti de la France », proclame encore Jean-Marie Le Pen en 1995. On suivra néanmoins l'historien Jean-Paul Gautier lorsqu'il écrit : « L'extrême droite n'est pas une droite qui surenchérit sur les valeurs de la droite classique, car elle s'oppose aux valeurs de la droite républicaine et démocrate. »

Que Jean-Marie Le Pen ne puisse se présenter en 1981 faute de rassembler les parrainages nécessaires constitue un indice de sa difficulté à s'imposer alors dans le paysage politique français. En 1974, il n'est parvenu à recueillir que 0,75 % des suffrages. Le FN, fondé deux ans auparavant comme agrégat de petits groupes dispersés, compte à cette époque quelques centaines de militants seulement. Jean-Marie Le Pen est du moins parvenu à ses fins en s'imposant comme son dirigeant. Laudateur de Pétain, engagé volontaire en Indochine, jeune député poujadiste en 1956, il a conduit des interrogatoires par la torture en Algérie et défendu jusqu'au bout l'Algérie française dans le Front national des combattants. En 1965, il a mené campagne pour le candidat et avocat d'extrême droite Jean-Louis Tixier-Vignancour, puis s'est replié sur les activités de sa maison de disques, la SERP, dans laquelle il édite notamment les discours de Pétain, les « Voix et chants de la révolution allemande » nazie et les airs de la Waffen-SS, ce qui lui vaudra une condamnation pour « apologie de crimes de guerre ». Sa force tient dans le rassemblement qu'il parvient à réaliser par-delà l'hétérogénéité idéologique de ses troupes : partisans d'un nationalisme exacerbé et tenants d'une « Europe nouvelle » aux résonances hitlériennes, catholiques intégristes et païens revendiqués, anciens membres des partis collaborationnistes et nostalgiques du pétainisme, auxquels viennent s'ajouter des transfuges néoroyalistes de l'Action française. Mais cette diversité est cimentée par des détestations : anticommunisme, aversion pour le « cosmopolitisme », antiparlementarisme, goût de l'ordre et de l'État fort, racisme et xénophobie.

En 1983 à Dreux, ville d'Eure-et-Loir comptant environ 30 000 habitants, Jean-Pierre Stirbois mène campagne contre l'immigration et l'insécurité : « Immigrés d'au-delà de la Méditerranée, retournez à vos gourbis. » Si le résultat obtenu est important (17 %, qui permettent à Jean-Pierre Stirbois de devenir adjoint au maire), le phénomène est limité. Ce qui frappe dès lors, c'est l'écho puissant qui lui est donné. Cette date marque un tournant, puisqu'à partir de ce moment le Front national ne cessera plus de tenir la rampe médiatique et politique. Un premier acmé est atteint avec l'émission « L'Heure de vérité », le 13 février 1984, dont Jean-Marie Le Pen est le seul invité. La même année, Laurent Fabius assure que « le Front national pose de bonnes questions mais y apporte de mauvaises réponses ». Une spirale est enclenchée, qui entremêle attention médiatique et résultats électoraux – 11 % aux élections européennes en 1984 et jusqu'à la consécration de 1986, quand la proportionnelle permet au FN d'avoir 35 élus ; à l'Assemblée entrent ainsi d'anciens membres de l'OAS. Jean-Marie Le Pen confirme ces résultats en avril 1988, avec 14,4 % au premier tour de l'élection présidentielle. À compter de cette date, le paysage politique est bouleversé : comme l'ont relevé les politistes Gérard Grunberg et Étienne Schweisguth, celui-ci n'est plus bipolaire mais tripartite.

Le chômage, la fragilité dans laquelle sont plongées nombre de populations, les cruelles déceptions suscitées par la gauche expliquent ces succès. Ils ouvrent aussi la voie à un réajustement, qu'Ariane Chebel d'Appollonia a nommé la « stratégie de l'araignée » : le FN abat de nouvelles cartes dans le jeu politique, soucieux qu'il est désormais de sa respectabilité. Il n'enlève rien à son discours stigmatisant l'immigration : au contraire, alors que ce thème était encore mineur chez lui jusqu'à la fin des années 1970, il devient un cheval de bataille qu'il ne cesse d'enfourcher. Les pages xénophobes de sa presse interne sont recouvertes d'une façade euphémisée pour le grand public et les réceptacles médiatiques. Mais cette édulcoration n'empêche pas de traiter le social sur le mode de l'« ethnique ». À partir des années 1990, l'expression « préférence nationale » participe de ce double mouvement : euphémisme pour ne pas encourir l'accusation de racisme ; contribution à l'ethnicisation du politique. Assigner les immigrés à leurs origines elles-mêmes associées à la délinquance et à l'insécurité permet au Front national de préconiser la remise en cause des naturalisations accordées depuis 1974 et le renvoi « définitif mais progressif » des immigrés venus d'Afrique. Cette conception de la nation s'accompagne d'un affichage de compassion : le FN propose de lutter contre le sous-développement pour entraver l'immigration. Il n'empêche : le leader du FN laisse parfois échapper ses convictions sur l'« inégalité des races », comme en 1996.

Ces mutations cheminent de concert avec une radicale évolution en matière économique. Durant les années 1980, Jean-Marie Le Pen aspire à s'imposer comme le Reagan français. Le programme du FN est ultralibéral : il vilipende la protection sociale, justifie la course au profit et « l'inégalité économique », prône l'augmentation du temps de travail sans hausse de salaire et la privatisation de tout ce qui ne relève pas de l'État régalien. Le virage commence au début des années 1990 : les États-Unis sont devenus l'ennemi honni – au point que le FN condamne l'engagement militaire contre Saddam Hussein durant la guerre du Golfe. Dans ce nouveau programme, le travail est valorisé et une augmentation du SMIC prônée. Il s'agit de faire entendre à un électorat plus populaire les axes politiques qui peuvent le conforter. Le revirement est si frappant que, le 1ᵉʳ mai 1996, Jean-Marie Le Pen baptise le FN « parti des travailleurs » ou parti « des ouvriers » et ne cesse plus d'assurer : « Le social, c'est le Front national. » Ce social-là est toujours autant imprégné de discriminations : la Sécurité sociale est défendue mais pour les seuls Français ; il en va de même pour les HLM ; quant au droit de grève, il s'agit de le limiter. Cette métamorphose escorte une apologie de la souveraineté, assortie d'un « alter-protectionnisme raisonné » et d'un plaidoyer pour l'« Europe des patries », une Europe « blanche et chrétienne » qui exclut la Turquie. En 2006, au Parlement européen, le FN participe à la création du groupe Identité-Tradition-Souveraineté, où il côtoie Alessandra Mussolini, petite-fille et admiratrice du *Duce*.

C'est Bruno Mégret, numéro deux du parti entre 1988 et 1998, qui a impulsé cette politique de respectabilité, l'objectif étant de s'intégrer au système politique en conférant au FN une « culture de gouvernement ». Jean-Marie Le Pen ne parvient pas toujours à s'y conformer. Il multiplie à dessein les provocations : son « jeu de mots » « Durafour crématoire » en septembre 1988 ou sa déclaration du 13 septembre 1987 selon laquelle les chambres à gaz n'auraient été qu'un « détail » de la Seconde Guerre mondiale. Condamné en octobre 1989 pour « banalisation d'actes constitutifs de crime contre l'humanité », il revendique encore sa position vingt ans après, en affirmant « douter » de l'extermination des Juifs d'Europe en mai 2008 dans le mensuel *Bretons*. Mais ces sorties de route loin des chemins de l'honorabilité n'annulent pas l'entreprise de dédiabolisation, confortée par le triomphe suprême pour le FN du 21 avril 2002. Elle se mène désormais sans Bruno Mégret, mis à la porte du parti en 1998 sans doute en raison de l'ombre qu'il portait au chef – « Moi je sors mon épée et je tue Brutus avant qu'il ne me tue », explique alors Jean-Marie Le Pen, en nouveau César. Le Mouvement national républicain (MNR) créé par le réprouvé ne parvient pas à percer. Les mairies conquises en 1995, Toulon, Marignane et Vitrolles, sont perdues une à une, la défaite à Vitrolles de Catherine Mégret en octobre 2003 n'étant pas la moins symbolique.

Marine Le Pen, forte de ses 17,90 % à l'élection présidentielle de 2012, postule explicitement au pouvoir et accélère la stratégie de dédiabolisation du FN en accentuant de surcroît le caractère « social » de son discours. Tout en prenant ses distances face aux sorties provocantes dont son père s'était fait une spécialité, elle lance des polémiques à caractère « ethnique » – en 2011-2012, à propos de la viande hallal et des musulmans en prière dans les rues notamment. Elle mène campagne contre des politiciens « coupés du peuple », réactivant le national-populisme caractéristique de ce courant politique. De fait, l'électorat du FN est de plus en plus populaire, nombreux dans certains bastions naguère tenus par le PS et le PCF, le Nord-Pas-de-Calais en particulier. Les entretiens menés par Birgitta Orfali avec des membres du FN les montrent « heureux » de trouver « des gens qui pensent comme eux » ; l'adhésion leur permet de se sentir « originaux sans être marginaux ». Stéphane Beaud et Michel Pialoux se sont toutefois élevés en faux contre la formule répandue dans les médias, à partir des années 1990, de « gaucho-lepénisme » : très peu de militants de gauche sont passés au FN, la plupart trouvant refuge dans l'abstention. Des ouvriers qui votaient à droite, dans certains territoires acquis de longue date comme l'Alsace, déplacent leur vote vers l'extrême droite. Les rapatriés, anciens Français d'Algérie qui n'oublient pas l'arrachement à la colonie, continuent de voter deux fois plus que la moyenne pour le FN. Quant aux élus du Front national, ce sont pour l'essentiel des indépendants (patrons et commerçants), des membres des professions libérales et des étudiants.

Cette implantation durable du Front national s'ancre dans un processus plus large à l'échelle européenne : l'extrême droite a le vent en poupe en Autriche avec le FPÖ, en Belgique avec le Vlaams Belang, en Italie avec la Ligue du Nord, en Hongrie avec le Jobbik, en Grèce avec Aube dorée, celle-ci ouvertement néonazie. En marge de partis politiques jouant le jeu parlementaire pour mieux s'intégrer à un « système » pourtant longtemps contesté se déploient, quoique de manière groupusculaire et dispersée, de petites organisations « identitaires » racistes et violentes.

Les droites classiques se montrent divisées quant à l'attitude à adopter face à l'extrême droite. Certains choisissent de ne pas transiger : les gaullistes, comme Philippe Séguin, honnissant ceux que le Général avait appelés « une poignée de misérables ». Le RPR, après quelques hésitations exprimées par Charles Pasqua qui relève en 1986 une communauté de valeurs, décide de condamner toute alliance avec le FN après le révoltant « Durafour crématoire » en 1988. Hors du RPR, des personnalités se montrent vacillantes, comme Valéry Giscard d'Estaing qui évite d'aborder la question des alliances et refuse à Strasbourg de voter la levée de l'immunité parlementaire de Jean-Marie Le Pen. À l'UDF donc, sans qu'il y ait là position du parti tout entier, des accords sont passés pour garder certains conseils régionaux en 1998 : ainsi font Charles Millon en Rhône-Alpes, Jean-Pierre Soisson en Bourgogne, Charles Baur en Picardie et Jacques Blanc en Languedoc-Roussillon – tous sont exclus de l'UDF pour cette raison. La stratégie de Nicolas Sarkozy, qui s'approprie les thèmes fétiches du FN, lève des verrous. En octobre 2010, deux élus UMP, le député du Nord Christian Vanneste et le maire de Montfermeil Xavier Lemoine, déclarent : « une alliance avec tout ce qui est sur notre droite est tout à fait possible », à la seule condition que le FN « descende les portraits de Mussolini ».

Le Front national a misé, pour progresser, sur la dénonciation d'une classe politique décriée : l'« établissement », néologisme emprunté au lexique anglophone pour décrire une élite de privilégiés coupée du peuple. Il a amplement puisé dans les dérèglements d'un système politique où les repères sont désormais brouillés.

POLITIQUES DU TRIANGLE

La gauche peut-elle être de droite ?

Dans un implacable pamphlet paru en 1986, *Lettre ouverte à ceux qui sont passés du col Mao au Rotary*, Guy Hocquenghem, l'une des figures militantes des « années 1968 », s'adresse à ses anciens camarades de lutte, ceux qui avaient contesté le pouvoir politique comme le système économique ; il y écrit que « le socialisme est passé plus à droite que la droite ». Si le propos émane d'un homme blessé devant ce qu'il estime être une désertion et une trahison, il commence néanmoins à hanter les consciences.

Quand Lionel Jospin arrive à la tête du gouvernement dans une cohabitation inversée, le magazine *Time* assure, en juin 1997 : « Paradoxalement, les socialistes sont mieux placés pour conduire les réformes néolibérales que la droite », suggérant que les résistances pourront être sous sa tutelle mieux désamorcées. Le consensus se fait autour de ce que Michel Winock a nommé « un habillage social de l'économie de marché » : « La politique économique et financière des socialistes ressemble de plus en plus à une politique de droite par vent de tempête. » Ces glissements se poursuivent avec les essais de déplacement vers le centre, comme le confirment les appels lancés par Ségolène Royal à François Bayrou durant l'entre-deux-tours de 2007. Des analystes, tel Gérard Grunberg, conseillent d'ailleurs au PS de refermer le cycle d'Épinay : l'heure ne serait plus à l'union de la gauche mais bien à l'ouverture systématique au centre sans lequel la gauche ne pourrait l'emporter.

Certains au PS sont prêts à assumer l'emprunt aux politiques de la droite. C'est le cas de Manuel Valls : « Le renouveau intellectuel de la gauche française, estime-t-il, sera très difficile car il passe par des analyses qui nous conduisent souvent à faire le même diagnostic que la droite sur l'état de notre pays et les réformes dont il a besoin. » Par conséquent, le sens des mots se fissure : si Dominique Strauss-Kahn se fait le promoteur d'un « réformisme radical », l'« autre gauche », comme la nomme Jean-Luc Mélenchon, lui dénie non seulement sa prétention à la radicalité mais encore sa légitimité à utiliser le terme même de « réformisme ». Les réformes proposées par le PS pour « moderniser » l'État ou l'entreprise sont des « contre-réformes » selon la « gauche de la gauche » et les manifestants qui descendent dans la rue pour s'y opposer.

L'essentiel du clivage se niche désormais dans les questions dites « sociétales », qui touchent notamment aux droits des femmes et des homosexuels. En ce domaine, le Parti socialiste fait preuve d'un véritable « libéralisme culturel » qui le distingue de la droite. Le Pacte civil de solidarité voté en 1999 sous le gouvernement Jospin suscite d'âpres débats et réactive l'opposition entre gauche et droite. Quatorze ans plus tard, le gouvernement Ayrault affronte une droite souhaitant s'approprier « la rue » – une tactique qu'elle utilise pourtant rarement – afin de s'opposer au « mariage pour tous ». Le clivage se marque également dans le domaine éthique : selon Éric Fassin, « s'il y a une différence fondamentale entre la gauche et la droite, elle réside dans la capacité et la volonté d'aborder les problèmes de la société en termes de causalité sociale et pas seulement de responsabilité individuelle », même si les gauches de gouvernement semblent avoir « délaissé » les « explications structurelles, devenues inaudibles dans les sociétés contemporaines ». Les questions touchant à l'immigration et à l'identité nationale distinguent elles aussi la gauche et la droite. Le dessinateur Wiaz en rend compte non sans humour, en interrogeant le tranchant du clivage : en mai 1993, dans *Le Nouvel Observateur*, il croque le Premier ministre Édouard Balladur muni de deux dossiers, « Police » et « Code de la nationalité » ; et François Mitterrand de s'exclamer : « C'était donc vrai, vous êtes de droite ! » Quant au débat sur l'identité nationale lancé en 2009 par le ministre Éric Besson, il est rejeté par la gauche qui l'accuse de diviser la nation.

« Ouvertures » et « troisième voie »

Ces mutations s'inscrivent elles-mêmes dans l'évolution générale d'une partie de la gauche à l'échelle internationale et notamment européenne : de la « troisième voie » selon Tony Blair au « nouveau centre » de Gerhard Schröder, de nombreux gouvernements ont adopté ce qu'un conseiller de Bill Clinton, Dick Morris, a appelé en 1996 la « triangulation », l'appropriation par la gauche de positions jugées de droite et inversement. Ces partis de centre gauche, qui prônent la privatisation de certains services publics, la diminution et le réajustement des prestations sociales, une fiscalité favorable aux entreprises ou la refonte du Code du travail dans le sens d'une dérégulation, ont pu être considérés par le politiste états-unien William E. Peterson comme les « gestionnaires les plus efficaces du capitalisme ».

Ceci explique que nombre de coalitions gauche-droite se soient formées ces dernières années, en Allemagne en 2005, aux Pays-Bas en 2006, en Autriche en 2007, en Grande-Bretagne en 2010. Certes, pour ce qui est de l'Allemagne notamment, c'est là une tradition, qui prolonge la Grande Coalition de 1966-1969. Le système électoral de ces pays, avec la primauté accordée à la proportionnelle, le favorise aussi. À cette aune, la gauche française est parfois jugée plus à gauche que la plupart des autres formations européennes ; l'éditorialiste Claude Imbert va jusqu'à affirmer que Jacques Chirac lui-même est plus à gauche que Tony Blair.

En France, de telles coalitions ne s'affichent pas aussi ouvertement, avec cette figure plus politique que chorégraphique : le grand écart. Elles se manifestent davantage dans la pratique de l'« ouverture ». Sous la Ve République, le premier à l'adopter fut Valéry Giscard d'Estaing en 1974, puisqu'il nomma dans le gouvernement Chirac deux personnalités qui avaient appelé à voter pour son adversaire,

Françoise Giroud et Jean-Jacques Servan-Schreiber. Mais il faut attendre le gouvernement de Michel Rocard pour que le terme soit validé. Le Premier ministre l'assume, soucieux de « déplacer la frontière des affrontements politiques ». Nicolas Sarkozy n'a donc pas inventé l'ouverture. En revanche, il en fait une profession de foi politique, évolution qui accentue encore l'effet de permutation. Certes, aux yeux des cadres socialistes, les ministres transfuges ne sont « plus de gauche, en rien, ils sont sarkozystes » ; mais, comme le souligne Pierre Moscovici, pour la gauche de toute évidence, c'est « le signe d'une souffrance ».

Le chassé-croisé, une figure politique

Interrogé après la débâcle de la gauche aux élections régionales de mars 1992, le philosophe Cornelius Castoriadis parle du clivage gauche-droite comme d'une figure du passé, enfouie dans un ancien conte de fées : « Il était une fois, il y a très longtemps, les mots "droite" et "gauche" avaient un sens politique. » Et de fustiger la toute-puissance d'une « oligarchie libérale » devenue hégémonique. À droite, d'autres intellectuels ne se réjouissent pas pour autant de ces fusions et confusions : l'éditorialiste au *Figaro* Alain-Gérard Slama déplore cette « émergence de larges zones d'accord » qui tuent selon lui la démocratie au nom de la peur des conflits.

Des réappropriations en miroir se sont donc dessinées. La droite se nourrit de valeurs identifiées jadis à la gauche, dans les discours du moins : le refus de la xénophobie et du racisme, le pacifisme ou la laïcité, tandis que la gauche de gouvernement s'adjuge les recettes économiques dont se nourrissait la seule droite. En ce domaine, comme l'a fait observer Philippe Askenazy, un « changement de paradigme » intervient en 1986, date à partir de laquelle la droite assume de « laisser filer les déficits » : « Quelques années après la gauche ce sont donc les repères idéologiques de la droite qui sont à leur tour profondément et durablement modifiés. »

Cette mise en partage peut aussi éclairer les références au

passé de la gauche dont la droite se sert en en faisant un bien commun. Valéry Giscard d'Estaing s'y était attelé dès 1974 en citant « Marianne et Gavroche » ou encore « la France de Diderot, de Michelet, de Waldeck-Rousseau, de Léon Blum ». Nicolas Sarkozy s'inscrit dans cette lancée et l'approfondit en s'annexant Victor Hugo, Léon Gambetta, Georges Clemenceau et Émile Zola, Jean Jaurès, Léon Blum et Guy Môquet. Cette captation de noms va jusqu'à l'entrée dans son gouvernement d'un Mitterrand : Frédéric, le neveu de l'ancien président, nommé ministre de la Culture en juin 2009. Nicolas Sarkozy chasse ainsi avec obstination et ostentation sur les terres de la gauche.

« Qu'est-ce qu'une rigueur de gauche ? » : « c'est une rigueur de droite mais avec des mots doux ». Deux mois après l'élection de François Hollande à la présidence de la République le 6 mai 2012, le chroniqueur économique Philippe Lefébure souligne ce qui est devenu une perplexité généralisée devant de tels chassés-croisés. Cette incertitude a surtout porté préjudice à la gauche : entre le milieu des années 1980 et la fin des années 2000, elle a perdu près d'un quart de ses sympathisants là où, à droite, la stabilité a davantage prédominé. Sans véritable « culture de gouvernement » qu'il rejette encore à la veille de 1981 comme la peste de l'opportunisme et le choléra des trahisons, le PS l'a si bien acquise qu'il est devenu, selon le mot d'Hugues Portelli, un « parti de gestion ».

Faudrait-il penser pour autant que les gouvernants seraient réduits à l'impuissance ? À suivre Bernard Manin, ces discours sur la fatalité du présent masquent mal le volontarisme des choix : en dernière analyse, il y a toujours volonté, résolution et décision. Quelques rares moments, autour du PaCS, de la parité ou du « mariage pour tous », continuent d'en faire la démonstration : le Parlement peut être « un lieu d'expression des passions ». Si la tradition en France est à la faiblesse relative des partis – que l'on songe, par comparaison, à la place structurante qu'ils occupent aux États-Unis, au Royaume-Uni, en Allemagne, en Belgique, en Suède ou bien encore en Italie –, leur influence, même affaiblie, demeure puissante dans la définition des politiques publiques, la distribution des mandats et la fabrique des idéologies. Mais, hors des lieux officiels, loin des ors de la République, se nouent aussi d'autres formes du politique.

CHAPITRE V

La politique est leur affaire
Déceptions, abandons
et réappropriations du politique

Une crise de la représentation politique s'aiguise en France à partir des années 1980. La « classe politique », affaiblie par des « affaires » multipliées, est de plus en plus décriée. Mais l'« opinion » est toujours davantage sollicitée par des enquêtes qui l'invitent à se prononcer sur la chose publique ; ces sondages ont un effet performatif : ils participent à la construction de ce qu'ils affirment déceler. Ils s'inscrivent aussi dans le passage, analysé par Bernard Manin, d'une « démocratie des partis » à une « démocratie du public » : la mise en scène y acquiert une importance décisive et la communication prend parfois le pas sur les convictions.

À partir du milieu des années 1980, la France comme nombre de pays européens entre dans un cycle de faible mobilisation électorale. La progression de l'abstention est pour une part linéaire, mais elle est également marquée d'à-coups selon les scrutins et les circonstances – ainsi, les élections présidentielles sont en général moins affectées. On estime les abstentionnistes constants à moins de 10 % des inscrits ; c'est la participation intermittente qui devient le phénomène le plus notable. Il est sociologiquement divers : entre ouvriers, employés et chômeurs plus enclins à ne pas voter d'une part, professions libérales et cadres supérieurs fidèles au vote de l'autre, l'écart atteint parfois 35 points. Surtout, les déclinaisons de l'abstention sont multiples ; elle peut signifier un rejet ou au contraire une autre forme d'engagement. L'acte électoral est un étalon certes, mais parmi d'autres, des modes de politisation.

Car, si ces degrés d'abstention inégalés signalent un désaveu, ils ne signifient pas pour autant une « dépolitisation » : le politique se déplace, hors des formations classiques, hors des circuits professionnels et loin des duels partisans. Une fois encore, la dimension internationale n'en est pas absente : tout au contraire, la mondialisation provoque des mobilisations à la hauteur de ses dimensions, faites de circulations transnationales qui n'ont plus les frontières pour repères.

ÉTATS DE DISGRÂCE

Dans les tiroirs noirs du pouvoir : d'affaires en scandales

Les scandales ont émaillé avec régularité l'histoire du pouvoir depuis l'avènement de la IIIe République au moins. D'où vient alors l'impression de relative nouveauté ? D'abord de leur accumulation : un inventaire à la Prévert craindrait d'en oublier. Du côté du PS s'égrènent les affaires Carrefour du développement (1984-1990), Pechiney-Triangle (1989-1994), Urba (1989-1997), Elf Aquitaine/Roland Dumas (1991-2003), du prêt sans intérêt accordé à Pierre Bérégovoy par Roger-Patrice Pelat (1993), du Crédit Lyonnais (1994-1996), de la MNEF (1998-2004), des comptes bancaires de Jérôme Cahuzac (2012-20..)... La droite n'est pas en reste : affaires Noir-Botton (1988-1996), des HLM de Paris et des Hauts-de-Seine (1994-2005), Carignon, Roussin et Longuet (1994-1998), Bédier (1998-2006), des emplois fictifs de la Ville de Paris (1993-2011), de l'appartement d'Alain Juppé (1995), des échanges pétrole contre nourriture en Irak (1996-20..), des frais de bouche et de voyage de Jacques Chirac (2002-2012), Clearstream (2001-20..), Woerth-Bettencourt-Sarkozy (2010-20..)... Certaines touchent la gauche et la droite réunies, comme l'affaire Jean-Christophe Mitterrand-Pasqua sur les ventes d'armes à l'Angola (1993-2009), l'affaire Chirac-Strauss-Kahn de la « cassette Méry » (1996-2004) ou celle de la vente de frégates à Taïwan (1991-20..). Leur point commun se noue dans un système obscur de fausses factures, caisses noires, commissions occultes, délits d'initiés, abus de biens sociaux, emplois fictifs, détournements de fonds et blanchiment d'argent, pour l'essentiel destinés à assurer le financement des partis politiques. Plusieurs personnalités font de la prison comme Michel Noir, Pierre Botton ou Alain Carignon ; mais elles sont rares et le sentiment prévaut d'une relative impunité. La loi du 15 janvier 1990 dite « loi Rocard » efface les infractions commises avant juin 1989, tout en autorisant les partis politiques à bénéficier de financements privés, dans la limite de certains plafonds. La loi du 29 janvier 1993 interdit aux entreprises de financer les partis, mais les personnes morales y sont toujours autorisées. Enfin, la loi du 19 janvier 1995 interdit les dons des personnes morales supérieurs à 30 000 francs, ce qui n'empêche nullement, en pratique, les contournements.

Décisive est en outre la place des magistrats dont certains s'y forgent une célébrité : c'est le cas notamment des juges Thierry Jean-Pierre, Éric Halphen, Laurence Vichnievsky et Eva Joly. Cette dernière est campée par Isabelle Huppert dans un film de Claude Chabrol, *L'Ivresse du pouvoir* (2006), qui retrace l'affaire Elf et fait dire à la magistrate : « Est-ce que je me trompe ou est-ce que le juge d'instruction est l'être le plus puissant de France ? » Les magistrats acquièrent d'autant plus de poids que les scandales touchent aussi à la santé publique et dévoilent la responsabilité d'un réseau aux mailles serrées tissé entre monde politique, milieu médical, laboratoires pharmaceutiques, experts et sphère judiciaire. Pour la première fois avec l'affaire du sang contaminé, un ancien Premier ministre et deux anciens ministres socialistes sont déférés devant la Cour de justice de la République, en février et mars 1999, pour « homicide involontaire ». Laurent Fabius, Georgina Dufoix et Edmond Hervé sont accusés de graves négligences concernant le dépistage du sida pour les donneurs de sang et l'utilisation de produits sanguins non chauffés : des hémophiles ont contracté le virus après des transfusions de sang contaminé. Georgina Dufoix se dit « responsable mais pas coupable », un aphorisme qui donne à penser quant à l'implication politique et son inter-action avec l'éthique et le juridique. Seul Edmond Hervé est finalement condamné, les deux autres prévenus étant acquittés. Cette affaire est à l'origine d'une série d'actions judiciaires pour imprudence et négligence, qui débouche sur des condamnations à des peines d'inéligibilité. Violaine Roussel l'a étudié, avec le délit de mise en danger de la vie d'autrui créé dans le Code pénal en 1996, la prise de risque et le défaut de précaution deviennent des qualifications centrales qui engagent l'avenir : on le voit avec la crise de l'encéphalite spongiforme bovine dite « maladie de la vache folle » en 1996 ou encore celle de la fièvre aphteuse en 2001, les risques potentiels apparaissent, autant que les dangers avérés, comme les formes d'un futur menacé.

Bêtes de scène : la politique face à la dérision

« Le PS a besoin d'un sang nouveau », avancent les marion-nettes du « Bébête show » au cœur du scandale du sang contaminé. Et la question se pose avec acuité : peut-on rire de tout ? La réponse apportée au début des années 1980 par Pierre Desproges est « oui », s'il est admis comme il le dit que « l'humour est la politesse du désespoir ». Les décideurs politiques en font plus que jamais les frais.

Le « Bébête show », émission satirique lancée sur TF1 en 1982 par Stéphane Collaro, Jean Roucas et Jean Amadou, qui durera treize ans, s'inspire du « Muppet Show » diffusé aux États-Unis et entraîne dans son bal quotidien la gre-nouille Kermitterrand dénommée « Dieu », l'aigle Blackjack d'un Chirac faisant « crac crac », le morse Pas-de-quoi d'un Charles Pasqua en ministre « à la peau lisse », le taureau « Tapie-violent » ou encore Raymond Barre en ours Barzy.

Jean-Marie Le Pen habillé en Pencassine y avoue « piquer des crises de Führer ». Quant à Kermitterrand, en pleine affaire Pechiney, il reconnaît qu'il a « la pêche innée ». C'est dire le degré d'irrévérence manifesté envers la profession politique dans le rire télévisé. Les chausse-trapes, affaires et scandales divers y sont décortiqués, comme lorsque « Les Guignols de l'info », redoutable concurrent pour le « Bébête show » diffusé sur Canal Plus à partir de 1988, fait de Jacques Chirac un « Super Menteur » fendant l'air comme l'éclair en voyou masqué.

« Attendez que la gauche passe en 2012 ! » annonçait Coluche en octobre 1979. L'humoriste à la salopette prévient fin 1980 qu'« il va y avoir les érections pestilentielles » avant de s'y présenter, tout en raillant hommes et femmes politiques qui font selon lui « cinq ans de droit et le reste tout de travers ». Dans ses spectacles et émissions télévisées, jusqu'à sa mort en novembre 1986, Thierry Le Luron imite ceux qu'il nomme « les comédiens, les cabotins, les baladins » ; la politique est condamnée à n'être plus qu'un vaste théâtre, un « jeu de l'amour et du bazar ». Le Luron multiplie les charges féroces contre François Mitterrand, « socialiste du 10 mai 1981 au 11 mai 1981 », et son régime alimentaire supposé, les « carottes Vichy ». Quant au procès que lui intente Jean-Marie Le Pen en 1985, il est remporté par l'accusé qui peut continuer à chanter : « Le Pen, remets l'uniforme au placard / La mode n'est plus aux chemises noires [...] / Il y a autour de toi des fantômes / Qui entassaient au Vélodrome / Des hommes, des femmes et des mômes. » Le même Jean-Marie Le Pen, imité par Laurent Gerra en 2010, « remercie la télévision française de [l']avoir si souvent invité afin qu'[il] puisse se plaindre d'ailleurs de ne pas y passer » : la politique-spectacle et la télévision sont tournées en dérision, dans une mise en abyme médiatique. Mais, en 2010, Stéphane Guillon y perd son poste à France Inter, après l'une de ses chroniques radiophoniques qui lui vaut d'être remercié par la direction de la chaîne.

Politique-fiction : les mises en scène du pouvoir

Demain, il sera trop star : le livre du publicitaire Jacques Séguéla, paru en 1989, dit combien la mise en scène devient un recours systématique du personnel politique. Agnès Chauveau l'a analysé, les « gourous » aux appellations floues – conseils en relations publiques, experts en communication politique ou consultants spécialisés – jouent depuis la fin des années 1970 un rôle déterminant : outre Jacques Séguéla, on peut citer Jacques Pilhan, Gérard Colé et Thierry Saussez ou, plus tard, Dominique Ambiel et Frédéric Beigbeder. Ils proposent des images, suggèrent les allures et les postures, dénichent les bons mots : « l'homme du passif » lancé dans le débat de l'entre-deux-tours en 1981 par François Mitterrand à Valéry Giscard d'Estaing pour mieux contrer « l'homme du passé » dont celui-ci l'avait gratifié sept ans auparavant ; « Chébran c'est dépassé, maintenant il faut dire câblé » du même Mitterrand dans l'émission « Ça nous intéresse Monsieur le Président » le 28 avril 1985 ; ou encore, le 14 juillet 2001, « Ça fait pschitt » à propos de détournements de fonds publics présumés que, dans une onomatopée, Jacques Chirac entend dégonfler. Hommes et femmes politiques commencent à mettre en scène leur vie privée, au point que la « pipolisation » – un terme entré dans le dictionnaire en 2010 – devient une quasi-injonction. Nicolas Sarkozy porte à son apogée ce spectaculaire perçu comme nécessaire et l'écrivain Patrick Rambaud le peint en majesté dans ses *Chroniques du règne de Nicolas Ier* ; le président y pose à la manière d'une star avec, à son poignet, une montre Rolex « étincelant au soleil comme le bracelet d'un prêtre d'Osiris ». Commentant cette « visibilité sans reste », le philosophe Michaël Fœssel évoque la fin du « hors-champ » en politique.

Il est dès lors peu étonnant que le cinéma français se soit décidé à mettre en scène cette nouveauté. Longtemps réticent à filmer l'État et ses sommets, il force une première serrure avec *Le Bon Plaisir* de Francis Girod en 1984, d'après le roman de Françoise Giroud, transposition cryptée sur les liaisons secrètes de François Mitterrand et sur l'existence de sa fille tenue cachée, avec Jean-Louis Trintignant en président. Ce n'est encore cependant, écrit Yannick Dehée, qu'un « film d'initiés » ; de surcroît, l'homme n'y gouverne pas, il est confiné dans sa sphère privée. Il y a bien alors un « refoulement français ». Le dévoilement s'opère lentement et seulement à compter des années 2000. *Le Promeneur du Champ-de-Mars* de Robert Guédiguian (2005) montre un Michel Bouquet en Mitterrand malade et hanté par le passé ; il y rappelle qu'en son temps le roi Charles VII avait osé commander « un gisant de son vivant » – telle est peut-être la clé du film : les dernières années du président sont un progressif embaumement. Avec le cinéma, la présidence n'est pas une fonction, mais une incarnation et le corps politique y est plus que jamais exposé. *Président* de Lionel Delplanque (2005) suit un chef d'État en exercice, entre trafics et « Françafrique » ; humain, cynique, aimant, amant, ce président joué par Albert Dupontel est tour à tour fragile et désarmant, charmant et effrayant. L'homme d'État est d'abord un homme, déchiré par ses émotions ; il se pose en vain la question du bonheur que le pouvoir ne lui a pas donné. Dans la même veine, *L'Exercice de l'État* de Pierre Schoeller (2011) met en scène un ministre incapable de lutter contre l'ordre dominant. Chargé des transports, il est d'abord opposé à la privatisation des gares mais finit par s'y résigner ; son obsession est de désamorcer les luttes qui entendent y répliquer. Le responsable politique n'est pas là « pour refaire le monde » mais « pour reprendre cinq points de sondage » ; il doit pour cela travailler son image. L'autre versant, touchant à l'intime, montre le ministre interprété par Olivier Gourmet sur un mode très physique : il peine, a peur, fait l'amour ; son corps est meurtri dans un grave accident ; et c'est sur le siège des toilettes, dans un recoin caché de son existence privée, qu'il reçoit au téléphone l'annonce de sa promotion. Le film s'ouvre sur un fantasme du ministre endormi : une femme nue pénètre à l'intérieur d'un crocodile ; quant à lui, il est comme englouti par la broyeuse de l'institution qui le fait renoncer à ses convictions : absorbé, ingéré, dévoré. Tous deux sortis en 2011, *La Conquête* et *Pater* sont deux modalités opposées de voir le pouvoir en objet de cinéma. Le premier, un film de Xavier Durringer, relate la manière dont le ministre de l'Intérieur Nicolas Sarkozy est devenu président de la République ; mais il l'expose sans la transposer : le résultat emprunte à la dramaturgie dont Nicolas Sarkozy lui-même s'est servi. Le film d'Alain Cavalier, *Pater*, propose une réflexion profonde et légère sur le pouvoir et sa représentation. Avec peu de recettes techniques et de ressources financières, il se pose comme contrepoint au débordement de moyens. Il porte aussi un projet politique, modeste et pragmatique : condamner un élu à la peine maximale dès le premier euro détourné ; promouvoir une loi non sur le salaire minimum mais sur le revenu maximum. On peut y voir le symbole des renouvellements que le champ politique connaît : incrustations dans le quotidien, dénonciation de la corruption, reviviscence des contestations.

LE VENT SE LÈVE : NOUVELLES FORMES DE POLITISATION

Extension du domaine de la lutte

En ce domaine pourtant, les années 1980 semblent une porte refermée sur les grands mouvements qui ont scandé les fameuses « Trente Glorieuses ». L'arrivée de la gauche au pouvoir affaiblit les protestations, en satisfaisant quelques revendications mais aussi en semant beaucoup de déceptions. Pendant plusieurs années, « la rue » ne se mobilise plus. Ou c'est la droite qui s'en empare, comme le 24 juin 1984 avec la gigantesque manifestation des défenseurs de l'école privée. Pourtant, deux ans plus tard, les lycéens et étudiants en reprennent le chemin, dans leur opposition au projet Devaquet. Ici la référence à Mai 1968 vient hanter les esprits, les uns inquiets, les autres enthousiasmés. Certes, cette génération n'a plus les mêmes références que ses aînés : le néolibéralisme, la condamnation généralisée de tout autre projet de société, le discrédit jeté sur le communisme assimilé à un totalitarisme peuvent amplement l'expliquer. Mais, même si certaines banderoles affichent « 68 c'est vieux, 86 c'est encore mieux », une transmission est bel et bien assurée. Cette filiation s'exprime par l'humour et l'interpellation – « Devaquet, attention, on est nés en 1968... », « Sélections, pièges à moutons », « Étudiants, je vous hais, compris ». Le répertoire d'actions, emprunté aux mouvements lycéens des années 1970, puise dans les coordinations choisies comme mode privilégié d'auto-organisation, composées de délégués élus et mandatés au sein d'assemblées générales. Ces formes de structuration sont réappropriées par les mouvements suivants, ceux des cheminots, des infirmières, des instituteurs ou des postiers à la fin des années 1980. Elles sont aussi un défi de démocratie, en ramenant le processus de décision à la base.

L'impressionnant mouvement de novembre-décembre 1995 contre les réformes Juppé sur la Sécurité sociale et les retraites reprend à son compte ce type d'organisation : les assemblées générales de grévistes décident la poursuite du mouvement et les formes qu'il prend. Outre sa popularité qui conduit à parler de « grève par procuration » dans les secteurs moins mobilisés, il se caractérise aussi par son insistance sur la convergence : de profession à profession, des groupes travaillent à des rapprochements qui s'inscriront dans le temps. Il laisse des traces vivaces et la conscience d'une renaissance des résistances. Au printemps 2003, lorsque des millions de manifestants s'opposent au projet Fillon sur les retraites, la mémoire du mouvement précédent est vive, jusque dans ses espoirs – paralyser l'économie – et ses modalités – le regain de l'interprofessionnalité.

La résurgence du passé dans le présent frappe tout autant lors du mouvement lycéen et étudiant contre le CPE : en 2006 se font écho 1968 et 1986, comme en surimpression. Pour quelques jours, la Sorbonne est occupée : bien d'autres

145

universités le sont également, mais celle-là apparaît comme un lieu symbolique dont il s'agit de s'emparer. Des mots d'ordre hérités de Mai 68 s'imposent dans les rassemblements et dans les assemblées : « Soyons réalistes, inventons les possibles », « L'esprit révolutionnaire nous libérera du sale air de la peur ». Des banderoles flottent sur certains campus, qui proclament les « facs ouvertes aux travailleurs ». Comme en 1968 et en 1986, il s'agit de prendre contact avec des salariés, un phénomène qu'accompagne l'élargissement des revendications : la Coordination nationale des étudiants mobilisés en appelle à une grève généralisée. Lors d'imposantes manifestations rassemblant de 500 000 à 3 millions de personnes apparaît le motif « Rêve générale », qui s'approprie pour les marier les deux piliers de Mai 68 : le rêve et la grève.

Ces questions sont de nouveau posées à l'automne 2010, lorsque le projet Fillon remet la réforme des retraites sur le métier. Durant deux mois, ouvriers et employés, cadres et retraités, lycéens et étudiants participent à des manifestations nombreuses dont le caractère frappant tient à ce qu'elles irriguent l'ensemble du territoire. La généralisation des cortèges, dans lesquels défilent des millions de manifestants, indique le dépassement de l'opposition entre public et privé, et les effets de la solidarité. Même si la participation aux grèves est moins importante qu'en 1995 et 2003, la grève reconductible de certains secteurs, comme ceux des raffineries, du rail ou des terminaux du port de Marseille, est proche de bloquer une partie de l'économie (dépôts de carburants, axes routiers et ferroviaires, ports et aéroports, déchetteries). Cette mobilisation se termine certes par une défaite, puisque la réforme n'est pas retirée. Mais son ampleur est historique ; elle combine les éléments puisés dans les mouvements précédents : reconduction des grèves, mobilisation d'une partie de la jeunesse, forte participation des salariés de l'industrie, assemblées générales interprofessionnelles. Elle confirme que, depuis 1995, un cycle s'est rouvert, avec une succession régulière de séquences protestataires.

Faire politique autrement

« Le propre d'un mouvement social, explique la sociologue Françoise Gaspard, c'est d'informer la société dans son ensemble, et le pouvoir politique en particulier, d'une question jusque-là ignorée ou sous-estimée. » À cet égard, les années 1980 connaissent un affaiblissement par rapport aux deux décennies qui avaient précédé. Néanmoins, elles infusent des transferts de savoir-faire et des déplacements de références. Le changement d'échelle s'opère dans les années 1990, avec la réaffirmation de ce que Dieter Rucht et Donatella Della Porta ont appelé des « familles de mouvements », parfois cloisonnées mais aussi entrecroisées : antiracisme, antifascisme, mouvements des « sans » (sans travail, sans papiers, sans logis, sans droits), combats contre le SIDA, mobilisations homosexuelles, luttes écologistes, mouvement altermondialiste... Cette « pluralité des sites d'inscription », selon l'expression d'Olivier Fillieule et Bernard Pudal, crée de nouveaux espaces de délibération et provoque une radicalisation des actions.

De nombreuses associations travaillent à faire émerger des enjeux politiques originaux ou ranimés : Act Up fondé en 1989 sur le modèle de Aides lancé aux États-Unis deux ans plus tôt, qui fait du SIDA un objet politique et une cause de santé publique ; Ras le Front en 1990 qui s'oppose à la diffusion des idées du FN ; Droit au logement (DAL) la même année qui interroge la notion même de propriété face au fléau des mal-logés, en pratiquant des réquisitions ; Agir contre le chômage (AC !) créé en 1993 par des syndicalistes comme un réseau de lutte contre le chômage mais qui devient rapidement, surtout avec les grands mouvements de 1997, une organisation de chômeurs ; l'Association pour la taxation des transactions financières et pour l'action citoyenne (ATTAC), conçue en 1998 comme un mouvement d'éducation populaire tourné vers l'action contre la mondialisation financière ; le Réseau éducation sans frontière (RESF) lancé en 2004, composé de collectifs, de mouvements associatifs, politiques et syndicaux qui défend les enfants étrangers scolarisés. À compter des années 2000, ces diverses sociabilités explorent des modalités de rapprochement, comme en témoignent les coordinations, les réseaux de réseaux ou encore « l'appel des appels, pour une insurrection des consciences » proposé en 2009 pour fédérer ces résistances. Elles sont aussi marquées par des actions spectaculaires : fauchages volontaires contre les cultures d'OGM, perturbation de festivals et d'émissions par les intermittents du spectacle, actions des « désobéisseurs » parmi les instituteurs, squats, « autoréductions » et « récupérations » dans les supermarchés, occupations de locaux, mouvement des « indignés »…

Un autre trait frappant, bien étudié par Johanna Siméant, tient dans leur transnationalisation. S'y distinguent une mondialisation des discours – un « ton » qui dénonce la « gouvernance mondiale » et veut réagir de manière « globale » – et une mondialisation des connexions – le nomadisme des militants, les forums mondiaux comme espaces de discussion, les liens noués entre mobilisations dispersées. Le répertoire national n'est pas délaissé pour autant, ces mouvements étant surtout frappés du sceau des variations d'échelle, comme le dit le slogan « *think global, act local* ». Mais les références circulent en se jouant des frontières : l'essai de Stéphane Hessel *Indignez-vous !*, paru en France en 2010, est immédiatement traduit en une trentaine de langues et se vend à quelque 4 millions d'exemplaires ; il sert de référence aussi bien en Espagne et en Grèce qu'aux États-Unis dans le mouvement « *Occupy Wall Street* » puis dans ses déclinaisons latino-américaines et notamment brésilienne.

L'arrestation en novembre 2008 de 9 militants installés à Tarnac en Corrèze, accusés de participer à une « association de malfaiteurs en lien avec une entreprise terroriste », révèle d'autres formes de radicalisation et débouche sur une affaire judiciaire, politique et idéologique. Le volet pénal du scandale tient à la détention provisoire, durant six mois, de Julien Coupat. C'est l'occasion de découvrir des propositions et des pratiques, consignées dans un petit livre au grand succès paru aux éditions la Fabrique en 2007 : *L'Insurrection qui vient*. Cette aspiration à l'« autonomie » répond au désir d'en finir avec les assignations identitaires. La description de ce que, à la suite de Michael Hardt et Toni Negri, ses auteurs nomment « l'Empire », entend montrer comment ce système uniformise les conduites et formate les sentiments. Leurs analyses traitent du contrôle social et policier et de la marchandisation généralisée face auxquels les membres du « Comité invisible » proposent de « tout bloquer », en faisant de l'insurrection non pas un moyen mais une fin prolongée. S'ils se revendiquent du communisme, ce n'est pas à la façon d'une société à construire après une révolution, mais dans un présent fait de nouvelles communautés.

Liberté, égalité, parité ? Les féminismes renouvelés

Parmi ces mouvements sociaux, plus ou moins radicalisés, le féminisme se montre spécialement mobilisé. Les années 1970 avaient été marquées par un féminisme créateur et libérateur, hardi dans son opposition à toute institution-nalisation. Avec l'arrivée de la gauche au pouvoir et la création d'un ministère des Droits de la femme, il paraît rentrer dans le rang en pénétrant le champ du pouvoir. Même si cet affichage au sommet de l'État connaît des hauts et des bas, il s'impose sans réelle rupture dans la sphère des ministères, entre secrétaires d'État et ministres à part entière. C'est pourquoi l'absence d'un ministère pour les femmes dans les trois gouvernements Fillon entre 2007 et 2012 apparaît dissonante. Dès la formation du gouverne-ment Ayrault en mai 2012, un ministère aux Droits des femmes est restauré ; c'est à Najat Vallaud-Belkacem qu'il est confié.

Mais en dehors de cette reconnaissance au sommet, les voies du féminisme restent multiples et ses combats, déterminés. Christine Bard l'a souligné, bien que dans les années 1980 il se fasse moins visible et moins audible, il se maintient en marge des grandes scènes politiques et médiatiques : dans des réseaux (Ruptures), des émissions de radio (« Femmes libres » sur Radio Libertaire), des revues (*Les Cahiers du féminisme* proposés par la LCR), des maisons d'édition (Tierce), des festivals (comme celui de Créteil dédié aux films de femmes). Ses combats se portent par priorité contre les violences faites aux femmes : en 1985 est créé le Collectif féministe contre le viol tandis que l'association « SOS femmes battues » contribue à la lutte contre un fléau social.

Les années 1990 ouvrent un renouveau. En 1992, Rebecca Walker forge aux États-Unis la notion de « troisième vague ». Son trait singulier tient dans la multiplication de causes enchevêtrées et dans les enjeux théoriques qu'elles suscitent. Ces luttes s'engagent d'abord sur la question du corps des femmes et de leur libre droit à en disposer. Contre ce qu'elles perçoivent comme un retour rampant de l'ordre moral, des associations renouent avec les thèmes des années 1968. La Coordination des associations pour le droit à l'avortement et la contraception (CADAC), fondée en 1990, organise une manifestation qui rassemble près de 100 000 personnes le 25 novembre 1995 et marque le plein retour du féminisme sur le terrain politique. Le Collectif national pour les droits des femmes (CNDF), porté par des féministes « lutte de classes », est constitué dans la foulée. Les violences faites aux femmes restent au premier rang des mobilisations qui bataillent pour leur dénonciation dans le droit : cause portée de longue date par la sociologue et militante Marie-Victoire Louis, le harcèlement sexuel est reconnu et condamné par la loi en 1992. Au croisement de la réflexion théorique et de l'engagement politique, des femmes comme Clémentine Autain n'hésitent pas à témoigner sur le viol qu'elles ont subi.

Il s'agit donc de ne rien céder face au sexisme ordinaire. En 1991, des étudiantes forment le groupe non mixte des « Marie Pas Claire » pour repousser les clichés d'un éternel féminin supposé. Au contraire, « Mix-Cité » s'affirme en « mouvement mixte pour l'égalité des sexes ». « Les Chiennes de garde » traquent les violences verbales et machistes, et « La Meute » les publicités sexistes. « La Barbe » raille les masculinités institutionnelles en s'invitant dans les rencontres au sommet. La revue *Causette*, lancée en 2009, prend le contre-pied des magazines féminins en démontant les assignations à la beauté et autres vocations à la féminité. « Osez le féminisme » pourchasse les tabous – comme dans sa campagne « Osez le clito » – et ferraille contre les propos machistes qui ne manquent pas de s'afficher, lors de l'affaire Strauss-Kahn en particulier. Au début des années 2010, un mouvement féministe contestataire venu d'Ukraine, les « Femen », entend lutter contre les violences faites aux femmes en défendant leur droit à disposer librement de leur corps ; ses militantes choisissent pour cela de dénuder publiquement leurs seins.

Une autre spécificité de ces féminismes ravivés réside dans l'imbrication des contestations face à des oppressions croisées, ce qu'il est désormais coutume d'appeler « intersectionna-lité ». « Genre », « classe » et « race » s'entremêlent dans le monde du travail et le marché de l'emploi comme dans les stigmatisations et les dominations. Mais cela ne va pas sans divisions au sein de féminismes pluriels, complexes et combi-nés, parfois même opposés. Sur les questions de sexualité, des intellectuelles comme Élisabeth Badinter reprochent à certaines féministes d'avoir transformé les femmes en victimes. La prostitution est un autre objet de scission : quand les abolitionnistes attaquent ce qu'elles refusent de voir comme un métier, d'autres féministes, parmi lesquelles des prostituées, veulent obtenir des droits pour les travail-leuses du sexe : en 2009, une association est fondée pour faire reconnaître la profession, le Syndicat du travail sexuel (STRASS). Religion et laïcité forment un autre champ de tensions : fondatrice en 1997 de la revue *Prochoix*, la mili-tante féministe et essayiste Caroline Fourest s'en prend à l'islamisme comme forme paroxystique de l'oppression sexiste, quand au contraire le Collectif des féministes pour l'égalité, soutenu par des intellectuelles parmi lesquelles Christine Delphy et Françoise Gaspard, refusent ce qu'elles voient comme la répétition d'une stigmatisation. Enfin, la

151

parité provoque des déchirements où les intellectuelles sont impliquées : républicaines antiparitaires (Élisabeth Badinter, Dominique Schnapper) pour qui le social doit s'effacer devant le politique ; féministes différentialistes (Sylviane Agacinski, Antoinette Fouque, Luce Irigaray, Julia Kristeva) pour qui les femmes disposent de qualités spécifiques qui les rendent précieuses au champ politique ; républicaines paritaires (Gisèle Halimi, Blandine Kriegel) selon qui les femmes ne forment pas une minorité mais la moitié de l'humanité, ce qui les fait échapper au communautarisme et place la parité dans l'universalisme ; égalitaristes pragmatiques (Geneviève Fraisse) pour qui la parité n'est pas une fin mais un moyen d'aller plus loin dans l'égalité. Au-delà, une ligne de faille passe entre les féministes qui se réclament de la lutte de classes et celles pour lesquelles ce clivage social n'est pas fondamental.

Les intellectuels et l'histoire au présent

Quelles défaites de la pensée ?

Les débats comme les combats féministes l'indiquent : les intellectuels restent mobilisés. En septembre 1980, le journaliste Gérard Dupuy les montre « extrayant des entrailles du présent des petits bouts d'histoire ». Pourtant, au fil des années 1980, certains donnent le sentiment qu'il n'y aurait justement plus d'histoire. Avec la condamnation du totalitarisme, le marxisme et le communisme sont enterrés dans un même opprobre. L'histoire et ses possibles paraissent usés. La période s'ouvre avec un sombre jugement, entre constatation et prévision : en décembre 1980, Krzysztof Pomian annonce « la crise de l'avenir » et le retrait sur le présent.

Les « nouveaux philosophes » en portent témoignage. Depuis leur émergence politique et médiatique au milieu des années 1970, ils ne sont plus si « nouveaux » il est vrai. Ils n'en continuent pas moins de planter leurs banderilles. Pascal Bruckner fustige en 1983 dans *Le Sanglot de l'homme blanc* une culpabilité qui aurait trop hanté l'Occident : il serait temps selon lui d'en finir avec cette supposée haine de soi, de briser avec un tiers-mondisme émollient et de recommander aux « peuples du tiers-monde » « un peu plus d'Occident ». Dans une tribune que publie *Le Monde* en août 1983, André Glucksmann, Bernard Kouchner et Yves Montand appuient l'intervention militaire française au Tchad. Les trois signataires assurent à François Mitterrand que « l'opinion française le soutient » ; c'est là un pouvoir de la parole intellectuelle : elle contribue à faire exister ce qu'elle prétend révéler. En mars 1985, André Glucksmann, Bernard-Henri Lévy et Jean-François Revel signent un texte appelant à soutenir Ronald Reagan et les *Contras* au Nicaragua.

Nombre d'entre eux souhaitent encourager l'acceptation d'un capitalisme bien tempéré et faire entendre la nécessité de réformer la société pour une meilleure compétitivité. Ils travaillent à la constitution d'une efficacité structurée en réseaux et lieux de sociabilité. La Fondation Saint-Simon assure cette promotion : créée en 1982, elle réunit des historiens et essayistes – François Furet, Jacques Julliard, Pierre Rosanvallon –, des journalistes – Franz-Olivier Giesbert, Laurent Joffrin, Serge July, Christine Ockrent, Anne Sinclair –, des représentants de la finance – Alain Minc, ex-directeur financier de Saint-Gobain –, des patrons – Roger Fauroux, PDG de Saint-Gobain, Antoine Riboud, PDG de Danone, Serge Kampf, PDG de Cap Gemini, Gérard Worms, directeur général de Rhône-Poulenc – ainsi que deux anciens membres du cabinet de Raymond Barre, Jean-Claude Casanova et Albert Costa de Beauregard. Leurs élaborations sont diffusées dans la presse – *Le Monde*, *Libération* que dirige Serge July et où Pierre Rosanvallon tient la rubrique « idées », *Le Nouvel Observateur* où François Furet et Alain Minc interviennent en chroniqueurs –, à la télévision et dans des revues comme *Commentaire* créée par Raymond Aron et dirigée par Jean-Claude Casanova ou *Le Débat* fondée par Pierre Nora. La plupart des membres de la Fondation Saint-Simon se revendiquent d'une gauche modérée.

Un livre important, *La République du centre* (1988), coécrit par François Furet, Jacques Julliard et Pierre Rosanvallon, dessine cette nouvelle manière de penser l'économie et la société. Les engagements des décennies précédentes y sont repoussés, lorsqu'ils ne sont pas raillés : Jacques Julliard évoque « les faux-semblants du luttisme de classe » et assimile le militantisme à une « gesticulation » « ridicule ». Par un retournement singulier, c'est le socialisme et non plus, comme chez Marx, la religion qui devient sous sa plume un « opium du peuple ». Quant à l'économie, elle est pensée comme un champ de neutralité, celui de la « raison » substituée à la « passion ». Évoquant la « révolution culturelle » réalisée par le Parti socialiste, Pierre Rosanvallon soutient une « pédagogie des contraintes économiques » « pour faire sortir la société française de son idéologie ». Cette représentation du monde est un ordonnancement du temps, une focale mise sur le présent. La chute du mur de Berlin puis l'effondrement de l'URSS viennent encore accentuer de tels positionnements. François Furet le répétera dans *Le Passé d'une illusion* en 1995 : « L'idée d'une autre société est devenue presque impossible à penser [...]. Nous voici condamnés à vivre dans le monde où nous vivons. »

Cette crise du temps serait aussi une « défaite de la pensée ». Dans le livre du même nom, publié en 1987, Alain Finkielkraut déplore que la culture ait cédé la place à ce qu'il nomme « un face-à-face terrible du fanatique et du zombie ». Il assume le statut de « mécontemporain », en porte-à-faux avec son temps, épris de tradition et de transmission. L'essayiste fustige le repli supposé sur les « identités culturelles » et les « appartenances ethniques », le relativisme qui altérerait toute hiérarchie, « la mort de l'admiration » ; le multiculturalisme devient, sous sa plume, le bouillon d'une déculturation. Bernard-Henri Lévy en arrive au même constat lorsque, dans *Éloge des intellectuels* (1988), il déplore la perte de la haute culture dans les troubles de genres mineurs. Dans ce sillage, en novembre 1989, Alain Finkielkraut, Élisabeth Badinter, Régis Debray, Élisabeth de Fontenay et Catherine

Kintzler publient dans *Le Nouvel Observateur* une tribune qui veut défendre une laïcité à leurs yeux mise à mal par l'islam ; ils y blâment les « bons sentiments » à l'égard des jeunes filles qui portent le foulard. Neuf ans plus tard, en septembre 1998, Régis Debray, Max Gallo, Mona Ozouf et Paul Thibaud lancent dans *Le Monde* un appel intitulé « Républicains n'ayons plus peur ! », qui propose de « refonder » la République en « restaurant » l'autorité : tolérance zéro pour les petites infractions, incarcération des mineurs, suppression des allocations familiales pour les « parents des délinquants », contrôle plus strict des « flux migratoires », attribution « plus exigeante » de la nationalité française. Cet appel illustre l'influence d'une pensée qui, au nom de la République et de la laïcité, entend s'opposer à ce qu'elle nomme les « communautarismes ».

En 2002, dans un pamphlet intitulé *Le Rappel à l'ordre*, Daniel Lindenberg dresse le portrait de celles et ceux qu'il désigne comme les « nouveaux réactionnaires » « fustigeant la vulgarité des masses et la médiocrité des temps ». Mais le propos délaisse un peu trop les intellectuels qui, quant à eux, se réclament explicitement de la réaction. L'opposition à la modernité, la mélancolie revendiquée tout comme la nostalgie d'une histoire faite des « riches heures » d'une France idéalisée animent ainsi certains intellectuels de droite, tel Denis Tillinac. « En vérité, je suis "réactionnaire", au sens plein du terme : en réaction contre les tendances lourdes de mon époque », assume-t-il. Farouchement opposé au matérialisme, fondamentalement anticommuniste, élitiste déclaré, c'est à une « révolution spirituelle » qu'il en appelle pour une France avant tout blanche et chrétienne. Cette manière, devenue certes rare chez les intellectuels, de se dire « de droite », de convier à une « chevalerie des âmes » et de convoquer « aventuriers fastueux », « héros de légende » et « plumes enchantées » se retrouve encore dans les positions du Club de l'Horloge fondé en 1974 et toujours actif autour d'Henry de Lesquen notamment. Si la Nouvelle Droite cesse quant à elle d'exister comme mouvement en 1985, certains philosophes

– Chantal Delsol ou Philippe Nemo par exemple – continuent de défendre des positions « libérales-conservatrices »
qui allient l'opposition au « multiculturalisme », l'exaltation
de l'héritage indo-européen et l'ancrage dans la culture
occidentale, le tout étant placé sous le signe d'un libéralisme
économique revendiqué comme panacée.

Ces clivages touchent aussi à l'engagement international des
intellectuels et font sillonner parmi eux une ligne de partage
des eaux. Après 1989 et la chute du mur de Berlin, celle-ci
n'a pourtant plus la limpidité des heures de guerre froide et
de leurs séparations tranchées. Plusieurs intellectuels sonnent
la charge pour soutenir la cause de « guerres justes ». À
partir de 1991, avec l'éclatement de la fédération yougoslave,
Pascal Bruckner, Alain Finkielkraut, André Glucksmann et
Bernard-Henri Lévy réclament une intervention militaire
occidentale pour soutenir les camps croate et bosniaque face
aux Serbes ; Bernard-Henry Lévy se rend dans Sarajevo assiégée et consacre un film au conflit, *Bosna !*. Lors des élections
européennes de juin 1994, ils présentent, avec Romain Goupil,
Pierre Hassner, Léon Schwartzenberg et Alain Touraine, une
liste intitulée « Sarajevo », qui recueille 1 % des suffrages.
Face à eux, une certaine prudence règne mais certains, comme
Edgar Morin, les jugent en imprécateurs prêts à soutenir un
nationalisme contre un autre, un dictateur contre un autre,
et à supporter pour cela qu'on bombarde des populations.
Ce clivage se fait plus acéré lors des deux guerres du Golfe :
il sépare ceux qui en appellent à l'intervention militaire de
l'OTAN vue comme une « guerre du droit » (André Glucksmann, Bernard-Henri Lévy…) et ceux qui voient dans ces
guerres les résurgences d'un impérialisme condamné (Régis
Debray, Gilles Perrault, Pierre Vidal-Naquet…). Lorsque la
diplomatie française refuse de s'engager dans la guerre menée
par les États-Unis contre l'Irak en 2003, André Glucksmann
et Jean-François Revel fustigent un « antiaméricanisme pri-
maire » tandis qu'Alain Finkielkraut demande qu'on « donne
une chance à la guerre ». Cet obsédant questionnement se
révèle à nouveau en 2011 avec l'intervention française en

Libye : certains ne se contentent pas de la soutenir, ils s'en arrogent l'initiative, comme Bernard-Henri Lévy qui conseille le président Sarkozy.

Collectifs, critiques et spécifiques

Bien loin d'être réduits à un silence timoré, ces intellectuels se font entendre ; ils sont organisés et déterminés. D'où vient alors ce que Pascal Ory a appelé « la crise de parole, succédant à la prise de parole » ? Peut-être du fait que l'injonction à un capitalisme modernisé n'est plus contrebalancée par des propositions qui viendraient en opposition. Dès le printemps 1981, l'avocat et historien Jean-Denis Bredin évoque « une véritable atonie de la pensée de gauche ». Ce constat est relayé par le débat engagé dans *Le Monde* à l'été 1983 ; Max Gallo y adresse un appel aux intellectuels qu'il invite à sortir de leur silence. Michel Foucault saisit l'occasion de ce débat pour reconnaître son désarroi. Que faire, lorsqu'on est un intellectuel de gauche, quand la gauche est au pouvoir ? Deux ans auparavant, il jugeait possible d'être en même temps avec et face au gouvernement, sans « acceptation globale » ni « sujétion ». Il en avait fait la démonstration en décembre 1981, après le coup d'État du général Jaruzelski en Pologne, en proposant avec le sociologue Pierre Bourdieu et avec l'appui de la CFDT un comité et une pétition de soutien au syndicat Solidarnosc ; le texte appelé « Les rendez-vous manqués » revenait à désavouer la position du gouvernement français. Cette indépendance critique valut aux intellectuels mobilisés une riposte cinglante du ministre Jack Lang, qui les traita de « clowns » et d'« inconséquents ». Un mois avant sa mort le 25 juin 1984, Michel Foucault s'adresse une dernière fois à la gauche au pouvoir en une déclaration qui vaudra testament : « Et maintenant que vous changez de front, sous la pression d'un réel que vous n'avez pas été capables de percevoir, vous nous demandez de vous fournir non la pensée qui vous permettrait de l'affronter mais le discours qui masquerait votre changement. » Intellectuel jusqu'au bout, de ceux qu'Edward Saïd montre livrant « un langage qui tente de parler vrai au pouvoir », Michel Foucault refuse d'être pris dans ses rets. Au même moment, Félix Guattari propose une analyse proche, en cette période qu'il juge glacée comme des « années d'hiver ».

En fait, les intellectuels critiques n'ont pas disparu, mais beaucoup se replient dans les colonnes de revues plus confidentielles, théoriques et/ou politiques, comme dans le travail patient de l'élaboration académique. Pierre Vidal-Naquet prolonge ses combats sur le présent de l'histoire, en luttant contre « les assassins de la mémoire » : il bataille contre les négationnistes du génocide des Juifs, non sans continuer à dire aussi ce qu'a été la torture pendant la guerre d'Algérie. Gilles Deleuze scrute de son côté les modalités que revêt la « société de contrôle » ; elle fonctionne selon lui dans les entreprises où les individus sont opposés entre eux en un espace moins disciplinaire mais plus pernicieux ; s'interrogeant sur les manières d'y échapper, il persiste à penser que « la seule chance des hommes est dans le devenir révolutionnaire, qui peut seul conjurer la honte, ou répondre à l'intolérable ». Jacques Derrida laisse ses lecteurs hantés par les « spectres de Marx » dont il refuse de neutraliser la pensée ; estimant que « jamais, en chiffre absolu, autant d'hommes, de femmes et d'enfants n'ont été asservis, affamés ou exterminés sur la terre », il en appelle à braver « l'ordre rassurant des présents ». Jacques Rancière souhaite lui aussi se situer « aux bords du politique », en récusant la fortune de la « sagesse gestionnaire » et en redonnant sens aux promesses d'émancipation. D'autres encore, loin de la pensée vedette et de la consécration médiatique, ont peu accès aux sphères de légitimité ; ils n'en mènent pas moins leur œuvre de rébellion dans un monde tel qu'il va mais qu'ils n'acceptent pas. Le philosophe marxiste Daniel Bensaïd se fait le penseur intempestif du contretemps ; au cœur d'une ère où le présent paraît seul triompher, il pose un « pari mélancolique », une « dialectique de la mémoire et du projet » : « éloge de la résistance à l'air du temps », son œuvre articule le rappel d'une histoire opprimée et l'action pour une révolution lente et insurgée. Par-delà la diversité de ces pensées, ils sont unis par leur détermination à la subversion et leur rapport discordant au temps, qui refuse de céder à la toute-puissance du présent.

Le mouvement de novembre-décembre 1995 est pour eux un nouveau point de départ : il renoue avec le temps des pétitions et des oppositions. Le 4 décembre 1995 est lancé un « appel des intellectuels en soutien aux grévistes » ; il y est question de la « responsabilité » des signataires à affirmer leur solidarité envers celles et ceux qui se battent non pour des « privilèges » mais pour « l'égalité des droits de toutes et de tous : femmes et hommes, jeunes et vieux, chômeurs et salariés, travailleurs à statut, salariés du public et salariés du privé, immigrés et français ». On y trouve des sociologues, Pierre Bourdieu mais aussi Christian Baudelot, Stéphane Beaud, Michel Bozon, Bernard Lahire, Danièle Linhart et François de Singly, des politistes – Annie Collovald, Philippe Corcuff, Daniel Gaxie, Isabelle Sommier et Pierre-André Taguieff –, des philosophes – Étienne Balibar, Daniel Bensaïd, Jacques Derrida, Michael Löwy et André Tosel –, des historiens – François Dosse, Jean-Yves Mollier, Michèle Riot-Sarcey, Rolande Trempé, Pierre Vidal-Naquet, Michel Vovelle, Sophie Wahnich, Serge Wolikow et Michelle Zancarini-Fournel –, des anthropologues – Jean-Loup Amselle et Emmanuel Terray –, des économistes – Frédéric Lordon –, des écrivains comme Annie Ernaux, mais aussi Lucie et Raymond Aubrac, Robert Linhart ou encore Régis Debray. La plupart sont proches du Parti communiste ou de la gauche radicale. *A contrario*, une autre pétition à l'initiative de la revue *Esprit*, proche de la « deuxième gauche » soutient la CFDT favorable à une « réforme de fond de la Sécurité sociale » ; le texte estime que « le plan Juppé a pris acte de l'archaïsme d'un système qui pénalisait l'emploi » et se prononce pour « la maîtrise médicalisée des dépenses de santé ». En somme, le projet gouvernemental est globalement approuvé et la démarche des manifestants récusée. On retrouve au bas de cette déclaration les noms d'autres philosophes – Alain Finkielkraut, Claude Lefort, Paul Ricœur, Irène Théry –, sociologues – Louis Chauvel, François Dubet, Alain Touraine, Michel Wieviorka –, historiens – Alfred Grosser, Michelle Perrot, Pierre Rosanvallon, Georges Vigarello, Michel Winock –, économistes – Daniel Cohen, Jean-Paul Fitoussi – ou écrivains – Pascal Bruckner, Erik Orsenna.

Parmi les initiateurs de la pétition qui soutient les grévistes se trouve donc Pierre Bourdieu. Le sociologue incarne à cette date et jusqu'à sa mort en janvier 2002 l'archétype de l'intellectuel critique, engagé sur le front des idées et sur les terrains de la pratique. À distance de l'intellectuel embrassant tous les combats dans un projet politique radical, comme Sartre l'avait fait, Pierre Bourdieu n'est pas pour autant cet « intellectuel spécifique » attaché à la défense de causes déterminées, dont Michel Foucault avait fait sa figure d'élection. Les « contre-feux » que Pierre Bourdieu souhaite embraser portent tout aussi bien sur les politiques gouvernementales comme en 1995 que sur la défense des sans-papiers en 1996, des chômeurs en 1997, de la lutte contre la mondialisation libérale en 2000 et 2001, ou encore contre les interventions de l'OTAN dans les Balkans. Ses travaux prennent à bras-le-corps la « domination masculine », « la misère du monde » ou les pouvoirs de la télévision, sans jamais cesser d'interroger ce qu'il nomme « réflexivité » : le souci de situer la pensée dans son champ et dans son temps, de traquer les effets d'imposition et d'assignation, de mesurer « les risques de l'écriture » entre « contraintes de fidélité » et « contraintes de lisibilité ». C'est pourquoi, selon Edward Saïd, Pierre Bourdieu apparaît comme « le dernier [des] grands intellectuels universalistes et généralistes ». Mais, dans cette lignée, il introduit une perspective plus collective : travail commun d'une revue scientifique (*Actes de la recherche en sciences sociales*), d'un réseau (« Raisons d'agir ») ou encore d'une maison d'édition portant le même nom.

L'expérience ouvre à une nouvelle alliance, celle des sciences sociales et des militants, et à cet « intellectuel collectif » que Pierre Bourdieu appelle de ses vœux. Depuis lors, la pensée critique ne cesse de se déployer, portée en particulier par des maisons d'édition alternatives : Aden, Agone, Amsterdam, Les Arènes, La Fabrique, Lignes ou encore Les Prairies ordinaires, toutes apparues dans les années 1990 et 2000.

Autres voix, autres voies

« Qui applique à l'ordre politique une notoriété acquise ailleurs » : la définition de l'intellectuel par Jacques Julliard et Michel Winock paraît aller comme un gant aux artistes décidés à s'engager, qu'ils soient cinéastes, chanteurs, acteurs ou humoristes. Ce n'est pas une nouveauté : durant l'affaire Dreyfus, le monde de l'art s'était beaucoup mobilisé – et d'ailleurs déchiré. Nombre d'entre eux ont, au siècle dernier, donné de leur voix, de leur plume ou de leur caméra. Le neuf tiendrait plutôt dans leur volontarisme affirmé, au point que parfois l'initiative leur revient désormais.

Parmi ceux que Jean-François Sirinelli a nommés les « intellectuels du troisième type », Michel Colucci dit Coluche contribue à décaler l'image de l'engagement dans le seul monde savant. En 1981, il se présente à l'élection présidentielle comme « le seul candidat qui n'a aucune raison de vous mentir ». Or il reçoit le soutien inattendu de Pierre Bourdieu, Gilles Deleuze, Jean-Luc Godard, Félix Guattari et Serge July ; Pierre Bourdieu voit en lui le « casseur [d'un] jeu » dans lequel seuls « les politiques » auraient compétence politique. Les sondages lui attribuent un niveau d'intentions de vote (entre 11 et 16 %) qui finit par inquiéter les états-majors des partis ; préférant jeter l'éponge suite aux pressions qu'il subit, Coluche appelle à soutenir François Mitterrand. Mais il poursuit son engagement en matière humanitaire et fonde les « Restos du cœur » en 1985.

Ce même registre est choisi par d'autres artistes. Daniel Balavoine se fait remarquer pour la fermeté de son adresse à François Mitterrand lors d'un journal télévisé, le 19 mars

1980 ; il y stigmatise les politiques menées par la droite comme par la gauche qui laisseraient la jeunesse « désespérée ». Depuis cette sortie, l'interprète apparaît comme le modèle de l'artiste engagé, sollicité à la télévision non pas seulement pour ses chansons mais pour ses prises de position. En octobre 1983, lors de l'émission « Sept sur sept », il déclare : « J'emmerde les anciens combattants » ; dans une profession de foi antimilitariste enflammée, il s'en prend au « commerce des armes » autant qu'aux « enfoirés des pouvoirs », renvoyant dos à dos les différents camps. Il participe comme d'autres à la création des « Restos du cœur », dont un autre chanteur, Jean-Jacques Goldman, compose l'air officiel, certifié « sans idéologie, discours ou baratin » : « On ne vous promettra pas les toujours du grand soir, mais juste pour l'hiver à manger et à boire. » L'engagement des artistes entre dans son ère humanitaire.

Il n'en est pas moins politique. En février 1997, contre la loi Debré obligeant ceux qui abritent des sans-papiers à se déclarer – ce que François Chaubet nomme le « délit d'hospitalité » –, « l'appel des soixante-six cinéastes » prend la responsabilité d'affirmer : « Nous sommes coupables [...] d'avoir hébergé des étrangers en situation irrégulière » ; il convie donc à désobéir. On retrouve bon nombre d'artistes (Josiane Balasko, Patrice Chéreau, Juliette Gréco, Chiara Mastroianni, Ludivine Sagnier...) lors des manifestations de 2012-2013 en faveur du « mariage pour tous » : pour défendre ce projet, les chanteurs, comédiens et réalisateurs semblent même plus nombreux à se mobiliser que ceux dont prendre la plume est le métier.

Le terme même d'« intellectuel » en est relativisé : « Je connais des historiens, des philosophes, des biologistes, des sociologues, des poètes, note l'éditeur, écrivain et militant Éric Hazan. Je connais aussi des libraires, des plombiers, des apiculteurs, des enseignants, des serveuses et même des journalistes. Je ne connais aucun intellectuel, terme qui en est venu à désigner des hommes (et quelques femmes) qui, étant supposés plus intelligents et plus instruits que les autres, ont acquis le droit d'exprimer publiquement leur opinion sur ce qu'il convient de penser et de dire sur n'importe quel sujet, politique en particulier. » Toutefois, comme le remarque François Chaubet, « céder sur la prétention à être le "tout" ne conduit pas nécessairement à n'être plus "rien" » : loin de la « fin » des intellectuels qu'a pu annoncer en 2000 Régis Debray, le « désir d'éclaircissement » et toutes les formes de l'engagement restent très présents et structurants.

La crise de la politique provient entre autres choses des politiques de crise, celles qui ont mené aux acceptations résignées. « La politique est leur affaire » s'entend comme distanciation et comme condamnation, les scandales financiers aidant. Mais on peut aussi l'interpréter comme une réappropriation. Les mouvements sociaux, définis par Sidney Tarrow comme des contestations collectives ayant des objectifs communs et un sentiment de solidarité dans le face-à-face avec les autorités, témoignent par leur renouveau d'imprégnations politiques à tous niveaux. On pourrait encore évoquer les militantes et militants de proximité investis dans des associations de quartier. Ces formes de politisation qui irriguent l'espace public marquent une prise de distance avec la politique des professionnels. Là où le modèle républicain dessine l'unité abstraite du peuple souverain, le politique se fait ici incarné, quotidien et concret.

Il ne s'agit pas d'oublier pour autant le désenchantement et le désengagement. Pierre Rosanvallon l'a montré, la démocratie reste « inachevée » ; Jacques Rancière parle de ses « impensés ». Parmi eux figurent les transferts de souveraineté, les déplacements du politique à l'économique, les passages du national au postnational qui s'inscrivent dans la France d'un monde renouvelé.

DEUXIÈME PARTIE

La France du nouveau monde

CHAPITRE VI

Domination et contestations du « néolibéralisme »

Au début des années 1980, les expressions de « globalisation » et de « mondialisation » n'ont pas encore cours ; mais les processus économiques qui en constituent les contours s'imposent déjà en pratique. Dans la compétition exacerbée qui s'exerce à l'échelle internationale, la réduction des coûts de production et la régulation de l'économie par les marchés posent les bases de ce que l'on commence à nommer le « néolibéralisme ». Ce phénomène doit avant tout se comprendre comme une réponse à la crise structurelle des années 1970, entraînée par une baisse importante de la rentabilité du capital, à la fin des « Trente Glorieuses ». Il englobe dès lors un ensemble de politiques visant à diminuer les coûts de production et à comprimer les salaires, afin de rétablir les marges des entreprises. Le néolibéralisme s'affirme bien comme la forme du capitalisme contemporain.

Est-elle si nouvelle ? Le philosophe Serge Audier a mis en garde contre ce « concept faussement transparent », retracé les généalogies compliquées qui l'unissent au libéralisme classique et rappelé que, pour les uns, le néolibéralisme constitue une rupture par rapport au libéralisme historique tandis que, pour d'autres, il en est le parachèvement. Dès 1938 avec le colloque Lippmann puis en 1947 avec la Société du Mont-Pèlerin, la nébuleuse de ceux qui, autour de Friedrich Hayek, Walter Lippmann et Milton Friedman, voulaient refonder le libéralisme, défendait sur l'État notamment des positionnements divergents. L'archéologie intellectuelle du néolibéralisme nous le montre donc pluriel. Quelques principes directeurs en forment néanmoins le socle théorique et en régissent efficacement les pratiques. Les tenants du néolibéralisme opèrent une critique radicale de l'État-Providence ; ils postulent que les marchés constituent le meilleur mode de régulation de la production ; ils entendent faire de l'individu un entrepreneur de lui-même, du sujet un consommateur et de l'usager un client.

La concurrence y est centrale, au niveau mondial. Certes, elle n'a rien d'une nouveauté. Mais ce qui lui confère, dans la période la plus contemporaine, sa spécificité, tient dans son extension à des sphères qui ne se trouvaient pas jusque-là soumises à l'emprise du marché. Largement amorcé au début de la décennie 1980, le modèle concurrentiel est davantage encore affirmé avec l'effondrement du mur de Berlin puis la disparition de l'Union soviétique : aucun autre système économique ne semble plus pouvoir le défier.

Ces évolutions ne vont pas sans résistances ni contestations. Mais leur ancrage dans une économie planétaire rend d'autant plus complexes, pour leurs adversaires, les possibilités de s'en défaire. L'internationalisation croissante de l'économie et la mise en concurrence généralisée résultent de décisions politiques, qui tendent à lever tous les verrous pour la libre circulation des marchandises et des capitaux. Cette nouvelle configuration facilite la mise en place de politiques d'allégement du coût du travail, elles-mêmes appuyées sur une intense flexibilité : les contrats conclus de gré à gré et la multiplication des « formes particulières d'emplois » ouvrent l'ère de la précarité. Celle-ci se traduit par la constitution d'oligopoles transnationaux et des délocalisations. À partir des années 1990, les progrès des technologies de l'information et de la communication participent au déploiement d'une « nouvelle économie » et compressent encore davantage le temps des activités et des marchés : l'économiste états-unien Edward Luttwak avance en 1993 la notion de « turbocapitalisme », où règne l'instantanéité des échanges financiers.

L'économie française ne peut plus dès lors être appréciée autrement qu'à cette aune du monde, même si elle a ses singularités, elles-mêmes emboîtées dans la réalité complexe des évolutions européennes. Si l'on accepte comme le fait l'INSEE d'évaluer la croissance en fonction de l'évolution du Produit intérieur brut (PIB) – soit une mesure des richesses nouvelles (biens et services) créées chaque année par le système productif –, on soulignera qu'il n'y a pas là de linéarité mais des temporalités saccadées. La croissance française est fortement ralentie depuis la seconde moitié des années 1970 ; elle s'établit en 1980 à 1,64 % et même à 0,98 % en 1981. Si cette croissance apparaît modeste en 1982, après un an de gouvernement Mauroy, son taux (2,4 %) la place au-dessus des États-Unis, du Royaume-Uni, de l'Allemagne et de l'Italie, plongés quant à eux dans une récession que la France a pu éviter. Mais ce taux chute pour s'établir durant les trois années suivantes autour de 1,5 %. Un nouvel élan, lui-même inséré dans la reprise mondiale qui voit les entreprises engranger des records de profits, s'affirme à partir de 1986 (2,26 %) et jusqu'en 1989 (4,19 %). Un retournement s'opère cependant au début de la décennie 1990, avec la récession généralisée qui touche de plein fouet les principales économies (États-Unis, Grande-Bretagne, Japon, Allemagne) entre 1991 et 1993. L'économie française n'est pas épargnée (1,04 % en 1991, – 0,67 % en 1993). La seconde moitié des années 1990 est en revanche portée par des taux de croissance relativement élevés (2,25 % en 1994, 3,38 % en 1998). Mais cette croissance est violemment interrompue dès le début de la décennie suivante par l'éclatement de la bulle spéculative ; le commerce mondial comme les flux d'investissements se rétractent après ce krach. Le taux de croissance tombe à 0,90 % en 2002 et 2003. La reprise (2,54 % l'année suivante) est de courte durée. Amorcée en septembre 2008 par la chute de la banque d'investissement multinationale Lehman Brothers, la plus grave crise que l'économie mondiale ait connue depuis 1929 voit sa contagion précipitée par l'interdépendance des systèmes financiers. La

France, comme de nombreuses autres économies, entre en récession (– 0,08 % en 2008, – 3,15 % en 2009). Depuis lors, après une timide reprise, ce taux est retombé à zéro.

L'insertion des économies dans une sphère mondiale et globale conduit à interroger la pertinence même du niveau national. À partir des années 1990, certains théoriciens des relations internationales – James N. Rosenau et Ernst-Otto Czempiel en particulier – avancent l'hypothèse d'une « gouvernance sans gouvernement » et, dès lors, d'un « système multicentré » où l'État ne disparaît pas mais où il est fortement concurrencé. Parallèlement, les alternatives au néolibéralisme tout comme les projets de société opposés au capitalisme n'ont pas vraiment cessé de sinuer tout au long de la période, accentués avec l'approfondissement de la crise ; c'est ainsi que tâtonnent ou s'affirment les perspectives d'autres « mondes possibles ».

La loi des marchés

Vive la crise, vive l'entreprise !

Le terme de « crise », dans sa malléabilité et sa plurivocité, commence à s'imposer au milieu des années 1970. Il s'infiltre dans les consciences collectives par différents biais, notamment dans les occurrences répétées des discours politiques et médiatiques. Peu à peu, tout un chacun doit « s'y faire », donc s'y résigner, accepter la probabilité que sa vie va changer.

Pour la première fois en janvier 1982, le *New York Times* avance l'idée d'une « communication de crise ». Dans les slogans de la publicité, le discours de crise s'impose avec autant d'acuité. Le cadre publicitaire des années 1980 est dominé par l'obsession des prix et de la compétitivité. Le ton peut se faire léger : pour une marque de rasoirs, Raymond Poulidor, l'ancien champion cycliste chéri de nombreux Français, reconnaît qu'« il n'y a pas de petites économies »

– il s'est constitué une armoire pleine de rasoirs à moitié prix ; une lessive se distingue par ses « Miniprix ». Mais d'autres publicités sont lestées d'une certaine gravité, surtout lorsque l'État les a commandées : pour persuader qu'il faut maîtriser l'inflation, une compétition de voiliers ceints de drapeaux nationaux doit prouver qu'en France, « on est dans la course » ; le chômage des jeunes, dans les spots de l'Agence nationale pour l'emploi (ANPE), se rappelle si besoin en était par les labyrinthes où ils se perdent ou les trains derrière lesquels ils courent sans pouvoir les rattraper. Les journaux télévisés sont quant à eux rythmés par les images des entreprises fermées et par les courbes du chômage qui progresse sans cesse davantage.

C'est dans cette configuration imprégnée de fragilité qu'intervient, le 22 février 1984, l'émission de télévision intitulée « Vive la crise ! » ; 20 millions de personnes la regardent ce soir-là. Le titre en indique déjà le programme pédagogique et politique : la crise a ses vertus puisqu'elle doit servir à engager de profondes restructurations et à faciliter leur acceptation. Voisinent sur son plateau des journalistes – Christine Ockrent, Laurent Joffrin, Serge July –, le dirigeant financier Alain Minc et l'acteur-chanteur Yves Montand. « La crise, quelle crise ? », s'interroge ce dernier. À ses yeux, la France est bien moins touchée que d'autres ; le pays profite, assure-t-il, de « privilèges incroyables » – et il s'agit de traquer ces privilèges supposés, ceux du médecin comme ceux de l'ouvrier. Après avoir « vécu à crédit », « il va falloir payer » ; il faut « cesser de rêver ». Surtout, annonce Yves Montand, l'index pointé vers les téléspectateurs, c'est à chacun d'en trouver la solution. Alain Minc s'y définit quant à lui comme un « libéral de gauche », puisant sa conception dans la conviction que le marché est un bon moyen, quoique « brutal », de changer la société. Pour annoncer l'émission qu'il a impulsée, le journal *Libération* propose un supplément de près de cent pages, vendu à quelque 200 000 exemplaires, avec le même titre, « Vive la crise ! », et le même Montand expliquant que l'augmentation du chômage est inévitable, que « les gens comme

Dassault ont le droit de faire des profits » et que les ouvriers « maghrébins » de Talbot doivent eux aussi « se prendre par la main » en acceptant de se recycler. En somme, la situation a ses fatalités mais les individus sont responsabilisés : ils sont comptables de changer, sous peine d'être engloutis dans les affres de l'économie. Pour Yves Montand, c'est un retournement : l'ancien compagnon de route du PCF donne à présent caution au président Reagan et à l'économie de marché.

Le monde de l'entreprise n'est plus cantonné aux relations et aux tensions qui s'y jouent. Il est introduit dans la sphère de la représentation médiatique. L'heure est à la gloire des « jeunes cadres dynamiques » mais aussi des patrons « audacieux » et « énergiques ». Sur les écrans défilent les principaux représentants de cet archétype : Michel-Édouard Leclerc, expert en campagnes de communication pour son groupe d'hypermarchés, ou Paul-Loup Sulitzer, entrepreneur et consultant financier célèbre pour ses livres à succès comme *Money* (1980), *Cash* (1981) et *Fortune* (1982). Mais c'est Bernard Tapie qui attire le plus ces lumières. L'homme d'affaires est partout à la télévision : sur des plateaux de variétés où il n'hésite pas à chanter ; dans sa propre émission, « Ambitions », dédiée à la création d'entreprises ; mais aussi dans la publicité : pour les piles Wonder – une entreprise qu'il achète en 1984 –, Bernard Tapie impose son physique avantageux au service d'une vitalité apparemment illimitée ; tandis que, résolu, il ne cesse de marcher, tout le monde s'écroule autour de lui : les jeunes cadres – nécessairement des hommes –, sa secrétaire – nécessairement une femme, chargée de ses dossiers – et même un cheik arabe moins endurant que Tapie. À l'image, la femme a finalement le plus d'audace : en enlevant ses piles, elle le laisse s'effondrer ; mais le clin d'œil qu'il adresse au spectateur ne laisse aucun doute sur le fait qu'il va se relever. Sans préjuger de la suite des événements, cette publicité est comme le modèle réduit de tout ce qu'incarne Bernard Tapie. Consacré « homme de l'année » par les médias en 1984, il figure parmi les personnalités préférées des Français. Son autobiographie, *Gagner*, qui paraît en 1986 et se vend à 450 000 exemplaires, le pose en « patron de choc », fils d'ouvrier mais sûr de sa destinée, assumant son goût du luxe et de l'argent, revendiquant d'être un battant et un dominant. Il rachète des entreprises qui déposent leur bilan puis en réduit drastiquement les effectifs et les coûts de production ; il marque ainsi son temps à l'aune des licenciements. Parmi ses coups d'éclat figure, en 1986, l'acquisition d'un club de football important, l'Olympique de Marseille (OM). Proche de François Mitterrand, il devient ministre de la Ville en 1992, même s'il n'est pas accepté par la famille de gauche – « Tapie, reconnaît alors Pierre Mauroy, n'est pas ma tasse de thé ». En 1993, il est fier de présenter au président, à l'Élysée, la coupe de la Ligue des champions que l'OM vient de remporter. Il s'agit bien de gagner, à tout prix : en 1994, il est condamné pour corruption dans l'affaire du match truqué OM/Valenciennes et purge huit mois de prison.

La proximité d'un Bernard Tapie avec la gauche au pouvoir dit aussi le tournant que celle-ci est en train d'opérer. Tandis qu'elle évoquait jadis le salariat et ses combats, c'est l'entreprise qu'à présent elle valorise. Dans ces discours, l'entreprise forme une totalité, sans plus de distinction entre ses dirigeants et ses employés. Depuis 1981, Jean Riboud, le PDG de Schlumberger, conseiller très écouté de François Mitterrand, explique qu'« il appartient à la gauche de libérer l'esprit d'entreprise et les entrepreneurs, de révolutionner les mentalités dans ce domaine. Et cela, la droite ne pouvait pas le faire, seule la gauche le peut ». Dans le magazine économique *Challenge*, en décembre 1983, le président de la République en appelle à la « redécouverte de l'entreprise » ; Laurent Fabius assimile entreprise et modernité. Quant à Jacques Julliard, il propose de « réhabiliter » « le goût de l'entreprise » et « la production » et de renouer pour cela avec Saint-Simon, « l'homme qui a introduit dans la langue française le mot industriel » : que la gauche cesse, suggère-t-il dans *Le Nouvel Observateur* en octobre 1984, d'être « un super-lobby de consommateurs, d'assistés et de fonctionnaires râleurs » : « le beau mot de producteurs » doit remplacer celui de « travailleurs ». Cette alliance ne va dès lors plus vraiment cesser au sommet du Parti socialiste et éclaire les expressions réitérées de Ségolène Royal en 2007 pour conférer aux entreprises « plus d'agilité », celles de Dominique Strauss-Kahn appelant à « réconcilier les Français avec l'entreprise », ou celles de François Hollande qui indique en 2008 avoir « besoin d'un patronat fort » pour « moderniser l'espace social et l'entreprise ». En 2012, le ministre de l'Économie Pierre Moscovici réaffirme, pour ceux qui en douteraient, que « la culture d'entreprise n'est pas de droite ». « Favoriser la réussite de la nation », assure encore François Hollande, c'est « favoriser la réussite de l'entreprise ». Se dessine ici un raisonnement qui, en trente ans, va se renforcer : l'entreprise, c'est la modernité ; or l'entreprise, c'est aussi la nation ; donc la modernité de la nation passe par l'entreprise ainsi célébrée.

Libéralisations, privatisations, dérégulations

On comprend à cette aune que les nationalisations réalisées dans la foulée de l'élection de François Mitterrand en mai 1981 soient perçues, à l'échelle internationale, comme une politique à contre-courant du néolibéralisme désormais dominant. Dès le début des années 1980, l'heure est donc aux « innovateurs », à la prise de risque et à la stigmatisation des secteurs dits « protégés ». C'est du moins dans ce contraste affiché et abondamment répété que s'enracine le discours néolibéral. En janvier 1982, dans la revue *Le Débat*, le sociologue Michel Crozier distingue les « gens à statut » et les « gens sans statut » : les premiers, les agents du secteur public, formeraient des « catégories socialement et intellectuellement conservatrices », dominées par une « culture que l'on pourrait qualifier d'hexagonale », bien peu enclines à l'« ouverture des frontières » et à la « modernisation de l'économie ». C'est là une autre forme de dichotomie : la modernité serait du côté de ceux qui prendraient des risques – entrepreneurs, managers, ingénieurs et même agriculteurs ; les fonctionnaires, quant à eux, seraient la meilleure incarnation du conservatisme. Avec un titre insistant sur ce clivage tranchant,

La France à deux vitesses (1982), l'ancien ministre Lionel Stoléru désigne les employés des caisses d'épargne, les instituteurs, les personnels des crèches, les salariés du secteur hospitalier comme des « privilégiés ». La même année, le journaliste François de Closets publie *Toujours plus !*, un énorme succès puisqu'il se vend à 1 million d'exemplaires ; son argumentation est similaire. Alain Minc, dans *La Machine égalitaire* (1987), souhaite lui aussi ébranler ce qu'il nomme le « mythe » du « service public, collectif et gratuit » ; il invite à ouvrir ces secteurs, et notamment celui de la santé, au « jeu de la concurrence entre compagnies d'assurances, mutuelles, Sécurité sociale elle-même ». Légitimité est donc donnée pour étendre la logique du marché à des sphères jusque-là préservées. Lorsque tombe le mur de Berlin, beaucoup jugent que l'heure a sonné d'un marché généralisé ; pour l'économiste et essayiste Jacques Attali, le « sherpa » de François Mitterrand, « la modernité et le marché ne font plus qu'un depuis ce mois de novembre 1989 ».

Cette rhétorique contribue aussi à naturaliser l'économie. Le libéralisme pratiqué par la droite, dès la première cohabitation, avec son cortège de privatisations, est assimilé à la logique de la vie. Dans une publicité commandée par l'État sous le gouvernement Chirac, un puissant cheval blanc se débat dans des rets dont il parvient à se délivrer pour galoper, fougueux, en toute liberté ; une voix en commente la métaphore limpide : « Parce que toute une série d'entraves ligote notre économie, elle finit par s'essouffler ; en lui rendant sa liberté, on lui redonne le sens des responsabilités. » Au même moment, une publicité pour Air France brocarde une grève des personnels, qui emplit le ciel de nuages mais le vide de ses avions ; cette condamnation s'achève sur une implacable formule : « S'adapter ou mourir. » Cette intraitable alternative, puisant au naturel de la mort et de la vie, est confirmée en 1997 par Jacques Chirac : « La fermeture des usines, c'est hélas, aussi, la vie ; les arbres naissent, vivent et meurent. Les plantes, les animaux, les hommes et les entreprises aussi. »

La période est donc marquée par des trains de privatisations. Comme l'a relevé l'économiste Philippe Askenazy, sources de revenus importants pour l'État, elles sont d'autant plus bienvenues pour des gouvernements en difficulté qu'elles permettent de lisser les budgets et de voir les déficits atténués : elles rapportent ainsi 100 milliards de francs sous le gouvernement Chirac, 114 milliards sous celui d'Édouard Balladur, 40 milliards sous celui d'Alain Juppé et 210 milliards sous celui de Lionel Jospin. Ce dernier n'emploie pas cependant le mot de « privatisation » ; il lui préfère l'expression d'« ouvertures du capital ». Il est vrai que ce sont principalement des privatisations partielles, où l'État garde des parts. Le secteur nationalisé est peu à peu érodé et cette progressive dissolution ne rencontre plus d'opposition, sinon à la « gauche de la gauche ». Une telle validation permet d'éclairer le scandale que suscite fin 2012 l'éventualité, avancée par Arnaud Montebourg, de nationaliser l'aciérie ArcelorMittal ; au mieux jugée comme une incongruité, au pis comme un épouvantail désuet, cette hypothèse laisse le ministre isolé au sein de son propre camp.

Certes, en 1998, Lionel Jospin approuve « l'économie de marché » mais refuse « la société de marché ». Cependant, celle-ci a considérablement progressé puisque la logique marchande s'impose à des domaines démultipliés : la télévision à partir des années 1980, puis l'énergie, le téléphone et les télécommunications, les transports publics, les autoroutes, les aéroports, le secteur postal. Même l'armée est concernée : elle sous-traite désormais une partie de sa logistique. La Révision générale des politiques publiques lancée en juin 2007 se bâtit sur l'impératif de la suppression d'emplois ; son principe est de ne plus remplacer un fonctionnaire sur deux qui part à la retraite : elle implique fermetures de lits d'hôpitaux, de maternités, de collèges et de tribunaux. Entre 2007 et 2012, 150 000 postes de fonctionnaires sont supprimés.

Ces changements ne sont pas pour autant estimés suffisants par les tenants les plus virulents du libéralisme. Guy Sorman en est un bon représentant : cet essayiste, un moment conseiller du Premier ministre Alain Juppé, loin de critiquer la seule gauche et ses « lignes Maginot », regrette que la droite française soit elle aussi trop attachée, selon lui, au rôle de la puissance publique. Dans ses livres et ses chroniques, il prône un désengagement plus massif de l'État, qui ne devrait plus se consacrer qu'à l'ordre public comme fonction régalienne unique. La modernité est placée sous le regard de l'histoire : « Si Louis XIV avait craint le modernisme autant que les Français le redoutent aujourd'hui, avance-t-il en octobre 1997, nous n'aurions pas connu de Grand Siècle. » Le monde en est le crible : le « village gaulois » pèse de bien peu de poids face au « village global » imaginé par Marshall McLuhan ; c'est pourquoi, dans *Le monde est ma tribu* (1997) et jusqu'à *Wonderful World* (2009), Guy Sorman promeut la « mondialisation de concepts universels », parmi lesquels la « liberté d'entreprendre », érigée en valeur cardinale.

Prédominance de la finance

L'autre nouveauté de la période réside dans la place occupée par les marchés : marchés des actions, des changes, de la dette, marchés dérivés à haute rentabilité irriguent ainsi de plus en plus l'économie. À partir des années 1980, la Bourse connaît une véritable euphorie ; cette explosion boursière est favorisée par des réformes de structure réalisées par les gouvernements Mauroy et Fabius, qui contribuent à la libéralisation des mouvements de capitaux : fin du contrôle des changes, création du second marché, informatisation des cotations. En 1986, l'encadrement du crédit par l'État est aboli. En 1993, le processus s'accélère avec le lancement du « marché européen des capitaux » et la mise en concurrence des places boursières. Le capital des entreprises cotées se diversifie : elles recourent de moins en moins aux banques et de plus en plus aux marchés financiers, *hedge funds* et fonds de pension en particulier : en 1986, 54 % de l'investissement des entreprises françaises sont financés par ces marchés contre 8 % en 1970. L'épargne des ménages y est aussi drainée dans l'enveloppe étoffée des produits de placements. Les actionnaires comptent plus que jamais parmi les acteurs majeurs de l'économie. Entre 1982 et 1993, la capitalisation passe de

225 à 2 700 milliards de francs pour les actions et de 1 000 à 3 900 milliards pour les obligations. Au même moment, les salaires connaissent la plus faible progression de leur histoire et leur part dans le PIB chute de 9 points, pendant que celle des profits progresse de 7. *In fine*, que ce soit pour l'échange de devises, de dettes, d'actions ou d'obligations, sur le court, moyen ou long terme, les entreprises, les États et les ménages participent à ce marché mondialement intégré.

**Partage de la valeur ajoutée au sein
des sociétés non financières
(1981-2011)**

Là encore, un rapport au temps particulier en vient à s'imposer. Comme le rappelle le sociologue espagnol Manuel Castells, « pour la première fois de l'histoire, le capital se gère jour et nuit sur des marchés financiers opérant en temps réel ». Les nouvelles technologies se jouent des frontières et favorisent l'ubiquité : ni le temps ni l'espace ne sont plus des entraves à ces immenses flux financiers. Néanmoins, cette temporalité a sa loi d'airain : celle d'un court terme privilégié et d'un horizon limité ; les entreprises doivent rassurer les marchés en avantageant les performances immédiatement réalisées. Certes, la logique des marchés est une projection dans le futur, quand bien même ce ne serait qu'un futur proche et ramassé ; mais ces anticipations sont pour partie fabriquées. Comme l'exprime l'image de l'économiste Jean-Pierre Dupuy, « le marché se fait tracter par un avenir qu'il a projeté en avant de lui-même, tel un alpiniste qui lance son piolet vers le haut d'une paroi glacée » : les acteurs financiers se logent dans la virtualité qu'ils ont eux-mêmes imaginée.

Cette économie est aussi caractérisée par une forte volatilité des activités financières. Dès lors, l'inédit de la période tient, non dans la formation de bulles spéculatives, mais dans leur ampleur et leur démultiplication, qui en font un phénomène structurel même s'il demeure irrationnel. Certains prix deviennent sans rapport avec les valeurs réelles : bulles affectant le Japon, l'Asie du Sud-Est, la Russie, l'Argentine, et touchant tour à tour différents secteurs – Internet, les marchés émergents, l'immobilier, la titrisation des crédits bancaires... L'éclatement de ces bulles brise aussi quelques certitudes. Jusqu'au milieu des années 1990, on pensait que les États et les institutions intergouvernementales contrôlaient la création et l'échange des actifs de crédit ; mais quand en 1997 surgit le bouleversement venu de Thaïlande, de Malaisie et d'Indonésie – des placements et des emprunts spéculatifs à risque font s'effondrer les cotations et les monnaies –, on s'aperçoit qu'aucune instance de régulation n'avait émis à leur égard la moindre prévision. La temporalité économique est elle aussi dérégulée.

L'IMPUISSANCE DE LA PUISSANCE ?

La dette publique comme obsession politique

Le temps de l'État est également perturbé. Sa dette, soit la somme de ses engagements financiers résultant du cumul de ses dépenses non compensées par les rentrées d'argent, mais aussi

179

des intérêts qu'il doit verser à ses créanciers, ne cesse de se creuser. À partir des années 1980, en raison du ralentissement de la croissance mais également de la hausse des taux d'intérêt impulsée par la Réserve fédérale américaine, l'accroissement incessant du taux d'endettement (20,7 % du PIB en 1980, 31,1 % en 1986, 46,0 % en 1993, 59,5 % en 1997, 59,1 % en 2002, 64,2 % en 2007, 89,9 % en 2012) s'accompagne d'une mutation dans sa structure même, comme Olivier Feiertag l'a montré en parlant de « révolution des marchés de l'argent » : aux formes caractéristiques d'une « économie d'endettement » se substituent les traits d'une « économie de marchés financiers ». Progressivement, le système administré du financement de la dette publique (avances de la banque centrale, taux d'intérêt des emprunts du Trésor imposés aux banques) est remplacé par un système où cette dette publique est livrée aux marchés financiers. Le traité de Maastricht (1992) entérine ce basculement en interdisant tout financement direct du Trésor public auprès de la Banque centrale. C'est ainsi que les sommes versées au titre des intérêts de la dette croissent à vive allure au point de représenter une part importante du budget : mesurées en euros, elles s'élèvent à 5,4 milliards en 1980, 27,4 milliards en 1990, 41,5 milliards en 2000, 50,7 milliards dix ans plus tard, sommes qui alimentent directement les banques et autres institutions financières.

Si la dette publique est une matrice économique, elle se fait aussi référence politique, au nom de générations qui ne sont pas encore nées. Prônant en 1990 une réforme de l'assurance vieillesse, le Premier ministre Michel Rocard met en balance de son projet une « guerre des générations ». Dix-huit ans plus tard, François Fillon déclare : « Je ne serai pas le Premier ministre qui laisse aux générations futures la facture de nos imprévoyances et de nos lâchetés. » C'est en leur nom que les gouvernements successifs justifient les « réformes nécessaires » à la résorption de la dette publique, donc les politiques de privatisation et la contraction des prestations. Pourtant la dette publique n'est pas léguée aux générations futures comme si elles constituaient des entités homogènes :

demain, les générations futures devront rembourser cette dette à une partie de ces mêmes générations futures, celle qui détiendra les titres de dette.

Les différents traités sur l'Union européenne, depuis Maastricht, viennent rappeler les critères œuvrant à harmoniser ces politiques budgétaires. Le Pacte de stabilité et de croissance, adopté à Amsterdam en 1997, réaffirme la norme à ne pas dépasser de 3 % de déficit et de 60 % de dette publique par rapport au PIB. Aux yeux de certains économistes, comme Jean-Paul Fitoussi, fixer dans l'absolu de telles prescriptions sans tenir compte de la situation apparaît « antiéconomique ». Pourtant, cette réglementation sert d'étai à la problématisation de la dette publique comme dispositif politique. En 2005, sous l'impulsion du ministre de l'Économie Thierry Breton, le « rapport Pébereau », du nom du président du conseil d'administration du groupe bancaire BNP-Paribas, inscrit la dette sur l'agenda politique et médiatique, en se proposant de responsabiliser le public. Ce rapport vise à produire un choc des consciences en brandissant le chiffre, rond mais faux, d'une dette à 2 000 milliards d'euros – elle est en fait de 1 117 milliards, ce qui n'en est pas moins impressionnant mais laisse entendre qu'à ce niveau, la précision n'est plus une obligation. En 2011, François Hollande comme Martine Aubry assurent vouloir s'en tenir aux 3 % de déficit, « puisque c'est la règle aujourd'hui ».

La politique fiscale menée tout au long de la période n'est pas sans effet sur le poids de cette dette. Entre le début des années 1980 et la fin des années 2000, le taux d'imposition des fortunes les plus importantes est passé de 65 à 40 % et le taux d'imposition des entreprises, dans le même temps, de 50 à 33 %. Entre 2000 et 2010, le coût des baisses d'impôts s'est élevé à 100 milliards d'euros. Celui des exonérations de cotisations sociales se monte à 30 milliards par an. Comme l'a relevé l'économiste Michel Husson, la part des dépenses de l'État est demeurée fixe tout au long de cette période, autour de 23 % du PIB ; en revanche, celle des rentrées est passée de plus de 22 % à 18 % du PIB ; l'impôt sur les sociétés a ainsi chuté de 2,3 % à 1,1 % du PIB ; « les gouvernements succes-

181

sifs ont donc fabriqué du déficit en baissant systématiquement les recettes », notamment sur les entreprises, afin d'améliorer leur rentabilité et les inciter à investir. Pour autant, cela ne change rien à l'état du marché de l'emploi.

Aléas et désarrois de l'emploi

Dès le milieu des années 1970, le chômage devient un fléau qui s'abat sur des populations entières et les plonge dans le désarroi. Or le chômage, loin de n'être qu'une perte d'emploi, détruit des vies, altère l'image de soi, fait éprouver une obsédante culpabilité, peut plonger dans la dépression chronique et l'anxiété pathologique. Parmi les 160 000 tentatives et les 10 000 morts par suicide qui ont lieu en moyenne chaque année en France, la perte d'emploi est un facteur de risque clairement identifié. La crise déclenchée en 2008 aurait impliqué environ 10 800 suicidants et 750 morts supplémentaires rien qu'entre 2009 et 2011.

Nulle linéarité là encore dans ces évolutions : le taux de chômage s'établit à 7,9 % de la population active en 1981 ; il atteint 10,5 % en 1986 ; entre 1988 et 1991, il repasse sous la barre des 10 % lorsque les taux de croissance repartent eux-mêmes à la hausse : 9,8 % en 1988 et 8,9 % en 1990 ; mais il s'accroît de nouveau au début des années 1990 : 12,2 % en 1993 ; comme dans tous les pays industrialisés à l'exception du Japon, l'amélioration de la fin de la décennie fait passer durablement ce taux sous la barre des 10 % : 8,9 % en 2000, 7,4 % en 2008 ; mais la crise le fait exploser à nouveau, ce qui le porte à 10,3 % en 2012. Ainsi, le nombre officiel des demandeurs d'emploi passe-t-il de 1,49 million en 1980 à 2,11 millions dès 1985 et jusque 2,7 millions en 1999 ; établi à 2,39 millions en 2000, il touche en 2006 2,51 millions de personnes. Après cette date, ce nombre évalué par Pôle Emploi, qui remplace l'ANPE en décembre 2008, paraît chuter : 2 millions en 2008. Cependant, les chiffres publiés ne tiennent pas compte de la multiplication des radiations ; quant aux agents de la statistique publique, ils se mobilisent en 2007 pour protester contre les pressions qu'ils subissent afin que l'INSEE ne publie pas les « vrais chiffres ». Fin 2012, le nombre de demandeurs d'emploi s'élève à 3,13 millions. Au demeurant, ce ne sont là que les personnes classées par Pôle Emploi en « catégorie A » ; si l'on tient compte des personnes en activité réduite, en formation ou en contrats aidés, le chiffre atteint 5,58 millions ; si l'on répertorie aussi les chômeurs dits « invisibles » – personnes en temps partiel subi à la recherche d'un CDI ou encore chômeurs considérés comme « découragés », qui ne se réinscrivent pas à Pôle Emploi car ils arrivent en fin de droits –, ce chiffre bondit encore pour concerner 9,21 millions de personnes.

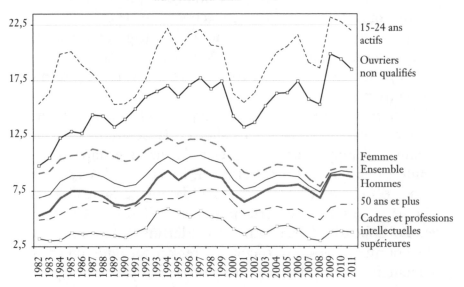

Évolution du taux de chômage au sens du BIT

La précarité est une autre face de ce mal d'emploi. Les politiques publiques menées en la matière ne font depuis trente ans que le renforcer. Philippe Askenazy l'a précisément analysé, en retraçant l'histoire du recours répété à ce type de politiques. Elle commence avec la loi du 3 janvier 1979 qui introduit des dispositions relatives au contrat à durée déterminée (CDD) dans le Code du travail ; ces contrats sans limitation de renouvellement visent à pourvoir des

LA FRANCE À L'HEURE DU MONDE

emplois jusqu'alors permanents. En 1981, parmi les propositions de François Mitterrand figure l'engagement de rétablir le contrat à durée indéterminée (CDI) comme base des relations de travail altérée par l'État depuis deux ans. Cependant, dès 1982, le gouvernement de Pierre Mauroy renoue avec les CDD, désormais mieux encadrés : ils doivent théoriquement servir d'emplois saisonniers ou en cas de hausse exceptionnelle d'activité ; mais ils sont peu à peu généralisés. En 1984, le gouvernement de Laurent Fabius lance des contrats aidés nommés Travaux d'utilité collective (TUC) et Stages d'initiation à la vie professionnelle (SIVP) : les jeunes concernés doivent effectuer vingt heures de travail au service d'un employeur privé ou d'une collectivité locale, soit un mi-temps payé un quart du SMIC ; ils se situent en outre hors des conventions collectives, du droit du travail et de la protection sociale. Mais le chômage continue de progresser et le même François Mitterrand déclare, résigné, le 14 juillet 1993 : « On a tout essayé ; ni vous ni moi n'y pouvons rien. »

Pour autant, ces politiques publiques de l'emploi se poursuivent plus que jamais. Au début de la décennie 1990, le nombre d'emplois aidés progresse de manière impressionnante : rien qu'entre 1991 et 1994, il passe de 1 à 1,7 million, ce qui contribue à masquer davantage la réalité du chômage. Les TUC sont remplacés en 1990 par les Contrats emploi solidarité (CES). En 1991, Martine Aubry, ministre du Travail dans le gouvernement Cresson, introduit un abattement forfaitaire de 30 % des cotisations patronales pour l'embauche d'un salarié à temps partiel, soit une baisse de l'ordre de 10 % du coût du travail. À l'échelle de l'Europe, c'est en France que le temps partiel augmente alors le plus rapidement. Cette politique se poursuit sous les gouvernements Balladur et Juppé, accroissant encore le nombre de travailleurs pauvres. Les « emplois jeunes » impulsés par la même Martine Aubry inaugurent en 1997 une nouvelle forme de contrat aidé. Ils contribuent à faire du SMIC le « prix public du jeune » salarié, même qualifié. On peut y voir une essentialisation par l'État de l'association entre jeunesse, bas salaires et instabilité. Les gouvernements suivants poursuivent dans la voie des contrats aidés : après le Contrat initiative emploi (CIE) en 1995, le Contrat emploi consolidé (CEC) en 2005, le Contrat nouvelle embauche (CNE) en 2006 et pour finir un nouveau CIE en 2012.

L'évolution de l'emploi précaire en France (1982-2010)
(% de la population active)

Source : Insee-Enquêtes emploi

Ces contrats pèsent sur le statut de l'ensemble des salariés en abaissant le coût du travail. Ils ont un poids sur les finances publiques et sur les prestations sociales : ils offrent en effet aux employeurs de fortes exonérations de cotisations ; l'État prend aussi parfois en charge l'intégralité de la rémunération qui revient aux stagiaires, lorsque ceux-ci sont payés. Ils créent ainsi des effets d'aubaine pour les entreprises qui préfèrent embaucher sur ce type de contrats plutôt que sur des statuts à durée indéterminée. Dès lors, le principal déclencheur du chômage des jeunes, devant la fin de la scolarité, est aujourd'hui la sortie d'un stage ou d'un CDD.

Entre le début des années 1980 et le début des années 2010, le taux d'emploi précaire rapporté à la population active a ainsi plus que doublé, passant de 5 % à près de 13 %. Cette précarité est loin de ne toucher que le secteur privé : dans la fonction publique, la proportion de salariés précaires est très variable d'un ministère à l'autre (26 % dans la fonction publique territoriale, 40 % dans l'éducation et la recherche, 45 % dans le domaine de la culture, de la jeunesse et des sports), mais aussi d'un territoire à l'autre (à La Réunion, 75 % des agents ne sont pas titulaires) et d'un sexe à l'autre (68 % des non-titulaires sont des femmes). Dès 1982, la sociologue Danièle Linhart avait commencé à évoquer la « déstabilisation des stables ». Aujourd'hui, la part de CDD dans les embauches s'élève à 80 %. La précarité, vue par Robert Castel comme une « machine à vulnérabiliser », fait revenir sur le devant de la scène sociale « une très ancienne obligation imposée à ce qu'on appelait alors le peuple : "vivre au jour la journée" ». Chez Pizza Hut, McDonald's ou Eurodisney, entre les clients et les dirigeants aux yeux rivés sur les horaires, le salarié précaire se retrouve « entre la première et la trentième minute du chronomètre », « bon à tout ou plutôt "bon à rien" comme le dit le manager » : dans *Génération précaire*, Abdel Mabrouki, militant de la CGT, cofondateur en 2001 du réseau « Stop Précarité », décrit ce temps insensé, temps précipité de l'exécution sur commande, temps haché d'une existence sans avenir assuré.

Nouvelles raisons d'État

Lorsque Jean-Pierre Dupuy publie en 2012 *L'Avenir de l'économie*, il explique avoir été poussé à le faire par un « sentiment de honte », « la honte de voir le politique se laisser humilier par l'économie, la puissance par l'intendance ». Ce thème est récurrent depuis la fin des années 1980. Ce que Bertrand Badie a nommé, pour désigner un certain état des lieux en relations internationales, « l'impuissance de la puissance » apparaît aussi dans le champ de l'économie. Le thème est développé en 1995 par l'économiste Jean-Paul Fitoussi, persuadé du « syndrome de l'impuissance politique » : la « tutelle des marchés » ne laisserait plus « aucune alternative ». Il est encore abordé par le politiste Zaki Laïdi : l'État, entré au début des années 1980 « dans l'arène du marché », de « surveillant » qu'il en était devient « surveillé » par lui désormais. Le mot de « gouvernance », apparu durant les années 1990, traduit cette autorité plurielle et segmentée qui échapperait au seul pouvoir de l'État.

Plusieurs éléments en étayent l'argument. Ainsi pèsent d'un grand poids les firmes multinationales, dont le sociologue allemand Ulrich Beck a pu montrer qu'elles développent un droit privé en termes de normes techniques, de contrats et de droit du travail, de procédures d'arbitrage, qui concurrencent la légitimité étatique. Jouent dans le même registre les associations professionnelles transfrontalières animées par le patronat, pour exemple l'Union des industries de la Communauté européenne (UNICE) devenue Business Europe : regroupant quelque 40 fédérations d'employeurs dans 34 pays, elle fait pression auprès des instances de l'Union européenne pour éviter ou atténuer les contraintes législatives en matière sociale et environnementale. Viennent encore à l'appui de cette thèse la tendance à l'externalisation des services non régaliens et les emprunts que doit contracter l'État auprès des marchés financiers. Les agences de notation, censées évaluer pour de potentiels investisseurs la solidité des budgets, concourent elles aussi à affaiblir son rôle. On en a mieux pris conscience avec la perte du « triple A », la note financière que détenait la France depuis sa première évaluation en juin 1975, abaissée d'un cran en janvier 2012 par l'agence Standard & Poor's. Ces aléas du « triple A » ont aussi montré que les agences de notation contribuent à réaliser ce qu'elles entendent seulement annoncer, par une prophétie autoréalisatrice classique : en pointant du doigt des États fragilisés, elles les déstabilisent d'autant puisqu'elles font en général remonter les taux d'intérêt auxquels ils doivent emprunter.

Est-ce la fin, en économie, du rôle de l'État ? En réalité, l'État garde une grande part de son pouvoir de régulation. Dans la déréglementation et les privatisations, il a la main et est à la manœuvre. Il en va de même dans l'application de la politique fiscale et dans les exonérations de cotisations sociales. L'État pratique toujours un interventionnisme, mais davantage adapté aux attentes des marchés. Les politistes Laurent Bonelli et Willy Pelletier ont pu évoquer à ce sujet un « "État manager", réduit dans sa surface et renforcé dans ses structures de commandement ». C'est sans doute pourquoi des économistes libéraux comme Pierre Cahuc continuent de déplorer l'« étatisme du modèle social français » et la tutelle d'un État qui « veut tout réglementer ».

CRITIQUES DE CRISE

Le grand ébranlement

À partir de l'automne 2008, avec la crise qui fait trembler sur leurs bases un grand nombre d'économies mondiales, les États font la démonstration de leur intervention en venant en aide massivement aux banques ébranlées. L'explosion de la plus grosse bulle spéculative, la bulle immobilière, est le déclencheur de la crise mondiale. Suite à la faillite de Lehman Brothers, certains marchés, dont le marché interbancaire, s'écroulent. La crise touche rapidement l'« économie réelle » : le commerce mondial connaît un affaissement inédit ; le chômage s'accroît de façon spectaculaire à l'échelle planétaire.

Or, à l'égard des marchés défaillants, les interventions publiques sont impressionnantes. En 2009, le plan de « sauvetage » français s'inscrit lui-même dans un plan européen de grande ampleur, un prêt à hauteur de 200 milliards d'euros – dont 170 à la charge des budgets nationaux et 30 prélevés sur le budget de l'UE. L'État met en place une société de prise de participations qui permet d'injecter 40 milliards d'euros pour accroître les fonds propres des banques, ainsi qu'une société de financement de l'économie qui garantit les crédits pour un montant de 320 milliards d'euros. Ces instruments de relance budgétaire creusent l'endettement public, à des niveaux inconnus en temps de paix. Fin 2012, la dette atteint en France le niveau record

188

de 1 818 milliards d'euros. Cette spirale provoque à son tour l'intensification des plans d'austérité, des programmes d'économies drastiques, des suppressions de postes dans la fonction publique, alors que le chômage et la précarité ne cessent de s'accentuer.

Économie de marché ou économie *versus* marché ?

Cette crise, déclenchée par l'effondrement d'un gigantesque édifice financier, et dont la vitesse de propagation est à la hauteur de la mondialisation, contribue à mettre en cause l'infaillibilité supposée des marchés. Elle ouvre aussi une réflexion critique sur la discipline économique. Pour autant, les économistes sont profondément divisés.

Les partisans du néolibéralisme soutiennent l'autorégulation par le marché. En France, Nicolas Baverez occupe à cet égard une place centrale, en impulsant dans ses ouvrages, ses chroniques et ses interventions médiatiques la thèse depuis lors communément nommée « décliniste ». Son livre intitulé *La France qui tombe*, paru en 2003, défend l'idée d'un déclassement national lié à la « charge de la fonction publique », à la « garantie de droits sociaux fictifs », à la « sanctuarisation du secteur public », en bref selon lui à la « dérive de l'État-Providence ». Il y aurait encore trop d'État et trop de décalage historique entre une « classe politique rivée aux modèles des années 1960 et 1970 » et la modernité propre à la nouvelle économie de marché. Le « problème du service public à la française, de l'exception française » est ici stigmatisé. La crise actuelle ne modifie pas profondément ce raisonnement. Nicolas Baverez estime certes en août 2012 qu'il faut « limiter et contrôler les risques de l'industrie financière ». Des instances internationales doivent exercer cette responsabilité – G20, Fonds monétaire international (FMI), Banque centrale européenne (BCE) – afin d'éviter certaines dérives spéculatives – opacité et toxicité de produits financiers, rémunérations excessives des *traders*, refuge des capitaux dans les paradis fiscaux. Mais la finance est toujours désignée comme le « laboratoire de la régulation du capitalisme universel qui conditionne la survie de la mondialisation ». Les marchés financiers, donc, ne sont pas en cause et dès lors pas remis en cause. On retrouve ces positions chez l'économiste Pascal Salin, un ancien président de la Société du Mont-Pèlerin. Dans la crise qui frappe l'économie mondiale, Pascal Salin juge que les marchés ne sont pour rien ; ce sont des politiques publiques trop étatistes qui y auraient mené ; en 2013, il en appelle ainsi à la suppression de certains impôts comme l'impôt de solidarité sur la fortune (ISF), jugé « absurde et destructeur ».

Dès les années 1990 cependant, des économistes commencent à contester l'hégémonie de telles théories confiantes dans l'absolue liberté des marchés et en appellent au contraire à leur régulation. En 1992, dans *Le Maître des horloges*, Philippe Delmas, ancien fonctionnaire du commissariat au Plan, entend donner sa pleine place à l'action publique en matière économique. Le « maître des horloges », c'est l'État, gardien et garant du temps lent des investissements face au temps précipité des marchés ; l'auteur souhaite voir s'imposer une « dilatation des durées ». Nulle remise en cause des profits ici, mais plutôt une réflexion sur l'asynchronie des rythmes propres à l'État et aux marchés, une invitation à ralentir les « horloges de l'économie » et à considérer l'État comme le « protecteur légitime du futur ». En 1995, dans le prolongement du mouvement contre la réforme des retraites et de la Sécurité sociale, un « appel des économistes pour sortir de la pensée unique » est lancé, à l'initiative du keynésien Liêm Hoang-Ngoc ; y figurent les noms d'économistes hétérodoxes de différentes sensibilités (keynésiens, régulationnistes, marxistes…). Le texte pointe du doigt les critères de convergence du traité de Maastricht, désigné comme un carcan libéral, et les politiques macro-économiques fondées sur la doctrine monétariste. Il s'agit d'y remédier par une relance de la croissance reposant sur quatre piliers : la politique monétaire, l'augmentation des bas salaires, la réduction du temps de travail et la protection des services publics. C'est aussi dans cette lignée qu'est élaboré en 2010 le *Manifeste des économistes atterrés*, sous l'impulsion de Philippe Askenazy, Thomas Coutrot, André Orléan et Henri Sterdyniak. Même si les sensibilités peuvent y différer, le texte et l'association du même nom dénoncent la financiarisation de l'économie, la pression des institutions européennes et des agences de notation ; ils s'indignent devant la poursuite de politiques libérales qui accroissent l'instabilité de l'économie et les inégalités sociales. Ils appellent aussi, comme le fait André Orléan dans *L'Empire de la valeur* (2011), à ce que la Banque centrale européenne recouvre sa puissance monétaire sous l'autorité du pouvoir politique. Il est aussi question de « refonder l'économie » : c'est la discipline économique qui est visée ici. Ainsi le *Manifeste des économistes atterrés* attire-t-il l'attention sur sa « part de responsabilité vis-à-vis de la société » : aux yeux de ses auteurs, nombre d'experts arguent d'une objectivité supposée pour défendre en réalité une théorie satisfaisant les marchés financiers.

Une troisième conception, marxiste, récuse pour sa part le néolibéralisme, mais critique aussi les différentes écoles postkeynésiennes. Dans sa perspective, on ne saurait soutenir, comme le fait par exemple Jacques Généreux, que les décisions prises depuis une trentaine d'années consacreraient la « victoire d'une folie politique contre l'efficacité et le progrès économique ». Au contraire, selon ces économistes, tels Alan Freeman ou Andrew Kliman, ces politiques ne relèvent pas de l'irrationalité, mais de la nécessité pour les capitalistes de restaurer leur taux de profit, fortement entamé durant les années 1970. La crise ne viendrait pas de salaires trop bas qu'il faudrait augmenter pour faire repartir l'économie tout en atténuant les inégalités, mais d'une suraccumulation du capital liée à l'insuffisance des profits par rapport à la masse des capitaux investis. C'est donc le capitalisme et sa logique du profit que ces économistes entendent refuser, non le seul règne des marchés et du libéralisme financier.

D'autres mondes possibles

On constate à travers ce débat que, par-delà le questionnement sur les fausses évidences de la discipline économique, sur ses formes d'hégémonie comme sur la contestation de ses dominations, deux visions du monde se répondent.

Le néolibéralisme subit de vives critiques depuis le début des années 1980, mais elles se font plus aiguës à compter des années 1990 en étant plus présentes sur la place publique, au-delà des seules sphères savantes et militantes. Cette lutte se mène de surcroît à l'échelle internationale et trouve son impulsion dans sa propre mondialisation. À la suite de l'insurrection zapatiste au Chiapas en 1994, déclaration de guerre contre l'Accord de libre-échange nord-américain qui met en cause les cultures vivrières pratiquées par les peuples indigènes du Mexique, une « rencontre continentale pour l'humanité et contre le néolibéralisme » est organisée à Aguascalientes en 1996. Une « action mondiale des peuples » se dessine contre « la mondialisation destructrice », donnant naissance à ce qui est d'abord nommé « antimondialisme ». Ce courant s'oppose au libre-échange globalisé et au néolibéralisme jugé destructeur des droits humains mais aussi de l'environnement. Parmi ses cibles figurent les instances de régulation économique internationales comme la Banque mondiale, le Fonds monétaire international (FMI) ou l'Organisation mondiale du commerce (OMC). C'est d'ailleurs lors d'un sommet de l'OMC, organisé à Seattle en 1999, que cette mouvance prend de l'ampleur, accentuée encore avec le contre-sommet de Gênes en juillet 2001, lors duquel un manifestant de 23 ans, Carlo Giuliani, meurt dans les affrontements avec la police lourdement déployée. La forme du contre-sommet est répétée au sein de forums sociaux mondiaux qui ont lieu chaque année. Ce courant est rebaptisé « altermondialiste » au début des années 2000, pour souligner l'idée que le monde n'est pas en cause, mais bien un certain monde dominé par le marché. En France, l'organisation ATTAC est l'une des principales représentantes de ce mouvement ; elle prône une taxe sur les transactions financières et critique les politiques « favorisant les actionnaires ». Cet antilibéralisme ébranle aussi le socle de la discipline économique. En 1998, Pierre Bourdieu publie ses *Propos pour servir à la résistance contre l'invasion néolibérale* : il y explique qu'une des tâches de la sociologie réside dans le dévoilement des « discours forts » en économie, de ceux qui imposent leur suprématie dans un rapport de forces recouvert par le « voile de la science ». C'est donc la neutralité affichée qui est ici récusée.

Par-delà la diversité de l'altermondialisme, qui compte des sensibilités réformistes et d'autres plus radicales, certains courants lui reprochent de ne pas mettre directement en cause le système capitaliste. L'anticapitalisme politique juge qu'il faut s'en prendre à la racine du système, non réformable selon lui. Pour l'économiste états-unien Immanuel Wallerstein, il ne s'agit plus d'imaginer quel secteur de l'innovation et de la production – la santé, la croissance « verte », l'accompagnement du vieillissement... – va pouvoir redynamiser le capitalisme en ouvrant la perspective de nouveaux profits. Il ne s'agit pas davantage de louer le capitalisme productif contre le capitalisme spéculatif. Mais il y a lieu plutôt de se demander ce qui pourra remplacer le capitalisme ; contre ce que le philosophe marxiste Daniel Bensaïd appelle « la privatisation du monde », il n'y a pas de « sursis keynésien » durable et viable. La traditionnelle opposition entre réformisme et révolution est ainsi réactivée, avec davantage d'acuité sous les feux désastreux de la crise.

« La règle de la compétition internationale est ultra-simple : on saute en parachute ; ceux qui l'ouvrent sont éliminés. » Le 16 octobre 2012, dans sa bande dessinée du jour, ce que Xavier Gorce fait dire dans *Le Monde* à ses petits personnages rassemblés, effrayés, au bord d'un gouffre ne paraît pas très éloigné de la réalité. Dans cette économie globalisée, les capitaux d'une extrême mobilité peuvent être retirés aussi vite qu'ils ont été investis ; le taux de mortalité des entreprises ne cesse de s'élever ; les start-up, ces jeunes entreprises à fort potentiel de croissance, cibles souvent des spéculations des marchés boursiers, se révèlent peu viables sur la durée. Pour l'économiste Daniel Cohen, c'est là une « nouvelle révolution capitaliste », dont le bouleversement tient dans la compression du temps. Les délocalisations, si elles constituent un phénomène dont l'ampleur est récente – mais mal mesurée comme le rappelle régulièrement l'INSEE –, n'expliquent toutefois qu'une minorité des destructions d'emplois, estimée à 15 %, soit quelque 250 000 emplois du début des années 1980 au début des années 2010, principalement dans l'industrie manufacturière (équipements électriques, produits électroniques, informatiques et optiques) mais aussi dans les services de l'information et de la communication. L'écrasante majorité des emplois perdus vient des disparitions d'entreprises qui n'ont pas su faire face à la concurrence internationale.

Les économies nationales vivent plus que jamais à l'heure du monde et les cadrans de la Bourse entremêlent les fuseaux horaires : les entreprises françaises s'internationalisent ; aujourd'hui, la moitié des détenteurs des entreprises cotées au CAC 40 sont des non-résidents. Si les grands groupes français ne paraissent pas touchés par la crise – ils continuent en 2012 d'engranger des profits élevés (73,5 milliards d'euros) et d'aligner des chiffres d'affaires non entamés (1 318 milliards) –, c'est souvent grâce à la croissance des pays « émergents » : ces groupes sont le plus souvent implantés en Asie et en Amérique du Sud, pour y produire à proximité de ces marchés en croissance. Dans des domaines de pointe comme l'aéronautique, les télécommunications, l'industrie pharmaceutique, mais aussi le secteur pétrolier, l'économie française se révèle performante, mais stagne par ses faibles investissements. Les secteurs les plus créateurs d'emplois, restauration, commerce, assurances et télécommunications, embauchent cependant de plus en plus souvent sur des contrats de faible durée.

La mondialisation de l'économie ne signifie pas toutefois un pur et simple désengagement de l'État ; le néolibéralisme ne signe pas son acte de décès. Tout au contraire, comme François Denord l'a montré, c'est le plus souvent un « libéralisme de gouvernement » : les gouvernements nationaux gardent leur part dans les directions prises par l'économie mondiale.

En mars 2008, Laurence Parisot, la présidente du Medef, entérine la naturalisation de la précarité déjà évoquée : « La vie, la santé, l'amour sont précaires, déclare-t-elle. Pourquoi le travail échapperait-il à cette loi ? » Toutefois, même au sein des grandes institutions internationales dont l'objectif est de libéraliser l'économie, les limites du marché sont parfois soulignées. Au printemps 2013, Pascal Lamy, directeur général de l'OMC depuis 2005, parvenu au terme de son mandat, estime que le « capitalisme de marché » serait producteur d'« efficience et de pouvoir d'achat » mais aussi de « surexploitation des ressources naturelles » et de « stress excessif » : la conscience d'un « système où la marchandise envahit la vie » se serait aiguisée avec l'« accumulation des crises ». « Vive la crise ! » ? En 2013, c'est le nom cette fois d'une pièce de théâtre dont l'affiche n'a rien du ton rassurant qu'empruntait Yves Montand trente ans auparavant : on y voit un homme, tête baissée, désespéré, qui pointe sur sa tempe un pistolet.

CHAPITRE VII

Les équivoques de l'Europe

Dans une situation de compétition exacerbée, l'heure du monde pour la France est avant tout celle de l'Europe. Mais de quoi parle-t-on lorsqu'on l'évoque ? D'un continent et des peuples qui y vivent, des liens historiques et culturels qui les unissent ? Ou d'une construction d'abord économique à laquelle s'ajoutent des dimensions juridiques et politiques ? Telle est sans doute la première équivoque lorsqu'il s'agit d'Europe. Au cours de leurs enquêtes menées en Pologne et en Allemagne durant les années 2000 pour saisir les degrés de « socialisation à l'Europe », la politiste Dorota Dakowska et le sociologue Jay Rowell ont pu mesurer l'importance de ce contraste ; à leurs questions sur le sujet, ils se voyaient d'emblée rétorquer : « Voulez-vous dire Europe ou Union européenne ? » On peut considérer que la Communauté économique européenne (CEE) devenue Union européenne (UE) en 1993 est une synecdoque, la partie d'un tout auquel elle ne saurait se réduire. D'aucuns estiment que, depuis la Communauté européenne du charbon et de l'acier (CECA) en 1951 jusqu'au dernier de ses traités, elle favorise le rapprochement des Européens, leur assurant paix et prospérité : ce serait une Europe au rameau d'olivier. D'autres jugent que l'Europe des peuples est tout autre chose qu'un processus bâti en fonction d'impératifs économiques et que l'on peut se sentir européen sans se reconnaître dans une Europe des marchés. Loin donc de la binarité qui opposerait les « pro » et les « anti » européens, il y a lieu de saisir la complexité de l'adhésion et les formes de sa politisation.

Comme Robert Frank l'a proposé, il importe de distinguer idée et identité, construction et conscience européennes. L'identité elle-même doit être prise dans ses diverses déclinaisons : elle suppose la conscience d'une appartenance revendiquée ; elle englobe concomitance des projets et convergence des intérêts. Or ces conditions sont loin d'être réunies dans l'Europe en construction. D'abord parce qu'« il est difficile de tomber amoureux d'une Europe à sigles, d'une Europe du charbon et de l'acier, d'une Europe du marché commun et de la PAC ». Ensuite parce qu'une partie croissante de la population doute qu'à Bruxelles ou à Strasbourg, la politique élaborée améliore le niveau de vie. Au consensus indifférent ont fait place peu à peu un « euroscepticisme » et un « europessimisme » fondés sur une diversité de raisons et de motivations.

« L'histoire, remarque encore Robert Frank, a sans doute plus de choses à dire sur les identités en Europe que sur la gouvernance européenne », une « notion floue, difficile à repérer dans le passé ». Ce mot de « gouvernance », apparu et diffusé dans les années 1990 pour désigner une manière de gérer l'économie avant de s'étendre à d'autres champs, paraît accompagner la crise du politique. Il interroge le fonctionnement et les fragilités de la démocratie, les incertitudes de la délégation et de la représentation. Dans la Communauté/ Union européenne, des instances non élues assurent des fonctions d'une importance rarement vue. Elles s'inscrivent dans une relation compliquée entre trois institutions dont les attributions peuvent se compléter et se concurrencer : la Commission, le Conseil et le Parlement. Ce système triangulaire illustre l'ambivalence de son socle institutionnel, qui oscille entre méthode intergouvernementale et démarche communautaire, fédération et confédération.

LES FAISEURS D'EUROPE

Construction européenne *versus* justice sociale ?

En février 1983, le président François Mitterrand expose le dilemme auquel il est confronté : « Je suis partagé entre deux ambitions, dit-il, celle de la construction de l'Europe et celle de la justice sociale. Le SME est nécessaire pour réussir la première et limite ma liberté pour la seconde. » Le propos est clair, comme la dichotomie qu'il traduit. Le Système monétaire européen (SME) est parfois considéré comme la « figure moderne du mur d'argent », selon la formule de Jean-Pierre Chevènement. Mis en place en mars 1979, il dote la CEE d'une solidarité sur le plan de la monnaie, à l'heure où la crise monétaire est venue s'ajouter à la crise pétrolière. L'accord passé entre banques centrales vise à coordonner les politiques économiques des neuf États membres et retire de fait à la devise la plus forte en Europe, le Deutsche Mark, la fonction de monnaie d'ancrage qu'elle détenait depuis le début de la décennie. Il s'agit donc de déployer une zone de stabilité pour contrer l'inflation et la fluctuation des monnaies. En mai 1981, la gauche arrivée au pouvoir assure qu'elle ne s'opposera pas au SME. Toutefois, dès le mois de juin, c'est une politique de rigueur qui est prônée par la Commission, l'organe exécutif supranational de la CEE. Cette politique est peu à peu assumée par le gouvernement de Pierre Mauroy. Si Jean-Pierre Chevènement et Michel Jobert notamment s'y opposent, en suggérant de quitter le SME et dès lors le Marché commun pour poursuivre la politique de relance, Jacques Delors, son meilleur défenseur, entend respecter les règles en vigueur. La position du second finit par triompher : le franc reste dans le SME et il est pour la troisième fois dévalué pour s'y adapter. Jean Lacouture estime que cette décision signe « la victoire sans réserve de l'Europe sur le socialisme ».

Comment s'éclairent alors les termes de François Mitterrand : « construction de l'Europe » *versus* « justice sociale » ? Si la première va, comme il le suggère, à l'encontre de la seconde, c'est qu'elle prive les États des instruments classiques en politique économique : la relance keynésienne par les salaires quitte à creuser le déficit budgétaire, les tendances au néoprotectionnisme *via* les interventions de l'État et les aides sectorielles. Elle opère aussi une progressive homogénéisation des politiques menées, fondées sur les principes d'ores et déjà appliqués aux États-Unis par Ronald Reagan et en Grande-Bretagne par Margaret Thatcher : déréglementations et privatisations pour favoriser une meilleure compétitivité. Au début des années 1980, responsables politiques, entrepreneurs et observateurs constatent l'inachèvement du marché intérieur. En ces temps de crise économique, l'Europe n'apparaît pas à la hauteur des grands compétiteurs internationaux. De nombreux chefs d'entreprise réclament la suppression des barrières administratives, techniques et fiscales au sein de la CEE, qui devrait permettre de réaliser des économies d'échelle, d'intensifier la concurrence par l'innovation et de diminuer les coûts de production. Une enquête menée par une équipe d'économistes dirigée par l'Italien Paolo Cecchini, qui aboutit en 1988 au « Rapport » portant son nom, estime les gains de ce marché unifié à environ 200 milliards d'écus – l'ECU (*European Currency Unit*) est alors l'unité de compte de la CEE instaurée par le SME.

Vers la monnaie des marchés

C'est dans ce contexte que s'inscrit la dynamique instaurée par le Conseil européen réuni à Fontainebleau en juin 1984. Avant cette date, une certaine prudence était de mise de la part des États membres, chacun se montrant soucieux de préserver son indépendance en matière de politique économique et de protéger son marché national. Une grave divergence sur la question budgétaire oppose alors la Grande-Bretagne aux instances de la CEE, formulée avec la véhémence de Margaret Thatcher en novembre 1979 : « Ce que je veux, c'est tout simple, je veux qu'on me rende mon argent » (« *I want my money back* ») ; la « Dame de fer » exige une diminution de la contribution britannique au budget de la Communauté. Le processus est bloqué pendant plusieurs années et François Mitterrand doit déclarer, en juin 1983 : « L'Europe sait en toute clarté qu'elle est en crise. » À partir de janvier 1984, le chef de l'État français assure la présidence tournante de la Communauté. À Fontainebleau, il contribue à faire lever le verrou britannique en donnant partielle satisfaction aux revendications de Margaret Thatcher. Peut alors se dessiner « l'inflexion libérale » qu'évoquent les historiens Éric Bussière, Michel Dumoulin et Sylvain Schirmann. La formation d'un « marché communautaire des capitaux » est décidée au sommet de Fontainebleau.

Prenant la présidence de la Commission en janvier 1985 – une fonction qu'il occupera pendant dix ans –, Jacques Delors apporte une contribution décisive à ce processus. Comme ministre de l'Économie dans le gouvernement Mauroy, il s'était montré parmi les plus attachés à une politique de rigueur. C'est désormais à l'échelle européenne qu'il promeut cette politique pour réussir, dit-il, une « intégration des marchés » au moyen d'« ajustements rigoureux » et de la « suppression des barrières protectrices ». À ses yeux comme pour ceux qui portent ce projet, la concurrence mondialisée impose plus que jamais aux entreprises de sortir de l'espace national, en s'adaptant aux nouvelles conditions de la compétition. Ce programme trouve son institutionnalisation dans l'Acte unique signé à La Haye en février 1986. Il s'agit de constituer une Union économique et monétaire qui libère le marché des capitaux et supprime tous les obstacles à leur circulation. Les services sont également concernés : il s'agit de les libéraliser en y faisant jouer la concurrence propre au secteur privé. Ainsi la Commission Delors opte-t-elle pour la libéralisation totale des télécommunications ; elle prévoit aussi l'ouverture du marché de l'énergie, des postes et des transports. Une modification institutionnelle accompagne cette évolution : pour toutes les décisions qui concernent la mise en œuvre de ce grand marché, le Conseil européen peut statuer désormais à la majorité qualifiée et non plus à l'unanimité – une règle qui avait souvent paralysé son activité. Pour la première fois également, le Parlement dispose d'un droit d'amendement. Le texte fait référence à une monnaie unique dont l'échéance est fixée au 31 décembre 1992. Pour y parvenir, les instances européennes considèrent qu'il faudra gagner en productivité, quitte à introduire plus de flexibilité en matière de travail et une certaine compression salariale. La Confédération européenne des syndicats (CES) accepte ces postulats qu'elle considère comme nécessaires pour garantir l'emploi.

François Mitterrand joue ici un rôle de premier plan. Il mobilise ses capacités de persuasion pour convaincre le chancelier Helmut Kohl de se rallier à l'objectif de la monnaie unique. La RFA peut y perdre son hégémonie en termes monétaires : les dirigeants ouest-allemands n'envisagent pas sans appréhension la disparition du puissant mark. Mais la compétitivité de son économie peut aussi bénéficier de la dérégulation menée à l'échelle européenne. Quant au président français, il est convaincu que le marché unique est la seule façon pour la nation de tenir son rang. En se faisant l'avocat ardent de la construction européenne, François Mitterrand consolide dans le même mouvement sa stature internationale. C'est un rôle historique qu'il entend donc jouer et c'est dans le dialogue entre présent, passé et avenir qu'il ancre sa démonstration. Le 22 septembre 1984, main dans la main avec Helmut Kohl devant l'ossuaire de Douaumont près de Verdun, tandis que l'hymne allemand y est interprété pour la première fois, suivi de *La Marseillaise*, il trouve l'image même de la réconciliation qui n'oublie pas les guerres du passé mais scelle la paix. En janvier 1986, le président français dit voir dans l'Europe un « dépassement de l'histoire ». Cette Europe n'est pas seulement, comme le voulait de Gaulle, celle des États : elle doit devenir une patrie. « Nous sommes au moment où tout se rejoint, lance François Mitterrand, notre patrie, notre Europe, l'Europe notre patrie. »

Européaniser les Européens

Or, comme l'a observé le politiste Olivier Duhamel, la période est plutôt marquée par une « adhésion molle à l'Europe obligée ». Le politiste états-unien Clifford Carrubba a de son côté avancé l'expression de « consensus permissif » pour désigner l'opinion qui prévaut alors sur le sujet. Les historiennes Anne Dulphy et Christine Manigand ont pu elles aussi le relever : cette approbation est « suiviste », même si une frange se montre plus « activiste ». Peu de personnes se sentent encore concernées, le processus se menant « par le haut », dans la complexité d'une langue, d'une administration et d'un maquis institutionnel qui semblent bien lointains. La construction européenne est un objet peu médiatisé, d'où une « faible opposition déclarée » mais surtout un important « niveau d'indécision ».

Pourtant, tout au long des années 1980, des décisions symboliques tendent à insérer le projet européen dans une culture du quotidien. La Communauté renforce en 1985 l'officialisation de l'hymne européen emprunté au final de la neuvième symphonie de Beethoven, dit *Ode à la joie* ; mais, faute d'une langue commune, c'est une musique sans paroles, donc sans message. Au même moment, le drapeau européen est officialisé et flotte désormais au fronton des monuments et établissements publics, au côté des drapeaux nationaux. Néanmoins, sa symbolique est contestée. Si ses douze étoiles dorées qui forment un cercle sur fond azur sont censées représenter la perfection et l'harmonie, son rapprochement avec les images mariales apparaît trop évident : la tête couronnée de douze étoiles dans les représentations classiques de la Vierge Marie, depuis sa description dans l'Apocalypse de saint Jean, et le bleu azur de son manteau font écho à la symbolique du drapeau. D'ailleurs son concepteur, le peintre strasbourgeois Arsène Heitz qui le dessina en 1955, assumait cette inspiration. En 1985 toujours, le Conseil institue une « Journée de l'Europe » fixée au 9 mai pour commémorer la déclaration prononcée par Robert Schuman le 9 mai 1950, considérée comme le texte fondateur de la construction.

D'autres réalisations encore entendent contribuer à la fabrique des citoyens européens. En 1985, à l'initiative de la ministre grecque de la Culture Melina Mercouri, est lancé le projet d'une « ville européenne de la culture » qui, chaque année, doit proposer des manifestations artistiques et culturelles à destination de la population. Après Athènes, Florence, Amsterdam et Berlin-Ouest, Paris décroche le titre en 1989. Avignon en 2000, Lille en 2004, Marseille enfin en 2013 seront elles aussi désignées « capitale européenne de la culture ». Le label offre l'occasion d'une opération de promotion touristique et de mise en valeur du patrimoine local ; le lien proprement européen n'y est cependant pas toujours évident. Dans un esprit similaire, l'Orchestre européen des jeunes est dirigé tour à tour par les plus grands chefs, de l'Italien Claudio Abbado au Néerlandais Bernard Haitink.

Les campagnes électorales qui ont lieu tous les cinq ans afin de renouveler le Parlement européen constituent un autre tremplin pour promouvoir l'Union. Quelques personnalités charismatiques comme Simone Veil ou Daniel Cohn-Bendit permettent de leur conférer un retentissement médiatique. En 1984, Simone Veil, qui a présidé ce Parlement entre 1979 et 1982, lance symboliquement la campagne RPR-UDF à Barcelone, pour exprimer son souhait d'un dépassement transfrontalier. Cinq ans plus tard, en 1989, la liste RPR-UDF menée par Valéry Giscard d'Estaing repose sur un slogan impliquant les générations à venir, le présent mêlé au futur : « L'Europe, nos enfants la rêvent, faisons-la. » Pour la soutenir, lors de la fête des Mères, les Jeunes démocrates-sociaux distribuent 50 000 fleurs marquées d'un cœur. Le Parti socialiste insiste quant à lui sur une symbolique nourricière tournée vers les enfants : une jeune femme allaite deux bébés au-dessus du slogan « Vers une nouvelle terre de justice ». Toutefois, les électeurs boudent les urnes lors de ces échéances. L'enjeu est déprécié, le Parlement de Strasbourg apparaît lointain, ses attributions floues et sans rapport avec le quotidien. De fait, la Commission est l'émanation des gouvernements et le Parlement ne prend pas part aux décisions sur sa composition. Son rôle se révèle très limité, purement consultatif et sans pouvoir législatif. Là où le Conseil exerce le véritable pouvoir législatif car normatif, là où la Commission est tout à la fois une instance législative et exécutive, le Parlement est réduit à la portion congrue : il ne peut ni voter l'impôt ni élaborer la législation, fonctions traditionnellement réservées aux assemblées. Il s'agit là pourtant de la seule institution européenne élue au suffrage universel. Ces facteurs expliquent la très forte et régulière abstention aux élections européennes. En France, elle s'élève à 43,3 % en 1984 pour atteindre cinq ans plus tard un record dans l'histoire électorale nationale : 51,3 %. Selon les mots du politiste Pascal Perrineau, il s'agit d'un « scrutin de second rang », « largement déseuropéanisé ».

La chute du mur de Berlin le 9 novembre 1989 ne paraît rien y changer. La réunification de l'Allemagne en octobre 1990 métamorphose l'équilibre du continent, dont l'épicentre est ébranlé. Mais le sentiment de vivre à l'heure de l'histoire ne s'accompagne pas d'un bouleversement dans le rapport aux institutions de la Communauté. Seuls dès lors s'européanisent vraiment les réseaux de juristes, de politistes, d'experts et les centaines de groupes de pression qui gravitent autour de la Commission.

MORNE PLAINE : ENTHOUSIASMES ET DÉSILLUSIONS

Maastricht ou la France coupée en deux

Cette situation où dominent approbation sans conviction, indifférence relative et abstention massive se modifie au début des années 1990. Le traité dit « de Maastricht » – du nom de la ville des Pays-Bas où il est signé en février 1992 – change le rapport de la population française à la question européenne. L'Europe ne relève plus des affaires étrangères. Pour la première fois, elle est très politisée et la France est divisée, coupée en deux selon des lignes de force qui font éclater le traditionnel clivage gauche-droite.

Ce traité a pour principal objectif de rapprocher les politiques économiques et monétaires menées par les États membres. Pour ce faire, il les soumet à des normes nommées « critères de convergence » : le déficit public annuel ne doit pas dépasser 3 % du PIB et la dette publique 60 % de ce même PIB ; les prix doivent être stabilisés et l'inflation jugulée ; l'évolution des taux d'intérêt doit être elle aussi limitée ; enfin, l'officialisation d'une monnaie unique gérée par une banque centrale européenne supprime toute fluctuation des taux de change. Ces impératifs sont autant de fondements qui limitent drastiquement la marge de manœuvre dont disposait jusqu'alors chaque État. Mais ils constituent aussi un instrument qui leur permet de justifier les politiques menées en matière sociale et économique. Ces normes étant posées, les seules variables d'ajustement sur lesquelles les gouvernements peuvent à présent jouer sont le salaire direct et indirect – Sécurité sociale et retraites. Les budgets sociaux touchant à la santé, à l'éducation et aux services publics en général sont aussi susceptibles d'être visés par des mesures de rigueur destinées à combattre l'inflation et à garantir la stabilité monétaire. Les services publics sont d'autant plus ciblés que la primauté du droit de la concurrence, dite dans le traité « libre et non faussée », introduit une mise en concurrence dans l'ensemble des champs touchant les biens et les services. Quant à la financiarisation de la dette publique, elle est inscrite dans le traité : il est interdit aux banques centrales de financer directement les États, qui doivent recourir aux marchés.

Si le traité de Maastricht a des implications socio-économiques considérables, il opère aussi de profondes modifications sur le plan des institutions européennes. Le socle en est transformé puisqu'il repose sur trois « piliers » ; à la Communauté s'ajoutent de nouvelles formes de coopération gouvernementale : la politique étrangère et de sécurité commune (PESC) et le domaine de la justice et des affaires intérieures (JAI). Le Parlement européen voit ses droits accrus par le processus dit de « codécision ». Enfin, le traité de Maastricht officialise la citoyenneté européenne : est citoyen de l'Union toute personne ayant la nationalité d'un État membre. Si la définition en est à ce point minimale, c'est que l'UE n'a aucune compétence en la matière, qui reste la prérogative exclusive des États. Ainsi les résidents extra-communautaires, même durablement installés sur le territoire de l'Union, n'y ont-ils pas accès ; seuls les ressortissants de l'UE bénéficient du libre droit de circulation instauré par la convention de Schengen signée en juin 1990. Dans cet « espace Schengen », la coopération douanière, policière et judiciaire est renforcée entre les pays signataires pour améliorer la détection des étrangers en situation irrégulière : la « douane volante » permet des contrôles sur n'importe quel point du territoire. C'est ainsi qu'évolue la notion même de « frontière » : sa dimension géographique tend à s'affaiblir, mais elle demeure très politique en distinguant étrangers et ressortissants.

Le président François Mitterrand fait du traité de Maastricht son grand projet. Le Parti socialiste s'y rallie lui aussi, même s'il rencontre en son sein quelques oppositions. Julien Dray, animateur du courant de la Gauche socialiste, publie avec Gérard Filoche un livre intitulé *Les Clairons de Maastricht*, qui fustige la logique libérale. À sa gauche, le Parti communiste français, le Mouvement républicain et citoyen de Jean-Pierre Chevènement, la Ligue communiste révolutionnaire et le Parti des travailleurs mènent campagne pour un « non de gauche », en démontrant la régression sociale qu'à leurs yeux ce traité prépare. La droite est elle aussi divisée. Tandis que l'UDF reste l'un des tenants les plus fervents de la construction européenne, le RPR est de son côté déchiré. Son dirigeant, Jacques Chirac, avait été le fer de lance d'une opposition vent debout : dans la lignée du gaullisme, l'idée de voir la souveraineté française entamée au profit de l'Europe lui paraissait intolérable. L'« appel de Cochin » lancé le 6 décembre 1978 était une diatribe intraitable contre « l'abaissement de la France » et « le parti de l'étranger ». On comprend que Jacques Chirac ait pu ensuite expliquer : « Quand j'ai annoncé à quelques centaines de cadres RPR venus m'applaudir que j'allais voter oui à Maastricht, j'ai été hué. C'était la première fois que ça m'arrivait. » Pragmatiquement, une partie de la direction du RPR s'y rallie de fait : Florence Haegel a analysé cette « progressive et douloureuse européanisation du RPR ». En revanche, certaines figures d'importante stature, au sein de la direction du parti, ne s'y résolvent pas. C'est le cas de Charles Pasqua et de Philippe Séguin. Dans un discours à l'Assemblée nationale le 5 mai 1992, ce dernier brocarde l'esprit même du traité, qui selon lui remet en cause « le principe en vertu duquel la souveraineté nationale est inaliénable et imprescriptible ». Il constate que « d'Acte unique en règlements, de règlements en directives, de directives en jurisprudence, la construction européenne se fait sans les peuples, se fait en catimini, dans le secret des cabinets, dans la pénombre des commissions, dans le clair-obscur des cours de justice ». C'est pourquoi il demande un référendum sur le traité.

François Mitterrand lui donne satisfaction sur ce point. La date en est arrêtée au 20 septembre 1992. Le 3 de ce mois, un débat télévisé oppose un Philippe Séguin érigé en chef de fil des souverainistes à François Mitterrand. Le débat est courtois, Philippe Séguin se montre déférent à l'égard du chef de l'État, qu'il sait gravement malade. Dans cette discussion opposant le partisan du « oui » de gauche, le président de la République en personne de surcroît, à un défenseur d'un « non » de droite, le « non » de gauche apparaît occulté. Quant au Front national, il combat violemment le traité au nom de la défense de la souveraineté.

On le voit, les partis de gouvernement, s'ils connaissent

des divisions, se rallient majoritairement au « oui », quand le « non » est porté par des formations excentrées et sur des bases radicalement opposées : défense des acquis sociaux d'un côté, de l'autre souverainisme et parfois nationalisme affichés. Pour préparer le référendum, le traité est envoyé à chaque électeur, donc à des millions d'exemplaires. Mais ce volumineux pavé est difficilement lisible. La presse, qui le soutient en majorité, peine à le traduire en termes journalistiques. La campagne est dès lors présentée, voire caricaturée, comme un clivage entre deux positions : l'ouverture à l'Europe et au monde ou le repli frileux sur un cadre national pour partie dépassé.

Malgré le déploiement de ces arguments, le « oui » ne l'emporte qu'à une courte majorité : 51,05 %. Le président de la République, les dirigeants de l'opposition comme ceux de la majorité, mobilisés pour la défense du traité, ont senti le vent du boulet. Un an plus tard, les sondages indiquent que, si c'était à refaire, seule une minorité – 44 % – se rallierait au « oui ». Le résultat est révélateur d'une coupure sociologique autant que politique : agriculteurs, ouvriers, employés, artisans et commerçants ont majoritairement voté « non », quand les cadres supérieurs, les professions libérales et les dirigeants des moyennes et grandes entreprises se sont portés vers le « oui ». Les enseignants ont été partagés, en fonction de leur sensibilité politique, les sympathisants du PS votant « oui » quand les proches de la « gauche de la gauche » lui ont préféré le « non ». Ce constat est l'indice que la profession et le niveau de diplôme, des critères certes importants, ne suffisent pas à expliquer les engagements. Ceux-ci recoupent d'autres déterminants comme l'appartenance politique ou la mesure des retombées que pourrait avoir l'entrée en vigueur du traité au quotidien. Par-delà cette dualité, pour la première fois les débats sur l'Europe sont passionnés et fortement politisés.

Le marbre des traités et ses fragilités

Le « temps communautaire », comme l'a montré l'anthropologue Marc Abélès, est une création continue. Entre relances et reflux, obsession du calendrier et urgence absolue, il engage dans une « perpétuelle fuite en avant » selon la règle de l'irréversibilité : aucune directive ni aucun traité ne peut être repoussé sous peine d'exclure l'État qui l'aurait rejeté. Il y a là un « effet d'engrenage », ainsi que l'ont aussi relevé le politiste et historien Stanley Hoffmann ou le théoricien des relations internationales Robert O. Keohane. Cette irréversibilité se traduit par la prévalence du droit communautaire sur le droit national, validée par la Cour européenne de justice et sa jurisprudence dont ressortissent non seulement les États mais aussi les individus.

C'est dans le cadre de cette « création continue » que le traité de Maastricht est confirmé par le Pacte de stabilité et de croissance signé au sommet d'Amsterdam, en juin 1997. Une surveillance multilatérale est instaurée pour que les critères de convergence soient respectés. Aussi la priorité est-elle donnée à la réduction des déficits publics. Le Parlement voit son rôle consolidé : la codécision devient une règle générale et l'assemblée de Strasbourg prend désormais part au processus législatif à quasi-égalité avec le Conseil des ministres. Bien que la ratification de ce Pacte intervienne au moment où la France connaît un changement de majorité, Lionel Jospin, désormais Premier ministre, s'y rallie sans réserve. Un an plus tard, en avril 1998, un vote de l'Assemblée nationale entérine le transfert de la souveraineté monétaire de la France à la Banque centrale européenne.

C'est au cours de l'année 2000 que débute la stratégie dite « de Lisbonne ». Les prémisses peuvent en être comparées aux constats établis en 1984 : affaiblissement de la compétitivité de l'Union européenne par rapport à ses principaux concurrents et retard relatif pris dans le développement des nouvelles technologies. Il s'agit donc de faire de l'UE « l'économie de la connaissance la plus compétitive et la plus dynamique du monde d'ici à 2010, capable d'une croissance économique durable accompagnée d'une amélioration quantitative et qualitative de l'emploi et d'une plus grande cohésion sociale », selon les termes du traité de Lisbonne. L'Europe doit devenir encore plus attrayante pour les investisseurs. Pour que les entreprises acquièrent ou gardent de l'avance dans des marchés « de haute compétitivité », la formation et la recherche doivent elles aussi se montrer plus compétitives. Cet impératif incite à la mise en concurrence dans le domaine de l'enseignement supérieur et de la recherche ; le savoir lui aussi relève désormais de l'économie : l'« économie de la connaissance ».

Un « non » franc et massif au Traité constitutionnel

Alors que le passage à la monnaie unique se mène sans difficulté, à partir du 1er janvier 2002, même s'il entraîne une hausse des prix, l'Union européenne est confrontée à un autre défi : celui de son élargissement. Il n'a pas cessé depuis le début des années 1980, avec l'adhésion de la Grèce en 1981, de l'Espagne et du Portugal en 1986, puis de l'Autriche, de la Finlande et de la Suède en 1995. À l'aube des années 2000, dix pays d'Europe centrale et orientale (PECO) sont concernés par le processus d'adhésion, réalisée en 2004. Comment coordonner une Europe à vingt-cinq – et bientôt à vingt-sept avec l'entrée de la Bulgarie et de la Roumanie effective en 2007 ? Le Conseil européen confie à Valéry Giscard d'Estaing le soin de présider la Convention sur l'avenir de l'Europe, laquelle a pour mission de rédiger un projet constitutionnel supposé adapté à une telle extension. Ce texte, le traité établissant une Constitution pour l'Europe (TCE), est approuvé par le Conseil européen en juin 2004. Présenté devant le Parlement français réuni en Congrès le 28 février 2005, il y est ratifié à une écrasante majorité : par 730 voix contre 66.

Le TCE reprend l'essentiel des traités précédents, tant

211

sur le plan du fonctionnement politique qu'en matière de stratégie économique. Il en accentue certains aspects ; surtout, il les coule dans le marbre d'une Constitution qui les rend irréversibles. Les dirigeants des principaux partis de gouvernement, le Medef ainsi qu'une bonne partie de la presse prennent position en faveur du traité. Parmi leurs arguments figurent des raisons relatives aux institutions de l'Union : l'extension du pouvoir de « codécision » dévolu au Parlement, la désignation du président de la Commission d'un commun accord entre chefs d'État et de gouvernement et Parlement, l'extension du vote à la majorité qualifiée pour de nombreuses questions. Ses partisans mettent également en avant la « Charte des droits fondamentaux », adoptée à Nice quatre ans plus tôt, qui rappelle des principes élémentaires comme la justice, la dignité, la liberté, l'égalité et la solidarité. Surtout, les défenseurs du « oui » estiment qu'un « non » serait une catastrophe pour l'Union et paralyserait ses mécanismes de décision. Jacques Chirac, lors d'une émission diffusée sur TF1 le 14 avril 2005, dialogue avec des jeunes triés sur le volet pour convaincre de voter « oui » ; sa crainte est de voir s'affaiblir « la puissance de la parole française » si le « non » l'emporte ; la France serait alors « le mouton noir qui aura tout bloqué », explique le président. Pour Dominique Strauss-Kahn, un « non » français aurait « l'effet de souffle d'une bombe atomique » ; Jacques Delors prévoit lui aussi un « cataclysme politique ». Certains à gauche, tel l'économiste Jacques Généreux, membre du courant « Nouveau Monde » du Parti socialiste, raillent ces « slogans eurobéats ». De nouveau, il existe un « non » de gauche et un « non » de droite à ce traité.

Comme le TCE étend le domaine de compétence dévolu aux instances dirigeantes de l'Union et réduit le droit de veto des États membres, il amenuise encore leur souveraineté. Aussi la droite souverainiste, portée par Philippe de Villiers, axe-t-elle sa campagne sur la défense de la France, sur la croyance en la nation et sur l'opposition à l'entrée de la Turquie dans l'Union. Le Front national défend les mêmes arguments. Il reprend aux formules gaulliennes celle de l'« Europe des patries » ou « des nations ». L'« immigration sauvage » et les délocalisations se placent aussi au cœur de sa démonstration. Pour autant, le FN ne souhaite pas quitter l'Europe des traités, qu'il propose de renégocier. Il prône en revanche la sortie de l'euro et suggère de créer pour ce faire un « ministre des Souverainetés ».

À gauche, les raisons du « non » ont de tout autres motivations. Les premières portent sur les impératifs économiques de l'Union rappelés dans le projet de Constitution : « un marché unique où la concurrence est libre et non faussée », l'objectif affiché étant celui d'une « haute compétitivité ». Les opposants relèvent également l'absence de toute référence aux minima sociaux et aux services publics, au profit des services d'intérêt général eux-mêmes soumis aux exigences de concurrence. Quant aux droits fondamentaux exposés dans la Constitution, ils sont presque tous inférieurs à ceux qui existent dans les lois nationales des pays membres. Pour exemple, la peine de mort est prohibée dans le projet « sauf en cas d'émeute, d'insurrection, de guerre ou de risque de guerre ». Les institutions de l'Union ont en outre la primauté sur le droit des États membres ; seule la Commission, non élue, a l'initiative des lois.

Il n'est pas surprenant que se retrouvent dans ce « non » les opposants à une Europe jugée au service des marchés : les courants de gauche du Parti socialiste (Nouveau Monde, Nouveau Parti socialiste, Forces militantes), le Parti communiste français, la Ligue communiste révolutionnaire et le Parti des travailleurs. Plus étonnant apparaît le ralliement de Laurent Fabius à cette campagne du « non », alors qu'il s'était toujours fait l'avocat de la construction européenne telle qu'elle s'était menée jusqu'alors. Comme le PS, les Verts sont partagés. Dans les deux cas, un référendum est organisé où le « oui » l'emporte à 59 % au PS et à 53 % chez les Verts. Cependant, les partisans du « non » dans ces formations mènent campagne contre le traité, une campagne de gauche très structurée et organisée, faite de centaines de réunions d'information et de mobilisation. Le 10 mars 2005, une imposante manifestation syndicale fédère à Bruxelles quelque 60 000 opposants à la « directive Bolkestein » adoptée par le Parlement européen : elle prévoit qu'un prestataire de services n'ait pas à se soumettre aux règlements en vigueur dans le pays où il exerce, en termes de rémunération, de sécurité, de temps de travail ou de prestations sociales. L'exemple mis en avant, celui du « plombier polonais » venant travailler en France, ne traduit pas une « peur de l'étranger » mais désigne le risque d'un « dumping social » qui abaisserait les salaires comme les droits sociaux. « Le même salaire pour le même travail, universellement », clament ainsi les manifestants.

À ces facteurs s'ajoute le rejet du président Chirac et du gouvernement Raffarin par une partie des électeurs. Le 29 mai 2005, la participation électorale est élevée : 69,3 %. Malgré les très fortes incitations de la presse – l'opposition avancée par Jack Lang et Olivier Duhamel entre un « oui raisonné » et un « non tripal », la dichotomie tout aussi tranchée selon Laurent Joffrin entre un « oui de gauche » et un « non de fuite » –, le « non » l'emporte à une large majorité : 54,68 % – trois jours plus tard, aux Pays-Bas, il recueille 61,6 % des voix. Le clivage sociologique demeure puissant : les ouvriers ont voté « non » à 81 %, les chômeurs à 79 %, les employés à 60 %. Certaines régions sinistrées comme la Lorraine ou le Nord-Pas-de-Calais, par l'importance du rejet, témoignent de la corrélation entre chômage, précarité et vote contre le traité. On relève également une opposition entre les centres urbains (où le « oui » l'emporte à 53 %) et les zones rurales (avec plus de 61 % de « non »). Certaines régions de tradition catholique, comme le bocage vendéen, le Maine et l'est du littoral varois, ont aussi porté un « non » majoritaire. Mais, par rapport à 1992, le « non » a progressé dans toutes les catégories professionnelles. Il l'emporte désormais dans les classes moyennes. L'électorat de gauche a lui aussi basculé en faveur du « non » et ce « non de gauche » est lui-même majoritaire.

Si ce résultat ne donne pas lieu à un cataclysme, il n'en reste pas moins un séisme. Il ouvre en effet à une prise de conscience bien plus étendue sur les enjeux européens en les politisant. Il invite à rompre avec les dichotomies tranchées qui opposeraient des partisans de l'Union forcément humanistes et cosmopolites et des adversaires forcément xénophobes et ethnocentriques. Il contribue aussi à mieux faire saisir les traits généraux de la construction européenne telle qu'elle se mène.

Turbulences et impuissances

Naufrages et sauvetages

La crise qui touche l'Europe de plein fouet, en la plongeant dans les turbulences, indique aussi sa relative impuissance. À partir de l'automne 2008, elle se trouve plongée dans la contagion de la crise des dettes souveraines qui frappe d'abord les pays dits « périphériques » dans l'Union, tels la Grèce, l'Espagne, l'Irlande, le Portugal et l'Italie, avant d'atteindre son cœur. En octobre 2009, le gouvernement grec révèle l'ampleur des déficits du pays, tandis qu'éclate l'immense bulle spéculative accumulée depuis une dizaine d'années en Irlande et en Espagne. Selon l'économiste Élie Cohen, « l'impensé commence à être pensé : la déconstruction de l'euro », monnaie pourtant naguère plébiscitée par les marchés. Pour l'éviter, un double dispositif est mis en place en 2009 qui vise à sauver la monnaie européenne en renflouant les pays les plus fragiles : le Mécanisme et le Fonds européens de stabilité financière. Pour contrer l'envolée des taux d'intérêt sur les titres de la dette publique, les États dont les économies sont les plus solides empruntent sur les marchés financiers puis prêtent cet argent aux pays déstabilisés à des taux inférieurs à ceux des marchés. En contrepartie, des plans de rigueur sans précédent sont imposés aux États concernés : baisse des salaires, coupes massives dans les dépenses publiques, privatisations et marché du travail flexibilisé.

Les sommets dits « de la dernière chance » se multiplient pour colmater les brèches d'un édifice qui prend l'eau de toutes parts. Dans ce qui ressemble à un naufrage, la zone euro subit des tangages. Les investisseurs se détournent de la monnaie européenne, voire spéculent contre elle, au profit du dollar qui demeure en l'occurrence la monnaie de référence. Sous la pression des dirigeants allemands, et notamment de la chancelière Angela Merkel, un renforcement de la discipline budgétaire est exigé des États. En janvier 2012, la perte du « triple A » français et autrichien ébranle plus encore l'« eurozone ». Le Fonds européen de stabilité est menacé dans sa crédibilité financière, comme le sont les États qui l'ont instauré : la France et l'Autriche assurent un quart de sa capacité de prêts. En 2012, avec 17 milliards de dettes, l'UE se retrouve en déficit, ce que lui interdisent formellement les traités.

Démocratie et technocratie

Dans ce contexte de crise économique, le fonctionnement de l'Union se révèle sous un nouveau jour. La Banque centrale européenne joue un rôle politique primordial. Les attributions du président du Conseil européen, une fonction créée en 2009 lors du sommet de Lisbonne, paraissent mal définies et leurs contours incertains. Quant au Parlement européen, malgré l'élargissement de ses attributions, il peine toujours à trouver sa légitimité, face au Conseil et à la Commission à qui revient l'initiative en matière législative. En janvier 2012, le président du Parlement de Strasbourg, l'Allemand Martin Schulz, déplore des « décisions prises à huis clos » : « Cela rappelle, dit-il, le temps du congrès de Vienne, où les intérêts nationaux primaient, et cela en dehors de tout contrôle démocratique. »

Au sein de l'Union, la crise indique aussi la puissance de l'ingérence. Lorsque, en octobre 2011, le Premier ministre grec Georges Papandréou annonce un référendum à l'occasion duquel les électeurs grecs devront approuver ou non le plan de la « troïka » formée par la Commission, la Banque centrale européenne et le Fonds monétaire international, il crée une véritable stupeur au sommet de l'Union. Comme le relève alors le philosophe allemand Jürgen Habermas, « la crainte réveillée brutalement par la décision soudaine de Georges Papandréou [est] celle de voir un peuple, auquel on avait imposé une cure problématique, entrer en résistance ». Aussitôt, des pressions venues de toutes parts, notamment des chefs d'État et de gouvernement de l'Union, conduisent au retrait du projet.

Robert Frank l'a souligné, les alternances politiques au niveau national paraissent désormais « illusoires puisque les majorités sont enfermées dans un carcan qui les empêche de mener des politiques sensiblement différentes ». La Commission cependant n'est pas coupée des gouvernements nationaux : ceux-ci proposent eux-mêmes les noms des commissaires qui y siègent. Quant aux directives de la Commission, elles sont élaborées le plus souvent en concertation avec les administrations nationales. Là encore, le choix politique ne disparaît pas ; mais sa légitimité est entamée.

Des lendemains incertains

On l'a dit, les élections européennes souffrent d'un puissant désintérêt de la part d'une majorité. En France, l'abstention lors de ces élections ne cesse de progresser : 47,29 % en 1994, 53,24 % en 1999, 57,21 % en 2004 et 59,37 % en 2009. Il ne s'agit plus seulement, désormais, d'une abstention d'indifférence, mais aussi d'un rejet. Les « eurobaromètres », créés en 1973, viennent le confirmer. Certes, comme les politistes Philippe Aldrin et Daniel Gaxie ont pu le démontrer, ces sondages participent à la « fabrication artificielle de l'opinion européenne », en ne mesurant pas la complexité des dispositions ou en posant des questions sans tenir compte du savoir détenu par les sondés. Ils demeurent néanmoins un indicateur, certes grossier, de l'opinion à ce sujet. Or, en 2012, seuls 44 % des Français ainsi sondés considèrent l'appartenance de la France à l'Union comme une « bonne chose ».

Les raisons en sont diverses : sentiment de perte de toute souveraineté, désaveu d'instances jugées lointaines et peu démocratiques, prise de conscience face à l'absence de politique sociale, critique enfin des régressions instaurées par les politiques d'austérité. Pour reprendre les mots de l'historienne espagnole Josefina Cuesta Bustillo, « le "modèle social européen" n'existe tout simplement pas » et « il est par conséquent difficile de parler de véritable politique sociale communautaire ». Le Traité sur la stabilité, la coordination et la gouvernance (TSCG), signé en mars 2012 par les chefs d'État et de gouvernement dont Nicolas Sarkozy et approuvé par son successeur François Hollande, renforce encore le contrôle budgétaire – avec la mise en place d'un Haut Conseil des finances publiques – et resserre les contraintes en la matière : les États doivent maintenir leur déficit structurel à un maximum de 0,5 % du PIB sous peine de sanctions automatiques pour les contrevenants. Ils doivent aussi envisager des « dispositions contraignantes et permanentes », inscrites dans la Constitution ou dans une loi organique qui s'impose aux parlementaires, un principe encore appelé « règle d'or ». Le bien-fondé social et démocratique de ce pacte budgétaire est vivement contesté : le 30 septembre 2012, un cortège d'opposants rassemble à Paris plus de 80 000 personnes qui rejettent ces mesures d'austérité.

Depuis le traité de Lisbonne signé en 2007, le Parlement dispose d'un droit de veto sur le budget de l'Union. En mars 2013, les parlementaires en brandissent la menace, insatisfaits du budget présenté par le Conseil pour la période 2014-2020 : ce budget, en recul pour la première fois dans l'histoire de l'Union, est jugé très insuffisant. Les eurodéputés déplorent dans le même mouvement le « manque de transparence » dont ferait preuve le Conseil des chefs d'État et de gouvernement. Une crise institutionnelle s'ajoute à la crise économique et politique. Plus généralement, c'est à une crise de confiance et de légitimité que l'Union européenne est confrontée.

En mars 2012, Régis Debray écrit à propos de cette crise : « Ce qui agonise, c'est la grande illusion selon laquelle il revient à l'économie de conduire la politique, et à une monnaie unique d'engendrer un peuple unique » ; il évoque également « le diktat de l'instant ». Son constat rejoint par là celui de Marc Abélès sur le régime d'historicité propre à l'Union européenne, son « manque à s'approprier la durée », l'« allergie à l'histoire » manifestée au sommet de l'UE et l'urgence érigée en absolu. L'anthropologue, insistant sur la communauté comme « tout humain » « dont les membres sont unis par des liens culturels et politiques solides », doit constater qu'à cet égard, « l'Europe n'est pas aujourd'hui une communauté ». Elle apparaît plus que jamais comme une zone de libre-échange économique,

Parmi ses objectifs figurait la paix comme projet politique d'un continent jadis déchiré. Cette paix a, de fait, prévalu pendant plusieurs décennies. Mais lorsque la guerre a de nouveau lacéré les portes de l'Europe, en ex-Yougoslavie durant les années 1990, l'Union européenne s'est révélée incapable d'y mettre un terme. Gérard Bossuat l'a observé, « le rôle de l'Union reste embryonnaire dans le domaine de la diplomatie et de la défense ». Comme lors de la deuxième guerre du Golfe en 2003 puis à propos de la Libye, de la Syrie ou du Mali, elle se montre divisée et impuissante face aux conflits. Malgré l'instauration, en 2009, d'un haut représentant de l'Union pour les Affaires étrangères, ces nouvelles compétences ne s'accompagnent pas d'un regain d'influence. En réalité, la nation demeure le lieu privilégié de la puissance.

CHAPITRE VIII

Au risque du monde
Réassurances et dépendances
d'une moyenne puissance

« La France n'est pas un phare éteint » : lorsqu'il publie en janvier 1986 ses *Réflexions sur la politique extérieure de la France*, François Mitterrand s'approprie volontiers l'idée que le pays aurait une vocation et même une mission à accomplir dans le monde, une voix singulière à y exprimer, un éclat à y faire briller. L'image traduit son besoin d'histoire et son vœu de faire histoire ; selon Hubert Védrine qui relatera plus tard *Les Mondes de François Mitterrand*, il s'agit pour le président de « penser l'avenir à la lumière du passé ». Lumière donc, dans une vision de la politique étrangère conçue par ce dépositaire de l'héritage gaullien comme chasse gardée du président avec ses intérêts et ses prés carrés. Nonobstant, si la formule de François Mitterrand dit sa certitude que la France est toujours une puissance, elle énonce aussi une inquiétude quant à sa réelle influence.

Car que peut vraiment une nation dont la surface s'étend sur moins de 1 % du globe, dont la population n'atteint pas même 0,5 % du total mondial et dont les moyens militaires ne lui permettent pas de rivaliser avec les « Grands » ? La France est une puissance moyenne, qui doit transférer une part de sa souveraineté pour mieux préserver son importance et pouvoir aspirer à jouer un rôle mondial. Pour « tenir son rang », la France doit rentrer dans le rang et s'insérer dans l'Europe, l'ONU et l'OTAN. Le passé lui confère pour ce faire des moyens importants : un siège de membre permanent au Conseil de sécurité des Nations unies, la possession de l'arme nucléaire, un budget militaire maintenu à un niveau élevé. Ainsi dotée, la France peut réaffirmer sa volonté de faire pont entre l'Est et l'Ouest, et de maintenir un ascendant sur des zones où, en tant qu'ancienne puissance coloniale, elle a longtemps joué un rôle déterminant, en Afrique particulièrement.

Les tournants de l'histoire mondiale dominent le niveau national et les soubresauts gouvernementaux. Dès le milieu des années 1970, cette histoire est marquée par ce que Pierre Milza analyse en 1982 comme « le nouveau désordre mondial » : les chocs pétroliers et la crise économique qui s'ensuit accroissent la concurrence entre pays de l'Ouest et fragilisent les pays de l'Est, tout en attisant de nouveaux conflits au Sud qui échappent pour partie à la confrontation Ouest/Est. Le rôle des intégrismes religieux et le rejet de l'Occident contribuent à transformer les « nationalismes d'existence » en « nationalismes de puissance », selon les mots de Robert Frank. En mettant fin à la guerre froide, la chute du mur de Berlin puis la disparition de l'Union soviétique brisent l'équilibre des puissances et confèrent aux États-Unis une prépondérance sans partage. Le monde connaît alors son âge unipolaire. La riposte de l'Occident aux attentats du 11 septembre 2001 renforce le « nouvel ordre mondial » théorisé par George Bush père en 1990 et repris à son compte par George Bush fils onze ans plus tard. Si le monde se fait davantage multipolaire, il n'en est pas moins divisé entre l'unilatéralisme régulièrement choisi par les États-Unis et le multilatéralisme auquel aspirent nombre d'États.

DÉFAIRE YALTA ?

À gauche mais à l'Ouest

« Tout le monde est inquiet sauf les Français » : en mai 1981, le propos d'un éditorialiste dans le journal britannique *The Guardian* reflète bien l'anxiété qui se répand au sommet de certains États, Royaume-Uni et États-Unis mais Union soviétique tout autant, après l'élection de François Mitterrand. L'appréhension est grande face au bouleversement que représentent l'arrivée de la gauche au pouvoir et la présence de communistes dans le gouvernement. Mais cette victoire soulève également beaucoup d'espoirs, chez certaines nations du Sud en particulier, en raison du « tiers-mondisme » affiché dans son projet. C'est pourquoi le quotidien égyptien *Al-Ahram* évoque les « responsabilités historiques » que détiendrait le nouveau pouvoir français « envers tous les peuples qui luttent pour leur liberté ».

Le Parti socialiste a été refondé dans un contexte frappé du sceau de la guerre du Vietnam et où il s'agissait de battre en brèche la supériorité guerrière des États-Unis ; à égale distance de l'Atlantique et de l'Oural, le nouveau PS voulait travailler à diminuer la suprématie des deux superpuissances. Lorsqu'il arrive au pouvoir en 1981, le contexte a changé : l'URSS apparaît plus forte, voire plus menaçante que jamais. À partir de 1977, elle installe ses fusées SS-20 en Europe de l'Est. En décembre 1979, son armée envahit l'Afghanistan. Elle peut donner un sentiment d'encerclement par l'influence qu'elle exerce en Angola, au Mozambique et en Somalie, au Cambodge et au Vietnam, à Cuba et au Nicaragua. En 1981, le philosophe Raymond Aron va jusqu'à évoquer « l'an I de l'hégémonie soviétique ».

François Mitterrand se revendique d'emblée comme un allié des États-Unis. Dans le bras de fer qui voit se confronter les deux « Grands » avec une acuité rééditée, la diplomatie française récuse toute neutralité. En 1981 et 1982, quatre rencontres au sommet ont lieu entre Ronald Reagan et François Mitterrand, mais aucune entre ce dernier et Leonid Brejnev qui préside l'URSS. Pour son premier déplacement, aux États-Unis, le ministre des Affaires étrangères Claude Cheysson veut rassurer la Maison-Blanche : la gauche au pouvoir « n'est pas le chaos, l'enfer ou la révolution ». Tout au long de ces deux années, Claude Cheysson assure que « l'entente est parfaite avec Washington », que l'OTAN constitue « la défense commune des valeurs de civilisation humanistes » ou encore que « la France a une continuité qui va au-delà des majorités ». C'est reconnaître en somme la pérennité de certains engagements et assurer qu'en matière de politique étrangère, il n'y a pas de césure entre gauche et droite : ce que le politiste états-unien Zbigniew Brzezinski nommera « le grand échiquier », la table des relations internationales nouées au niveau mondial, dame le pion au clivage de l'autre échiquier, politique et français. Le conseiller de François Mitterrand Régis Debray l'écrit noir sur blanc dans *La Puissance et les Rêves* (1984) : il faut « désidéologiser les relations entre États », choisir son camp, celui de la puissance, assumer sa méthode, celle de la diplomatie pour partie scellée par le secret d'État, et dès lors privilégier la continuité ; l'ancien partisan de Che Guevara émet cette hypothèse : « Les relations internationales sont peut-être de droite. » Du moins le partage gauche-droite ne paraît-il pas s'imposer, dans les faits.

Pour prouver que le gouvernement français n'est nullement aliéné par ses ministres communistes, François Mitterrand entend démontrer sa fermeté à l'égard de Moscou : les relations diplomatiques ne pourront se rétablir pleinement entre l'URSS et la France que lorsque l'armée soviétique aura quitté l'Afghanistan. En revanche, le gouvernement réagit peu quand, en décembre 1981, le président du Conseil polonais, le général Wojciech Jaruzelski, impose l'état de guerre pour contrer la mobilisation populaire portée par le syndicat Solidarnosc que dirige Lech Walesa. La France condamne officiellement ce coup de force, qui a pour conséquences l'arrestation de nombreux militants, la suspension de Solidarnosc et la fermeture des frontières du pays. Mais sa protestation n'est suivie d'aucun effet pratique. Sur décision de François Mitterrand, la coopération économique se poursuit avec la Pologne. Tout en étant intransigeant, il s'agit donc aussi de se montrer prudent. La France n'a pas de solution de rechange pour le gaz qu'elle achète massivement : l'Union soviétique reste sa principale source d'approvisionnement. Un mois tout juste après l'instauration de la loi martiale à Varsovie, Paris signe avec Moscou le plus gros contrat jamais conclu entre les deux pays ; il porte sur la fourniture de 8 000 milliards de mètres cubes de gaz naturel prévue pendant vingt-cinq ans. La France veut aussi tenir la balance entre les deux superpuissances et contribuer à achever la guerre froide. Le secrétaire national du Parti socialiste, Lionel Jospin, l'assure en 1981 : « Nous voulons aller progressivement vers la dissolution des deux blocs. » François Mitterrand le réaffirme dans ses vœux pour 1982 : « Tout ce qui permettra de sortir de Yalta sera bon. » Défaire l'ordre né à Yalta, cette conférence entre Alliés de février 1945 à laquelle la France n'avait pas été conviée, en terminerait avec la double suprématie de l'URSS et des États-Unis.

En attendant, il ne s'agit pas de placer entre eux un signe d'égalité. À un Ronald Reagan d'abord inquiet, le chancelier Helmut Schmidt avait confié : « La meilleure façon de pratiquer Mitterrand, c'est de l'apprivoiser, de l'envelopper dans l'Alliance atlantique et de le traiter comme un modéré. » En réalité, le président états-unien n'a pas besoin de déployer une telle stratégie : François Mitterrand l'endosse d'emblée. Dans le conflit armé qui oppose l'Argentine et le Royaume-Uni à propos des Malouines en 1982, il se place dans le camp britannique en soutenant l'opération militaire de Margaret Thatcher. Certes, une tension se dessine en cette même année entre la France et les États-Unis. Paris refuse la politique de sanctions contre l'URSS prônée par Ronald Reagan, qui brandit depuis 1980 le slogan « *America is back* ». Cette conception de la domination est jugée trop impériale par François Mitterrand. En lien avec ses besoins de matières premières, la France rejette les pressions exercées par Washington pour faire obstacle à la construction du gazoduc euro-sibérien. « La souveraineté de la France ne se marchande pas, déclare le président, je n'apprécie pas qu'on l'oublie. »

Néanmoins, des gages de loyauté sont donnés aux États-

Unis lors de l'affaire Farewell conduite par les services de renseignements français : François Mitterrand décide de révéler à Washington les connaissances acquises sur un réseau d'espionnage russe ; en août 1983, 47 diplomates et ressortissants soviétiques sont expulsés de France, ce qui crée un vif incident diplomatique. Surtout, en cette année 1983, la « crise des euromissiles » bat son plein. Seul en Europe à prendre aussi fermement position, le président français accorde son plein soutien à son homologue états-unien pour l'installation en Europe des fusées Pershing-II et des missiles Cruise équipés de têtes nucléaires. Le 20 janvier 1983, devant le Bundestag, la Chambre des députés de la RFA, il prononce un discours qu'il jugera ensuite comme le plus important de son septennat : il y affirme que l'arme nucléaire, comme instrument de dissuasion, est la meilleure garantie de la paix et renoue au fond par cette position avec l'équilibre de la terreur qui caractérise la guerre froide. La France apparaît alors comme le partenaire privilégié de la Maison-Blanche en Europe, à telle enseigne que Joseph Luns, le secrétaire général de l'OTAN, complimente Paris pour sa « bien meilleure compréhension envers l'OTAN et les Américains que monsieur Giscard ». La position française, dont le PCF au gouvernement ne se démarque pas, est maintenue malgré les gigantesques manifestations pacifistes qui ont lieu au Royaume-Uni, en RFA et aux Pays-Bas et qui prônent le désarmement nucléaire ; en octobre 1983, François Mitterrand s'en distancie avec ironie : « Les pacifistes sont à l'Ouest et les euromissiles à l'Est. » C'est pourquoi, début 1984, Ronald Reagan peut déclarer à l'adresse de la France et de son président : « L'Alliance a su résister à l'URSS et votre rôle a été crucial. » En avril 1966, François Mitterrand s'était opposé au retrait de la France du commandement militaire intégré de l'OTAN ; dix-sept ans plus tard, c'est donc grâce à la France que l'Alliance atlantique se trouve confortée.

François Mitterrand saisit l'arrivée de Mikhaïl Gorbatchev à la tête de l'URSS en mars 1985 et les débuts de la *Perestroïka* comme une opportunité de dépasser la guerre froide. En octobre, la visite officielle du dirigeant soviétique à Paris est saluée comme un succès. Beaucoup plus controversée est celle du général Jaruzelski deux mois plus tard. Certes, le dictateur polonais n'est pas gratifié de tous les insignes protocolaires : il ne peut franchir la grille d'honneur de l'Élysée et, à sa sortie, il reste seul sur le perron sans être comme il se doit raccompagné par le président. Le Premier ministre Laurent Fabius, pris au dépourvu, se dit « personnellement troublé ». La surprise et le malaise causés par cette visite dont la préparation a été tenue cachée témoignent d'une diplomatie menée directement par François Mitterrand, qui délimite par là son « domaine réservé ».

Chasse gardée : le président et son domaine réservé

Contrairement aux clichés répandus à ce sujet, le général de Gaulle, dont François Mitterrand souhaite ici s'inspirer, n'appréciait que peu l'expression de « domaine réservé » ; elle sous-entendait à ses yeux que d'autres domaines pouvaient lui échapper. La formule avait été avancée en 1959 par Jacques Chaban-Delmas pour illustrer le pouvoir particulier détenu par le président : chef des armées, il préside les conseils supérieurs de la Défense nationale et n'a pas de comptes à rendre au Parlement. Si ce dernier vote le budget de la Défense, il n'est pas sollicité pour les guerres menées au nom de la France. Il y a dès lors quelque chose d'un monarque souverain, d'un Louis XIV assénant cette évidence : « L'État c'est moi », lorsque François Mitterrand énonce que « la pièce maîtresse de la stratégie de dissuasion en France, c'est le chef de l'État, c'est moi ». Dans ses *Réflexions*, il évoque un « pacte » « enraciné dans l'inconscient collectif de la nation » liant « le peuple » et « la magistrature suprême », le « sillon creusé par le destin bientôt millénaire de la plus ancienne nation d'Europe ».

Dès lors, pour reprendre le mot de Maurice Vaïsse et de

Patrice Buffotot, il s'agit peut-être de « changer la vie mais pas la Défense » ; la continuité est assumée. Dès juin 1981, Claude Cheysson garantit que « tous les contrats politiques et commerciaux de la France seront tenus, y compris les contrats d'armement ». Le président lui-même doit le concéder : « Je n'aime pas le commerce des armes mais il faut bien soutenir notre commerce extérieur. » À part les embargos de ventes d'armes au Chili écrasé sous la botte du dictateur Augusto Pinochet ou à l'Afrique du Sud toujours déchirée par l'apartheid, ce commerce n'est pas réduit. Là où le président précédent avait interrompu les livraisons d'armes à la Libye du colonel Mouammar Kadhafi, François Mitterrand les reprend. Dans la guerre qui l'oppose à l'Iran islamiste de l'ayatollah Khomeyni, l'Irak dirigé par Saddam Hussein reçoit aussi le soutien de Paris ; la France lui prête notamment des avions d'attaque Super-Étendard équipés de missiles. L'Irak, premier client de la France au Proche-Orient, achète, en 1981 et 1982, des armements à hauteur de 28 milliards de francs. Au même moment, un important marché d'armes est consenti à la Syrie, dont on sait pourtant qu'elle en cède à l'Iran. Fusées, avions Mirage, chars AMX : la France ne cesse donc pas ses livraisons. Le projet socialiste de remplacer les ventes d'armes par le commerce de produits alimentaires a été mis sous le boisseau.

Dans un registre similaire, atlantisme et tiers-mondisme se révèlent vite peu compatibles : les partis pris en faveur du tiers-monde sont rapidement en porte-à-faux. Pourtant, François Mitterrand prononce à Mexico, le 20 octobre 1981, un discours important, dont les échos sont répercutés dans le monde entier. Il y honore les travailleurs sans droits, les paysans sans terre, les syndicalistes emprisonnés et les Indiens pourchassés. Il adresse aux « fils de la Révolution mexicaine », descendants de Pancho Villa et d'Emiliano Zapata, le salut des « fils de la Révolution française » et de la « France de Victor Hugo ». La Maison-Blanche apprécie peu ces envolées pétries de références solidaires et révolutionnaires. Mais au moment où les États-Unis commencent à armer les *Contras* au Nicaragua pour mettre à bas le régime sandiniste, la France tarit ses livraisons d'armes qui contribuaient à son soutien. Bien des militants socialistes et communistes éprouvent de l'amertume face à cette politique, mais la solidarité gouvernementale n'est pas rompue ; les déçus sont accusés d'« idéalisme » au nom du « réalisme ».

L'assurance de la puissance et la garantie de l'indépendance passent aussi par le renforcement de l'armement. Les forces conventionnelles sont modernisées, avec la création de la Force d'action rapide (FAR) en 1983. Alors que le Parti socialiste s'était prononcé en 1977 pour « la renonciation de la France à l'arme nucléaire », celle-ci apparaît désormais comme un support de la dissuasion qu'il faut renforcer. Sur ordre du président Mitterrand, 8 essais nucléaires sont donc réalisés entre juillet et décembre 1981, 9 en 1982 et 1983, 8 encore en 1984 ; ces essais sont menés sur l'atoll polynésien de Mururoa, malgré l'opposition de la population et malgré les campagnes de l'association écologiste Greenpeace. En juillet 1985, le scandale international du navire *Rainbow Warrior* coulé par les services secrets français met fin, temporairement, à ces expérimentations. De la même façon, pour François Mitterrand, il est hors de question de renoncer à fabriquer la bombe à neutrons ; dans ses *Réflexions* de 1986, il s'en justifie par le fait qu'« il n'y a pas de guerre douce. La fronde, l'épée, l'arquebuse, la mitrailleuse ou le canon ne s'inspiraient pas d'un principe moral » ; et de préciser : « Toute arme détenue par les Russes ou les Américains le sera par la France, si celle-ci le juge bon, conforme à ses moyens, utile à sa sécurité. » L'indépendance nationale est avancée comme un argument qui ne souffre pas de contradiction.

Il en va de même pour ce qui est des « prés carrés », une expression là aussi pleinement assumée. L'Afrique francophone, évidemment, en est. Le président l'a déjà assuré à l'été 1981 : « Nous sommes présents en Afrique et nous ne laisserons à personne le soin de se substituer à nous dans le rôle qui nous est reconnu par nos amis africains. » En décembre 1982, Jean-Pierre Cot, le ministre délégué à la

Coopération et au Développement, est contraint de démissionner ; ce militant des droits de l'homme ne parvient pas à accepter les relations consolidées avec quelques dictateurs africains, le Zaïrois Mobutu Sese Seko, le Gabonais Omar Bongo ou encore le Tchadien Hissène Habré, lesquels s'alarment d'un potentiel remue-ménage dans les relations franco-africaines. Jean-Pierre Cot est remplacé par un fidèle de François Mitterrand, Christian Nucci, plus acquis aux principes de la « France-Afrique » – l'expression forgée dans les années 1950 par le président ivoirien Félix Houphouët-Boigny sera réécrite plus tard par l'essayiste François-Xavier Verschave en « Françafrique ». Comme l'a souligné le politiste et homme politique centrafricain Jean-Paul Ngoupandé, 1981 n'aura été qu'une « fausse alerte » : dans ses relations avec la France, cette partie du continent ne connaît aucun changement. Les forces françaises stationnent toujours dans de nombreux pays de l'Afrique francophone. Les services secrets y jouent parfois un rôle directement politique. C'est le cas en Centrafrique où le colonel Jean-Claude Mantion occupe une place déterminante auprès du président André Kolingba, au point d'être considéré comme le véritable « gouverneur » du pays. Quant au mercenaire français Bob Denard, il reste l'homme fort des Comores. Les intérêts économiques en jeu sont considérables : pétrole et uranium s'inscrivent en tête des nombreuses matières premières dont ces pays africains font commerce avec la France. Le franc de la Communauté financière africaine (franc CFA), à parité avec le franc français (100 francs CFA = 1 franc français) et dont le niveau dépend de ses fluctuations, prive les États africains d'une réelle indépendance monétaire mais rend les produits industriels français bien plus concurrentiels. De grandes entreprises comme Bouygues, Elf, Lafarge ou Valeo réalisent en Afrique des investissements importants.

La brûlure des guerres tièdes

Au Tchad, la France de François Mitterrand soutient le président Hissène Habré, menacé par son rival et prédécesseur renversé en décembre 1981, Goukouni Oueddei, qui bénéficie quant à lui de l'appui fourni par la Libye. Avant 1981, le Parti socialiste avait adopté à propos du Tchad une ferme position de non-intervention. Toutefois, le chef de l'État décide en août 1983 de déclencher l'opération « Manta » : quelque 3 500 militaires français sont déployés pour mettre fin aux actions des partisans de Goukouni Oueddei aidés par les forces libyennes du colonel Kadhafi. La France reçoit à cette occasion le soutien des États-Unis, qui voient derrière Oueddei et Kadhafi l'ombre de l'Union soviétique ; celle-ci toutefois n'intervient pas. Quant au chef de l'État français, il ferme les yeux sur les massacres perpétrés sur ordre d'Hissène Habré contre différentes ethnies au sud du pays. Après un relatif enlisement, Paris et Tripoli signent en septembre 1984 un accord d'évacuation concomitante du Tchad. Mais l'offensive des troupes menées par Goukouni Oueddei en février 1986 déclenche une nouvelle opération française baptisée « Épervier ». Pour Paris, il s'agit de réaliser une démonstration de force et de rassurer les chefs d'État africains quant à la détermination de la France à mobiliser ses troupes au besoin. François Mitterrand y dore aussi son blason de chef des armées.

Il en va de même au Liban, à propos duquel François Mitterrand recourt de nouveau au passé pour justifier l'intervention militaire déclenchée en novembre 1983 : « Le Liban, c'est une vieille et grande histoire. Je suis porteur de plus qu'une tradition, d'intérêts légitimes, de grands intérêts. » En 1920, le pays avait été placé sous mandat français par la Société des Nations. Mais ce sont aussi les intérêts présents qu'il s'agit de défendre dans ce pays multiconfessionnel devenu indépendant en 1943, contre la double influence des tandems Syrie/URSS et Israël/États-Unis. S'y jouent des conflits entre communautés religieuses, mais aussi les méandres du drame palestinien. Israël multiplie en effet contre les camps de réfugiés au Liban des attaques visant à éliminer les combattants palestiniens. Cette fois, la France intervient au sein d'un dispositif mis en place par l'ONU, la Force d'interposition des Nations unies au Liban (FINUL), depuis 1978. Les bombardements des camps de l'Organisation de libération de la Palestine (OLP) puis l'invasion du territoire libanais, Beyrouth comprise, par l'armée israélienne en juin 1982 sont condamnés par la France. Les forces militaires françaises prennent part à l'évacuation du dirigeant de l'OLP Yasser Arafat hors de Beyrouth assiégée. En septembre 1982 de terribles massacres sont perpétrés par les milices phalangistes chrétiennes dans les camps de Sabra et Chatila : des centaines d'hommes, de femmes et d'enfants palestiniens sont assassinés dans ces camps de réfugiés contrôlés par les soldats israéliens. La France, qui apporte son aide militaire au président Amine Gemayel lui-même soutenu par Israël et les États-Unis, s'enfonce dans le bourbier libanais. Le 23 octobre 1983, deux attentats-suicides frappent simultanément le contingent états-unien basé à l'aéroport de Beyrouth et le contingent français dans l'immeuble qui lui sert de quartier général, « le Drakkar » ; ils causent la mort de 293 soldats états-uniens et de 58 parachutistes français. En représailles, l'armée française bombarde un cantonnement militaire irano-chiite à Baalbek, ce raid accroissant encore l'hostilité des chiites libanais à l'égard de la présence militaire étrangère. Au printemps 1985, quatre Français, le sociologue Michel Seurat, les diplomates Marcel Carton et Marcel Fontaine ainsi que le journaliste Jean-Paul Kauffmann sont pris en otages au Liban, des rapts revendiqués par l'organisation libanaise du Djihad islamique qui demande à la France de cesser l'aide militaire apportée à l'Irak dans la guerre contre l'Iran. Michel Seurat meurt en captivité en mars 1986, date à laquelle d'autres journalistes sont enlevés au Liban. Pendant l'entre-deux-tours de l'élection présidentielle, le 4 mai 1988, le Premier ministre Jacques Chirac et son ministre de l'Intérieur Charles Pasqua accueillent à l'aéroport de Villacoublay Marcel Carton,

Marcel Fontaine et Jean-Paul Kauffmann, tout juste délivrés. Jacques Chirac pense avoir remporté là une bataille décisive contre son adversaire, le président Mitterrand.

Mais celui-ci garde la main comme il l'a fait en matière de politique étrangère durant toute la cohabitation. De Claude Cheysson à Roland Dumas qui a pris sa succession en décembre 1984 puis à Jean-Bernard Raimond, ministre des Affaires étrangères du gouvernement Chirac, une continuité s'opère. Roland Dumas évoque à ce sujet « la logique du consensus » et « l'unité de la nation à la face du monde ». Hormis quelques tensions liées à des questions de préséance et de protocole, Jean-Bernard Raimond l'admet, sa situation est « paradoxalement confortable ». En l'occurrence, dans la majorité comme dans l'opposition, nul n'a l'intention de se retirer du Liban. Durant les vagues d'attentats qui frappent la France en 1986, dont le plus meurtrier, commis rue de Rennes à Paris le 17 septembre, fait 7 morts et 55 blessés, Jacques Chirac se refuse à dénoncer les responsabilités de Damas ou de Téhéran, soucieux de ne pas empiéter sur le « domaine réservé » de François Mitterrand. La France « normalise » d'ailleurs ses relations avec l'Iran, sous la pression des attentats et des enlèvements. Paris reconnaît désormais à la Syrie un rôle prépondérant au Liban. En juillet 1987, le Premier ministre l'assure : « Comme nous avons la chance d'avoir en France un accord général sur ces questions, il n'y a pas eu de difficultés entre le gouvernement et le président. » Sujet régalien s'il en est, la politique étrangère demeure entre les mains de François Mitterrand.

Un nouvel ordre du monde

Fins de guerre froide et histoire sans fin

Les événements qui se déroulent entre avril 1989 et décembre 1991 constituent malgré leur courte durée un condensé d'histoire accélérée. Entre le soulèvement de la place Tian'anmen à Pékin, la chute du mur de Berlin et la disparition de l'Union soviétique, jamais depuis la fin de la Seconde Guerre mondiale et l'avènement de la guerre froide le monde n'avait connu de bouleversements aussi puissants. Dans ce maelström qui balaie les repères hérités du passé et fait souffler sur le présent le vent d'une histoire remodelée, quelle part la diplomatie française prend-elle aux achèvements de la guerre froide – fins plurielles, faites de sursauts et de soubresauts ? Faut-il penser avec le politiste Samy Cohen que la France en a « manqué la sortie » ? La France est-elle avec l'URSS l'un des « deux vaincus de la guerre froide », comme l'a soutenu Zbigniew Brzezinski ?

De telles appréciations reposent sur la prudence et l'attentisme qui caractérisent alors l'action diplomatique française. Certes, François Mitterrand salue la mobilisation des ouvriers, étudiants et intellectuels chinois qui combattent à Pékin le totalitarisme de la République populaire ; en cette année de célébrations du bicentenaire de la Révolution française, le chef de l'État déclare le 6 juillet 1989 que « la révolution est vivante » : elle n'appartient pas qu'au passé. Mais le président français qui, durant l'année 1988, a visité tous les pays d'Europe centrale sauf la Roumanie de Nicolae Ceauşescu, paraît surpris par la rapidité des événements, qu'il aimerait probablement plus lents : il craint une déstabilisation de l'Europe entière. Pour autant, comme l'a montré Frédéric Bozo, François Mitterrand ne cherche pas à entraver le mouvement. Le 3 novembre 1989, lors d'un sommet franco-allemand à Bonn, il déclare : « Je n'ai pas peur de la réunification allemande. L'histoire est là, je la prends telle qu'elle est. » Il entend cependant qu'elle se mène dans un cadre européen. Il presse ainsi le chancelier ouest-allemand Helmut Kohl de confirmer son approbation à l'Union économique et monétaire, comme s'il conditionnait l'union des deux Allemagne au processus de construction européenne. Il en exige également la reconnaissance ferme de la frontière Oder-Neisse, limite orientale de l'Allemagne avec la Pologne tracée en 1945 ; pour le président français comme pour

George Bush et Mikhaïl Gorbatchev, c'est un préalable à toute discussion sur la réunification. François Mitterrand se montre aussi attaché au type de négociations appelé « deux + quatre » : à la RFA et la RDA sont associés, dans les pourparlers menant à la fusion des deux États, l'Union soviétique, les États-Unis, la France et le Royaume-Uni. L'unification allemande ne saurait relever de la seule Allemagne ; l'URSS notamment doit y prendre toute sa place. Frédéric Bozo a pu évoquer l'« obsession gorbatchévienne de la politique de Mitterrand ». Jusqu'à la dissolution de l'Union soviétique en décembre 1991, François Mitterrand soutient son président. On peut y voir l'effet du triple souhait exprimé depuis son accession au pouvoir : mettre un terme à la guerre froide en affaiblissant l'influence des deux « Grands » ; privilégier la construction européenne mais empêcher qu'un État y prenne l'ascendant ; éviter des changements trop importants qui menaceraient l'équilibre du continent. Or, sur ces trois points, la décennie 1990 confirme ses inquiétudes. L'Allemagne s'impose en Europe comme la nation hégémonique sur le plan économique et politique. Ce que le président français redoutait, un « retour à 1913 » et à l'« Europe de Sarajevo » déchirée de conflits ethniques et frontaliers, éclate tragiquement dans les guerres de la Yougoslavie démantelée. Quant aux États-Unis, débarrassés du seul rival à la hauteur de leur puissance, ils exercent plus que jamais leur suprématie : ce que leur président George Bush nomme le « nouvel ordre mondial » s'apparente à une domination sans contestation.

Cette nouvelle hégémonie s'impose dans un premier temps avec la guerre du Golfe. Après l'invasion du Koweït par l'Irak le 2 août 1990, un ultimatum adressé à Saddam Hussein est fixé par les Nations unies au 15 janvier suivant. Le dirigeant irakien propose alors un plan de paix qui accepte l'évacuation du Koweït à condition que s'ouvre une discussion internationale sur le Moyen-Orient en général et les territoires palestiniens occupés en particulier. Mais cette proposition est rejetée et les opérations militaires baptisées « Tempête du désert » sont déclenchées en janvier 1991. Après les contacts officieux noués par Paris avec le régime irakien pour tenter une sortie de crise pacifique, la France s'engage dans le conflit ; elle y intervient avec les quelque 12 000 hommes de la division Daguet. Un mois de bombardements intensifs sur l'Irak puis une offensive terrestre de grande envergure conduisent l'armée irakienne à la débâcle, abondamment médiatisée. La coalition de 34 États intervenue sous mandat de l'ONU triomphe sans difficulté, au prix de 250 morts environ de son côté (3 morts dans le camp français) ; les pertes militaires irakiennes sont estimées à 100 000, et les victimes civiles à un nombre similaire. L'embargo décrété par l'ONU et qui durera douze ans fera encore en Irak des centaines de milliers de morts. En décidant de mettre la main sur le petit État du Koweït voisin dont l'Irak n'avait jamais reconnu l'indépendance proclamée sous l'égide des Britanniques en 1961, le dictateur Saddam Hussein, dans un Irak surendetté et aux abois, avait pensé que les puissances occidentales fermeraient les yeux ; il les considérait comme ses alliés puisque les États-Unis, la France et le Royaume-Uni l'avaient soutenu contre l'Iran de Khomeyni. Mais une telle invasion dans une région stratégique du point de vue géopolitique comme pour ses réserves pétrolières ne saurait être tolérée, par les États-Unis en particulier. Quant à la France, François Mitterrand admet qu'elle prend part au conflit pour assurer sa « place à la table des négociations ».

Cette guerre-là, de surcroît, est lointaine. Tel n'est pas le cas du long conflit qui déchire, à partir de 1991, l'ex-Yougoslavie : la guerre affecte de nouveau le Vieux Continent. Retombée directe de la fin de la guerre froide, elle naît du déchaînement des nationalismes au lendemain des indépendances que proclament la Slovénie et la Croatie en 1991, puis la Bosnie en 1992. Alors que le chancelier allemand Helmut Kohl reconnaît immédiatement ces indépendances, François Mitterrand y est réticent, sans être pour autant favorable au *statu quo* qu'il sait intenable. Dans le conflit qui oppose les nouveaux États à la Serbie de Slobodan Milosevic, la diplomatie française veut une nouvelle fois éviter une déstabilisation qui pourrait se généraliser. Mais elle finit par s'aligner sur la position allemande et reconnaît les nouveaux États, parmi lesquels la Bosnie-Herzégovine, une république multiethnique dont la minorité serbe rejette l'indépendance. La France s'engage dans la Force de protection des Nations unies (FORPRONU). Cette politique française ne change pas avec la cohabitation, le ministre des Affaires étrangères Alain Juppé et celui de la Défense François Léotard n'ont à cet égard pas de différend avec François Mitterrand.

Le génocide des Tutsi rwandais : responsabilités françaises et démantèlement du « pré carré »

Alors que, dans le conflit qui déchire l'ex-Yougoslavie, la France apparaît comme une puissance parmi d'autres exer- çant son influence, elle détient une responsabilité singulière au Rwanda. Le « pays des Mille Collines » s'est libéré de la tutelle coloniale belge en 1962. Mais à Bruxelles a succédé Paris, au milieu des années 1970 : la France a intégré le Rwanda à son « pré carré » et y a envoyé des soldats afin de former l'armée rwandaise. Pour maintenir la stabilité dans une région où abondent les partisans de la guérilla, Paris arme et soutient Juvénal Habyarimana, qui a pris le pouvoir à l'issue d'un coup d'État en juillet 1973 et fait régner sa dictature sur le Rwanda. Le général-président entend assurer la domination des Hutu majoritaires face aux Tutsi. Il peut compter à ce sujet sur le soutien de François Mitterrand. Comme l'a montré la juriste Rafaëlle Maison en étudiant les archives de l'Élysée, le chef de l'État français veut défendre la majorité. Cela lui semble d'autant plus important que la minorité tutsi est quant à elle soutenue par l'Ouganda anglophone, dont François Mitterrand pense qu'il ne serait pas « mécontent d'enfoncer un coin dans la francophonie ». On le voit, les enjeux à l'œuvre dans ce pays juxtaposent des tensions de nature « ethnique » et politique mais aussi les rivalités d'anciennes puissances colonisatrices. À la demande de Juvénal Habyarimana qui invoque une offensive du Front patriotique rwandais mené par le chef de la rébellion Paul Kagame, la France lance en octobre 1990 l'opération « Noroît » : elle vise à évacuer les ressortissants français mais les troupes engagées apportent également soutien et formation aux forces militaires de Juvénal Habyarimana. À cette date, le colonel René Galinié, attaché de défense à Kigali, la capitale rwandaise, estime dans un rapport officiel remis aux autorités françaises que « le retour au pouvoir des envahisseurs tutsi entraînerait selon toute vraisemblance l'élimination physique des Tutsi de l'intérieur (de 500 000 à 700 000 personnes) par les Hutu ».

De fait, l'extermination est longuement préparée : formation de milices, établissement de listes, appels radiophoniques au meurtre de masse, la « machine génocidaire », selon l'expression de Jean-Pierre Chrétien, est minutieusement élaborée. La France ne peut pas l'ignorer. C'est en présence de la Mission des Nations unies pour l'assistance au Rwanda (MINUAR) que se déroule le dernier génocide du XXᵉ siècle. En moins de trois mois, près de 1 million de Tutsi sont assassinés.

Les massacres commencent le 7 avril 1994. La veille, l'avion Falcon offert par la France dans lequel se trouvait le président Habyarimana s'est écrasé, victime d'un attentat. Deux hypothèses, toujours en cours d'examen à ce jour, existent à son sujet : les responsables de cet attentat sont soit les dirigeants du Front patriotique rwandais sous les ordres de Paul Kagame, soit des dirigeants hutu qui ne pardonnent pas à Juvénal Habyarimana les concessions faites à ses adversaires. Si l'assassinat du président rwandais apparaît comme le déclencheur de l'entreprise génocidaire, ce n'est en fait qu'une étincelle dans un projet mûrement préparé. La violence est extrême ; comme l'a relevé Stéphane Audoin-Rouzeau, c'est une violence intrareligieuse, intracommunautaire, intrafamiliale parfois, au point que l'on a pu évoquer un « génocide de voisinage ». Des hommes, des femmes et des enfants tutsi sont battus à mort, fusillés, massacrés à la machette ou brûlés vifs. L'écrivain Jean Hatzfeld a publié trois récits sur cette mécanique de l'horreur : *Dans le nu de la vie. Récit des marais rwandais* (2000), *Une saison de machettes* (2003) et *La Stratégie des antilopes* (2007). Il y a décrit « le papa, la maman, les petites sœurs et tous les agonisants qui murmuraient dans la boue », « toutes les personnes coupées qui soupiraient après un souffle humain de réconfort », « tous les morts qui pourrissaient enfouis dans les papyrus ou qui séchaient sous le soleil ».

Pendant ce temps, les militaires français et belges évacuent les ressortissants occidentaux. Ayant obtenu l'accord du Conseil de sécurité de l'ONU, la France lance le 22 juin 1994 une opération militaire baptisée « Turquoise ». D'une durée de deux mois, cette intervention doit protéger les populations mais demeurer neutre entre les deux parties du conflit. Renvoyant dos à dos les Hutu et les Tutsi, elle ne paraît dès lors pas considérer qu'une politique d'extermination est perpétrée par les extrémistes hutu contre les Tutsi. Ainsi les massacres se poursuivent-ils jusque dans la zone d'intervention de l'armée française.

À ce sujet, deux thèses se combattent à la manière d'une guerre dont les blessures sont toujours ouvertes. Elles opposent d'un côté les défenseurs de l'honneur français – honneur de l'armée, de la diplomatie et de l'État – et de l'autre celles et ceux pour qui la responsabilité, voire la complicité, française sont des évidences démontrées. Pour les premiers, dont le plus fervent partisan est l'essayiste Pierre Péan, la France s'est distinguée en protégeant les populations, quand la « communauté internationale » se condamnait pour sa part à l'inaction ; l'opération « Turquoise » a ainsi sauvé des vies. Pour les seconds, en particulier l'historien Jean-Pierre Chrétien, le politiste Gabriel Périès ou encore les journalistes Mehdi Ba, Patrick de Saint-Exupéry, David Servenay et Colette Braeckman, la France a soutenu jusqu'au bout un régime dont elle savait le caractère génocidaire ; son intervention militaire entendait arrêter l'offensive du FPR ; loin de protéger les Tutsi, elle aurait laissé faire les massacres. En janvier 1998, cent ans après la publication de « J'accuse » par Émile Zola, Patrick de Saint-Exupéry, grand reporter au *Figaro*, souhaite lui emboîter le pas ; il publie une série d'articles pointant du doigt la responsabilité française et celle des « soldats de notre pays » qui ont « formé sur ordre les massacreurs ». Suite à ces accusations, une mission d'information parlementaire présidée par l'ancien ministre de la Défense socialiste Paul Quilès est mise sur pied ; elle conclura à des « erreurs d'appréciation » et à des « dysfonctionnements institutionnels », mais nullement à une responsabilité qu'auraient partagée le président français et le gouvernement d'Édouard Balladur. Côté rwandais, le rapport Mucyo, du nom du président de la commission « chargée de rassembler les éléments de preuve montrant l'implication de l'État français dans la préparation et l'exécution du génocide perpétré au Rwanda », rend de tout autres conclusions : la France est coupable de complicité. Dysfonctionnements, responsabilité ou complicité ? C'est la question-clé sur laquelle des juges rwandais et français continuent de travailler, notamment après la plainte déposée par des survivants auprès du Tribunal aux armées de Paris pour « complicité de génocide et de crimes contre l'humanité ».

Les dirigeants hutu ont perdu leur guerre. En juillet 1994, Pasteur Bizimungu devient le nouveau président rwandais mais le véritable homme fort est le major Paul Kagame, son vice-président et ministre de la Défense. Avec le nouveau régime rwandais, un basculement d'influence s'opère au détriment de la France et au profit des États-Unis. En cette année 1994 prend fin la parité entre franc français et franc CFA ; ce dernier, dévalué, perd la moitié de sa valeur ; c'est un autre coup porté aux relations privilégiées entre l'Afrique francophone et l'ancienne puissance coloniale. Quant aux engagements économiques français, ils sont conditionnés aux accords passés entre les pays concernés, la Banque mondiale et le Fonds monétaire international, donc à une « gouvernance mondiale » et autres « plans d'ajustement structurel » qui imposent dérégulations et privatisations. La diplomatie française en cautionne le cours mais n'en est plus le seul recours.

Une nouvelle volonté de puissance

C'est en affirmant une volonté de puissance que Jacques Chirac fait, en 1995, ses premiers pas à la présidence. Il commence par annoncer la reprise des essais nucléaires français. Selon lui, « un pays qui veut vivre en sécurité ne doit jamais abaisser la garde ». Malgré les imposantes manifestations d'hostilité qui accueillent cette décision, dans la région du Pacifique Sud en particulier, malgré le sobriquet d'« HiroChirac » dont il est affublé – d'autant que l'annonce intervient lors du cinquantième anniversaire des bombardements sur Hiroshima et Nagasaki –, malgré la menace d'un boycott sur les produits français et la grève générale à Tahiti, Jacques Chirac fait procéder sur l'atoll de Mururoa à une nouvelle campagne d'essais. Dans le même temps, le budget de la Défense nationale est augmenté. C'est en gaulliste soucieux du « rang » de la France et de sa puissance que le nouveau président veut s'imposer.

Il décide aussi le renforcement du dispositif militaire en Bosnie sous l'égide de la FORPRONU et demande l'instauration d'une « force de réaction rapide » anglo-franco-néerlandaise. En juin 1995, il fait donner l'assaut au pont de Vrbanja à Sarajevo pour libérer les casques bleus pris en otages par l'armée serbe ; ce fait d'armes, remarqué, tranche avec la relative passivité qui prédominait jusque-là. Mais lorsque, le 7 juillet, l'enclave de Srebrenica est prise d'assaut par les troupes bosno-serbes, les nations occidentales se révèlent à nouveau impuissantes et divisées. Les troupes commandées par le général bosno-serbe Radko MLadić massacrent 8 000 civils bosniaques, un crime de guerre sans équivalent en Europe depuis la Seconde Guerre mondiale. Ce tragique épisode est révélateur du besoin que les dirigeants européens ont plus que jamais de l'OTAN. En Bosnie, l'OTAN prend à présent l'initiative : la Kosovo Force (KFOR), à laquelle la France apporte une contribution de 1 700 soldats, mène sur ordre direct du président Bill Clinton l'opération « Deliberate

Force » à partir d'août 1995, mêlant campagnes de bombardements intensifs et offensive terrestre. Bill Clinton approuve publiquement la conquête de la région de la Krajina par l'armée croate, une opération lancée par le président croate Franjo Tudjman, où les crimes de guerre perpétrés par les troupes du général Ante Gotovina ont cette fois des Serbes pour victimes. Au bout de deux semaines, le président serbe Slobodan Milosevic accepte un règlement de paix, conclu à la conférence de Dayton au mois de novembre suivant. Signés donc aux États-Unis sous l'égide du négociateur Richard Holbrooke entre les présidents serbe, croate et bosniaque, ces accords font la démonstration de l'intervention atlantiste dans le conflit en ex-Yougoslavie. Ils ne manquent pas de susciter une certaine amertume chez les diplomates français : cette fois, c'est dans une guerre en Europe que les États-Unis témoignent de leur suprématie. Pragmatique, Jacques Chirac la reconnaît : il décide en décembre 1995 de faire participer la France au Comité militaire de l'OTAN. C'est aussi sous commandement de la seule OTAN, sans mandat des Nations unies, que la France prend part à l'opération « Force alliée » de mars à juin 1999. Cette campagne de frappes aériennes contre la Serbie, en pleine guerre du Kosovo, provoque la mort d'environ 500 civils, dans la population serbe comme parmi les réfugiés kosovars ; l'état-major de l'OTAN parle à leur propos de « dommages collatéraux », expression utilisée déjà pendant la guerre du Vietnam, mais qui gagne là sa consécration médiatique. Après y avoir commis de nombreux massacres, l'armée serbe se retire du Kosovo.

Bien que se réclamant du gaullisme, Jacques Chirac entérine donc l'importance hégémonique de l'Alliance atlantique. Dans le même temps, l'outil militaire français est renforcé. La professionnalisation de l'armée est une petite révolution qui touche une grande partie de la population : elle met un terme à plus de cent ans de service militaire, dont Jacques Chirac annonce la suppression le 28 mai 1996. Le président français mise aussi sur l'augmentation des capacités de projection et sur une nouvelle approche de la dissuasion :

en 1996, l'arrêt des essais nucléaires est décidé, suivi par le démantèlement du Centre d'expérimentation basé dans le Pacifique ; ce retournement s'accompagne de la signature française au bas du traité d'interdiction complète des essais nucléaires. Jacques Chirac souhaite aussi jouer la carte de l'européanisation. C'est le cas pour l'industrie de la défense, face aux restructurations opérées par la rivale états-unienne : entre privatisations et concentrations, prises de participations et acquisitions transnationales, Thomson, rebaptisé Thales, devient un groupe européen de dimensions mondiales ; Alcatel Space se rapproche de l'entreprise allemande DASA et de l'espagnole CASA pour donner naissance à la première société européenne intégrée, European Aeronautic Defence and Space Company (EADS). Concernant l'OTAN, la France entend se rapprocher de son commandement militaire en y faisant émerger un pilier européen ; mais les discussions avec Washington sont compliquées sur ce point.

Ces « années Clinton » (1993-2001) marquent un nouvel apogée de la suprématie des États-Unis. Le ministre des Affaires étrangères français Hubert Védrine les qualifie d'« hyperpuissance » en raison de leur domination économique, monétaire, technologique, culturelle et militaire. « Nous sommes amis, alliés, pas alignés », déclare encore le ministre du gouvernement Jospin le 27 août 1998.

Une fois encore, la cohabitation des années 1997-2002 ne change rien sur le fond. La diplomatie française parle à l'unisson, notamment pour tenter d'introduire un peu de multipolarité dans un monde dominé par la puissance états-unienne. Ainsi la France maintient-elle de bonnes relations avec la Russie de Boris Eltsine, soucieuse de ne pas la marginaliser à l'heure où elle renoue avec l'économie de marché. Le chef de l'État entreprend également de réactiver ce qu'il nomme la « politique arabe » de la France. Il multiplie les visites dans la région, affirme son soutien à Yasser Arafat face à l'intransigeance israélienne et devient même un temps une sorte de « héros » après l'incident très médiatisé qui l'oppose aux services de sécurité israéliens dans la vieille ville de Jérusalem, le 22 octobre 1996 : le président leur reproche de ne pas laisser approcher les Palestiniens sur son passage, les accuse de provocation et menace de retourner à Paris. Le lendemain, il se rend à Ramallah, dans les territoires palestiniens. Cet épisode n'empêche pas une continuité sur le sujet : la France veut ménager les deux parties, Israël comme les Palestiniens, mais ce faisant cautionne leur relation déséquilibrée. La France ne reconnaît que formellement le droit des Palestiniens à disposer d'un État et ne défend pas le principe d'un « droit au retour » des réfugiés, revendication centrale de l'OLP depuis sa fondation en 1964.

Pour caractériser cette période, Hubert Védrine a avancé l'expression de « compromis gaullo-mitterrando-chiraquien ». La formule a le mérite d'éclairer la constance qui caractérise la politique extérieure de la France, peu affectée par les changements de majorité. Elle évoque la matrice gaullienne, le désir de voir porter la « voix de la France » et la difficulté à l'imposer. Mais elle omet de souligner la profondeur des bouleversements qui ébranlent la planète et ont parmi bien d'autres conséquences l'affaiblissement de son influence.

Dans l'Occident désorienté

Les déchirements de l'après-11-Septembre

Au lendemain des attaques perpétrées par l'organisation djihadiste islamiste Al-Qaïda contre le World Trade Center à New York et contre le Pentagone, qui font près de 3 000 victimes, l'éditorialiste Jean-Marie Colombani titre à la une du journal *Le Monde* : « Nous sommes tous Américains. » Il y dit la solidarité et la proximité unissant la France et les États-Unis, parle d'un « monde monopolistique » et d'un « monde sans contrepoids » sous le règne de l'« hyperpuissance » ; il rappelle aussi qu'Oussama Ben Laden, le chef d'Al-Qaïda, a été formé par la CIA au temps de la guerre contre l'URSS en Afghanistan ; il fait enfin ce constat : en ces moments tragiques qui ouvrent une « nouvelle ère », « le siècle nouveau est avancé ». Il y a là un résumé de la vision qui prédomine dans un Occident désorienté par cet événement inouï. Avec ces attentats qui frappent les États-Unis, une période se referme, celle qu'avait entamée la chute du mur de Berlin le 9 novembre 1989. Les États-Unis mettent un terme à la priorité européenne de leur stratégie. Même contesté, leur unilatéralisme en est renforcé, puisant aux morts de septembre l'affirmation de sa légitimité : sous la présidence du républicain George W. Bush, ils affichent plus que jamais les ambitions d'une « nation élue ». Jugeant que ses intérêts vitaux sont engagés, l'administration états-unienne fait peu de cas de ses alliés. Son axe, défini comme celui du « Bien », pourrait être un « Qui m'aime me suive » renouvelé : tous ceux qui valident la croisade que les États-Unis entreprennent de mener y sont accueillis ; mais l'initiative et son monopole doivent demeurer incontestés.

L'État français répond immédiatement présent. La France participe à la première riposte engagée en représailles aux attentats d'Al-Qaïda. Kaboul étant soupçonnée d'abriter des membres de l'organisation djihadiste, l'opération « Liberté immuable » enclenchée le 7 octobre 2001 en Afghanistan ouvre la série de guerres qui dessine le socle de la réactivité militaire états-unienne : la force est préférée à la diplomatie et les coalitions de circonstance privilégiées face aux alliances. Aux Nations unies, le Conseil de sécurité donne carte blanche à toute opération de « légitime défense ». Pourtant, les talibans qui dominent l'Afghanistan avaient été soutenus et armés par les États-Unis, depuis l'invasion par l'armée soviétique en 1979 et jusque sous l'administration Clinton. Si le contrôle du gaz, du pétrole et d'un pipeline stratégique n'est pas mis officiellement dans la corbeille des arguments, il n'en joue pas moins un rôle déterminant. Aux côtés des États-Unis s'alignent donc les bataillons venus du Royaume-Uni, d'Allemagne, d'Italie, du Canada et d'Australie ; le contingent français est pour sa part composé de 2 000 soldats. En deux mois, les troupes coalisées envahissent l'Afghanistan et prennent le contrôle des villes-clés ; le régime des talibans est renversé. Mais ceux-ci se replient dans des bases du Pakistan, en particulier à Quetta et Peshawar : le conflit se poursuit.

La France ne critique donc nullement le principe de cette intervention. Il en va différemment lorsque, en 2002, la Maison-Blanche et le Pentagone prennent pour cible le régime irakien. Pour l'administration états-unienne, l'Irak, détenteur supposé d'« armes de destruction massive », est un maillon fondamental de l'« axe du Mal ». La guerre à y mener ne vise pas seulement à renverser Saddam Hussein, un dictateur parmi tant d'autres, tantôt soutenus, tantôt combattus s'ils s'aventurent à franchir les frontières de leur territoire national et à menacer l'ordre géopolitique régional : il s'agit de redessiner la carte géopolitique du Moyen-Orient tout en contrôlant ses immenses réserves pétrolières. La France, déjà influente dans la région, a peu à y gagner. Jacques Chirac brandit l'atout de la diplomatie, celui des inspections menées en territoire irakien sur décision de l'ONU, et imagine changer la donne distribuée par Washington. Dans sa main, la meilleure combinaison vient des Nations unies : il n'y a « pas d'alternative » selon lui. Ce va-tout en fait certes un légataire du général de Gaulle, mais en réalité un étrange héritier. Comme l'a souligné Pierre Hassner, le président français met « une rhétorique gaullienne au service d'une conception qui accorde une place centrale à ce que le général de Gaulle appelait le "machin", auquel il déniait toute autorité ».

Le droit de veto obtenu en 1945 comme membre permanent du Conseil de sécurité confère à la France une prérogative décisive. À la tribune des Nations unies le 14 février 2003, le discours du ministre des Affaires étrangères Dominique de Villepin fait l'effet d'un coup de tonnerre. Il récuse l'option militaire choisie par les États-Unis, rejette « toute complaisance à l'égard de Saddam Hussein » mais insiste sur le « désarmement par les missions d'inspection » ; l'usage de la force serait lourd de conséquences « pour la région et pour la stabilité internationale » ; « il ne saurait être employé qu'en dernière extrémité ». Et Dominique de Villepin de rappeler le passé de la France au nom duquel il souhaite s'exprimer, celui d'un « vieux pays », « qui a connu les guerres, l'occupation, la barbarie », qui n'oublie pas ce qu'il doit aux États-Unis mais qui « n'a cessé de se tenir debout face à l'histoire et devant les hommes ». La position de la diplomatie française apparaît comme une rébellion face à l'unilatéralisme états-unien. À Washington, on la considère comme un outrage qui mérite des sanctions. Pour Condoleezza Rice, la conseil-lère à la Sécurité nationale de George Bush, il y a lieu de « punir la France » ; Paul Wolfowitz, le secrétaire adjoint à la Défense, estime que « la France représente une vraie difficulté et qu'elle mérite des réactions appropriées » ; le démocrate Carl Levin, vice-président de la commission des forces armées, suggère d'exclure la France de l'OTAN. Une vague antifrançaise se répand aux États-Unis, avec boycott de certains produits et manifestations de francophobie.

Le 1er mai 2003, George Bush estime que « la mission est accomplie » : le régime de Saddam Hussein est vaincu. La résolution 1483 votée par le Conseil de sécurité le 22 mai 2003 – la voix de la France n'y manque pas – décrit la future gestion de l'Irak et en régit l'occupation pour une durée indéterminée, confiant aux puissances occupantes le contrôle de l'économie et de l'autorité politique. La France n'en fait pas partie.

Les résurgences de l'influence

Cet épisode de fortes tensions apparaît comme une paren-thèse rapidement refermée. La France se rapproche à nou-veau des États-Unis et la bonne entente est vite renouée. Après l'assassinat, le 14 février 2005, de l'homme d'affaires et ancien président du Conseil libanais Rafiq Hariri, un ami du président français, celui-ci engage aussi un rap-prochement avec Israël : il reçoit en juillet le Premier ministre Ariel Sharon et exige de la Syrie le retrait de ses troupes stationnées au Liban. En juillet 2006, il condamne cependant comme « disproportionnés » les bombardements israéliens sur le territoire libanais. Jacques Chirac entretient également de très bonnes relations avec son homologue russe Vladimir Poutine, arrivé au pouvoir en mai 2000. Comme l'ensemble de la « communauté internationale », la France ne semble pas avoir d'avis sur la guerre menée en Tchétchénie : le conflit est considéré comme une question interne à la Russie. Le Caucase du Nord apparaît sans enjeu stratégique et l'abstention sur le sujet permet de ménager l'ex-nouveau « Grand ».

En revanche, la France entend garder son influence, même diminuée, dans son traditionnel pré carré. En Côte d'Ivoire, présidée depuis octobre 2000 par Laurent Gbagbo, l'armée française n'hésite pas à s'impliquer. Après une tentative de coup d'État mené par les Forces militaires de l'armée nouvelle, des rebelles qui veulent renverser Laurent Gbagbo, la France lance en septembre 2002 l'opération « Licorne » pour soutenir les troupes gouvernementales. Si la France intervient, c'est au nom de l'accord de défense mutuelle qui lie les deux pays, pour protéger ses ressortissants mais aussi pour défendre leurs biens : en Côte d'Ivoire, près de la moitié des PME sont détenues par des Français ; le groupe Bolloré y contrôle les activités ferroviaires et portuaires, Bouygues les secteurs de l'eau et de l'électricité, Vinci de nombreux chantiers de construction. C'est dans la banlieue parisienne, à Marcoussis, que sont signés en janvier 2003 les accords mettant en place un gouvernement « de réconciliation nationale ». Mais l'instabilité continue de régner et la présence française est contestée. En novembre 2004, suite au bombardement par l'armée ivoirienne de la base française de Bouaké au cours duquel périssent 9 soldats français, Jacques Chirac ordonne de détruire tous les moyens militaires aériens ivoiriens. Des biens étrangers sont alors pillés, des entreprises détenues par des Français détruites. L'armée française tire sur une foule de manifestants qui protestent contre son ingérence, faisant entre 20 et 60 morts.

On le constate avec ce type d'intervention, la France se débat dans une situation où son ascendant est affaibli et contesté. En Côte d'Ivoire comme dans le reste de l'Afrique, les États-Unis mais aussi la Chine réalisent d'importants investissements et concurrencent l'ancienne puissance coloniale. En ces premières années 2000, le politiste états-unien Samuel Huntington forge le néologisme d'« uni-multipolaire » pour caractériser l'hybridité de la géopolitique mondiale. Les États-Unis gardent leur suprématie mais celle-ci est disputée par d'autres puissances qui, comme la Chine, peuvent rivaliser avec eux sur le terrain diplomatique en raison de leur force économique. Dans ce moment singulier, la France tente de réactiver son influence ; mais sa voix ne s'impose pas dans le concert des grandes puissances.

L'Occident, plus que jamais

C'est en se rangeant aux côtés des États-Unis et de l'OTAN qu'elle semble pouvoir « tenir son rang ». Le président Nicolas Sarkozy se présente comme un farouche partisan des États-Unis ; à propos des critiques qui lui sont adressées à ce sujet, il confie : « Ils m'appellent "Sarkozy l'Américain". Pour eux, c'est une insulte, mais je le prends comme un compliment. » L'admiration que Nicolas Sarkozy voue à George W. Bush n'a rien de secret. Les relations avec Barack Obama, élu le 4 novembre 2008, peuvent sur le plan personnel apparaître plus tendues : le maître de la Maison-Blanche garde ses distances face à la familiarité dont use le président français. Mais, sur le fond, la continuité est avérée. Nicolas Sarkozy appuie la politique de sanctions menée à l'égard de l'Iran. Il décide en 2008 de renforcer le contingent français en Afghanistan, ce qui porte à 4 000 le nombre de militaires français sur place. Il se montre plus fermement pro-israélien que Jacques Chirac et dès lors plus en accord avec Washington.

Dès le 7 novembre 2007, Nicolas Sarkozy annonce sa volonté de voir la France réintégrer le commandement militaire de l'OTAN. Comme l'ont montré Jenny Raflik,

Maurice Vaïsse et Bruno Tertrais, cette décision, effective en avril 2009, ne représente pas une rupture, mais plutôt l'aboutissement des divers rapprochements qu'avaient opérés François Mitterrand puis Jacques Chirac. « Sinusoïdales », selon le mot de Maurice Vaïsse, les relations de la France avec l'OTAN ont été faites d'une « réintégration rampante » que Nicolas Sarkozy a *in fine* entérinée.

La nomination de Bernard Kouchner comme ministre des Affaires étrangères confirme l'habileté du président français à dépasser des clivages qu'il juge surannés. Forte personnalité socialiste, fondateur de Médecins sans frontières et de Médecins du monde, ministre dans les gouvernements Rocard, Cresson, Bérégovoy et Jospin, Bernard Kouchner incarne l'« ouverture » et est censé donner une caution morale à la politique internationale. Son rôle reste pourtant effacé et il ne peut qu'avaliser les décisions prises à l'Élysée. Le prestige du président est mis en avant dans les succès engrangés : la libération des infirmières bulgares retenues en Libye sur ordre du colonel Kadhafi, en juillet 2007, ou la libération d'Ingrid Betancourt, otage des Forces armées révolutionnaires de Colombie (FARC) un an plus tard. Assurant la présidence tournante de l'Union européenne, le chef de l'État français se fait aussi médiateur entre la Russie et la Géorgie lors du conflit armé qui les oppose à l'été 2008. L'importance que revêt la cellule diplomatique de l'Élysée comme l'influence de la « plume » du président, Henri Guaino, confirment le relatif retrait de l'hôte du Quai d'Orsay.

Parmi bien d'autres discours, Henri Guaino rédige celui que Nicolas Sarkozy prononce à Dakar, le 26 juillet 2007. Le président de la République y affirme que « le drame de l'Afrique, c'est que l'homme africain n'est pas assez entré dans l'histoire » ; il déplore que cet « homme africain » « ne s'élance jamais vers l'avenir. Jamais il ne lui vient à l'idée de sortir de la répétition pour s'inventer un destin » : l'Afrique ne ferait que « répéter » et « ressasser », dans un piétinement qui aurait perdu la densité de la temporalité. Il y aurait donc un temps « africain », immuable et immémorial, figé et déshistoricisé. Les effets de cette allocution sont désastreux dans une partie de l'Afrique. L'historien, politiste et intellectuel camerounais Achille Mbembe fustige son « arrogance » et stigmatise « les sottises qui divisent ». D'autant que si le colonisateur « a eu tort » comme le dit encore Nicolas Sarkozy, il n'est pas condamné pour autant car « il a aussi donné » : le président français n'est pas venu en Afrique pour s'excuser au nom de la France et refuse toute « repentance ». La violence qui tenaille l'Afrique viendrait de la « rareté » ; mais jamais les dictateurs ne sont évoqués, ni la corruption qui y sévit, ni le détournement des richesses par une minorité.

On comprend que la question des régimes politiques en Afrique ne soit pas abordée par le président de la République. Ils ne sont pas mis en cause par la France qui au contraire, dans la plupart des cas, les soutient sur le plan économique, militaire et politique : pour exemple, le Togo de Faure Gnassingbé, le Gabon d'Ali Bongo ou le Congo de Denis Sassou-Nguesso. Sous leur pression, Jean-Marie Bockel, le secrétaire d'État chargé de la Coopération et de la Francophonie, un transfuge du PS lui aussi, doit abandonner sa fonction en mars 2008 dans le deuxième gouvernement Fillon : ces dirigeants apprécient peu qu'il interroge la « Françafrique ». Certes, la France peut accompagner les changements, comme celui opéré dans la violence en Côte d'Ivoire, en novembre 2010 : lors d'une élection présidentielle au déroulement contesté, le président Laurent Gbagbo est officiellement battu par Alassane Ouattara. Celui-ci est soutenu par la France et par les États-Unis, dont il est bien connu : il a notamment travaillé comme économiste au FMI. L'armée française prend part à l'arrestation de Laurent Gbagbo après plusieurs mois de graves affrontements entre les deux camps, le 11 avril 2011 : les troupes de l'opération « Licorne » y apportent notamment leur soutien aérien. Les télégrammes de diplomates états-uniens, révélés par WikiLeaks, font état ici d'un rapprochement entre la France et les États-Unis : le « réflexe de suspicion » français n'aurait plus cours désormais car il s'agirait par priorité de contrer la progression de la Chine sur le continent africain en général et en Côte d'Ivoire en particulier ; un tel revirement pourrait « donner l'occasion aux États-Unis d'étendre leur influence en Afrique sans rencontrer de résistance » de la part de la France. Cet épisode combine donc des élections à la régularité discutée, des violences déchirant le pays en deux camps et l'intervention de puissances occidentales, entre rivalité et complémentarité.

La diplomatie sous Nicolas Sarkozy est aussi confrontée aux processus révolutionnaires qui, partis de Tunisie fin 2010, traversent l'Égypte, la Libye et la Syrie. La France soutient jusqu'au bout le régime de Zine el-Abidine Ben Ali et celui d'Hosni Moubarak, des alliés de longue date. Les intérêts politiques mais aussi économiques sont considérables : la France occupe le troisième rang en valeur des investissements en Tunisie – derrière les Émirats arabes unis et le Royaume-Uni ; c'est aussi le premier pays pour le nombre d'entreprises implantées dans ce pays. Le 11 janvier 2011, la ministre des Affaires étrangères Michèle Alliot-Marie propose au président tunisien de lui prodiguer « le savoir-faire de nos forces de sécurité, qui est reconnu dans le monde entier » et peut permettre « de régler des situations sécuritaires de ce type ». Trois jours plus tard Ben Ali est renversé, comme l'est Hosni Moubarak en Égypte un mois après.

Pour ce qui est de la Libye, en décembre 2007, Nicolas Sarkozy reçoit à Paris Mouammar Kadhafi. Dans le gouvernement, seule la secrétaire d'État aux Droits de l'Homme, Rama Yade, adopte un point de vue critique : « Notre pays n'est pas un paillasson sur lequel un dirigeant, terroriste ou non, peut venir s'essuyer les pieds du sang de ses forfaits. » Le Premier ministre François Fillon juge cette sortie déplacée. D'importants contrats sont signés, notamment avec les groupes Airbus, Areva, Dassault et Vinci. Mais lorsque, à partir de février 2011, le régime du colonel Kadhafi est ébranlé par une révolte populaire, Nicolas Sarkozy entend faire jouer à la France un rôle prépondérant. Il appuie le Conseil national de transition libyen, composé notamment d'anciens ministres de Kadhafi. Il lance avec le Royaume-Uni une opération militaire, essentiellement des bombardements aériens. Mais très vite est démontrée la dépendance de la France à l'égard de l'OTAN. Ses opérations sont confortées par l'apport jugé indispensable des États-Unis : les forces états-uniennes déciment la défense antiaérienne du régime libyen, opèrent des frappes de drones et jouent un rôle déterminant en matière de renseignement. Le 20 octobre 2011, Mouammar Kadhafi est capturé et tué. Enfin, dans la Syrie aux prises avec la dictature de Bachar al-Assad, auquel fait face un soulèvement populaire qui ne faiblit pas malgré la répression qui s'abat, la France présidée par Nicolas Sarkozy demande le départ de son dirigeant, mais s'en tient aux sanctions et aux résolutions des Nations unies.

En 1982, le président François Mitterrand se réclamait de « la civilisation d'Occident » ; trente ans plus tard, Nicolas Sarkozy salue lui aussi la « famille occidentale » dont la France se revendique. La diplomatie française assume continuité et pérennité dans ses engagements occidentaux. Sa politique est ancrée dans une Alliance atlantique elle-même dominée par les États-Unis. Les relations avec ceux-ci ne sont pas linéaires ni pétries de sérénité ; elles connaissent à-coups et anicroches mais demeurent *in fine* caractérisées par la solidité, voire la complicité. Pour autant, la France s'efforce de maintenir des liens importants avec d'autres nations influentes, aux fins de mieux asseoir sa propre légitimité. De Mikhaïl Gorbatchev à Vladimir Poutine, les dirigeants russes sont considérés comme des alliés. Face au géant chinois, après une brève rupture des relations diplomatiques en 1989, la France préserve les rapports jugés nécessaires au bon fonctionnement des échanges économiques. Surtout, c'est dans ses zones d'influence traditionnelles que la France maintient des liens hérités de l'époque coloniale. L'Afrique francophone reste la terre de ses interventions privilégiées, comme en témoigne encore l'opération militaire au Mali, enclenchée sur décision du président François Hollande en janvier 2013. C'est dire aussi le rôle capital du chef de l'État, véritable maître de la paix et de la guerre. C'est enfin confirmer le statut de la France : une puissance moyenne à vocation et ambition mondiales.

Par-delà ces continuités, la France a pu être déstabilisée par les bouleversements qui, en l'espace de trente ans, ont remodelé la face du monde : la fin de la guerre froide et des deux blocs qui se faisaient face, la domination sans égale des États-Unis, puis la remise en cause de ce monopole avec l'émergence de nouveaux pôles, de l'Inde au Brésil, de l'Afrique du Sud à la Chine. La domination occidentale elle-même se trouve mise à mal : l'heure du monde est aussi celle de nouveaux pivots.

TROISIÈME PARTIE

Vivre ensemble ?

CHAPITRE IX

Genres de vie

Dans ce monde radicalement bouleversé s'ancre aussi une nouvelle société, une société à quatre générations : c'est bien une révolution anthropologique qui s'accomplit, lorsque les frontières de la mort sont repoussées jusqu'à la neuvième décennie de vie et que cohabitent dès lors enfants, parents, grands-parents et arrière-grands-parents. La « civilisation des vies complètes » qu'avait évoquée Jean Fourastié est en train de se réaliser. En ce tournant des XXe et XXIe siècles, nous gagnons trois heures de vie chaque jour, même si cette évolution reste socialement différenciée. Là où, depuis l'an mil, l'espérance de vie ne progressait que de deux ans par siècle, elle s'est accrue de vingt-cinq ans depuis 1900. Avec de considérables avancées scientifiques et techniques, des impossibilités sont levées et certains tabous brisés : dans la manière de donner la vie ou de penser la parentalité et, à l'autre extrême de la chaîne, dans les façons de mourir et d'être inhumé. Ces accélérations sont vertigineuses à l'échelle de seulement trois décennies.

Le temps impose ici encore son morcellement, dans des existences plus fragmentées, du point de vue affectif et amoureux notamment. La sexualité en est certes bouleversée, mais elle reste tiraillée entre le legs des traditions et l'échappée des émancipations. Quant aux rapports de sexe, entendus comme construction sociale des genres masculin et féminin, ils évoluent au gré des prises de conscience qu'il n'y a pas là d'essence mais bien plutôt des rôles historiquement pensés, construits et imaginés. Enfin, ces générations plus nombreuses à coexister font l'objet de désignations et d'assignations : on leur confie des missions qui ont trait à l'usage de l'âge. Elles engagent un rapport au temps et à l'historicité, renvoient au sentiment de faire ou non l'histoire, de transmettre et d'hériter.

LA VIE, L'AMOUR, LA MORT

Les frontières de la vie

Depuis 1981, la population française s'est accrue de 10 millions de personnes : elle compte en 2013 quelque 65,58 millions d'habitants. L'âge moyen lui aussi s'est élevé, de quatre ans environ au cours de ces trente dernières années ; la part des moins de 20 ans a diminué d'autant, passant d'un tiers à un quart de la population totale. Cette situation ne peut qu'évoluer puisque la France connaît depuis le milieu des années 1990 une hausse continue de la fécondité : 1,8 enfant par femme entre 1975 et 1995, 1,9 en 2000 et 2,02 en 2008. De 823 000 naissances par an en 1982, on est passé par un étiage à la fin des années 1990 (775 000 en 1999) en raison de l'arrivée à l'âge de la maternité des générations moins nombreuses nées dans les années 1970, puis à plus de 822 000 en 2012. Cet accroissement des naissances rend la situation française exceptionnelle en Europe ; elle échappe à ce que les spécialistes ont nommé la « seconde transition démographique », caractérisée par une natalité basse qui ne suffit plus à assurer le remplacement des générations, tandis que la mortalité continue de diminuer. Rien de tel en France désormais, où le taux annuel d'accroissement naturel est passé de 0,52 % entre 1982 et 1990, à 0,37 % entre 1990 et 1999 et 0,63 % entre 1999 et 2007. Là où, parmi d'autres en Europe, l'Allemagne et l'Italie comptent depuis plusieurs années moins de naissances que de décès, la France se distingue nettement, avec un excédent annuel supérieur à 200 000 personnes – elle est aujourd'hui à l'origine des deux tiers de la croissance naturelle de l'Union européenne, alors qu'elle forme seulement 16 % de sa population.

Parallèlement, le vieillissement crée un rapport au temps inédit : durant des millénaires, l'espérance de vie de milliards d'êtres humains n'a pas dépassé 30 ans – et elle est toujours d'à peine 40 ans en Afrique subsaharienne. En France, elle s'établit à 81 ans aujourd'hui. Ce déplacement des frontières de la vie, en repoussant le seuil de la mort, interroge l'avenir tel un vertige : jusqu'où vieillirons-nous encore et quel rapport au futur cette perspective engage-t-elle ? Par-delà le record établi à l'échelle du monde par la Française Jeanne Calment, morte en 1997 à l'âge de 122 ans, 80 % des décès surviennent désormais après 70 ans. Ce vieillissement s'accompagne, sinon de nouvelles pathologies, du moins de leur prédominance dans les existences : au cours d'une véritable transition épidémiologique, les cancers et les maladies cardiovasculaires ont dépassé les maladies infectieuses comme premières causes de mortalité. Les affections neurodégénératives liées au grand âge comme la maladie d'Alzheimer s'imposent avec une fréquence inédite.

La mort reste inégale selon les territoires, le sexe et les appartenances sociales. Le nord d'une ligne passant de Nantes à Belfort demeure frappé par une espérance de vie moins élevée, même si cette frontière s'est légèrement atténuée au fil des trois décennies avec les déplacements vers le sud de retraités venus s'y installer puis y finir leur vie. Mais le Nord-Pas-de-Calais, la Bretagne et les régions rurales du centre de la France sont toujours défavorisées par rapport à l'Île-de-France, au Sud-Est et au Sud-Ouest. Aux deux extrêmes de ces inégalités, on trouve le Pas-de-Calais avec une espérance de vie de 73,2 ans pour les hommes et 81,4 ans pour les femmes et les Hauts-de-Seine avec respectivement 79,4 et 85,3 ans. Ce rapport différencié est également sexué, même si depuis le début des années 1990, l'écart entre hommes et femmes tend à diminuer : les gains en termes d'espérance de vie sont maintenant plus élevés pour les hommes que pour les femmes – entre 1990 et 2008, ces progrès ont été de 4,8 ans pour les hommes et de 3,4 ans pour les femmes. Le recul des tumeurs est plus important pour les hommes, tandis que le tabagisme concerne de plus en plus les femmes : en 1980, 45 % des hommes sont fumeurs contre 17 % des femmes mais trente ans plus tard, les proportions se rapprochent : 33 et 22 % ; dans les générations les plus jeunes, ces comportements ne sont quasiment plus différenciés sur le plan sexué. En revanche, les écarts demeurent quant aux risques pris au volant – le nombre de décès dans des accidents de la route est bien plus important pour les hommes que pour les femmes – et à l'alcoolisme. Les métiers à risque (pompiers, marins pêcheurs, chauffeurs routiers) sont toujours très masculins. Finalement, les inégalités les plus fortes face à la mortalité s'expliquent par l'appartenance socioprofessionnelle. Chez les hommes de 35 ans en 2000, il reste en moyenne 39 années à vivre aux ouvriers, 40 aux employés, 43 aux artisans, commerçants et chefs d'entreprise comme pour les professions intermédiaires, 43,5 aux agriculteurs et 46 aux cadres et professions intellectuelles supérieures ; pour les femmes, ces niveaux s'établissent respectivement à 47 ; 48,5 ; 49 ; 49,5 ; 48,5 et 50 ans. Conditions de travail et modes de vie sont ici déterminants pour expliquer ces écarts socialement accentués.

Tandis que la médecine accomplit des progrès considérables, le système de santé permet de classer la France dans de très bons rangs internationaux qui concernent autant le taux de survie après une crise cardiaque ou après un cancer que la mortalité infantile – en 2000, celle-ci s'établit à 3,8 pour mille quand elle est de 4 en Allemagne, 4,7 au Royaume-Uni et 6,8 aux États-Unis. Néanmoins, ce système ne peut rien face aux suicides dont le taux, stabilisé au début des années 1980, s'accroît ensuite fortement et se fixe en 2012 au niveau des années 1950 (10 000 morts par an).

L'horizon de la recherche scientifique s'élargit à ce point que des alertes régulières retentissent pour en maîtriser les avancées. En 1983 est créé le Comité consultatif national d'éthique pour les sciences de la vie et de la santé : on craint alors que les progrès réalisés dans l'investigation génétique soient livrés à des intérêts mercantiles. Il en va de même en matière de transplantation d'organes, dont la pratique s'amplifie à partir des années 1980 : au début de la décennie, on ne peut encore greffer que les reins ; or peu à peu sont concernés le foie, le poumon, le pancréas, l'intestin et même des « blocs cœur-poumon ». Dans le traitement du cancer notamment, on parvient à greffer des cellules souches du sang et de la moelle osseuse pour remplacer les cellules déficientes. Ces cellules souches font l'objet d'intenses recherches médicales et pharmaceutiques depuis les années 1990, avec le double espoir de pouvoir non seulement régénérer des tissus mais encore en créer de nouveaux. Les thérapies géniques n'ont cessé de progresser dans le même mouvement afin de soigner les maladies génétiques. Pour contrer ces pathologies s'associent de surcroît progrès scientifiques et mobilisation de l'opinion publique. En 1984, le professeur Jean Dausset fonde le Centre d'étude du polymorphisme humain (CEPH), qui s'allie à l'Association française contre les myopathies pour créer en 1987 le Téléthon, opération de sensibilisation du public à ces maladies. Frédéric Keck et Paul Rabinow y ont insisté, la recherche scientifique conduit durant cette période à mieux comprendre le « normal » en partant du « pathologique ». En 1989, un vaste projet technoscientifique « d'une ampleur jamais atteinte en biologie » est lancé aux États-Unis : le Projet Génome humain (*Human Genome Initiative*) dont le but est de parvenir au séquençage de la totalité du génome. Mais c'est finalement le CEPH qui, en 1994, livre la première cartographie physique du génome humain, avant le programme états-unien. Cette découverte fondamentale replace plus fermement l'être humain parmi le reste du vivant. Elle permet également d'affirmer, comme le fait la Conférence générale de l'UNESCO en 1997 contre les théories racialistes, que « le génome humain sous-tend l'unité fondamentale de tous les membres de la famille humaine ». Enfin, l'hérédité n'apparaît plus comme une fatalité, pas davantage qu'elle n'est le fruit du péché : c'est une évolution gigantesque à l'échelle de l'humanité.

Une autre révolution anthropologique s'accomplit au fil de ces trois décennies : elle touche au corps après la mort. En 1980, la crémation ne concerne encore que 1 % des obsèques ; en 2012, elle atteint 32 % et 50 % dans de nombreuses villes. Dans les contrats funéraires conclus à cette date, la majorité s'oriente vers la crémation, une pratique encore davantage répandue en Grande-Bretagne ou au Danemark – à Londres et Copenhague, elle représente plus de 90 % des funérailles. L'Europe sur ce point comme sur d'autres est coupée en deux puisque la crémation est toujours peu pratiquée dans les pays du Sud de forte tradition catholique (13 % des obsèques seulement en Italie). Ce qui jadis ne revenait qu'aux sorciers et aux mécréants est donc en train de devenir courant. Une nouvelle lecture du temps se dessine ici : si l'éternité est toujours envisagée par les croyants, elle se conçoit beaucoup moins comme une résurrection des corps morts.

Croire au Ciel, ou pas

Les enquêtes manquent pour mesurer empiriquement le recul des croyances et l'érosion des pratiques religieuses. Du moins la chute des sacrements est-elle évidente et accélérée : la France compte encore 80 % de baptisés, mais le nombre de baptêmes par rapport aux naissances, de 68 % environ au début des années 1980, passe à 60 % dix ans plus tard et 35 % à la fin des années 2000. Les mariages célébrés dans la tradition catholique passent de 65 % des unions en 1980 à moins de 50 % au début des années 2010. La participation à la messe dominicale faiblit à ce point que la définition des « catholiques pratiquants » en sociologie change elle aussi en l'espace de trois décennies : l'expression ne désigne plus désormais ceux qui vont à la messe chaque dimanche mais ceux qui y prennent part au moins une fois par mois. Le clergé vieillit : en 2010, l'âge médian des 14 000 prêtres est supérieur à 75 ans. Il ne parvient pas à se renouveler : en 2012, on recense seulement 94 ordinations. Cette évolution ne saurait cependant masquer quelques regains religieux ponctuels, par exemple autour de la personnalité du pape Jean-Paul II et des Journées mondiales de la jeunesse (JMJ), au franc succès régulier. Depuis la fin des années 2000, on assiste même à une décélération du recul religieux, la crise pouvant expliquer une confiance mise dans la foi en un temps de désespérance.

Il n'en demeure pas moins que l'Église catholique est en crise. Les années 1980 sont marquées par les séquelles de Vatican II qui a pourtant eu lieu près de vingt ans auparavant – le concile s'est tenu entre octobre 1962 et décembre 1965. Une petite fraction de prêtres « intégristes » rejette toujours les réformes qui y ont été instaurées : langue vivante dans la liturgie, participation active accordée aux fidèles, dialogue entre l'Église et le monde contemporain. En 1988, l'archevêque Marcel Lefebvre, fondateur de la Fraternité Saint Pie X, est excommunié pour avoir consacré quatre évêques sans l'autorisation de Rome. En l'église Saint-Nicolas-du-Chardonnet à Paris, ses thuriféraires continuent à lui être dévoués dans une foi exaltée. D'autres encore parmi ces intégristes – « Laissez-les vivre », « Civitas » – se montrent virulents et violents au sein de commandos anti-IVG notamment. À l'opposé, parmi ceux que l'on situera après Denis Pelletier et Jean-Louis Schlegel « à la gauche du Christ », l'évêque d'Évreux Jacques Gaillot est privé de son siège épiscopal en 1995 par le Vatican pour avoir soutenu plusieurs causes comme celles des prisonniers, des exclus, des marginaux, des sans-papiers ou encore des divorcés remariés.

Le catholicisme est en outre concurrencé par l'islam : au cours de ces trois décennies, avec quelque 5 millions de fidèles, il est devenu la deuxième religion de France. Mais les lieux de culte restent inadaptés, faute de moyens – quand la mosquée manque, les croyants se réunissent dans des caves, des garages voire dans la rue pour se recueillir et prier. Cette situation alimente non seulement la frustration des fidèles musulmans mais aussi la stigmatisation de cette religion, souvent et péremptoirement confondue avec un islamisme intégriste. Une telle orientation existe certes bien : à partir des années 1980 se développent des réseaux se réclamant du mouvement des Frères musulmans né en Égypte. On suivra l'anthropologue Marc Augé lorsqu'il parle de l'intégrisme comme une « mondialisation de l'imaginaire » en matière religieuse, politique et idéologique. La tentation de cette radicalisation chez des jeunes en échec scolaire, amers dans leurs aspirations déçues, ne saurait être niée : les trajectoires d'un Khaled Kelkal, l'un des responsables de la vague d'attentats perpétrés en France à l'été 1995, abattu par la police en septembre, ou d'un Mohammed Merah, auteur de trois tueries, dont l'une commise dans une école juive, tué par les policiers du RAID en mars 2012, et les passages par les réseaux d'entraînement notamment en Afghanistan sont là pour en témoigner. Mais dans leur écrasante majorité, les musulmans pratiquent une religion modérée et soucieuse de ses traditions. Le ramadan est respecté par 70 % des fidèles quel que soit leur âge ; la prière quotidienne varie en revanche fortement : 65 % des musulmans de plus de 55 ans disent s'y consacrer, contre seulement 30 % des 18-24 ans ; quant au pèlerinage à La Mecque, il ne concerne qu'une faible minorité en raison de son coût élevé : environ 20 000 fidèles y partent de France chaque année.

L'islam fait aussi de plus en plus l'objet d'une politisation au sommet : alors que la Mosquée de Paris est placée depuis 1982 sous la tutelle directe d'Alger, en 1992 la nomination de Dalil Boubakeur en fait le premier recteur de nationalité française. C'est aussi le moment où l'État commence à s'intéresser de près à l'islam comme institution : au Conseil de réflexion sur l'islam de France instauré par le ministre de l'Intérieur Pierre Joxe en 1990 succèdent le Conseil consultatif des musulmans de France sous l'impulsion de Charles Pasqua en 1993 et finalement le Conseil français du culte musulman à l'initiative de Jean-Pierre Chevènement puis de Daniel Vaillant en 2001, entériné en 2003 par Nicolas

Sarkozy comme le mandataire officiel des musulmans en France.

Mais, par-delà leur diversité, les représentants des principales religions se rapprochent lorsqu'il s'agit de se prononcer sur des mutations sociétales fondamentales. En 2012, le cardinal André Vingt-Trois, le président de la Fédération protestante de France Claude Baty, le grand rabbin de France Gilles Bernheim et le président du Conseil français du culte musulman Mohammed Moussaoui s'unissent pour dénoncer le projet de « mariage pour tous » au nom du temps long de la tradition – l'échelle « millénaire » – mais aussi au nom de la nation : ils expliquent que, « qu'on le veuille ou non, nous avons, nous Français, une responsabilité particulière qui nous dépasse ». C'est dire ici le poids d'une mythologie nationale qui paraît rendre le projet plus difficile à réaliser en France qu'ailleurs – en 2013, à l'heure où il est légalisé en France, le mariage est autorisé aux couples de même sexe dans treize pays, dont certains très catholiques comme l'Espagne ou l'Argentine, sans que son instauration ait suscité une telle levée de boucliers.

Les désirs et les plaisirs

« N'ayant jamais attribué au sexe une valeur sacrée, je n'ai jamais éprouvé le besoin de l'enfermer dans un tabernacle comme le font finalement ceux qui me reprochent de faire tomber le mystère. » Dans la préface de *La Vie sexuelle de Catherine M.* paru en 2001, l'écrivaine Catherine Millet imagine ce qui est à ses yeux « une représentation évidemment utopique, fantasmatique » : l'absolue « reconnaissance du désir sexuel » dans une société qui pourrait s'y retrouver. Son livre met en écriture toutes les formes de jouissance physique éprouvée avec des partenaires très divers. Ce récit, aux côtés de ceux que signe Virginie Despentes, tels *Baise-moi* en 1993 ou *Mordre au travers* en 1999, paraît traduire un certain esprit d'époque : les actes, désinhibés, se disent autant dans leur simplicité que dans leur crudité, et la jouissance y devient une évidence ; c'est aussi une manière de lutter contre la domination masculine par l'affirmation d'une sexualité féminine émancipée.

Le sociologue Michel Bozon l'a précisément étudié : à partir de la fin des années 1970, « le rapport de dépendance qui liait naguère la sexualité au mariage » se trouve peu à peu inversé. « De l'institution matrimoniale dont découlait un droit à l'activité sexuelle, on est passé à l'échange sexuel, base et moteur de la conjugalité. La sexualité, qui était hier un des attributs de l'individu marié, est devenue un préalable personnel et interpersonnel à l'existence du sujet et du couple, formant le langage de base de la relation. » Reste un point essentiel sur lequel Nathalie Bajos et Michel Bozon ont aussi insisté : si la source des normes se modifie en matière de sexualité – elle se détache des institutions et des traditions comme le mariage ou la religion –, la normativité y reste prédominante.

La généralisation de la contraception médicalisée, à la fin des années 1970, représente une véritable libération qui s'apparente à une révolution : la peur des grossesses non désirées disparaît. Mais à cette peur succède une terreur : on découvre dans les années 1980 que l'on peut mourir d'aimer. Traduction de l'acronyme AIDS apparu aux États-Unis en 1981 pour *Acquired Immune Deficiency Syndrome*, le mot SIDA (syndrome d'immunodéficience acquise) est utilisé l'année suivante par la Direction générale de la santé. Celle-ci lance des annonces sous formes de spots radio ou télédiffusés, qui font résonner une inquiétante ritournelle : « Il court, il court le SIDA » ; il s'agit de s'en préserver : « Le SIDA ne passera pas par moi » (1987). On cesse bien vite de croire que le virus de l'immunodéficience humaine (VIH) serait réservé aux homosexuels – aux États-Unis, la maladie avait d'abord été nommée *gay pneumonia*. Tout couple qui se forme, et en particulier les jeunes entrant dans la sexualité, doit désormais avoir des « rapports protégés ». Lorsque apparaissent les premiers tests de dépistage, en 1985, la France est le pays européen le plus touché par la pandémie. Dans certains milieux, notamment homosexuels, une génération est fauchée. Les témoignages et les romans se multiplient, dont celui de Cyril Collard qu'il portera ensuite à l'écran, *Les Nuits fauves* (1989). Il y dit sa sexualité, ses désirs et ses envies, la métamorphose de son corps ravagé ; à la fin du récit, il écrit : « Il fait beau comme jamais. Je suis vivant ; le monde n'est pas seulement une chose posée là, extérieure à moi-même : j'y participe. Il m'est offert. Je vais probablement mourir du SIDA, mais ce n'est plus ma vie : je suis dans la vie. » Cette façon d'être au monde malgré la maladie qui dévore son corps déjoue l'angoisse face à une pathologie sur laquelle les traitements n'ont pas encore prise – Cyril Collard meurt en 1993, à 35 ans. Au cours des années 1990, les traitements antirétroviraux sont de plus en plus efficaces. Mais la menace pèse comme un fléau sur les désirs et les plaisirs.

L'évolution des sexualités est donc complexe et sans linéarité. Femmes et hommes voient l'âge de leurs premiers rapports se rapprocher : 20,6 et 18,8 ans durant les années 1950, 17,6 et 17,2 ans à la fin des années 2000. Mais les femmes continuent de penser que les hommes ont plus de besoins sexuels qu'elles. 34 % des femmes déclarent en 2006 n'avoir eu qu'un seul partenaire sexuel dans leur vie, contre 16 % des hommes. Les hommes sont quant à eux bien plus nombreux (20,5 %) que les femmes (9,4 %) à penser que l'on peut avoir une relation sexuelle avec une personne sans l'aimer. Cependant, bien des tabous sont levés, des mots posés sur la réalité, des comportements assumés. D'après les enquêtes menées sur le sujet, la pratique de la masturbation par les femmes serait passée de 16 % en 1970 à 42 % en 1992 et 60 % en 2006. Plus besoin de se rendre dans un cinéma « spécialisé » pour regarder films érotiques et pornographiques : ils peuvent entrer dans les foyers grâce à la vidéo dans les années 1980, les DVD durant la décennie suivante et à profusion avec Internet depuis. Mais ils édictent aussi de nouvelles normes sur les « performances » à réaliser, parfois paralysantes pour les jeunes qui y sont de plus en plus exposés. Ce d'autant que l'anatomie et la sexualité restent peu étudiées au cours de la scolarité : l'école ne dit rien du potentiel sexuel.

Quant à l'homosexualité, si elle a définitivement cessé d'être considérée comme un délit ou une maladie avec la législation de 1981, les débats autour du PaCS en 1999 puis du « mariage pour tous » en 2012-2013 indiquent combien une partie de la société la perçoit encore comme une déviance ou, selon l'Église catholique, comme un péché. Le regard porté sur l'homosexualité est d'ailleurs lui-même sexué : si en 2006 un peu plus de 60 % des femmes jugent que c'est une sexualité « comme une autre », ce n'est le cas que de 48 % des hommes. L'homophobie est aussi sociologique (elle diffère selon le niveau de diplôme et de revenus) et idéologique (le clivage gauche-droite garde ici de son sens et de sa pertinence). Pour les associations LGBTQI (lesbiennes, gays, bi, trans, *queer*, intersexes), il y a toujours à lutter contre l'homophobie et la lesbophobie. Le mouvement *queer*, apparu au cours des années 1990, invite à dépasser la binarité sexuée et les étiquetages tranchés tout en s'affichant comme subversif et transgressif par rapport aux codes dominants. Dans une enquête menée en 1992, 2,6 % des personnes interrogées déclarent avoir eu au moins une fois dans leur vie un partenaire du même sexe ; elles sont 4 % en 2006. Il est difficile ici de faire le départ entre une évolution des pratiques et une sexualité mieux assumée. Quoi qu'il en soit, cette affirmation plus résolue est une réalité, comme en témoigne le succès grandissant à partir du début des années 1980 de la *Gay Pride* puis *Lesbian & Gay Pride* – le terme de « Marche des fiertés » apparaît en France en 2001, un an après la première *World Pride* à Rome. Ces manifestations joyeuses et festives, qui revendiquent la diversité des sexualités, n'empêchent pas les souffrances intimes ni les humiliations ordinaires, voire les liens familiaux brisés par le rejet de certains parents face à l'homosexualité de leurs enfants.

L'âge moyen d'entrée dans la sexualité contraste de plus

en plus avec celui du mariage : de 25 ans pour les hommes et 22,8 pour les femmes au tout début des années 1980, l'âge du mariage s'élève très notablement pour se fixer à 31,5 et 29,5 ans à la fin des années 2000. Sur le moyen terme, l'institution matrimoniale a beaucoup reculé : quand, au début des années 1970, on célébrait plus de 400 000 mariages par an, on n'en compte plus que 270 000 à la fin des années 1980 ; depuis lors, ce nombre reste stable même si en son sein il faut tenir compte des remariages (environ 20 % des unions). Les divorces ont de fait beaucoup progressé : pour 30 000 prononcés au début des années 1960, on en recense 100 000 en 1984 et 135 000 au milieu des années 2000. Au cours de ces trois décennies, la proportion de naissances hors mariage a quintuplé et les familles monoparentales ont plus que doublé. Le mariage, cependant, résiste, on l'observe depuis quelques années. L'instauration du Pacte civil de solidarité en 1999 n'est pas venu l'entraver : il y a eu moins transfert du mariage vers le PaCS qu'addition de nouvelles unions. En 2000, un an après son instauration, on dénombre 22 000 contrats de PaCS ; en 2012, ce nombre atteint 200 000. C'est donc un succès considérable ; mais il ne touche que très minoritairement les couples de même sexe : si leur proportion s'élève certes à 42 % en 1999, elle chute dès l'année suivante à 24 %, puis de manière encore accentuée au milieu des années 2000 (7 %) pour s'établir à un peu plus de 4 % aujourd'hui.

Malgré donc une certaine convergence entre hommes et femmes pour l'entrée dans la sexualité ou les métamorphoses de la conjugalité, la différence sociale des sexes demeure prégnante : les rapports sexuels se révèlent bien aussi des rapports sexués.

HOMMES, FEMMES : NOUVEAUX MODES D'EMPLOI

Le moindre mâle ? Quelques socialisations sexuées

Les études sur le genre ne sont pas nées avec le mot ; l'élaboration théorique sur la construction de la masculinité et de la féminité date de plus d'un demi-siècle. Mais le terme de « genre » (*gender*), apparu aux États-Unis autour de 1968, permet de récuser théoriquement le déterminisme biologique dans la différence sexuée, de décloisonner la réflexion sur les sexes dits « opposés » en réfléchissant surtout à leurs relations, de les envisager enfin au prisme des rapports de pouvoir et de domination. Au cours des années 1990, quand il commence à se diffuser en France, la sociologue et féministe matérialiste Christine Delphy voit le « genre » comme une évolution anthropologique majeure, « une avancée considérable [consistant à penser] qu'il y [a] dans les différences de sexe quelque chose qui n'est pas attribuable à la nature ». Dans *La Domination masculine* qu'il publie en 1998, Pierre Bourdieu évoque quant à lui un « programme social de perception incorporé ». Les travaux de la philosophe états-unienne Judith Butler, au début des années 1990, contribuent à discuter du sexe biologique que l'auteure de *Trouble dans le genre* (*Gender Trouble*) (1990) ne voit pas davantage comme « pur » ou « pré-social ». S'il s'impose désormais sans plus de difficulté en sciences sociales et dans les sphères militantes, le terme de « genre » continue cependant de se heurter à certaines résistances. En juillet 2005, la Commission générale de terminologie et de néologie, qui chaque année propose des mots nouveaux à l'Académie française, rend un rapport dissuadant de l'employer ; à la suivre, « sexe » serait suffisant. Dans le même registre, celui de la nomination qui a valeur tout à la fois symbolique et pratique, cette Commission montre une semblable circonspection à propos de la féminisation de certaines expressions et notamment des noms de professions : à l'appui de son argumentation, la neutralité supposée du masculin générique.

Les études sur le genre ont permis de montrer combien les socialisations restent, dès l'enfance, fortement sexuées. Parents, éducateurs et enseignants offrent un environnement différencié : aux filles, l'exaltation de qualités comme la patience, la douceur et la pudeur ; aux garçons, le courage, la force et la virilité ; aux filles, la valorisation des émotions ; aux garçons, celle de la rationalité ; aux filles, le rose des bonbons et des fleurs ; aux garçons, malgré la progression de vêtements unisexes, les couleurs sobres et les camaïeux de bleus ; aux filles, les dînettes et les poupées ; aux garçons, les voitures et les pistolets. Conscience de ces différences aidant, quelques enseignes commerciales proposent certes depuis quelques années de subvertir ces normes – vêtements roses pour les garçons, publicités pour des jouets moins sexistes suite aux campagnes militantes menées par des associations comme MixCité à la fin des années 2000 ; mais ce sont le plus souvent des opérations de courte durée. Ces constructions sexuées se prolongent tout au long de la scolarité. Les sociologues Christian Baudelot et Roger Establet, dans leur livre pionnier *Allez les filles !* en 1992, peuvent s'enthousiasmer devant la progression de la scolarisation des filles et leur réussite : depuis la fin des années 1960, elles dépassent les garçons dans l'obtention du baccalauréat et la poursuite des études supérieures. Mais l'orientation dans les différentes filières reste elle aussi sexuée. Comme l'ont démontré les sociologues Marie Duru-Bellat et Françoise Vouillot, les disparités de carrière selon le sexe sont moins liées à des inégalités de réussite qu'à des inégalités d'orientation. Celles-ci se manifestent dès la fin de la classe de troisième : un tiers des garçons et un quart des filles se dirigent alors vers un BEP ou un CAP ; 78 % des garçons se spécialisent dans le secteur de la production et 88 % des filles dans celui des services. Dans le cycle général, si les filles sont légèrement surreprésentées (58 %), elles le sont bien plus encore dans les filières « lettres » (80 %) et « sciences économiques et sociales » (63 %), quand elles sont seulement 45 % dans les filières scientifiques. Ces écarts sont plus flagrants encore dans le second cycle technologique, même si filles et garçons y sont à peu près aussi nombreux (49 et 51 %) : les classes de sciences médico-sociales ne comptent presque que des filles, tandis que celles de sciences et techniques industrielles forment le pendant symétrique pour les garçons. Enfin, ces contrastes sont tout aussi puissants à l'université, dans les IUT et les classes préparatoires aux grandes écoles : les filières littéraires comptent 76 % de filles, alors qu'elles sont à peine 29 % dans les filières scientifiques.

Les femmes, si elles représentent désormais près de la moitié de la population active, demeurent également chargées des responsabilités de la domesticité. Même si le système français concernant la garde des enfants se distingue par sa qualité de celui de certains voisins européens, il manque toujours entre 700 000 et 900 000 places en crèche. Quant aux tâches domestiques, si leur répartition sexuée a évolué, elles demeurent surtout prises en charge par les femmes : le « temps domestique » quotidien consacré au ménage, aux courses, aux soins des enfants, au jardinage et au bricolage est en 1986 de 5 h 06 pour les femmes et de 3 h 07 pour les hommes ; en 1999, il s'établit à 4 h 36 et 2 h 13 ; en 2012, il est estimé à 3 h 52 et 2 h 24.

Le temps n'est pas seul à être sexué : les espaces le sont aussi. Des études de géographie sociale, autour des travaux d'Yves Raibaud et de Guy Di Méo, ont pu établir combien les lieux urbains et leurs usages sont traversés par la diffé-rence des sexes : parce qu'elles ont trois fois plus de risques d'être abordées dans la rue que les hommes, les femmes y passent sans s'y arrêter ; à la différence des hommes, elles ne stationnent pas dans l'espace urbain. Le soir, le métro parisien est fréquenté par 2 femmes pour 8 hommes, signe de l'incorporation des peurs face aux dangers. Comme l'a souligné Christine Bard, il y a bien un « genre des territoires ».

Combats pour la parité

C'est aussi le cas du champ politique. Les politistes Janine Mossuz-Lavau et Mariette Sineau y ont insisté, la parité en politique n'avait pas été un combat des années 1970. C'est seulement à compter de la décennie 1980 que les mouvements féministes et certaines formations politiques commencent à réfléchir en termes de quotas. En 1982, un amendement à une loi est voté dont les élections municipales sont l'objet : les listes ne peuvent s'y composer de plus de 75 % de candidats de même sexe. Toutefois, toutes les féministes ne le revendiquent pas : elles estiment humiliant d'être réduites à une catégorie voire à une minorité, et donc d'institution-naliser une proportion qui demeure une portion congrue lorsqu'elles représentent 53 % de la population. Quoi qu'il en soit, la mesure est rejetée par le Conseil constitutionnel au nom de l'égalité posée par la citoyenneté qui ne saurait se diviser. Il faut donc attendre dix ans et la parution en 1992 de l'ouvrage publié par Françoise Gaspard, Claude Servan-Schreiber et Anne Le Gall, *Au pouvoir citoyennes : liberté, égalité, parité*, pour que le thème s'installe dans le débat politique. En novembre 1993 paraît dans le journal *Le Monde* un « Manifeste des 577 pour une démocratie paritaire ». Dans ce sillage, le président de la République Jacques Chirac décide de créer un Observatoire de la parité en octobre 1995, ainsi qu'une commission du même nom présidée par Roselyne Bachelot et Gisèle Halimi. Ces discussions débouchent sur la loi de mars 1999 qui « favorise l'égal accès des femmes et des hommes aux mandats électoraux et aux fonctions électives » – ce qui nécessite une modification de la Constitution, entérinée par l'Assemblée nationale et le Sénat réunis en Congrès le 28 juin 1999. La France devient le seul pays au monde à exiger la parité pour la plupart des élections – mais le Sénat et les conseils généraux sont exclus de cette législation.

Du texte à la réalité, il y a néanmoins un fossé. Au début

des années 1980 comme dix ans plus tard, les femmes ne sont toujours que 5 à 6 % à l'Assemblée. En 2012, elles sont 27 % : on est donc bien loin de la parité et, à cet égard, la France se montre très en retard, à l'avant-dernier rang de l'Union européenne, devant la Grèce. Les formations politiques paient des pénalités financières, mais elles les préfèrent à l'application de la parité. Ce sont surtout les scrutins locaux qui la voient progresser : dans les conseils municipaux et régionaux, les femmes sont près de 50 % désormais. Pourtant, le masculin l'emporte au sommet des responsabilités : en 2012, 89 % des maires sont des hommes – et jusque 93 % dans les villes de plus de 3 500 habitants –, comme le sont 95 % des présidents des intercommunalités. En 2004, les élections régionales qui portent Ségolène Royal à la présidence de la région Poitou-Charentes consacrent une absolue rareté : elle est la seule femme à occuper une telle fonction. Comme la politiste britannique Wendy Stokes a pu le démontrer dans une comparaison internationale, outre les ressources des « sortants » et des « cumulants » mieux dotés qui favorisent les hommes, bon nombre d'organisations politiques fonctionnent encore de manière peu transparente et, dans ce manque de clarté, les femmes sont défavorisées.

Le contraste est également frappant entre la composition des assemblées et celle des gouvernements. Témoin de ce fossé, en juin 1997, les femmes représentent 30 % du gouvernement Jospin, quand elles sont moins de 11 % à l'Assemblée. Dix ans plus tard, le gouvernement Fillon II compte 35 % de femmes dont plusieurs occupent des ministères régaliens ; au même moment, il y a moins de 20 % de femmes parmi les députés. Le fait du prince peut ici mieux se voir à l'œuvre ; Mariette Sineau n'hésite pas à parler d'un « adoubement présidentiel ». Mais aucune femme n'a jusqu'à présent présidé l'une des deux Chambres composant le Parlement, une incongruité en Europe. Quant aux femmes qui détiennent des responsabilités, elles doivent toujours subir les quolibets d'une classe politique demeurée pour partie machiste, braver les allusions à leurs vêtements voire à leurs sous-vêtements,

endurer les affronts de la misogynie ordinaire et les clichés taraudants du type « Mais qui va garder les enfants ? »
– question lancée en 2006 par Laurent Fabius pour dénigrer la candidature de Ségolène Royal à l'investiture du PS pour l'élection présidentielle. Elles doivent en somme se justifier d'être des femmes dans un monde qui reste celui des hommes. La plupart cherchent d'ailleurs à le faire oublier.

Le « *care* » et le cœur

Souci de l'autre, vigilance attentionnée, sensibilité aiguisée à la perception des situations : ces qualités prêtées aux femmes comme singularités sexuées sont conceptualisées au début des années 1980 par la philosophe états-unienne Carol Gilligan sous le terme de *care*. Pour l'auteure, dont le maître livre *In a Different Voice* (1982) est traduit en français en 1986 puis republié en 2008, cette éthique spécifique aux femmes pourrait leur conférer une place à part dans la société, en insistant sur les affects et les émotions et en humanisant un universel jugé trop abstrait. En avril 2010, la Première secrétaire du Parti socialiste Martine Aubry reprend le mot *care* à son compte, en y associant le « bien-être » et le « respect », mais cette tentative est très vite dénigrée ; lui sont tour à tour reprochés les bons sentiments et la banalité.

Pourtant, la notion et la conception sociale à laquelle elle renvoie méritent et suscitent le débat. Il part d'un constat : le rapport aux personnes vulnérables – enfants, handicapés, malades, mourants – reste l'apanage des femmes. Au quotidien et notamment dans la sphère de la domesticité, les femmes sont toujours en alerte quant aux responsabilités dont elles ne parviennent jamais vraiment à se détacher même quand le conjoint de sexe masculin décide de les assumer. Évidemment, celles et ceux qui réfléchissent sur cette notion – aux États-Unis par exemple la philosophe Joan Tronto, en France les philosophes Sandra Laugier et Ruwen Ogien, la sociologue Patricia Paperman – mettent en garde contre toute forme de naturalisation : ce n'est pas par nature que les femmes auraient ces qualités mais par la construction sociale de rôles sexués qui leur reviendraient au moment où elles sont encore enfants.

Pour autant, leur valorisation fait l'objet de controverses. Faut-il y voir une manière d'alimenter les assignations identitaires en confirmant et confinant les femmes dans leurs rôles d'épouse et de mère ? Ou ce féminisme différentialiste, assumant des différences spécifiques entre les sexes en matière de comportements et de sensibilités, permettrait-il de résister aux normes de concurrence et de performance, pour finalement contester la domination ? La réflexion est en cours et ne va pas sans soulever d'autres questions liées à la filiation. De la série télévisée à succès des années 1980 *Papa Poule* au roman *Mon père est une femme de ménage* de l'écrivaine Saphia Azzeddine, adapté à l'écran en 2011 avec l'acteur François Cluzet, on sent certes la tendresse conférée à de telles images mais avant tout le décalage entre la virilité supposée et les fonctions occupées dans la société. Ce constat renvoie aux rapports entre générations et aux normes de la transmission.

Les usages de l'âge

Assignations de générations

La notion de génération est employée d'abondance dans le discours médiatique et politique au point de se montrer, non seulement galvaudée, mais instrumentalisée. Les jeunes générations sont désignées tour à tour comme « des zombies sans rides » selon le mot de l'éditorialiste du *Figaro Magazine* Louis Pauwels (1986), « blues génération » (1990), « génération crise » ou « ghetto », « soldée » (1994), « sacrifiée », « sinistrée » (1995), « oubliée » (2003), la déclinaison s'achevant, temporairement, avec les « baby loosers » (2007) puis la « génération Y » (2010) : autant d'appellations plus ou moins contrôlées qui scandent la temporalité par le battement générationnel.

À ces désignations fait écho, comme en miroir, un véritable réquisitoire : les « baby boomers » figurent au banc des accusés. Ils auraient échoué dans leur devoir de transmission. À partir des années 1990, la référence la plus souvent citée est empruntée à l'écrivain Michel Houellebecq, dans un passage des *Particules élémentaires* (1998) érigé en preuve à charge : « Je suis salarié, je suis locataire, je n'ai rien à transmettre à mon fils. Je n'ai aucun métier à lui apprendre, je ne sais même pas ce qu'il pourra faire plus tard ; les règles que j'ai connues ne sont de toute façon plus valables pour lui, il vivra dans un autre univers. Accepter l'idéologie du changement continuel c'est accepter que la vie d'un homme soit strictement réduite à son existence individuelle, et que les générations passées et futures n'aient plus aucune importance à ses yeux. »

Pourtant, comme a pu le montrer par exemple le sociologue Xavier Gaullier, il n'y a pas de « linéarité ascensionnelle » des « baby-boomers » ; cette génération est elle-même pour partie « "sacrifiée" par la stagnation actuelle des salaires, le blocage des promotions, les cessations anticipées d'activité, par la situation de "génération pivot" [...] entre le grand âge des parents et les besoins des jeunes adultes, souvent en corésidence avec eux ». Les oppositions sont davantage intragénérationnelles, notamment au sein de la catégorie, si fortement hétérogène, des retraités. Le sociologue Olivier Galland souligne combien la « cassure entre les jeunes est un phénomène beaucoup plus important à étudier qu'une cassure éventuelle entre les générations » : l'écart mesurant les chances d'être ou de ne pas être au chômage entre les jeunes non diplômés et les jeunes diplômés du supérieur est passé de 2,5 en 1975 à 4,5 en 2002. À la fin des années 2000, le taux de chômage des jeunes diplômés est de 9 % ; mais il s'élève à 37 % pour ceux qui ont au mieux le brevet. Ces jeunes en relégation scolaire sont les mêmes qui subissent exclusion spatiale et stigmatisation sociale. Tout ce discours brode sur le thème d'une conflictualité supposée entre jeunes et aînés. Or il a pu être démontré que plus les personnes âgées reçoivent de pensions de retraite, plus elles aident leurs descendants.

Préjudices de l'âge

« La jeunesse » n'a jamais vraiment cessé d'être considérée comme une entité, alors même que son identité est
traversée de différenciations sociales, culturelles et politiques
qui en font une catégorie profondément hétérogène. Elle
est pourtant envisagée comme population cible de l'action
publique. Cette configuration contribue à faire des jeunes
un « problème social ». Ainsi la politique sécuritaire s'arc-
boute-t-elle de plus en plus sur le label « jeunes des cités » :
le Pacte de relance pour la ville (1996), qui établit le classement des quartiers en fonction d'un « indice synthétique
d'exclusion », fait du poids démographique des jeunes un
critère déterminant. Les mots-stigmates, jadis l'« apache »,
plus tard le « sauvageon » – un terme utilisé par Jean-Pierre
Chevènement en 1998 – et jusqu'à la « racaille » que lance
Nicolas Sarkozy en 2005, sont autant de symptômes sociaux ;
ils expriment l'anxiété d'une société à l'égard de ses jeunes
et dès lors à l'égard des modalités de la succession.

La véritable inquiétude devrait pourtant se porter sur la
précarité. Depuis le début des années 1980, les jeunes sont
voués à l'insécurité économique et sont parmi les premières
victimes du chômage : si en 1975, 5,3 % des actifs de 20 à
24 ans sont sans emploi, ils sont 17 % en 1985 ; vingt-cinq
ans plus tard, ce taux s'élève à 21 %. Ils doivent de surcroît
faire face à l'instabilité et à la flexibilité, qu'elles se déclinent
en stages, intérim, temps partiels, emplois saisonniers ou
« contrats aidés », ce que le sociologue Gérard Mauger a
nommé un « chantage à la docilité ». Au début des années
2010, seuls 25 % des salariés de moins de 25 ans ont un
contrat à durée indéterminée. La politique de l'insertion
professionnelle contribue à institutionnaliser cette précarité,
« naturalisée » et justifiée par la jeunesse de ceux qui la
connaissent. Avec cet usage, il y a bien un préjudice de l'âge.

Dans le même registre, l'essentialisation des « seniors » ne
tient pas la route d'un point de vue historique et sociolo-

gique. Contrairement à ce qui est souvent affirmé à propos des retraités qui seraient des privilégiés par rapport à leurs cadets, on assiste en fait à leur appauvrissement continu parallèlement à l'accroissement des écarts en leur sein. En 2012, la moitié des retraités ne touchent que l'équivalent d'un SMIC et 1 million d'entre eux vivent sous le seuil de pauvreté. Comme l'explique le psychogérontologue Jérôme Pélissier, il peut s'agir de pauvres devenus vieux ou de vieux devenus pauvres, ou bien encore des deux : la vieillesse est un facteur aggravant la pauvreté, en raison de la fragilité qu'elle engendre par la maladie, le handicap et l'isolement. Plus de la moitié des personnes vivant en maison de retraite sont considérées comme pauvres – le coût de ces résidences est de 400 euros supérieur à la moyenne des pensions de retraite au début des années 2010. Le terme « seniors », apparu durant les années 1990, lisse donc par trop une catégorie très diverse d'un point de vue sociologique. Mais ce n'est qu'un autre usage de l'âge, publicitaire celui-là.

Générations, familles et filiations

Une autre controverse a trait aux générations familiales, donc au lignage et à l'héritage. Elle voit se confronter la thèse de l'éclatement de la famille et celle de sa stabilité. Selon la première, les liens familiaux d'une génération à l'autre n'auraient pas résisté à l'ère de l'individualisme. Cette déploration a trouvé sa théorisation sous la plume du sociologue états-unien Talcott Parsons : avec la scolarisation et l'urbanisation, les solidarités intergénérationnelles auraient été balayées. Cette affirmation est aujourd'hui récusée pour la France par la plupart des sociologues de la famille, parmi lesquels Claudine Attias-Donfut, Nicole Lapierre, François de Singly et Martine Segalen qui notent la force sociale des relations de parenté, l'entraide et la coopération familiales des transferts générationnels.

Une dernière querelle porte sur le rôle du père dans la transmission générationnelle. Le second XXᵉ siècle est en effet marqué par l'hypothèse de la « dévirilisation » des pères, qui aurait conduit à leur « démission ». Ce postulat de la « déchéance paternelle » connaît un regain à partir des années 1980. Le caractère sexué des fonctions de transmission apparaît ici intangible : au père sont confiés l'autorité et l'apprentissage de la réalité, la mère se trouvant davantage dans une relation symbolique et fusionnelle, à l'égard de laquelle le père devrait se montrer « tiers ». La racine psychanalytique de cette hypothèse est évidente ; ce sont des psychanalystes qui l'imposent – et s'imposent – dans le discours social global : diagnostiquant des générations « sans pères » donc « sans repères », ils en appellent, contre ce qu'ils estiment être une féminisation de la société, au retour de la Loi et de l'Autorité, comme l'a fait maintes fois dans des livres et dans les médias le prêtre et psychanalyste Tony Anatrella. Pourtant, cette association entre genre et fonction de parenté mérite le débat. Pour d'autres psychanalystes, tels Geneviève Delaisi, Serge Hefez, Christiane Ollivier, Sabine Prokhoris ou Michel Tort, l'essentiel tient dans le souci de montrer combien des figures historiques comme celle du Père émanent de constructions sociopolitiques. Leur souhait est de faire advenir un père « enfin digne de ce nom », moins évidemment associé à la Loi et à l'Autorité, et une stricte égalité des fonctions parentales. Ce renversement d'analyse bouleverse des siècles de fixation sur le rôle du père comme force de l'ordre dans la succession des générations.

À ces évolutions voire révolutions de nature historique et anthropologique répondent de nouvelles peurs : celle d'une « nature » aux limites sans cesse repoussées par les progrès scientifiques ; celle d'un « premier sexe » qui ne serait plus le premier, d'un « moindre mâle » qui perdrait sa virilité ; celle d'une norme hétérosexuelle ébranlée qui signerait une régression de civilisation aussi fantasmée que redoutée ; celle d'institutions comme le mariage affaiblies ou subverties ; celle enfin de minorités – sexuées, sexuelles ou religieuses – qui cesseraient d'être des minorités. Ces inquiétudes exacerbées font prendre conscience d'un autre changement anthropologique majeur : les normes qui définissent une société sont évidemment et éminemment historiques, elles ne se définissent plus en fonction d'une transcendance, d'une tradition ou d'une autorité supérieure voire d'une origine divine. Cette sécularisation caractérise certes la modernité, un « désenchantement du monde » qui le laïcise et l'humanise. Mais le temps de cette prise de conscience s'est accéléré au fil de ces trois décennies, avec les débats qui touchent aux identités, aux rôles sociaux et sexués, aux legs transmis ou délaissés.

CHAPITRE X

Travail : les mots et les maux

Adieux au prolétariat : en 1980, le philosophe jusque-là marxiste André Gorz met en doute ce qui était peu de temps encore auparavant une certitude à ses yeux, la place capitale des ouvriers dans les rapports de production et dès lors leur centralité dans la révolution à laquelle il continue d'aspirer. Selon lui, ce rôle sera finalement joué par les chômeurs et les précaires, ce cortège des surnuméraires, ces « travailleurs sans travail » comme les nommait Hannah Arendt. L'ouvrage est symptomatique du positionnement idéologique qui prévaut désormais, annoncé par la couverture du magazine *Time* en 1977 : « *Marx is dead.* » Cette mort proclamée paraît sonner aussi l'avis de décès des ouvriers. Les années 1980 referment-elles ce que Xavier Vigna a nommé le « siècle ouvrier » ?

Les chiffres démentent le postulat pourtant répété. Assurément, la part des ouvriers dans la population active s'est affaissée, passant de 37 % en 1975 à 21,3 % en 2010. Mais leur nombre est toujours de poids : comptabilisés par l'INSEE, ils sont 8 millions en 1975, 6,1 millions en 2002 et 5,5 millions en 2010. Leur profil socioprofessionnel change au cours de ces années, puisqu'il se tertiarise : au début des années 2000, 36 % des ouvriers sont employés dans l'industrie, 14 % dans le bâtiment mais 46 % dans le secteur tertiaire où ils travaillent comme manutentionnaires, employés au tri et à l'emballage, agents de transports ou chargés d'entretien et de réparation. Leur importance dans la production, même diminuée, ne s'est donc pas démentie. En revanche, leur visibilité s'est affaiblie. Leur nom même tend à s'effacer, au profit de néologismes ou d'euphémismes : « opérateurs » et « collaborateurs ». On l'a dit, les formations politiques qui leur accordaient une place décisive contribuent à les reléguer. Cette moindre visibilité tient aussi à une dévalorisation généralisée et parfois endossée, non sans souffrance, par les premiers concernés. Elle s'explique également par la disparition de certains bastions : alors qu'en 1982, un quart des ouvriers travaillent encore dans des entreprises de plus de 1 000 salariés, ils sont à présent 15 % ; 15 % travaillent en 1982 dans des entreprises de moins de 50 salariés, ils sont maintenant 40 %. Le recours à la sous-traitance explique cette évolution, elle-même insérée dans une profonde transformation des rapports de production.

Celle-ci dépasse de loin les seuls ouvriers et touche une grande partie des salariés, qui forment eux-mêmes plus de 90 % de la population active. La division internationale du travail fait peser une forte pression à la délocalisation. La flexibilité est partout recherchée, accompagnant un renforcement de la concurrence entre les entreprises et dès lors aussi entre leurs salariés ; il en résulte une progressive individualisation des salaires et des carrières : les cycles de travail sont de plus en plus segmentés.

À cet égard, un rapprochement s'opère entre ouvriers et employés, souvent confrontés à des contraintes similaires : dans certains secteurs, les ouvriers ont un rapport croissant aux fournisseurs et aux clients ; bon nombre d'employés connaissent pour leur part des tâches répétitives et standardisées. Ces proximités se révèlent de surcroît dans l'habitat, la scolarisation des enfants mais aussi plus simplement dans une forme de mixité : en 1996, on estime à 40 % la part des employées qui ont épousé un ouvrier. Ces employés et ouvriers forment 50 % de la population active en 2010, auxquels viennent s'ajouter 1 million de techniciens et autant d'infirmières et infirmiers, généralement classés parmi les « couches moyennes ». Les enseignants et les cadres complètent cette population salariée. Or ces derniers sont eux aussi concernés par le management « participatif » qui rapproche les conditions, malgré leur diversité.

De fait, les situations de travail sont d'une infinie variété quant aux modes de production, aux rôles sexués et à la perception du temps travaillé. Car les rythmes ne cessent d'évoluer : la flexibilité morcelle le temps en le déstabilisant. Comme y ont invité Edward P. Thompson puis Jens Thoemmes et Jacques Freyssinet, on pourra considérer ce rapport au temps comme un rapport de forces qui affecte non seulement les corps au travail mais encore les émotions et les sensibilités. Faut-il voir là de nouvelles luttes de classes ? Si cette clé de lecture s'est durablement éclipsée, des sociologues, politistes et historiens invoquent aujourd'hui « le retour des classes sociales ». Les mobilisations menées par le salariat, après un affaiblissement durant les années 1980, reprennent depuis un cours ascendant.

LE CAPITALISME DES FRAGILITÉS

Ressources humaines : management et nouveaux arrangements de travail

Lorsqu'en 1999, le cinéaste Laurent Cantet tourne un film consacré aux relations de travail dans une entreprise en voie d'être restructurée, il lui donne pour titre ironique une expression emblématique : *Ressources humaines*. La formule est en effet passée en quelques années dans le langage courant du « néomanagement ». Apparu au début des années 1980, puisé dans les théories développées aux États-Unis par Elton Mayo ou Douglas McGregor et dans les analyses sur le « capital humain » de l'École de Francfort, ce « management par objectifs » est fondé sur la promotion de l'autonomie et de la subjectivité : les salariés doivent moins être commandés de l'extérieur que se contrôler eux-mêmes, dévoués aux bilans de leur entreprise assimilés à leurs propres intérêts. La participation à un projet commun doit assurer la maximisation des gains. En 1987, dans un rapport commandé par Jacques Chirac, *Modernisation, mode d'emploi*, Antoine Riboud, le PDG du groupe BSN-Gervais-Danone, en décline quelques modalités. Partant du constat que la diffusion des nouvelles technologies exige « un fort investissement personnel des salariés dans leur travail », il juge « indispensable qu'ils y aient "intérêt" » et prône donc un système d'intéressement qui permettrait d'obtenir une « qualité totale au premier coup » et dès lors une « baisse des coûts ».

Parmi ceux qui l'ont étudié de près, Richard Sennett, Pierre Dardot, Christian Laval et Michela Marzano insistent sur la « nouvelle forme de manipulation » que ce management engendre. Car ses injonctions sont pétries de contradictions. Il entend favoriser un travail épanouissant en accordant plus de responsabilités aux salariés ; cependant, de nouvelles contraintes intériorisées peuvent se muer en anxiétés voire en angoisses et culpabilités. Il encourage l'esprit d'équipe, mais aiguise aussi la concurrence et les rivalités, et défait les solidarités, par l'individualisation des salaires et des carrières. Il suppose d'abandonner la surveillance au profit d'une certaine liberté ; pourtant les indicateurs de performance, les objectifs quantifiés et les procédures d'évaluation sont multipliés, accentuant encore le relatif isolement des salariés face aux résultats qu'ils doivent seuls assumer. Ces dispositifs incitatifs participent de ce que Luc Boltanski et Ève Chiapello ont nommé « le nouvel esprit du capitalisme » : bien plus que des recettes techniques, ce sont là des dispositions à connotations morales qui visent à obtenir l'adhésion des salariés, le « savoir-être » primant sur le savoir et sur le savoir-faire.

Dans cet agencement managérial compte donc surtout la manière dont la subjectivité et l'intimité sont mobilisées. L'économiste Frédéric Lordon parle d'« asservissement réussi » où se capturent les désirs et le for privé. La transparence est exigée, comme en témoignent le remplacement des murs par des cloisons vitrées ou le travail « en plateau », quand les salariés sont regroupés dans un même espace non séparé ; cette répartition doit faciliter le contrôle mutuel et affûter, avec cette mise en surveillance, la mise en concurrence. Dans les centres d'appels, des employés très précarisés entendent, pendant leurs échanges téléphoniques avec leurs clients, la voix de leur supérieur hiérarchique les corriger ou les admonester. Les études de personnalité président aux nouvelles embauches et contribuent à les ajuster. Observée par la sociologue Marie Cartier, la Poste, préparant dans les années 2000 l'ouverture à la concurrence du courrier et soucieuse de moderniser ses services financiers, fait participer tous ses salariés à la promotion de « produits » et de services payants ; elle privilégie dans ses recrutements les candidats motivés par la compétitivité.

Le néomanagement imbrique dès lors sphère du travail et sphère privée, pour les cadres en particulier. Ainsi leur ordinateur peut-il vite devenir une « laisse électronique », analysée comme telle par le juriste Jean-Emmanuel Ray : l'outil est valorisant mais il rend aussi dépendant et exige une « télé-disponibilité généralisée ». Le temps de travail lui-même, parce qu'il devient envahissant, ne peut plus être calculé. Véritable défi à l'espace autant qu'aux temporalités, la panoplie technologique permet une parfaite ubiquité ; la vie familiale et sociale peut s'en trouver ébranlée.

Le film satirique de Cédric Klapisch qui, en 1992, rend compte de ces procédés pourrait être effrayant s'il n'était drôle et distancié : *Riens du tout* prend place dans un grand magasin parisien dont le nouveau directeur, M. Lepetit interprété par Fabrice Lucchini, souhaite inculquer l'« esprit d'entreprise » à ses employés pour voir les chiffres de vente remonter. L'« osmose » est recherchée dans un panel de pratiques, de la « dynamique de groupe » au saut à l'élastique. L'apprentissage du sourire répond à une technique mécanique. Dans des entreprises en contact avec une clientèle, les entreprises commerciales en particulier, bien des tâches sont en effet formatées : on demande aux salariés de sourire d'une certaine façon, ou bien on leur apprend comment regarder les clients. Devient ainsi normé ce qu'il y a de plus personnel dans l'expression de soi et la relation à autrui.

Le morcellement du temps

Ces formes de management se déploient au moment même où se transforment les modes de production, avec l'avènement du « productivisme réactif » qui, sans toujours remplacer le taylorisme, vient bien plutôt s'y greffer. Théorisé dans les années 1960 mais réellement implanté à compter des années 1980, il s'inspire du toyotisme japonais et de techniques venues des États-Unis. Comme l'a montré le sociologue Stephen Bouquin, dans le secteur manufacturier, automobile en particulier, les temps homogènes, collectifs et standardisés font peu à peu place à des temps plus flexibles et extensibles, avec des variations d'intensité. Le temps, instrument de rentabilité, est adapté aux donneurs d'ordres et aux clients : c'est un juste-à-temps, sans attente et sans stock, conforme à ce que Jens Thoemmes a appelé « le temps des marchés ». Les technologies de la communication y jouent un rôle de premier plan puisqu'elles permettent l'immédiateté dans la transmission des consignes, la détermination du rendement, la détection de toute erreur et de tout arrêt. Le taylorisme y subsiste dans le minutage des opérations, l'impératif de leur synchronisation comme l'insistance des cadences. Ces pratiques, à l'origine manufacturières, ne sont pas cantonnées au domaine de l'industrie : on en retrouve les dispositions dans la distribution, l'hôtellerie, les services aux entreprises, les centres d'appels et même en milieu hospitalier.

Le taylorisme ne disparaît donc pas pour autant. 25 % des salariés en France travaillent toujours selon ce mode de production : besogne répétitive, encadrée par des normes contraignantes, aliénée par l'automatisme de la tâche. C'est bien sûr le cas des ouvriers sur les chaînes de production et de conditionnement, mais aussi des caissières et caissiers, des salariés de la restauration rapide ou des manutentionnaires : le travail à la chaîne n'appartient pas à l'enfer du passé ou de « temps modernes » surannés. Depuis le début des années 1980, la proportion d'ouvriers travaillant à la chaîne progresse tout en demeurant très sexuée : en 1980, c'est le cas pour 5 % des ouvriers et 20 % des ouvrières ; ces taux s'élèvent respectivement à 7,5 et 24 % en 1998, puis 8 et 25 % en 2005. Les secteurs concernés se sont quelque peu déplacés : moins présente dans l'aéronautique par exemple, la chaîne s'impose dans l'industrie parachimique ou agroalimentaire et se stabilise dans celles du cuir et de la chaussure. Plus perfectionnée, elle nécessite davantage de compétences, d'où le constat paradoxal que de moins en moins d'ouvriers spé-cialisés travaillent à la chaîne, mais de plus en plus d'ouvriers qualifiés. Avec les machines-outils numérisées, le contrôle est implacable et le « freinage », plus compliqué. En 1982, pour son premier roman, *Sortie d'usine*, François Bon décrit ce temps de l'ordinaire usinier, les longues heures sans lueur dont il faut s'accommoder sous peine de désespoir, la peine des tâches sans cesse recommencées que l'on voit « s'enrober d'ennui », aux ordres d'une mécanique impavide : la durée se fait « d'autant plus lourde qu'elle revient se déverser depuis ce qu'on avait cru du temps passé, mais s'était accumulée dans l'attente à venir. Et c'est parfois le jour entier que s'impose ce désert du temps ».

Comme pour le néomanagement, le temps de travail est caractérisé par sa grande diversité et de nouvelles flexibilités. Ainsi subsistent ce que les ergonomes et sociologues nomment les métiers de « très longue durée » (TLD), où les quarante-huit heures hebdomadaires sont atteintes voire dépassées. Les effectifs en sont stabilisés depuis une trentaine d'années : 14 % des actifs occupés et 10 % des salariés sont concernés. Les travailleurs indépendants et les cadres ne sont pas seuls touchés ; c'est le cas également des chauffeurs routiers, des pompiers, des gendarmes, des serveuses et serveurs, des aides à domicile et des assistantes maternelles. Dans le bâtiment, les semaines de soixante heures de travail ne sont pas rares. Quant aux cadres, arrimés à ce que le sociologue états-unien Jonathan Gershuny a baptisé « travail ostentatoire », qui nécessite de manifester sa présence et son attachement à l'entreprise, ils représentent près de la moitié de ces salariés

– les ouvriers 11 % tout comme les personnels des services aux particuliers, et les employés de la fonction publique 6 %.

Par-delà cette minorité, le temps de travail est profondément réaménagé avec les lois Aubry de 1998 et 2000. Là encore, leurs modalités d'application dénotent une pluralité de situations, analysées par Philippe Askenazy, Martine Lurol et Jérôme Pélisse en particulier. D'une branche professionnelle, d'une entreprise, d'une catégorie à l'autre, les modalités de la réduction du temps de travail (RTT) peuvent différer. Indéniablement, certains salariés en sortent gagnants, une partie des cadres notamment. La place dans la hiérarchie des métiers est ici déterminante pour saisir la manière dont les uns et les autres vivent la RTT : en général, les salariés les moins qualifiés et/ou les moins rémunérés sont aussi ceux pour qui elle peut constituer une régression. Cette réalité permet de comprendre pourquoi, dans une entreprise comme Michelin, 97 % des cadres supérieurs votent pour l'aménagement du temps de travail tandis que 55 % des ouvriers postés le rejettent, lors du référendum soumis aux salariés en 2001. En effet, dans bien des secteurs, avec le passage de la référence hebdomadaire à l'annualisation, le temps de travail est moins réduit que dérégulé et modulé en fonction des fluctuations des services ou de la production. L'amplitude par jour ou par semaine peut être augmentée et les horaires, de fixes qu'ils étaient, deviennent irréguliers. Le « délai de prévenance » n'est pas toujours respecté si bien qu'il devient impossible, parfois d'un jour à l'autre, de savoir de quoi demain sera fait. Entre 1998 et 2008, on estime que la proportion des salariés qui connaissent une flexibilité des horaires est passée de 10 à 40 % – ce pourcentage dépasse celui des États-Unis. Le temps de travail effectif est redéfini, mordant sur les pauses, les repas et les sociabilités. Des entreprises profitent aussi des deux lois et des aides qu'elles octroient pour réorganiser les postes et les fonctions, augmenter les horaires d'ouverture ou l'usage des équipements et gagner en productivité. Enfin, la mise en place de la RTT provoque des gels voire des baisses de salaires, avec la mise en cause des heures supplémentaires. En octobre 1998, Dominique Strauss-Kahn, présentant le projet au forum de Davos, spécifie qu'« en échange de quatre heures de temps libre, les salariés doivent accepter soit un quasi-gel des salaires pendant plusieurs années, soit une plus grande flexibilité du travail dans l'entreprise ». *In fine*, dans certains secteurs, la RTT représente un progrès : on peut partir en vacances plus souvent, si on en a les moyens ; quelques heures sont gagnées dans la semaine ou la journée ; dans les métiers à horaires fixes, la réduction journalière ou hebdomadaire est indiscutable. Mais les plannings imposés, l'intensification du temps travaillé et l'exigence accrue de disponibilité déstabilisent aussi la vie de nombreux salariés.

Les entreprises fonctionnent de plus en plus sur le mode de l'urgence et de l'immédiateté. Selon une enquête menée en 2005, 48 % des salariés disent devoir toujours ou souvent se dépêcher, 60 % estiment interrompre fréquemment une tâche pour une autre. Cette fragmentation temporelle affecte de nombreux secteurs professionnels : les ouvriers, les employés comme les cadres sont concernés. Dans les travaux de bureau, il n'est pas rare de devoir répondre au téléphone tout en consultant son courrier. L'arrivée de la messagerie électronique à la fin des années 1990, qui ouvre sur des possibilités de communication simplifiée et accélérée, participe également à ce morcellement du temps, qui provoque dans le même mouvement de nouvelles pénibilités.

Mal au travail

Il est parfois difficile de distinguer ce qui, des souffrances au travail ou de leur prise de conscience, a le plus augmenté. La connaissance de ces maux s'est affinée, grâce à la psychopathologie, à la psychodynamique, à l'ergonomie, à l'économie et à la sociologie, ainsi qu'à la diffusion de leurs conclusions hors des seules sphères académiques. Le succès rencontré par les ouvrages du psychiatre Christophe Dejours, depuis ses premiers travaux au cours des années

1980 jusqu'à *Souffrance en France* (1998) et *Travail vivant* (2009, 2012), en rend compte. Cette perception est encore accentuée par de nombreux films documentaires consacrés au sujet, parmi lesquels *Ils ne mouraient pas tous mais tous étaient frappés* de Sophie Bruneau et Marc-Antoine Roudil (2005) ou *J'ai (très) mal au travail* de Jean-Michel Carré (2006). Durant la mobilisation de l'automne 2010 contre la réforme des retraites, Noëlle Lasne, médecin du travail, décrit dans *Le Monde* l'existence de Flora, femme de ménage en collège, après vingt-cinq ans « de vie ouvrière, de ménage et de plonge ». L'auteure rapporte ses gestes quotidiens : on voit Flora monter et descendre ses seaux d'eau, confrontée à l'humidité, nettoyer chaque jour 1 500 mètres carrés, soulever les paniers de vaisselle et s'y affronter ; son parcours est « jonché des morceaux de son corps » : son épaule a été deux fois opérée, son coude est troué, son pouce est défoncé, elle est atteinte de surdité. Au-delà de 60 ans, qu'adviendra-t-il à ce corps usé ?

Encore le savoir produit par l'ergonomie se concentre-t-il sur certains secteurs, surtout dans l'industrie. Comme Michel Gollac et Serge Volkoff ont pu le décrire, au milieu des années 2000, 39 % des salariés déclarent porter ou déplacer des charges lourdes ; 34 % assurent « rester longtemps dans une posture pénible » ; 15 % disent subir des vibrations ou des secousses. Évidemment, les ouvriers sont les premiers concernés : 64 % disent porter des charges lourdes ; 52 % travaillent dans la saleté (contre 18 % chez les autres salariés) ; 64 % respirent des poussières ou des fumées (contre 21 %) ; 48 % sont en contact avec des produits dangereux (contre 21 %) ; 51 % affirment ne pas pouvoir quitter leur travail des yeux (contre 27 %). Près d'un ouvrier sur deux travaille dans un bruit d'une intensité telle qu'il couvre la voix normale ; dans un cas sur dix, ce bruit couvre la voix criée, ce qui provoque d'importants troubles auditifs. Parmi les pathologies les plus fréquemment détectées, certains cas de troubles musculo-squelettiques, et parmi eux le syndrome du tunnel carpien, sont multipliés par treize entre 1990 et

2000. L'effet de rattrapage des sous-déclarations est une explication de cette augmentation, mais celle-ci ne saurait s'y réduire. En fait, les spécialistes du travail estiment que les efforts physiques augmentent sensiblement dans l'ensemble des secteurs depuis les années 1980 : l'intensification du travail est partout observée, et ces bilans en France ne diffèrent pas des constats menés à l'échelle européenne. L'étude des pénibilités est encore balbutiante dans des domaines professionnels qui pourtant la mériteraient : grande distribution, centres d'appels, restauration rapide, entreprises de nettoyage ou assistance maternelle.

Il est vrai que les accidents du travail et les maladies professionnelles touchent d'abord le bâtiment et l'industrie. On recense en moyenne 2 000 accidents du travail par jour, auxquels les inspecteurs du travail peuvent difficilement faire face puisque leur ratio est estimé à un pour 1 200 établissements et 12 000 salariés. Depuis les lois Auroux de 1982, les entreprises de plus de 50 personnes doivent disposer d'un comité d'hygiène, de sécurité et des conditions de travail (CHSCT) pour protéger la santé des salariés, mais au moins un quart en est dépourvu. Ulcères et cancers d'origine professionnelle sont autant de désastres liés à l'utilisation de produits comme les éthers de glycol ou l'amiante. On évalue à 100 000 le nombre de personnes victimes de l'amiante et l'on prévoit encore 3 000 décès par an d'ici 2025. Les ravages causés par cette texture fibreuse sont décelés dès le début du XXe siècle ; en 1945, un tableau des maladies liées à l'amiante est établi ; son utilisation est proscrite aux États-Unis en 1982 ; en France, il faut attendre 1997 pour que son usage soit interdit, soit quatre-vingt-dix ans exactement après le premier rapport sur sa dangerosité – que le lobbying patronal a cru pouvoir nier, avec des conséquences dramatiques. Mais l'amiante est désormais remplacée par des fibres céramiques considérées par certains spécialistes comme tout aussi menaçantes pour la santé puisqu'elles provoquent des lésions de la plèvre et des cancers. C'est aussi dans l'industrie que se produisent des catastrophes humaines et matérielles, dont la plus importante est la destruction de l'usine AZF à Toulouse, le 21 septembre 2001, après l'explosion d'un stock de nitrate d'ammonium qui cause la mort de 31 personnes et fait 2 500 blessés.

Pourtant, il serait faux d'imaginer que le secteur secondaire est frappé par les seules pathologies physiques et le secteur tertiaire par des troubles psychiques. Ces derniers – fatigue, stress, perte d'estime de soi, dépression – se rencontrent dans tous les domaines professionnels, y compris bien sûr dans le monde ouvrier. 34 % des femmes et 20 % des hommes souffrent de ce que les spécialistes appellent un « surstress » au travail. Selon Christophe Dejours, les nouvelles méthodes de management, d'évaluation et d'individualisation ont de graves conséquences sur la santé mentale des salariés, notamment parce qu'elles brisent les formes d'entraide et de sociabilité. La progression des suicides sur les lieux de travail ne s'expliquerait pas autrement : auparavant, les chaînes de solidarité faisaient qu'on pouvait empêcher un collègue de sombrer.

La maltraitance au travail est aussi un sujet de forte anxiété : en 2010, 2 millions de personnes au moins déclarent souffrir de harcèlement moral. Le succès du livre publié en 1998 par la psychiatre Marie-France Hirigoyen, *Le Harcèlement moral au travail : la violence perverse au quotidien*, témoigne de la conscience et de la vigilance accrues quant aux souffrances que le phénomène engendre. Ses études ont contribué à la reconnaissance dans le Code du travail et le Code pénal du harcèlement comme délit portant atteinte aux droits et à la dignité, par la loi du 17 janvier 2002. Dans un roman intitulé *Les Heures souterraines* (2009), Delphine de Vigan décrit le chemin pavé de perversités qui mène une jeune cadre dans l'engrenage d'une mise à l'écart, communément appelée « mise au placard », insidieuse, douloureuse et destructrice, une « mécanique, silencieuse et inflexible, qui n'aur[a] de cesse de la faire plier ». On conclura avec Philippe Askenazy que la montée de ces préoccupations ne provient pas seulement de l'abaissement des seuils de tolérance : l'« accentuation de la concurrence par le temps », la pression et les tensions, associées aux formes d'intensification, éclairent bien aussi la croissance des pathologies.

Le sexe du travail

Intensités, pénibilités et rémunérations différenciées

La variété de situations observée dans les conditions de travail et l'évolution des modes de production s'éclaire aussi par un facteur déterminant : le genre. Les modes de travail sont sexués, tout comme le sont les rémunérations, les risques et les pénibilités. Françoise Battagliola a pu l'observer, les tâches, fonctions et métiers « restent affectés du signe du féminin et du masculin, même si des secteurs d'activité ont basculé ».

Ces écarts dessinent des rôles sexués : que les hommes soient beaucoup plus exposés aux saletés, aux fumées, aux charges lourdes et aux accidents, qu'ils soient deux fois plus nombreux à devoir porter des équipements de protection, confirme l'archétype du travailleur viril qui associe force physique et courage face aux dangers. Le corps des femmes au travail est moins menacé dans son intégrité, même si, selon d'autres critères – la pénibilité de longues stations debout par exemple –, les contrastes sexués sont beaucoup moins accentués. *A contrario*, on l'a vu, les femmes sont plus touchées par le stress au travail ; là encore, on peut y déceler une construction genrée : l'éducation donnée aux filles devenues femmes les porte davantage à l'inquiétude et à la sollicitude. La construction sociale des représentations éclaire aussi l'autodévalorisation des femmes : d'après les enquêtes menées sur le sujet au cours des années 2000, 67 % des ouvrières mais seulement 37 % des ouvriers pensent que n'importe qui pourrait accomplir leur travail. Au demeurant, les femmes sont aussi plus contrôlées, en particulier en milieu ouvrier ; leur marge d'autonomie et de prise d'initiatives est plus limitée. Michel Gollac et Serge Volkoff l'ont indiqué, et les récents travaux de Fanny Gallot l'ont confirmé : toutes choses égales par ailleurs, une ouvrière titulaire du baccalauréat ou d'un diplôme supérieur a moins de chances de se voir reconnaître la capacité d'agir par elle-même, en cas d'incident notamment, qu'un ouvrier homme ayant seulement le certificat d'études. Avec les lois Auroux, les règlements intérieurs des entreprises ont dû supprimer l'interdiction de parler pendant le travail ; cependant, alors que les ouvriers ne signalent pas être victimes d'infraction à cette autorisation, 10 % des femmes en subissent toujours la contrainte, ce qui représente, au cours des années 2000, environ 100 000 femmes touchées par cette discrimination disciplinaire. De surcroît, si les femmes représentent 20 % des ouvriers, elles forment 70 % du contingent travaillant à la chaîne ; elles sont donc proportionnellement plus nombreuses à souffrir de sa répétitivité et de sa pénibilité. Par incorporation des normes sexuées, les femmes acceptent souvent d'être moins bien rémunérées et en naturalisent le fait : dans le monde ouvrier, les femmes ont des salaires nettement moins élevés que ceux des hommes mais, à qualification et travail égaux, elles sont moins nombreuses qu'eux à s'estimer mal payées.

Au-delà de la seule sphère ouvrière, les salaires des femmes sont de manière globale largement inférieurs : dans le secteur privé et semi-public, leur salaire annuel moyen représente 80 % de celui que touchent les hommes. Dans l'explication de ces écarts, un tiers revient aux variations du temps de travail : les femmes connaissent des interruptions de carrière en raison des grossesses et de la maternité, et subissent bien plus que les hommes le temps partiel imposé – à la fin des années 1980, 12 % des femmes travaillent à temps partiel ; elles sont plus de 30 % en 2013, quand seuls 5 % des hommes sont concernés. Cette forme d'emploi précarisée est assimilée à une vocation féminine ainsi essentialisée – avec à la clé salaires partiels et retraites amputées. Une telle fragilité est accentuée dans les entreprises de moins de 20 salariés, où une femme sur deux est embauchée à temps partiel. L'aménagement du temps de travail, les flexibilités horaires et la segmentation des journées affectent davantage les femmes. 40 % des différences dans les rémunérations reposent par ailleurs sur les écarts d'expérience et de qualification. Mais un quart du phénomène s'explique seulement par des discriminations sans justification autre que les clichés sexués.

Plafonds de verre et carrières bornées

Lorsqu'en mai 1981, Yvette Roudy est nommée ministre des Droits de la femme, elle doit faire ce constat : alors que les hommes exercent environ trois cents types d'emplois, les femmes en occupent dix fois moins ; elles restent cantonnées aux fonctions les moins qualifiées et les moins rémunérées. La ministre tente de promouvoir une politique pour modifier cette situation. La loi du 13 juillet 1983 sur l'égalité professionnelle adopte le principe de la non-discrimination. Mais cette avancée, bien que couchée sur le papier, demeure sans réelles conséquences puisque la législation ne prévoit pas de sanctions en cas d'infraction. C'est pourquoi Françoise Thébaud peut parler d'« un beau texte non appliqué ». Quelques tentatives sont encore menées à l'initiative d'Yvette Roudy comme en 1984 la campagne médiatique « Les métiers n'ont pas de sexe » ; mais l'opiniâtreté du slogan n'empêche pas qu'il soit démenti dans les faits.

Certes, de nettes évolutions peuvent être constatées : en l'espace d'une trentaine d'années, les femmes sont devenues plus nombreuses dans des professions qui leur étaient fermées. Mais cette amélioration ne saurait masquer les répartitions internes à ces métiers toujours différenciées. Elle ne fait pas davantage oublier les limites intrinsèques à de telles progressions : l'expression de « plafond de verre » en traduit bien la matérialité, en désignant les seuils peu visibles mais pourtant solides que les femmes parviennent rarement à dépasser, aux sommets des hiérarchies professionnelles. Pour exemple, plus de la moitié des magistrats sont aujourd'hui des magistrates mais, en 2013, quatre femmes seulement sont premières présidentes de cour d'appel et une seule est procureure générale – la première, Nicole Pradain, a été nommée en 1981. L'intériorisation des rôles sexués porte les femmes à se tourner vers ceux auxquels on les associe spontanément : les enfants ; ce schème de représentation explique qu'elles soient surreprésentées parmi les juges des mineurs. Un tel registre de perception éclaire aussi le choix de spécialités que font les femmes médecins : médecine du travail, gynécologie médicale, santé publique et pédiatrie ; mais un chirurgien seulement sur cinq est une femme. Quant aux ingénieures, elles s'orientent principalement vers les secteurs de l'industrie agroalimentaire et de la chimie, bien moins rémunérateurs que des filières très masculines comme l'électronique ou le génie civil.

Si ces choix se révèlent être aussi des assignations acceptées, ils s'accompagnent de discriminations subies. Un tiers des postes de cadres supérieurs et des professions intellectuelles est désormais occupé par des femmes. Cependant, dans les entreprises de plus de 500 salariés, seuls 3 % des PDG sont des femmes. Même les femmes sans enfant sont affectées par une certaine méfiance à l'égard de leurs compétences et par la réticence à leur accorder les plus hautes responsabilités. Beaucoup de femmes en entreprise doivent s'efforcer de faire oublier leur appartenance sexuée : elles la dissimulent dans un vêtement qui fait fonction de neutralisation ; c'est le cas du tailleur-pantalon – on peut y voir l'une de ces manières, décrites par Christine Bard, d'« éviter la sexualisation du corps féminin enjuponné ».

Les oubliées de l'égalité

On le voit à tous les degrés, des discriminations de nature sexuée traversent le monde du travail. Mais elles se font sentir avec plus d'acuité chez les femmes les moins qualifiées, qui sont aussi les plus fragilisées et, partant, les principales oubliées de l'égalité. Or les femmes sont surreprésentées (80 %) dans les emplois non qualifiés. La progression de l'emploi féminin se mène dans les métiers délaissés par les hommes : l'action sociale, la santé, le commerce, les services aux particuliers. 99 % des assistantes maternelles sont des femmes, comme le sont 97 % des secrétaires, 87 % des vendeur-se-s et des infirmie-è-r-e-s et 74 % des agents d'entretien. Ces femmes peu ou pas diplômées sont les premières à devoir affronter les diverses formes de précarité et le temps partiel imposé, qui accroît leur pauvreté. Dans le domaine des services à la personne – que l'économiste Jean Gadrey désigne comme des « emplois de serviteurs » –, les horaires sont atypiques et souvent très contraignants par leur variabilité. Les caissières de la grande distribution connaissent des horaires irréguliers sur lesquels elles n'ont aucune maîtrise. Dans l'hôtellerie et la restauration, elles subissent de plein fouet la saisonnalité de l'activité. Les services de nettoyage sont eux aussi marqués par des horaires et contrats courts, qui exposent à la nécessité de cumuler plusieurs emplois sur des lieux de travail différents. Pour mieux connaître cette vie qu'elle a déjà décrite comme journaliste, Florence Aubenas décide de la toucher du doigt en se faisant passer pour une demandeuse d'emploi : dans *Le Quai de Ouistreham* (2010), elle retrace la concurrence impitoyable des sociétés de nettoyage pour décrocher des contrats et la compétition des prestations qui sont autant de dégradations pour le travail de leurs employées. Embauchée à Caen sur un ferry, elle évoque le labeur de ces femmes pour qui « l'heure de travail dure une seconde et une éternité » : il y a tant à faire en si peu de temps, avec le sentiment de s'engloutir dans cette durée.

Dans les métiers du nettoyage en particulier, où la sous-traitance n'a cessé de progresser, de nombreuses femmes sont issues de l'immigration et subissent une triple discrimination : leur sexe, leur origine et leur classe s'entrecroisent et accroissent le degré de leur exploitation. Il apparaît en pleine lumière lorsque ces employées se mobilisent pour dénoncer leurs conditions de travail et de rémunération. Fin 2011, les femmes de ménage d'un Novotel parisien mènent une grève de quarante jours ; elles obtiennent des augmentations de salaires et la transformation de contrats précaires en contrats à durée indéterminée. Cette mobilisation leur donne l'occasion de rappeler que, là où les clients paient leur chambre entre 100 et 480 euros, elles qui sont chargées de les nettoyer sont rémunérées à hauteur de trois euros par chambre. De manière plus générale, le travail d'enquête et de défense des salariés mené par les syndicats ainsi que les luttes qui les mettent en mouvement sont souvent des révélateurs, en exposant les conditions auxquelles ils et elles sont confrontés.

DE HAUTE LUTTE : LES INTENSITÉS DE LA CONFLICTUALITÉ

Le syndicalisme dans son plus simple appareil

Les temps sont rudes, cependant, pour les syndicats. La crise qui déchire la période est aussi une crise de la syndicalisation. En 1979, la CGT compte 1,3 million d'adhérents ; ils ne sont plus que 500 000 trente ans plus tard ; au même moment, la CFDT passe de 800 000 à 400 000 membres – selon les chiffres fournis par ces confédérations. Durant les années 1980, des pamphlets s'en prennent violemment au rôle joué par les syndicats dans la société. Le journaliste François de Closets publie en 1985 un brûlot intitulé *Tous ensemble. Pour en finir avec la syndicratie* ; il y ferraille contre les services publics mais aussi contre le droit de grève, associé à un corporatisme présumé désuet. Dans *La Machine égalitaire* (1987), Alain Minc dénonce ce qu'il appelle l'« excès d'égalité salariale » et affirme que « si le devoir des salariés est de mettre fin à la seule inégalité vraiment dramatique, le chômage, il passe par l'acceptation d'une baisse brutale de pouvoir d'achat ». Les syndicats, s'ils ne s'y résignent pas, sont renvoyés au banc des accusés.

Ces coups sont portés à un syndicalisme reconfiguré. Là encore, le début des années 1980 marque le temps d'un revirement. En 1982, les lois Auroux instaurent l'obligation faite à chaque entreprise de négocier annuellement les conditions d'organisation, de durée et de rémunération du travail ; elles confèrent aussi au comité d'entreprise une dotation minimale de fonctionnement équivalant à 2 % de la masse salariale. Mais ce faisant, elles participent à l'institutionnalisation des syndicats et, comme Dominique Andolfatto, Dominique Labbé, Lucette Le Van-Lemesle et Michelle Zancarini-Fournel ont pu le montrer, elles transforment les syndicalistes en « professionnels de la représentation ». L'historien états-unien Gerald Friedman évoque un « âge cogestionnaire » où les syndicats perdent peu à peu leur rôle de transformation sociale au profit de l'atténuation des conflits.

Les nets changements de programme et de perspective qui se dessinent alors dans la CFDT donnent une bonne indication de ce tournant. Alors que cette confédération avait été, durant la décennie précédente, un moteur important de luttes radicalisées, porteur d'un projet d'autogestion, elle en appelle au début des années 1980, par la voix de son secrétaire national Edmond Maire, à « en finir avec le mythe de la grève » et à privilégier la concertation. La CFDT souhaite promouvoir un « nouveau cycle vertueux de croissance », au prix d'une certaine flexibilité du travail salarié et d'une diminution des rémunérations. Face à ces positions, des militant-e-s quittent leur confédération dans laquelle ils et elles ne se reconnaissent plus et fondent de nouvelles organisations, rapidement dénommées SUD. Les premières apparaissent à la fin des années 1980, chez les infirmières et les postiers en particulier. Le mouvement est amplifié à partir de 1995, au moment où la CFDT élabore avec Alain Juppé la réforme de la Sécurité sociale ; sa secrétaire nationale, Nicole Notat, est pour cette raison conspuée dans les manifestations organisées contre ce projet. Une union fédérant ces divers mouvements, Solidaires, est créée en janvier 1998, qui succède au « Groupe des dix ». Quant à la Fédération syndicale unitaire (FSU), détachée de la fédération syndicale enseignante (FEN) en 1993, elle devient vite la principale fédération dans l'enseignement et participe activement à différents mouvements, en 1995, 2003, 2006 et 2010. La direction de la CGT semble elle aussi prendre ses distances à l'égard de la grève. À l'automne 2007, Jean-Christophe Le Duigou, numéro 2 de la confédération, justifie le choix de négocier la réforme des régimes spéciaux de retraite en précisant : « Nous ne sommes pas par nature des gréviculteurs » ; il reprend alors à son compte une expression jusque-là réservée à la dénonciation de la grève.

Peu à peu, les directions des syndicats deviennent donc des « partenaires sociaux », un terme passé, au cours des années 1990, dans le langage courant. Nicolas Roussellier l'a analysé, le phénomène prend racine à l'origine même de la Vᵉ République, qui favorise la consultation et l'intégration des « forces vives » de la nation : il s'agit « de "socialiser" les acteurs à l'idée de changement, soit pour en faire les relais de la politique de modernisation, soit pour éviter qu'ils en deviennent des obstacles ». Mais ils y perdent le rôle de contre-pouvoir qu'ils avaient dès leur origine occupé. Cette implication croissante dans les concertations avec l'État et le patronat débouche, au cours de mouvements importants, sur l'exacerbation des tensions entre les grévistes et la direction de certains syndicats qui soit défendent les réformes contestées – c'est le cas de la CFDT en 1995 –, soit acceptent de les négocier. La législation vient institutionnaliser ce « dialogue social », comme le fait la loi du 31 janvier 2007 qui instaure également une limitation du droit de grève dans les transports au nom de la « continuité du service ». Comme l'écrit l'historien Stéphane Sirot, de telles positions réduisent le syndicalisme « à son plus simple appareil pragmatique, le dénudent de toute perspective de changement social ». Cette évolution peut expliquer que, lors de certaines grèves comme, en août 2009, celle de l'usine Continental de Clairoix, le militant syndiqué à la CGT Xavier Mathieu s'emporte violemment contre les dirigeants de sa confédération, jugés « bons à frayer avec le gouvernement » et à « calmer les bases ».

Alors que, entre la Libération et la fin des années 1970, 3 salariés sur 10 étaient syndiqués, ce taux est en 2010 de 7 % ; c'est l'un des plus bas de l'OCDE. Cette moyenne toutefois ne rend pas compte de la diversité qui règne selon les secteurs : la densité syndicale est plus élevée dans la fonction publique et le secteur public (plus de 15 % et jusqu'à 25 % chez les enseignants), tandis que de véritables déserts syndicaux sont constatés dans les PME ou les entreprises à forte précarité. Pour autant, les syndicats, par leur fonction d'impulsion, gardent un rôle déterminant dans les mobilisations engagées par les salariés.

Le travail en conflits

Les statistiques qui permettent de les compter ne sauraient, ici comme ailleurs, être prises pour un instrument objectif, un outil de neutralité. Depuis le milieu des années 1990, on peut mieux percevoir la construction sociale de l'objet par les techniques de sa mesure. C'est en effet en 1993 qu'est menée la première enquête « Relations professionnelles et négociations d'entreprise » (REPONSE), élaborée par des agents du ministère du Travail et inspirée de l'étude britannique *Workplace Industrial Relations Survey* lancée dès 1980. Jusqu'alors et depuis un siècle, seules existaient pour évaluer la conflictualité les informations récoltées par l'inspection du travail ; la mesure était donc très grossière et prenait en compte avant tout la « journée individuelle non travaillée ». Au contraire, les enquêtes REPONSE, reconduites en 1998, 2005 et 2011, entrent dans le détail des modalités qu'endosse cette conflictualité. Les économistes Delphine Brochard et Sophie Camard ont ainsi établi que la moitié des conflits n'étaient pas, jusque-là, comptabilisés ; 80 % des établissements ayant connu un arrêt de travail n'avaient pas été signalés par l'administration. Cette forte sous-estimation vient entre autres du fait que ces relevés ne prennent pas en considération les conflits de moins d'une journée et négligent des secteurs importants comme les services ou la construction.

Des pans entiers du monde salarié continuent d'être muets sur le sujet : les mesures n'existent ni dans les collectivités territoriales ni dans la fonction publique hospitalière, qui rassemblent pourtant la moitié des fonctionnaires.

Ces remarques sur l'outil statistique n'autorisent pas à nier la baisse de la conflictualité qui se dessine à partir des années 1980. Hors fonction publique – les grèves n'y sont comptabilisées que depuis 1982 et encore, on vient de le voir, de manière très lacunaire –, le nombre de journées individuelles non travaillées passe de 3 à 4 millions dans les années 1970 (avec un pic à 5 millions en 1976) à 1,67 million en 1980 (avec un sommet en 1982 avec 2,3 millions), puis sous la barre du million à la fin des années 1980. Ce niveau stagne à 500 000 environ durant la première moitié des années 1990. Le grand mouvement de l'automne 1995 change la donne (2,12 millions) mais n'empêche pas les années qui suivent de demeurer autour de 400 000 journées non travaillées pour fait de grève. À partir des années 2000, ce chiffre augmente, en lien notamment avec l'application des « trente-cinq heures » : 1,2 million en 2005. Le secteur public s'est dans le même temps de plus en plus mobilisé, passant de 3 % des grèves répertoriées dans les années 1970 à 30 % à la fin des années 1980 et 60 % à partir du milieu des années 1990. Sophie Béroud et René Mouriaux ont donc eu raison d'y insister : la conflictualité au travail est moins linéaire que faite de spirales irrégulières.

Parmi ces grandes tendances se distinguent les fortes mobilisations dans l'industrie, dont la mémoire se transmet. Le secteur de l'automobile est particulièrement touché : tout au long des années 1980, des grèves se déroulent dans la plupart des usines de montage chez Renault, Peugeot, Citroën et Chausson pour protester contre l'augmentation des cadences, la suppression de certains postes de travail et le fichage du personnel. Les premiers conflits ont lieu en septembre 1981 à Renault-Sandouville et Billancourt, puis une longue grève de cinq semaines sur le site de Peugeot-Sochaux ; au printemps 1982, ils se diffusent d'usine en usine et d'atelier en atelier.

L'épreuve de force à Talbot-Poissy s'y distingue, tandis que le syndicat « maison », la CSL, attaque violemment les grévistes à coups d'invectives racistes – « Les bougnoules au four ». La dernière des grandes grèves de la décennie dans l'automobile a lieu en 1989, avec sept semaines de conflit aux usines Peugeot de Mulhouse et Sochaux. Les années 1990 marquent un temps d'arrêt, jamais absolu cependant comme en témoignent les grèves de Cléon en 1991 et du Mans en 1999. Au cours des années 2000 et 2010, c'est sur le site de PSA à Aulnay-sous-Bois, menacé de fermeture, que s'impose l'un des plus grands conflits de cette nouvelle période, en 2007 puis 2013. À partir de janvier 2013 commence en effet une longue grève ponctuée de rassemblements regroupant des salariés d'autres entreprises dont les emplois sont en danger : Renault, Goodyear, Virgin, Air France, Prestalis, Faurecia...

La fermeture programmée de l'usine d'Aulnay, ses 8 000 suppressions de postes annoncées tout comme les convergences de salariés mobilisés disent aussi la part des grèves défensives, qui réagissent aux projets de fermetures et aux plans de licenciements. « Plan social » : Xavier Vigna a indiqué combien cet euphémisme, apparu à la fin des années 1980, « laisse le social en plan » et fait oublier les désastres locaux qui s'y jouent et les drames humains qui s'y nouent. À propos des 3 000 salarié-e-s des usines Moulinex qui ont perdu leur emploi après la mise en liquidation judiciaire de leur entreprise en 2001, Manuella Roupnel-Fuentes évoque une « rupture sociale totale ». Les fortes mobilisations de résistance à ces licenciements sont pour certaines très médiatisées : dans la chimie (Pechiney en 1996), l'industrie de l'armement (Giat Industrie en 1996), le textile (Cellatex en 2000), l'agroalimentaire (Lu-Danone en 2001, Fralib en 2012), l'électroménager (Moulinex en 2001, Philips en 2010), la sidérurgie et la métallurgie (Metaleurop en 2003, ArcelorMittal en 2008), le transport aérien (Air Lib en 2003), les télécommunications (Alcatel-Lucent en 2007), les équipements électroniques (Daewoo en 1999, Molex en 2009), l'automobile (Ford Blanquefort en 2007), le pneumatique (Michelin en 1999, Goodyear depuis 2007, Continental en 2009) et l'équipement (New Fabris en 2011), les engins de construction (Caterpillar en 2009) ou encore l'industrie pharmaceutique (Sanofi en 2012-2013)...

Mais l'importance de ces conflits, à la fois déterminés et désespérés, combatifs et défensifs, ne doit pas faire oublier qu'ils représentent seulement 1 % de la conflictualité totale au travail. Ce faible pourcentage contraste avec l'attention médiatique redonnée à ces luttes pour la sauvegarde de l'emploi. Il indique également combien sont au fond peu visibles les pratiques protestataires ordinaires dans le monde du travail en général et dans l'industrie en particulier. Les travaux des sociologues Sophie Béroud et Baptiste Giraud permettent d'ailleurs de réviser le postulat selon lequel les conflits se seraient fortement tertiarisés : au contraire, c'est dans l'industrie que la conflictualité a le plus progressé durant ces quinze dernières années ; au milieu de la décennie 2000, le secteur industriel s'impose comme le lieu central des conflits (41,5 %) devant celui des services (30 %).

Parmi ces derniers, il faut relever la tradition de mobilisation non démentie dans le secteur bancaire, frappé par de nombreuses restructurations depuis le milieu des années 1990. En janvier 1997, un puissant mouvement de grève mené par 2 000 salariés du Crédit foncier de France, des cadres principalement, conduit à l'occupation du siège de la banque et à la séquestration de ses dirigeants. En cet hiver 1997, l'imposant mouvement des chauffeurs routiers impressionne par sa détermination dans les barrages et les blocages, mais aussi par sa dimension européenne, qui illustre de fait l'européanisation de certains conflits.

De surcroît, la séquence ouverte au milieu des années 1990 est ponctuée de grèves apparues dans des champs professionnels jusque-là peu enclins à la mobilisation, comme le commerce ou la restauration rapide. Le premier temps fort est rythmé par la longue grève des salariés du McDonald's de Strasbourg-Saint-Denis à Paris, à l'hiver 2001-2002. Un documentaire en est tiré, signé par Alima Arouali et Anne Galand : *On n'est pas des steaks hachés* (2002) ; entre exploitation et répression, caisse de grève et solidarité, le film montre ces jeunes – pour beaucoup « de banlieue » – résolus dans « l'envie de se battre » et de démontrer à McDonald's qu'« on ne peut pas tout acheter ». Parmi d'autres grèves « historiques » dans des secteurs naguère peu concernés, étudiées par Lilian Mathieu, celle qui a lieu durant un mois, en février 2002, à la FNAC des Champs-Élysées est elle aussi caractérisée par l'importance des salariés précaires, jeunes, frappés par le *turn over* et pourtant très mobilisés. Un conflit tout aussi inédit, celui des travailleurs sans papiers, se manifeste en plusieurs vagues entre 2006 et 2010. Commencé de façon isolée dans une blanchisserie de Massy puis dans plusieurs restaurants de la région parisienne, ce mouvement regroupe bientôt plusieurs milliers de salariés travaillant dans le bâtiment, la restauration ou le nettoyage. Des équipes syndicales de longue date mobilisées dans la défense des sans-papiers (CGT, CFDT, FSU, Solidaires, CNT) ainsi que des associations (Droits devant !, la Cimade, le Réseau éducation sans frontières, la Ligue des droits de l'homme) appuient une mobilisation fondée sur l'auto-organisation et l'occupation de certains locaux (des entreprises mais aussi la Bourse du travail et les marches de l'Opéra Bastille). Elles obtiennent, en deux temps, plus de 3 000 régularisations. Même si une grève de sans-papiers s'était déjà déroulée en 1973 à Nanterre et Gennevilliers, c'est la première fois que ces travailleurs usent, de manière aussi massive, de l'arme de la grève pour se défendre en tant que salariés.

Si le secteur privé est mobilisé, l'éducation, la santé, la Poste, l'administration et les transports publics demeurent des bastions importants de ces actions, rendus d'autant plus visibles par les journées de grèves programmées. La conflictualité au travail est donc marquée par la diversité. Diversité selon la taille de l'entreprise, un critère déterminant qui éclaire la bien plus forte intensité des conflits dans l'industrie et le secteur bancaire que dans le commerce et le bâtiment où prévalent l'atomisation et des rapports de pouvoir plus individualisés. Diversité selon les territoires : depuis le milieu des années 1990, un « Sud gréviste » s'est dessiné autour de Marseille et du Languedoc-Roussillon, tandis que deux régions demeurent toujours en deçà des moyennes nationales, le Centre et l'Île-de-France. Diversité aussi dans les raisons mêmes des mobilisations : le salaire en demeure le motif principal, suivi du temps de travail et de ses conditions.

Le choix des armes

Au sein de ce répertoire d'actions, il faut d'abord évoquer les conflits qui ont lieu sans arrêt de travail et qui sont dès lors oubliés par les statistiques administratives, incapables de les recenser : cahiers de doléances, motions, pétitions, manifestations, boycotts de réunions, interpellations des supérieurs hiérarchiques, refus des heures supplémentaires, absentéisme, freinages voire sabotages. C'est dans ce continuum d'actions contestataires que s'inscrit la grève elle-même. Elle peut être intermittente, perlée, tournante, localisée ou généralisée, et s'insérer dans une panoplie de formes d'action. Les manifestations et rassemblements permettent, dans les « conflits de pays » notamment, de s'appuyer sur la mobilisation de toute une population dressée pour défendre l'emploi dans la région. On pensera encore aux actions populaires menées par les salariés d'EDF à l'automne 2002, baptisés « Robins des Bois » : coupures d'électricité ciblées et remises du courant dans les foyers privés d'électricité.

Des luttes, féminisées, contribuent également à dénaturaliser « l'assignation de genre qui interdisait aux ouvrières certains comportements » : Fanny Gallot l'a démontré en étudiant les salariées de Moulinex et de Chantelle, cette « geste gréviste des ouvrières » fait advenir des « collectifs combatifs ». En 2012, les ouvrières de l'entreprise de lingerie Lejaby à Yssingeaux en Haute-Loire se mettent en grève contre la fermeture de leur usine et pour trouver un repreneur ; sur l'air des *Restos du cœur*, elles chantent « Aujourd'hui on est tous là / Car on se bat pour nos emplois / On ne veut pas être sacrifiés / Car nous avons tant travaillé. » Dans de nombreux conflits, beaucoup reprennent ainsi à la tradition du mouvement ouvrier des chansons accommodées à l'air du temps.

Au cours des années 2000 réapparaissent aussi des moyens d'action violents, qui renouent avec le répertoire d'actions des décennies de grands conflits, les « années 1968 » marquées par ce que Xavier Vigna a nommé « l'insubordination ouvrière », mais aussi avec certaines pratiques du XIXe siècle. Interviennent, bien que rares, les bris de machines (par les grévistes de l'usine Bertrand-Faure à Nogent-sur-Seine en 2000, ou à l'automne 2002 par les salariés de Metaleurop à Noyelles-Godault dans le Pas-de-Calais, qui jettent dans le canal voisin des engins de terrassement), les velléités d'incendier les usines ou de les faire sauter (menace des salariés de la brasserie Heineken de Schiltigheim dans le Bas-Rhin en juillet 2000 ou de Forgeval dans le Nord), les séquestrations de cadres ou de patrons (lors des conflits de 2009-2012 chez Caterpillar, Molex et Continental, mais aussi à la FNAC). La direction de la CGT condamne alors ce type d'actions et se désolidarise ainsi de ses propres syndiqués. Des menaces sur l'environnement disent aussi la colère et le désespoir de ces femmes et de ces hommes dont la vie vient de se briser : en juillet 2000, les salariés de Cellatex à Givet (Ardennes) déversent de l'acide sulfurique dans un ruisseau menant au bassin de décantation ; en janvier 2003, les grévistes de l'usine Daewoo-Orion à Mont-Saint-Martin (Meurthe-et-Moselle) se saisissent des substances chimiques. En avril 2009, des employés de Continental saccagent quant à eux la sous-préfecture de Compiègne. D'autres moyens encore sont utilisés, comme l'appel au boycott des produits de la marque par les grévistes de « Lu » – procédé que la CFDT conteste cependant en dénonçant sa dangerosité pour l'entreprise. Enfin, quelques expériences d'autogestion, brèves mais intenses, trouvent leurs sources d'inspiration dans certains conflits des années 1970 : en janvier 2010, devant la menace de fermeture, des salariés de l'usine de téléviseurs Philips à Dreux (Eure-et-Loir) décident de relancer eux-mêmes la production et renouent, pendant dix jours, avec l'autogestion et le « contrôle ouvrier ».

Dans chacun de ces cas, le rapport de forces entretenu au cœur des conflits apparaît comme une opposition frontale entre deux classes sociales. La nature en est perçue et rendue par Gérard Mordillat, dans l'un de ses romans sur le monde ouvrier, *Les Vivants et les Morts* (2004). À la « Kos », une usine de fibre synthétique, un plan de licenciements massif est prévu. Le directeur des ressources humaines entend « agir sur les extrêmes », donc licencier d'abord les plus jeunes et les plus âgés. La direction imagine aussi amadouer les récalcitrants ; elle propose une promotion à l'un des plus battants, Rudi. Mais celui-ci ne veut pas « se laisser domestiquer » ; à son collègue Serge, il explique : « Il va y avoir de la bagarre. Une bagarre terrible, tu peux en être sûr. Et à ce moment-là, il faudra être d'un côté ou de l'autre : du côté de la direction ou du côté du personnel. Tu pourras pas être des deux côtés en même temps. » Au cœur du mouvement, une frontière paraît définitivement séparer deux camps.

En 2002, l'économiste keynésien John Kenneth Galbraith publie un livre intitulé *Les Mensonges de l'économie. Vérités pour notre temps.* Il y décrit les paradoxes du mot « travail » et récuse son usage aux effets homogénéisants : « Le mot "travail" s'applique à ceux pour lesquels il est épuisant, fastidieux, désagréable, et ceux qui y prennent plaisir et n'y voient aucune contrainte [...] "Travail" désigne à la fois l'obligation imposée aux uns et la source de prestige et de forte rémunération que désirent les autres, et dont ils jouissent. » John Kenneth Galbraith juge qu'« user du même mot pour les deux situations est un signe évident d'escroquerie ». On rappellera à sa suite que ces situations hétérogènes peuvent expliquer les abîmes d'incompréhension qui règnent sur la question.

Ces écarts de position se mesurent avec acuité à propos du temps de travail ou de la productivité, qui eux-mêmes donnent lieu à des conflits d'interprétation sur l'éventualité de « travailler plus » et « plus longtemps ». Le cliché selon lequel les Français travailleraient moins que leurs voisins ne trouve guère sa validité dans la réalité : en 2012, les salariés français travaillent en moyenne 36,5 heures par semaine, contre 34,6 en Allemagne, 33,9 aux États-Unis et 29,5 aux Pays-Bas. De surcroît, la productivité horaire a progressé : l'indice dans l'industrie est passé de 3,4 à 6,2 entre 1985 et 2000.

Par-delà la variété des conditions, on estime que la tension au travail a fortement augmenté en trente ans dans tous les pays occidentaux : hausse de la charge de travail, pression accrue pour accroître la compétitivité, sentiment d'une perte de sens et précarité se conjuguent pour expliquer ces tendances globales. Le constat est international, inséré qu'il est dans un marché du travail reconfiguré au niveau mondial. En 2012, un rapport émanant de l'Organisation de coopération et de développement économiques (OCDE) désigne la santé mentale comme le « nouveau défi prioritaire pour le marché du travail » ; l'OCDE s'y intéresse d'autant plus qu'elle y voit un obstacle à la productivité. Comme le montrent les études de la sociologue Dominique Méda, les Français sont les Européens pour qui le travail est très important (70 % en 1999 comme en 2008) – contre 40 à 50 % pour les Britanniques et les Danois –, mais ce sont aussi les Européens les moins satisfaits de leur travail, les plus nombreux à se dire stressés et mal considérés. 70 % des salariés déclarent que le travail a des conséquences sur leur santé et jusqu'à 83 % dans les grandes entreprises – contre 66 % dans le reste de l'Europe. Ce malaise s'étend à des catégories relativement épargnées jusque-là : cadres, professions intellectuelles et professions intermédiaires. La notion de temps est omniprésente dans les critiques faites par les salariés : très nombreux sont ceux qui estiment courir après un temps fragmenté et accéléré. Mais les dispositifs incitatifs du néomanagement, le recours à la sous-traitance, à la flexibilité et à la précarité, la menace permanente du licenciement dans un marché du travail mondialisé n'empêchent pas les salariés de se mobiliser.

CHAPITRE XI

La crise du creuset

Indifférente aux différences : telle pourrait être la qualification officielle de la République française. Dans le marbre de ses textes, elle n'envisage que la citoyenneté. Le premier article de la Constitution le dit bien : la République « assure l'égalité devant la loi de tous les citoyens sans distinction d'origine, de race ou de religion ». Mais comme chacun sait, l'égalité en droit est bousculée dans sa sérénité par les inégalités de fait. Or le modèle républicain est singulièrement ébranlé au cours de la période considérée. L'émergence d'un débat sur la discrimination et la diversité fissure le socle jusque-là assuré d'une République en principe aveugle aux origines et aux couleurs.

Elle interfère avec la remise sur le métier politique et médiatique d'un discours sur la nation qui, sans être bien neuf, tend à s'exacerber. Nombre de chercheurs parlent désormais à son sujet d'une « ethnicisation » : car même si jamais aucune nation n'a correspondu à une ethnie, c'est bien une conception ethniciste et culturaliste qui paraît s'imposer. Le débouché en est la revendication elle-même politisée d'une « identité nationale », associée à l'immigration comme problème de société et à « l'intégration » comme injonction ou panacée. Le regain de l'idée républicaine et l'attachement français à la laïcité conduisent aussi à de nouvelles tensions liées à la religion et, partant, à de nouvelles formes de stigmatisation : c'est l'islam désormais qui est concerné et visé.

Par contraste avec la période précédente, une certaine

313

visibilité est donnée à l'immigration. Dans les politiques étatiques menées, l'arrivée de la gauche au pouvoir constitue de toute évidence une rupture. Mais la crise économique qui perdure fait toujours davantage des immigrés les boucs émissaires pour ceux, plus nombreux, dont les verrous et les tabous sont levés. Même citoyens, même Français, beaucoup demeurent assignés à leur condition d'immigrés ou d'enfants d'immigrés. Bien que certains se disent plus que jamais « citoyens du monde » à l'heure planétaire, le monde en question est bien loin d'avoir effacé ses frontières.

Une rupture de ton : le tournant de la gauche sur la question de l'immigration

Aux niveaux national et international, sur la question de l'immigration, le climat politique dans lequel la gauche arrive au pouvoir n'est pas sans tension. Au Royaume-Uni, Margaret Thatcher affirme en janvier 1978 que les Britanniques risquent d'être « submergés » par des vagues d'immigrés. Le gouvernement Barre a quant à lui mené une politique d'aide au retour – avec le « million Stoléru » (1977) – et d'expulsions – avec les lois Bonnet (1980). Mais la droite n'est pas seule concernée. À la veille de Noël 1980, le maire communiste de Vitry (Val-de-Marne), Paul Mercieca, avec le soutien du comité central de son parti, fait interdire à l'aide d'un bulldozer l'installation de quelque 200 travailleurs maliens venus de la commune voisine, Saint-Maur. Deux mois plus tard, Robert Hue, maire PCF de Montigny-les-Cormeilles dans le Val-d'Oise, appelle les habitants à manifester devant le domicile d'un ouvrier marocain et de sa famille qu'il accuse de trafic de drogue et qu'il voudrait faire expulser. La campagne présidentielle est également marquée par la grève de la faim d'un jeune Algérien qui doit être expulsé et auquel le candidat François Mitterrand rend visite, à Lyon ;

le jeune homme demande l'arrêt des expulsions qui frappent les enfants d'immigrés.

À cet égard, le programme du PS se distingue de celui des autres formations et rejoint les positions de l'extrême gauche favorable aux régularisations. Une fois élu, François Mitterrand, avec son gouvernement, propose une politique qui rompt avec celle de son prédécesseur : sous l'impulsion du secrétaire d'État chargé des immigrés, François Autain, les mesures Stoléru sur le retour sont abrogées, les expulsions administratives sont suspendues et environ 132 000 personnes sont régularisées – sur un total estimé à 300 000. Il faut voir dans cette politique un « apurement du passé », selon l'expression de Patrick Weil : car la coupure est nette et la division gauche-droite tranchée. Mais c'est aussi un « pari sur l'avenir », destiné à mieux « légitimer la nouvelle frontière de l'illégalité ». En effet, la loi du 29 octobre 1981 restreint les possibilités d'expulsion, désormais interdite pour les mineurs, les étrangers nés en France ou arrivés avant l'âge de 10 ans ou encore installés depuis plus de quinze ans ; cependant, elle aggrave les peines encourues pour irrégularité de séjour, qui devient un délit et non plus une contravention, et ouvre la voie à la prison en plus de la reconduction à la frontière. Les conditions d'entrée en France se font plus sévères, tandis que sont légalisés les centres de rétention administrative : ces lieux de privation de liberté, contrôlés par la police, sont institutionnalisés. Quant à la promesse électorale d'accorder le droit de vote aux étrangers pour les élections municipales, elle n'est finalement pas honorée, malgré une opinion majoritairement favorable. Enfin, signe que le territoire vient objectiver les situations d'inégalité, le ministre de l'Éducation nationale Alain Savary promeut la création des Zones d'éducation prioritaires qui font désormais de l'origine étrangère un critère : les ZEP doivent en effet compter 30 % d'enfants d'origine immigrée. C'est là un changement de paradigme majeur, comme l'a montré Antoine Prost : jusqu'alors, le système scolaire était fondé sur une stricte égalité dans l'affectation des ressources ; avec les ZEP, « l'équité impose de donner plus à ceux qui ont moins ».

L'arrivée de cette nouvelle majorité constitue donc un tournant, non dépourvu de limites cependant. Du côté des associations, beaucoup s'estiment frustrés devant des régularisations jugées timorées. *A contrario*, les opposants à ce mouvement ne tardent pas à se faire les hérauts d'un discours remis au goût du jour sur la supposée invasion des immigrés.

Le temps des dévoiements : les catégories de la xénophobie

Il y a bien un autre tournant en ce début des années 1980 concernant les immigrés et celui-là n'a rien d'un virage à gauche. Sous l'effet de la crise et d'un chômage croissant, des invectives se libèrent. La première étape est circonstancielle mais ne tarde pas à rejoindre un phénomène plus structurel : malgré le dispositif « anti-été chaud » de prévention policière, le quartier des Minguettes à Vénissieux près de Lyon s'enflamment en juillet 1981, à coups de « rodéos » et d'affrontements entre jeunes du quartier et policiers ; plusieurs dizaines de voitures sont brûlées. Ce n'est en rien une nouveauté : comme Michelle Zancarini-Fournel l'a montré, de tels heurts s'étaient déjà produits dès 1971, notamment à Vaulx-en-Velin puis à Vénissieux même en 1978 et tout au long de la décennie ; seulement, ils n'avaient pas acquis le statut d'événement. Pour la première fois, au contraire, les médias nationaux s'en font écho : le phénomène, localisé, devient un enjeu de société.

Certains journaux commencent alors à emprunter des accents virulents voire guerriers pour évoquer les immigrés. *Le Figaro* en fait sa spécialité : le 21 septembre 1981, il titre sur « Les Maghrébins et les autres », engageant un discours de l'altérité qu'il déclinera ensuite au fil des années ; les termes « laxisme » et « individus douteux » y sont régulièrement employés. *Le Figaro Magazine* n'est pas en reste lorsqu'il publie le dossier « Serons-nous encore français dans trente ans ? » (octobre 1985), après le succès du livre à scandale signé Alain Griotteray, l'un de ses éditorialistes, *Les Immigrés. Le choc* ; l'auteur y soutient que les « immigrés maghrébins » ne veulent ni ne peuvent s'« assimiler ». Dans un tel climat, des responsables politiques n'hésitent plus à exprimer leur hostilité face à ce que Jacques Chirac nomme, en juillet 1984, « l'afflux incontrôlé d'une immigration clandestine de la plus mauvaise qualité ». Évidemment, ce déversement doit être pour partie relié à la percée concomitante du Front national : *Radio Le Pen Hebdo* instaure à l'automne 1982 une rubrique intitulée « Les envahisseurs » ; les 17 % de suffrages obtenus par le FN à Dreux en septembre 1983 et leur forte médiatisation ne manquent pas d'accentuer cette tension.

Un discours de défiance s'exprime aussi désormais, bien sûr à un moindre degré, dans la gauche gouvernementale. On se souvient des propos tenus par Pierre Mauroy début 1983 à propos des ouvriers en grève chez Talbot, accusés d'être « agités par des groupes religieux et politiques » et stigmatisés spécifiquement comme musulmans. Dans les faits, le nombre de refoulements à la frontière s'accroît dès 1981 : leur nombre s'élevait à 28 537 en 1980 ; il passe à 40 985 l'année suivante et 54 207 en 1982. Cette politique drastique se durcit encore à partir de 1983 : Georgina Dufoix, secrétaire d'État à la Famille, à la Population et aux Travailleurs immigrés, fait de la lutte contre l'immigration irrégulière une priorité. Le ministre de l'Intérieur Gaston Defferre enjoint aux forces de police de procéder à des contrôles d'identité auprès des étrangers présumés. François Mitterrand justifie cette inflexibilité en septembre 1983 : « Je dois protéger l'emploi des Français. » Il y a bien là un changement, radical, d'objet et de ton : là où la gauche portait jusqu'alors sa critique à l'encontre des bidonvilles, des conditions de travail et du racisme, l'heure est à une mise en question de la présence des immigrés dans la nation.

Les marches de la dignité

Dans ce contexte, de nombreux jeunes sont déterminés à trouver les moyens de se faire respecter. Ce d'autant que les « bavures » policières ou les meurtres racistes – celui de Toufik Ouanès par exemple, un enfant de 9 ans abattu à La Courneuve en juillet 1983 – suscitent la colère et le désarroi. À Vénissieux, le mois précédent, Toumi Djaïdja, 22 ans, l'un des fondateurs de l'association « SOS Avenir Minguettes », est grièvement blessé par un policier. Avec un prêtre du quartier, Christian Delorme, des habitants et des militants, il lance l'idée d'une Marche pour l'égalité et contre le racisme. Des collectifs antiracistes, humanistes, chrétiens, des syndicats et des organisations politiques aident à structurer la proposition, dont les sources d'inspiration vont de Gandhi à Martin Luther King. Luttes pour les droits civiques aux États-Unis, combat du peuple palestinien et soulèvements tiers-mondistes forment le creuset d'influences où viennent puiser les marcheurs, partis de Marseille en octobre 1983. Par le biais de multiples relais et par l'attention médiatique dont elle fait peu à peu l'objet, la marche arrive à Paris forte de quelque 100 000 personnes, le 3 décembre 1983. Le succès est immense et François Mitterrand vient l'entériner en recevant une délégation à l'Élysée. Il s'engage à satisfaire l'une des revendications soutenues au cours de la Marche, l'obtention de la carte unique de dix ans contre la précarité du séjour. L'Assemblée nationale adoptera cette mesure le 17 juillet 1984 à l'unanimité : un consensus gauche-droite se forme autour de la stabilité du séjour, la fermeture aux nouveaux immigrants et la réintroduction d'une politique du « retour » pourtant bannie trois ans auparavant.

Très vite, les médias consacrent l'événement en l'appelant la « marche des beurs » et font entrer le mot dans les mœurs. Certes, alors que le mot traduisant « arabe » en « verlan » commençait à circuler, Nacer Kettane a fondé Radio Beur en 1981. Mais le terme s'impose aussi comme une appellation extérieure, qui circule désormais à l'envi et s'érige en catégorie : « Happy Beur Day », titre *Libération* le 3 décembre 1983. Le succès sémantique est validé par *Le Robert*, qui officialise son entrée dans le dictionnaire l'année suivante. Néanmoins, tous ne se reconnaissent pas dans cette nomination qui ratifie une séparation en faisant de l'origine une barrière voire une frontière. Cette prise de distance s'explique aussi par la banalisation et la dépolitisation qu'engendre une vision culturaliste et « branchée » – le magazine *Marie-Claire* vante le « look beur » en 1984 et l'accommode à la manière d'une simple mode. Quant à Jean-Marie Le Pen, il s'engage en 1987 dans une diatribe virulente à l'égard de ceux qu'il nomme les « beurs arrogants » et qu'il prétend chapitrer en lançant : « Certains des leurs sont morts pour leur donner une patrie, et non pour qu'ils viennent dans la nôtre. »

D'aucuns récusent également l'assimilation opérée entre immigrés et arabes. D'autres initiatives voient donc le jour, telle « Convergence 84 » qui associe entre autres aux Maghrébins des Italiens, des Espagnols, des Polonais et des Portugais. Mais l'écho médiatique de cette manifestation est quasi nul, comme si la logique « ethnique » s'imposait seule désormais. Enfin, beaucoup des militants à l'origine de la lutte contre le racisme et pour l'égalité redoutent la récupération politique qui pourrait affaiblir, détourner et déformer leur mouvement.

C'est ce sentiment voire ce ressentiment que certains éprouvent à la création de SOS Racisme en octobre 1984 sous les auspices du Parti socialiste. La popularité de l'association, le succès de son slogan imprimé sur de petites mains jaunes accrochées aux vêtements, « Touche pas à mon pote », celui des permanences téléphoniques destinées à lutter contre le racisme au quotidien, celui encore de l'assistance juridique sont impressionnants et accentués par des concerts spectaculaires. L'un de ses fondateurs et dirigeants, Harlem Désir, explique que les organisations déjà existantes ne seraient pas assez mobilisatrices pour les jeunes en particulier. Ses défenseurs y voient un moyen souple et moderne de lutter contre le racisme, ses détracteurs une déviation et une réappropriation par le pouvoir politique.

Si la nécessité paraît s'imposer de multiplier de telles initiatives, c'est que le racisme a acquis une visibilité mais aussi une dimension politique renouvelée – « Touche pas à mon peuple » rétorquent les badges du Front national jeune. L'accent se fait plus insistant sous la cohabitation, entre 1986 et 1988, lorsque Charles Pasqua, le ministre de l'Intérieur, souhaite réformer le Code de la nationalité. Mais après la puissante mobilisation lycéenne et étudiante de l'automne 1986, et la mort de Malik Oussekine interprétée comme un meurtre raciste, les conditions politiques n'en sont plus réunies. Durant le mouvement, les manifestants n'avaient pas manqué de dénoncer avec indignation l'expulsion de 101 Maliens ramenés à Bamako par charter, au mois d'octobre précédent.

Ce foulard que l'on ne saurait voir

La fin de la décennie inaugure aussi une nouvelle période au cours de laquelle le fait même d'être musulman devient une cause de suspicion et les signes extérieurs de cette religion, un facteur de réprobation. Elle est marquée par une « affaire du foulard » dont les retours au gré de l'actualité ne manqueront plus ensuite d'être médiatisés et politisés.

En octobre 1989, trois élèves du collège Gabriel-Havez de Creil, dans l'Oise, en sont exclues au nom de la laïcité parce qu'elles portent le foulard en classe et se refusent à l'enlever. Que de jeunes musulmanes revêtent le voile est le signe des temps, du temps social plus précisément qui voit arriver à l'adolescence les « enfants de l'immigration », la « deuxième génération » donc, née en France le plus souvent. Comme l'écrivent Françoise Gaspard et Farhad Khosroka-var, ces jeunes révèlent à l'opinion la « sédentarisation » de l'immigration, l'indice qu'elle n'est plus provisoire. Or le questionnement lancinant qu'alimentent alors les médias réside dans les attendus mêmes de cette appartenance : sont-ils pleinement de la nation ou doivent-ils demeurer à son ban ? Deux réponses sont apportées qui scindent le corps politique comme un tissu déchiré.

Une partie de la gauche – le ministre de l'Éducation nationale Lionel Jospin ou Danielle Mitterrand – et certains responsables de droite isolés – tel Bernard Stasi, vice-président du Centre des démocrates sociaux – déplorent l'exclusion des collégiennes. Lionel Jospin rappelle que l'école doit accueillir et non exclure ; tel est aussi l'avis de la Ligue des droits de l'homme, du MRAP ou de SOS Racisme, qui tous condamnent la décision prise par le principal du collège de Creil. Mais la position du ministre est critiquée par une partie de la gauche : L'Humanité vitupère sa « capitulation » tandis que, au nom de l'idée laïque, des intellectuels comme Élisabeth Badinter, Régis Debray, Alain Finkielkraut, Élisabeth de Fontenay et Catherine Kintzler l'interpellent avec véhémence dans Le Nouvel Observateur : « Il faut que les élèves aient le loisir d'oublier leur communauté d'origine et de penser à autre chose que ce qu'ils sont pour pouvoir penser par eux-mêmes », estimant que « le droit à la différence » ne peut être qu'assorti du « droit d'être différent de sa différence ». Jean-Pierre Chevènement, Laurent Fabius ou Jean Poperen, qui dit craindre la « libanisation pacifique de la France », soutiennent publiquement les exclusions. Ils rejoignent en cela la position majoritaire à droite, exprimée notamment par Nicolas Sarkozy : « Je suis pour l'intégration, mais pas à n'importe quel prix » ; le député-maire RPR de Neuilly insiste sur ces pays musulmans qui, comme le Maroc ou la Tunisie, interdisent « le port du tchador ». Jean-Marie Le Pen prétend annoncer quant à lui que la « civilisation islamique » arrive « par le port du tchador dans les écoles ».

« Tchador » : le mot est lancé et indéfiniment employé. Son emploi, inopportun, n'a rien d'anodin. Le tchador – le mot est persan – est le vêtement traditionnel des chiites iraniens, bien différent du foulard que portent les jeunes musulmanes, pour la plupart sunnites, originaires du Maghreb. Ici viennent s'entrechoquer affaires françaises et événements internationaux, par absorption déformée de l'actualité. L'image du tchador a été véhiculée depuis la révolution iranienne de 1979, réactivée pendant la guerre Iran-Irak jusqu'en 1988 et violemment attisée quelques mois avant l'affaire de Creil, en février 1989, lors de la fatwa de mort lancée par l'ayatollah Khomeyni contre l'auteur des *Versets sataniques*, Salman Rushdie. En cette année de bicentenaire de la Révolution française, c'est au nom de la France des Lumières que l'on vilipende l'« intégrisme » et le « fanatisme ».

Les frontières de l'« intégration »

On l'aura noté dans le propos de Nicolas Sarkozy, cette conception de l'« intégration » rassemble sur une même position la gauche et la droite parlementaires. Le mot a une longue histoire. François Mitterrand, ministre de l'Intérieur sous la IVe République, prônait à l'égard des populations colonisées une « politique d'intégration » qui devait permettre de les maintenir sous la tutelle de la métropole. Certes, l'imaginaire a changé : l'intégration désormais doit favoriser non pas le joug d'une puissance coloniale sur des peuples subordonnés, mais une communauté partagée comme construction de la nation. Cependant, qui dit « intégration » dit population à désigner comme susceptible, précisément, d'être intégrée. La désignation même est une entorse au modèle républicain abstrait, indifférent aux origines : la vision ethnicisante est de plus en plus évidente.

Cette conception est officialisée par la création du Haut Conseil à l'intégration instauré par le Premier ministre Michel Rocard en décembre 1989, évident prolongement de l'affaire du foulard. Dans la définition que la nouvelle instance donne de l'intégration figurent les expressions de « société rassemblée », de « valeurs partagées », de « droits égaux » et de « devoirs communs » ; mais les conditions sociopolitiques qui pourraient aider à leur mise en œuvre ne sont nullement spécifiées. La condition d'une bonne intégration est toujours associée, pour le HCI, à la « maîtrise des flux migratoires » et donc à « une régularisation des entrées sur le territoire ». Parmi ses propositions, le Haut Conseil insiste sur la répression à l'égard de l'immigration irrégulière. Dans son premier rapport, en 1991, il suggère de subordonner les aides sociales à une « résidence régulière ». Au même moment, le secrétaire d'État chargé de l'intégration au sein du gouvernement Cresson, Kofi Yamgnane, est davantage remarqué pour ses origines franco-togolaises que pour son action politique, limitée à l'instauration d'une nouvelle cérémonie : la remise du diplôme de naturalisation.

Dans un tel contexte, l'« intégration » côtoie la notion d'« invasion » – qu'utilise Valéry Giscard d'Estaing en septembre 1991. Jacques Chirac, lors d'un dîner-débat du RPR à Orléans le 19 juin précédent, prononce un discours qui vient le confirmer : « Notre problème, ce n'est pas les étrangers, c'est qu'il y a overdose. » Affirmant se mettre à la place du « travailleur français qui habite à la Goutte-d'Or » et « voit sur le palier à côté de son HLM, entassée, une famille avec un père de famille, trois ou quatre épouses et une vingtaine de gosses, et qui gagne cinquante mille francs de prestations sociales sans naturellement travailler », il n'hésite pas à lancer : « Si vous ajoutez à cela le bruit et l'odeur, eh bien le travailleur français il devient fou », avant de conclure, après les rires ponctuant son discours : « Et ce n'est pas être raciste que de dire cela. » Jean-Marie Le Pen se réjouit de cet emprunt manifeste à la rhétorique du FN, sans pour autant s'en inquiéter puisque, selon lui, « les électeurs préféreront toujours l'original à la copie ».

La guerre du Golfe, au début de l'année 1991, intensifie la suspicion. Le 25 janvier, *Le Figaro* pose la question : « En cas de guerre, de quel côté seraient-ils ? », en désignant par cet « ils » de l'étrangeté les « beurs de Saint-Denis » jugés forcément plus proches de leurs « frères d'Alger » que « des Français ». L'actualité dans certains quartiers vient encore exaspérer ce postulat d'altérité. Entre l'automne 1990 et le printemps 1991, de graves affrontements ont lieu entre jeunes et policiers à Vaulx-en-Velin puis à Argenteuil dans le Val-d'Oise et à Mantes-la-Jolie dans les Yvelines. À l'origine, chaque fois, de ces rébellions : la mort d'un jeune, tué dans un accident de moto ou par un policier. Le terme « émeutes » commence à se diffuser dans les médias. Ce choix n'est pas sans effet puisqu'il tend à gommer la part de révolte et à dépolitiser l'événement – « L'émeute raffermit les gouvernements qu'elle ne renverse pas », écrivait Victor Hugo. Certaines émissions de télévision, avides de faire images et représentations, n'hésitent pas à grossir le trait en montant de toutes pièces de faux reportages sur « la banlieue », ses trafics et ses islamistes intégristes.

De nouvelles lois viennent renforcer une politique d'intégration fondée sur la sélection draconienne de ceux qu'il s'agit d'intégrer. En 1993, Charles Pasqua, redevenu ministre de l'Intérieur, s'attelle à son ancien projet : réviser le Code de la nationalité. Les « lois Pasqua » modifient notamment l'article 44, selon lequel tout enfant né en France de parents étrangers devenait jusque-là automatiquement français à l'âge de la majorité à condition d'avoir résidé en France pendant les cinq ans précédant son dix-huitième anniversaire ; avec la loi du 22 juillet 1993, les enfants concernés doivent faire la demande d'acquisition de la nationalité, à partir de l'âge de 16 ans et jusqu'à 21 ans. La nouvelle législation restreint dans le même temps les conditions d'entrée en instaurant des visas obligatoires pour les étrangers (les ressortissants de la CEE ne sont pas concernés) et en facilitant les expulsions. Quant à la régularisation, elle est rendue encore plus complexe et les obstacles sont difficiles à surmonter pour ceux qui ne maîtrisent pas les rouages de l'administration. Toutefois, après le retour de la gauche au gouvernement en 1997 et suite au rapport remis par Patrick Weil, la loi Chevènement du 11 mai 1998 assouplit le délai d'attente pour le regroupement familial. Le chemin pour obtenir « des papiers » relève cependant du parcours du combattant, en raison de sa durée, des attestations qu'il requiert – l'intéressé doit être « de bonne vie et de bonnes mœurs » – et des cercles vicieux qu'il fait proliférer – pour obtenir des papiers il faut une « situation », un logement et des ressources, mais pour avoir ce logement et ces ressources il faut des papiers.

Quant à ceux qui demeurent des « sans-papiers » – l'expression apparaît au cours de ces années 1990 –, ils subissent le sort de la main-d'œuvre la plus exploitée. Dans les ateliers de confection ou sur les chantiers de construction, ils travaillent pour des employeurs qui profitent de leur situation fragilisée. La politique de répression est d'ailleurs à double vitesse car aux opérations policières, dénoncées par leurs opposants comme des « rafles » dans certains quartiers, fait aussi face une tolérance officieuse de l'illégalité, pour la construction de prisons notamment ou pour certains grands chantiers comme ceux liés aux jeux Olympiques de Savoie en 1992. Ces femmes et ces hommes réduits à leur force de travail demeurent par essence invisibles, sauf lorsqu'ils sortent de leur clandestinité pour manifester en réclamant papiers et dignité. C'est le cas notamment en juin 1996 lorsque quelque 300 personnes, dont certaines en grève de la faim, occupent l'église Saint-Bernard à Paris. Des artistes et des militants viennent les soutenir, mais l'église est évacuée par la police le 24 août. Le président de la République Jacques Chirac affirme alors que « globalement, les Français ont une irritation croissante à l'égard des immigrés ».

Indigènes : les enfants d'immigrés et de la République

Partant, l'avenir est souvent bouché comme l'est le marché du travail pour beaucoup d'immigrés. Le nombre de postes fermés aux étrangers – non-ressortissants de l'Union européenne – s'élève à 7 millions au début des années 2000, soit un tiers des emplois disponibles. Il s'agit d'abord des postes de la Fonction publique, c'est-à-dire 5,2 millions d'emplois ; cela n'empêche pas toutefois que ces services aient recours à des étrangers contractuels ou auxiliaires, moins bien payés et aux conditions de travail dégradées. Sont également concernés les emplois des établissements publics industriels et commerciaux : encore plus de 1 million d'emplois. Enfin, les étrangers sont exclus d'une cinquantaine de métiers dans le secteur privé, telles les professions de médecin, chirurgien, sage-femme et vétérinaire, géomètre et architecte, expert-comptable et toutes les professions juridiques, soit plus de 600 000 emplois. Cette liste date des années 1930 ; elle avait été à l'époque justifiée par des besoins dits « de moralité publique » et par le dévouement des « nationaux » supposé plus élevé. On ne s'étonnera donc pas que, à la charnière des années 1990 et 2000, les actifs étrangers soient pour plus de la moitié des ouvriers. Le chômage frappe 25 % des étrangers et jusqu'à 44 % des jeunes – français pour la plupart – dans certains quartiers.

Ce sont donc des « Français qui n'en finissent pas d'être immigrés », selon l'expression de Smaïn Laacher. Bien des jeunes Antillais connaissent la même situation que les enfants de « deuxième génération » dont les parents sont venus du Maghreb et d'Afrique subsaharienne. La nationalité ici pèse moins que le patronyme dans les *curriculum vitae* ou la couleur de peau lors des contrôles d'identité. Pour en rendre compte, certains manient l'ironie, comme Soraya Nini dans *Ils disent que je suis une beurette* (1993). D'autres tentent de reconquérir leur histoire avec fierté, non pour « tuer le père » mais pour le ressusciter dans sa dignité ; ainsi témoigne le romancier Mounsi en 1997 dans un documentaire de Yamina Benguigui : « Il a été tué socialement par le colonialisme, par les guerres, puis par l'émigration. Au lieu de le tuer, il nous appartient à nous, les enfants, de le faire revivre, de lui faire redresser la tête, qu'il se tienne fier et droit comme quand il se faisait prendre en photo dans son beau costume pour l'envoyer et rassurer la famille restée au pays. » D'autres encore, parfois les mêmes, dénoncent ce qui se trame « sous les beaux draps du discours républicain », comme l'écrit Alec

G. Hargreaves, ce qui se joue dans certains commissariats, ce qui se noue dans le rapport employeurs/employés.

Stéphane Beaud, Michel Pialoux et Olivier Masclet l'ont noté, ces jeunes, à la différence de leurs parents qui ont parfois accepté leur situation avec résignation, ne veulent plus baisser la tête. En 1995, Mathieu Kassovitz transpose cette réalité dans un film d'une puissance désespérée : *La Haine*. Dès le générique, sur fond de Bob Marley chantant les « uniformes de brutalité », des policiers se préparent à l'affrontement, des jeunes leur lancent des pierres et d'autres sont frappés, des corps blessés sont traînés sur la chaussée : le film entier paraît crier vengeance. Les humiliations subies au quotidien engendrent les détestations réciproques. Pour autant, *La Haine*, sombre comme son noir et blanc, ne s'y replie pas, mais donne place aussi aux sociabilités et aux solidarités de cités ainsi qu'à leur inventivité – la scène des danseurs de hip-hop est un moment étourdissant. Le cinéaste Jean-Pierre Thorn prend bien davantage encore le parti de montrer les « quartiers » comme des lieux de création vivante ; dans *On n'est pas des marques de vélo* en 2003, la danse permet de ne pas se laisser ligoter par les représentations du temps ; toutefois Bouda, le danseur de hip-hop, victime de la « double peine », est aussi un « mort vivant ». Rappel de la plaie ouverte que les mots ont creusée, le groupe Zebda intitule son album de 1995 *Le Bruit et l'Odeur*. Et le film documentaire d'Éric Pittard sorti fin 2002, *Le Bruit, l'odeur et quelques étoiles*, montre l'embrasement d'une cité du Mirail à Toulouse après la mort de Habib, un jeune tué par la police d'une balle dans le cœur en décembre 1998 ; l'affiche entremêle les plans des immeubles, de jeunes « casquettes à l'envers » et de *La Liberté guidant le peuple* : l'histoire de la révolte, de Delacroix à Zebda, fait se coudoyer, par-delà le temps, les exigences de justice. « Ils sont d'ici mais pas assez », y chante Magyd Cherfi. Cet entre-deux est une blessure autant qu'une déchirure.

La fabrique de l'ennemi : quelle « islamophobie » ?

« Les Juifs hier, les musulmans aujourd'hui » : c'est de cette manière qu'Esther Benbassa désigne les « minorités » et plus précisément la façon dont elles sont assignées au statut de minorités. Les injures et diffamations à caractère antisémite apparaissent de fait désormais marginales même si elles subsistent et frappent l'opinion lors de tragédies qui suscitent une émotion à l'échelle de la nation. Ainsi la découverte de tombes juives profanées et d'un cadavre déterré et empalé dans le cimetière de Carpentras le 10 mai 1990 suscite-t-elle des rassemblements dans toute la France et une manifestation à Paris à laquelle, exceptionnellement, le président Mitterrand prend part. Seize ans plus tard, l'affaire dite du « gang des barbares » – un jeune Juif torturé et assassiné pour des motifs crapuleux – puis, en mars 2012, la tuerie perpétrée à Toulouse par Mohammed Merah dans une école juive, provoquent une vive indignation et l'anxiété devant une potentielle recrudescence de l'antisémitisme.

Cependant, comme y insiste le sociologue Laurent Mucchielli, le phénomène demeure très minoritaire et est désormais supplanté par des stigmatisations ayant principalement l'islam pour cible. Au début des années 2000, une nouvelle période se dessine, ouverte par le segment d'événements survenus entre 2003 et 2005. Elle se caractérise par une focalisation exacerbée sur l'islam et atteint un paroxysme dans la mise en images des « banlieues », « cités » et autres « quartiers ».

En 2003 est fondée l'association « Ni putes ni soumises », à la suite d'une « Marche des femmes des quartiers contre les ghettos et pour l'égalité ». Cette marche mixte arrivée à Paris forte de quelque 30 000 personnes le 8 mars voit ses animatrices reçues officiellement par Jean-Pierre Raffarin, le chef du gouvernement. « Ni putes ni soumises », présidée par Fadela Amara, entend lutter contre les oppressions et violences faites aux femmes, mais aussi contre le racisme et les discriminations. La mort de Sohane Benziane, une jeune fille de 17 ans brûlée vive à Vitry-sur-Seine par son petit ami en octobre 2002, a été l'un des éléments déclenchant le mouvement. Peu à peu, son combat se tourne contre les carcans imposés dans les familles au nom de la religion : obligation de porter le voile, mariages forcés, pressions sur les manières de s'habiller et de se comporter. Mais la dénonciation des « garçons arabes », associés aux « caïds » et « imams autoproclamés », vient alimenter le cliché qui affilie systématiquement l'homme musulman à la misogynie. Des militants et militantes en viennent à quitter le mouvement ; les départs s'amplifient quand Fadela Amara devient ministre de Nicolas Sarkozy.

Ces dissensions s'inscrivent dans la tension provoquée par ce que de nombreux sociologues, à la suite de la juriste états-unienne Kimberlé Crenshaw, appellent désormais l'« intersectionnalité » : si les formes de domination entrecroisent les critères de « classe », « sexe » et « race », comment faire en sorte que les combats menés contre ces oppressions ne s'opposent pas ? Dans ce cas, comment être féministe tout en luttant contre le racisme ? La nouvelle affaire du voile est au cœur de cette complexité politique.

Point d'orgue de débats resurgis avec autant d'intensité que quinze ans auparavant, la proposition de loi présentée par l'UMP qui interdit les « signes religieux ostensibles à l'école » est votée par le PS comme par la droite le 15 mars 2004, malgré l'opposition du PCF et des Verts. Or les petites croix, les médailles religieuses et les étoiles de David n'étant pas proscrites par la loi, on voit que son enjeu véritable est bel et bien le voile et que la religion concernée est l'islam – des élèves sikhs portant le turban seront aussi exclus de certains établissements, même si l'application de la loi aboutit dans la plupart des cas à des compromis visant l'apaisement.

Les partisans de la laïcité sont divisés voire personnellement déchirés. Beaucoup accordent leur soutien à la nouvelle législation, en considérant que le voile doit être banni des enceintes scolaires selon la neutralité républicaine. C'est aussi un combat mené au nom du féminisme et de la lutte contre l'oppression. La situation faite aux femmes dans certains pays comme l'Iran ou l'Algérie est invoquée ; le philosophe André Glucksmann avait déjà affirmé : « Le voile est une opération terroriste. Les lycéennes zélées savent que leur voile est taché de sang », les accusant ainsi de complicité. D'autres jugent au contraire que cette loi déséquilibre la situation des religions : le régime concordataire prévalant en Alsace-Moselle et qui fait du christianisme une confession financée par l'État n'est nullement discuté dans la foulée. Certains, comme la Ligue des droits de l'homme, s'opposent à la loi parce qu'elle conforterait la stigmatisation du culte musulman. D'autres encore insistent sur la diversité des significations que revêt le voile pour les jeunes filles concernées : contrainte parfois imposée par leur famille au nom de la tradition, mais aussi affirmation d'une fierté. Finalement, comme le souligne la sociologue Nacira Guénif-Souilamas, « le voile est dénoncé non pour ce qu'il est ici et maintenant mais pour ce qu'il pourrait annoncer ». De fait, l'accusation s'accompagne d'une anticipation sur la mise en cause fantasmée de la « civilisation » occidentale. Certains écrivains, comme Michel Houellebecq ou Patrick Declerck, n'hésitent guère pour leur part à afficher leur « haine de l'islam ». L'affaire dite « des caricatures de Mahomet » vient encore ajouter à ce contexte très tendu. Une série de dessins parus en septembre 2005 dans le journal danois *Jyllands-Posten* est reproduite par *Charlie Hebdo*, fidèle à sa tradition anticléricale, après que leurs auteurs et ceux qui les ont publiés ont fait l'objet de menaces de mort. Beaucoup de fidèles y voient une provocation offensante qui les indigne alors qu'ils se sentent déjà stigmatisés ; à l'opposé, les manifestations d'hostilité qui ont lieu dans de nombreux pays musulmans et les intimidations brandies contre ces journaux choquent profondément les défenseurs de la liberté de la presse. Dans une telle configuration, il n'est pas tout à fait surprenant que des philosophes comme Robert Redeker et Catherine Kintzler évoquent, à propos des jeunes révoltés à l'automne 2005, de « nouveaux barbares ». Pour sa part, Alain Finkielkraut déclare : « Ils ne sont pas malheureux, ils sont musulmans. »

Lors de cette révolte qui embrase les banlieues françaises après la mort de Zyed Benna et Bouna Traoré, un rapport des Renseignements généraux évoque en réalité des jeunes « habités d'un fort sentiment identitaire ne reposant pas uniquement sur leur origine ethnique ou géographique, mais sur leur condition sociale d'exclus de la société française ». Des écoles ont brûlé, ce qui choque une majorité de l'opinion. Pour l'expliquer, les sociologues Samir Hadj Belgacem, Stéphane Beaud, Laurent Mucchielli et Marwan Mohammed ont pu montrer combien, même quand les enseignants travaillent au quotidien à réduire les inégalités sociales et culturelles de départ, l'école peut aussi reléguer : « L'école ne sait pas qu'elle peut faire du mal », commente l'un des participants aux « émeutes » en évoquant « la rage » que cette situation provoque. L'école constitue de fait un observatoire des inégalités que renforcent encore les relégations. Les travaux d'Antoine Prost l'ont montré : au cours de cette période, 10 à 25 % des enfants entrent en sixième sans bénéficier des bases indispensables pour poursuivre leur scolarité, tandis que 7 à 8 % des élèves sortent du système scolaire sans qualification. Si la démocratisation de l'enseignement a progressé, les écarts sont toujours marqués : en 2000, 45 % des enfants d'ouvriers obtiennent le baccalauréat contre 87 % des enfants de cadres supérieurs (ces pourcentages s'élevaient à 20 et 80 % au début des années 1980). De surcroît, les enfants de cadres supérieurs représentent plus de 70 % des bacheliers généraux, mais les enfants d'ouvriers 16 % seulement : Antoine Prost parle à ce propos de « démocratisation ségrégative ». Or, en son cœur, les enfants « issus de l'immigration » se révèlent particulièrement exposés.

La chercheuse en psychologie Malika Mansouri a étudié

pour sa part la place occupée par le « passé d'indignité » transmis dans les familles de ces anciens colonisés. Gérard Mauger l'a indiqué, les faits s'accompagnent aussi d'une « émeute de papier », nombre de commentateurs, intellectuels, médiatiques ou politiques livrant leur interprétation des événements : d'Hélène Carrère d'Encausse, pour qui « ces gens viennent directement de leurs villages africains », au sociologue Laurent Mucchielli qui, à l'opposé, insiste sur les humiliations subies et sur le rôle de la police « devenue un problème plus qu'une solution ». Olivier Roy a de son côté souligné que, notamment dans le Nord et le Pas-de-Calais, beaucoup de jeunes ayant participé à cette rébellion étaient des Blancs aux noms français. Précaution doit donc être prise face aux assimilations entre « émeutes », islam et immigration, trop souvent associés pour que l'on s'en fasse le relais.

Diversité et diversions : les politiques de lutte contre les discriminations

Ces événements n'empêchent pas que soit promue une politique qui vise à combattre les discriminations. C'est d'ailleurs en 2005 que la Haute Autorité de lutte contre les discriminations et pour l'égalité (Halde) voit le jour, en application d'une loi du 30 décembre 2004, placée sous la présidence de l'ancien PDG du groupe Renault Louis Schweitzer. Mais la Halde n'a pas vocation à dénoncer un système, elle s'intéresse avant tout à des cas singuliers ; de surcroît, le procureur de la République qu'elle est autorisée à saisir peut très bien classer les affaires sans suite. Quant à la discrimination elle-même, il est souvent difficile de la prouver juridiquement ; or il faut pouvoir démontrer une intention discriminatoire pour aboutir à une condamnation.

Une politique publique en faveur de la « diversité » est déployée dans le même temps ; le terme est préféré à celui de « discrimination positive » car moins marqué du sceau d'une origine états-unienne. Le mot commence à se diffuser au début des années 2000, dans le sillage du débat sur la parité et, par là, sur les « minorités ». L'homme d'affaires franco-algérien Yazid Sabeg multiplie les rapports et ouvrages pour promouvoir la « diversité » dans les entreprises en particulier. Il est nommé commissaire à la Diversité et à l'Égalité des chances en décembre 2008 par le président Nicolas Sarkozy. Or, comme le précise le directeur du groupe d'assurances Axa Claude Bébéar, « lutter contre la discrimination en entreprise n'est pas affaire de compassion mais plutôt d'intérêt bien compris » ; il emboîte là le pas à ce qu'en dit aussi Nicolas Sarkozy : « Permettre à la diversité de s'exprimer au niveau de nos élites, c'est assurer les conditions de la sécurité, de la prospérité et de la tranquillité à tous ceux qui n'appartiennent pas à des minorités mais qui sont intéressés à ce que ces minorités se sentent intégrées. » Des personnalités dont la couleur de peau n'est pas blanche acquièrent des responsabilités, à la télévision comme au gouvernement. Mais ce sont elles qui restent ultra-minoritaires, tout en cachant la forêt des discriminations moins visibles et moins médiatisées.

Le ministre de l'Intérieur lui-même, Brice Hortefeux, est condamné par le tribunal correctionnel de Paris pour diffamation à caractère raciste, après avoir présenté un jeune militant de l'UMP comme « notre petit Arabe » et avoir précisé : « Quand il y en a un ça va. C'est quand il y en a beaucoup qu'il y a des problèmes », en juillet 2009 – il sera finalement relaxé par la cour d'appel de Paris. Par-delà cette affaire, la loi Hortefeux du 20 novembre 2007, tout en durcissant les conditions d'accès au territoire français et en inaugurant une procédure de tests génétiques pour prouver par l'ADN les filiations, propose l'instauration d'enquêtes statistiques « sur les origines raciales ou ethniques ». Même si cette procédure est rejetée par le Conseil constitutionnel, le projet nourrit le débat ouvert sur la racialisation du social et du politique.

« Race » et histoire

La nouveauté vient de la reconnaissance officielle accordée, au cours de la dernière décennie, à ce qu'Éric Fassin nomme « l'assignation raciale ». Le débat divise les chercheurs, qui s'affrontent par tribunes, articles et ouvrages interposés au sujet d'enquêtes nommées par ceux qui les soutiennent « statistiques de la diversité » et par ceux qui les fustigent « statistiques ethniques ». Les premiers estiment que la mesure des discriminations permettrait de mieux les endiguer ; les autres jugent qu'elle contribuerait à les faire exister en acceptant de les énoncer et ainsi de les réifier.

Beaucoup reconnaissent désormais la pertinence du terme « race » en sciences sociales, comme l'avait fait dès 1967 le sociologue britannique Michael Banton en parlant de *race relations*. Non que les races existeraient. Depuis le milieu du XXᵉ siècle, des études scientifiques fondées sur la génétique ont démontré qu'il existe plus de variations entre individus d'un même sous-groupe géographique qu'entre individus de sous-groupes différents ; le mot « race » n'a donc, pour l'espèce humaine, aucun sens biologique ou anthropologique. En revanche, les individus peuvent être « racialisés » : l'origine ou la couleur constituent des facteurs de différenciation voire de disqualification sociale, à laquelle les sujets sont dès lors identifiés.

L'historien Pap Ndiaye a insisté sur l'importance de « l'articulation classe-race » et sur la nécessité d'en faire l'étude historique, après des décennies marquées par l'illégitimité du sujet. Pour exemple, les discriminations à l'égard des Noirs touchent autant les personnes venues des Antilles que celles issues des migrations subsahariennes : Pap Ndiaye parle d'expériences au fond très semblables. Même si ces stigmatisations recoupent les inégalités sociales, elles ne s'y réduisent pas. Le Conseil représentatif des associations noires de France (CRAN), fondé en 2005 par Patrick Lozès et Louis-Georges Tin, montre que la discrimination liée à la couleur de peau affecte aussi bien des cadres supérieurs que les classes populaires. Les polémiques sur la couleur des joueurs au sein de l'équipe de France de football en sont un autre témoignage : malgré la glorification généralisée du « black, blanc, beur » lors des victoires de 1998 en Coupe du monde et de l'Euro 2000, Alain Finkielkraut évoque en novembre 2005 une équipe « black, black, black » qui en ferait « la risée de toute l'Europe ». Jean-Marie Le Pen, qui avait jugé « artificiel » de « baptiser équipe de France » des joueurs venus « de l'étranger » – faisant mine d'oublier qu'ils sont français – récidive en 2006 ; il avance, avec la prudence de qui craint le procès : « Peut-être le sélectionneur a-t-il exagéré la proportion de joueurs de couleur. » Au sein du PS dont il sera finalement exclu, Georges Frêche, président du conseil régional de Languedoc-Roussillon, se désole en novembre 2006 de ce que, dans cette équipe, « il y a neuf Blacks sur onze ». Marwan Mohammed peut donc parler des « digues morales qui ont sauté depuis une dizaine d'années ». Là se trouve donc la nouveauté : non pas dans le racisme ordinaire, mais dans son affichage public et assumé.

Les initiatives déterminées à retourner les stigmates se sont multipliées durant ces dernières années : création en 2005 de l'association « Indigènes de la République » soucieuse de se réapproprier le mot issu de la colonisation pour en dénoncer l'héritage ; affirmation d'une fierté noire, du côté du CRAN notamment ; revendication des origines au sein d'une France multiple dans une grande partie du rap français. Mais on a vu aussi se prolonger les situations d'assignation à sa condition, ce qu'Abdelmalek Sayad appelait l'« obligation de réserve » ou la « discrétion de l'étranger ».

Les conditions de vie faites aux étrangers ne se sont pas améliorées. La fermeture en 2002 du centre de Sangatte, dans le Pas-de-Calais, n'a fait que rendre un peu moins visible la situation des immigrés clandestins. Les mouvements de grève des sans-papiers leur confèrent la dignité que des employeurs peu scrupuleux ou des « marchands de sommeil » tentent chaque jour de leur enlever. De vieux retraités maghrébins luttent depuis quelques années pour toucher l'argent d'une retraite que l'administration leur conteste : mais combien de ces « chibanis » n'osent pas parler de cet affront qui est pour eux la pire humiliation ? Quant au droit de vote des étrangers aux élections locales, il n'est toujours pas accordé.

« Première, deuxième, troisième génération, nous sommes tous des enfants d'immigrés » : par-delà son statut de slogan scandé au fil des années dans les manifestations antiracistes, le constat, sans avoir force de loi, pourra être testé dans sa validité par bon nombre de Français. « D'ailleurs, nous sommes d'ici », dit le mouvement des sans-papiers ; dans sa sobriété, l'expression convie aussi à s'interroger sur ce qu'est « être d'ailleurs » et sur ce que signifie « être d'ici ».

CHAPITRE XII

Au miroir des territoires

Être au monde : ce peut être une expérience existentielle, ontologique, philosophique. Mais c'est aussi au cours de ces dernières décennies une pratique historique, dans les deux sens de l'expression : être dans l'histoire et dans son exception. Même s'il y eut bien des étapes à la mondialisation, le fait de se sentir relié au monde, habitué à lui, parfois empêtré en lui, est une épreuve réellement neuve. Cette « conscience planétaire », comme le dit l'anthropologue Marc Augé, est également une « conscience malheureuse » : l'inédit tient en effet dans la lucidité acquise sur les dommages et les ravages infligés à la Terre, avec la dégradation des écosystèmes au niveau local et l'altération de la biosphère au niveau global. Cette clairvoyance, bien qu'elle se sente parfois impuissante, fait aussi mieux s'enraciner l'écologie. Le « principe responsabilité », théorisé au crépuscule des années 1970 par le philosophe allemand Hans Jonas, sort alors de la sphère théorique pour devenir une ligne politique, en faisant de l'avenir une matrice : il s'agit de léguer aux générations futures une « Terre habitable ».

Comme ont pu y insister les géographes Michel Lussault et Martin Vanier, l'habitat n'est pas qu'une résidence : il est fait de potentialités et d'attachements mais aussi de mobilités. Habiter est une expérience, de plus en plus « connectée », où les échelles sont mieux emboîtées – c'est ce que les sciences sociales ont coutume d'appeler le « glocal ». Dans cette articulation du local et du global, le prisme national perd de sa superbe. Pourtant, les flux et leurs aménagements, les réseaux et les territoires, en tant qu'ils sont des objets politiques et notamment de politiques publiques, demeurent marqués par un cadre national dont les contours méritent plus qu'un détour. La figure trop géométrique de l'« Hexagone » laisserait à tort oublier les terres lointaines que la France s'est octroyées et qui, bien que de France, sont des territoires contestés.

« Par où le monde change-t-il ? », se demande Martin Vanier en interrogeant l'expérience sociale des espaces habités. Il change sans doute par sa mobilité exacerbée, accompagnée de ce que les géographes nomment la « cospatialité » : les territoires sont de plus en plus partagés et les catégories – à commencer par la dichotomie ville/campagne – en sont bouleversées. Il a aussi ses exclusions, ses clôtures et ses enclavements, dans la croissance de la pauvreté et le creusement des inégalités.

ESPÈCES D'ESPACES :
LES BOULEVERSEMENTS DES RAPPORTS VILLES/CAMPAGNES

Économie des territoires : la France, Paris et ses régions

L'économiste Laurent Davezies l'a analysé : durant les trois décennies baptisées « Trente Glorieuses » *a posteriori*, la dynamique des territoires avait eu pour caractéristiques l'étalement de la production et une relative péréquation entre les régions et entre les villes, donc une réduction des disparités du PIB par habitant. Or cette tendance de moyen terme s'inverse au début des années 1980. L'« économie-monde » y est pour beaucoup : les espaces de la production doivent s'adapter à ses injonctions, sous forme d'« ajustements structurels » qui renforcent les polarisations. Les régions les plus riches, dont le poids relatif avait reculé, redeviennent les vrais moteurs de la croissance. Parmi elles bien sûr, l'Île-de-France et en son sein Paris, cette « ville plus grande que la France » selon le géographe Roger Brunet. D'autres, dont les activités sont jugées obsolètes à l'aune de l'économie mondialisée, sont touchées par les restructurations, les délocalisations et la relégation.

Plus que jamais, Paris, dans son rapport aux régions, se distingue en Europe par une domination qu'aucune ville française ne peut lui disputer ; rien en France de comparable à Manchester, Francfort ou Barcelone pour rivaliser avec la capitale en matière politique, économique, financière et culturelle. Ce surdimensionnement est symbolisé par le quartier de la Défense, véritable prolongement du Paris historique par l'axe des Champs-Élysées, un pont jeté entre le passé et l'extrême modernité. La relance de sa construction au début des années 1980 avec ses tours « de troisième génération », son immense centre commercial, les Quatre-Temps, ouvert en 1981, ses 3 millions de mètres carrés de bureaux, en font le premier centre d'affaires européen pour sa superficie. Quelque 180 000 salariés y travaillent, dans près de 3 000 entreprises. Sa dalle, parsemée d'œuvres d'art, de jardins suspendus et de bassins, peut se lire comme l'emblème d'une économie-monde : 2 millions de touristes d'affaires y passent et repassent chaque année, croisant des salariés pressés, aux costumes et tailleurs uniformisés que l'on peut retrouver dans la City à Londres, à Midtown Manhattan à New York, à Pudong à Shanghaï, à Nishi Shinjuku à Tokyo, jusqu'au Santa Fe de Mexico. Au fond, elle ressemble à cette *Araignée rouge* d'Alexandre Calder qui s'impose au centre du quartier : elle en a la froideur de l'acier, la hauteur imposante, l'abstraction glacée, le pouvoir inquiétant et familier.

Face à l'hyperdomination francilienne, d'autres pôles déploient leurs ambitions. Toulouse est sans doute la ville à la plus forte extension, une cité aux dimensions européennes dotée d'activités diversifiées, l'industrie aéronautique en particulier, et d'un centre parmi les mieux équipés ; mais elle reste assez isolée et son arrière-pays ne connaît pas la même dynamique. Au contraire, certaines villes voient leur influence déborder dans leur région, franchir des fleuves et passer des ponts : celle de Lyon s'étend vers Saint-Étienne et en direction de la Bourgogne, Marseille vers le sud du Vaucluse et la région de Toulon, Grenoble vers le Vercors, Bordeaux par-delà la Garonne. Les « conurbations européennes » – autour des axes Paris-Lille-Bruxelles grâce à l'Eurostar lancé en 1994, Mulhouse-Bâle ou encore Lyon-Turin-Milan – sont d'autres façons de dépasser les frontières. Des cités deviennent des villes-champignons grandies dans le rayonnement d'une métropole : à l'ombre de Bordeaux, c'est le cas de Pessac et de Bègles notamment. Grâce au TGV, des villes comme Lille, Reims ou Le Mans entrent dans le mouvement d'une grande banlieue parisienne, aux rythmes pendulaires strictement ordonnés. Mais la grande mutation tient aux déplacements vers les Suds, des régions tout à la fois pré- et postindustrielles. Ainsi du Languedoc-Roussillon, emblématique de cet héliotropisme : il détient des records d'activité comme de retraités ; y prédominent les petites entreprises tertiaires et un niveau de qualification élevé même si l'échec scolaire y est accusé. À l'opposé, des régions souffrent depuis trente ans de la disparition des activités industrielles qui avaient façonné leur identité, comme les bassins miniers du Nord et de l'Est.

Dans ces conditions, les régions sont l'objet d'une politisation. Depuis la décentralisation amorcée en 1982, elles sont d'ailleurs des entités politiques à proprement parler : l'État leur délègue un certain nombre de responsabilités. À partir des années 1990, on parle de l'« Europe des régions », armée du principe de subsidiarité : les instances supérieures doivent se désengager de tout ce qui peut être réalisé au niveau inférieur. Son application pratique encourage le désinvestissement de l'État : les collectivités territoriales se voient donc confier de nouvelles missions, mais sans que les moyens nécessaires soient toujours à la hauteur de la situation. En outre, comme l'a relevé Roger Brunet, l'aménagement du territoire reste tiraillé entre deux impératifs opposés : réduire les disparités et corriger le jeu du marché, ou favoriser les aires déjà performantes au nom de leur compétitivité.

Aux confins de l'urbain : « néoruraux » et « rurbains »

Une autre dynamique s'impose à partir des années 1980, tout aussi massive dans ses conséquences sociales et spatiales : les communes rurales cessent de perdre des habitants, les mouvements migratoires entre urbain et rural s'inversent – en 1982, le recensement indique que l'exode rural a cessé pour la première fois depuis le milieu du XIXe siècle. La ville apporte des résidents aux campagnes et « le vieux monde est à l'envers », écrit le sociologue Jean Viard ; « le monde rural n'existe plus », il n'est précisément plus un « monde ». Vivre à la campagne, pour avoir plus d'espace, pour avoir un jardin, pour gagner du terrain, est une aspiration d'urbains. Entre actifs travaillant en ville et retraités venus s'y installer, les habitants des campagnes font vaciller leur définition. Dans ce que l'INSEE nomme d'une appellation officielle les « zones de peuplement industriel et urbain », il y a bel et bien des espaces « ruraux » – des communes comptant moins de 3 000 habitants. Mais une telle acception perd de sa pertinence quand les interactions acquièrent cette prédominance. Roger Brunet préfère parler de « réalités de bassins », marquées par d'amples mouvements quotidiens. Cette pratique trouve assez vite sa traduction sémantique : en 1989, le mot « rurbain », qui dit bien l'entre-deux de tels liens, apparaît dans le dictionnaire ; en 2002, le terme « néorural » y fait son entrée.

Forte de 14 millions d'habitants au début des années 1980 comme à la fin des années 2000, la population rurale est très diversifiée et témoigne de coexistences renouvelées. Cette hétérogénéité est d'abord professionnelle : dans les communes rurales résident 25 % des actifs dont 50 % travaillent dans le secteur tertiaire, 20 % dans l'industrie et 10 % dans le bâtiment. Ainsi 35 % des ouvriers vivent-ils dans des communes rurales. L'activité agricole y est très minoritaire : les agriculteurs représentaient un tiers de la population rurale en 1962 ; ils sont encore 26,6 % en 1982 pour n'en plus former que 10 % aujourd'hui. La diversité est aussi générationnelle, tant l'occupation des territoires s'éclaire au prisme des trajectoires. C'est vers 27 ou 28 ans, avec l'installation dans un travail durable et la constitution d'un foyer, que l'on quitte la ville pour avoir plus d'espace à vivre. Les jeunes ménages coexistent avec des retraités. Pour autant, le mouvement finit souvent par s'inverser avec un retour vers la ville des plus âgés, par commodité comme par nécessité liée au tarissement des déplacements et à une santé altérée.

Enfin, par-delà ces typologies, une autre encore se dessine, qui articule le social et le spatial et enseigne qu'il n'y a pas *un* espace rural. On peut en effet distinguer des territoires périurbains, dans la couronne des métropoles mais aussi dans les zones littorales et frontalières : la ville y a son arrière-cour, ses centres commerciaux, ses entrepôts, ses activités de logistique et le traitement de ses déchets. Puis viennent des territoires ancrés dans une agriculture active à fortes densités de population – le Nord-Ouest, les vignobles, l'Alsace et les Suds – ou moins peuplés et dès lors moins marqués par les conflits d'usages de l'espace – le Valois, la Champagne ou la Beauce. Enfin s'étagent des espaces ruraux éloignés de l'urbain, dessinant une « diagonale du vide » qui continue de se dépeupler – des plaines de la Meuse aux Pyrénées *via* le Massif central.

Ces liens noués avec la ville n'empêchent pas les populations rurales de se sentir parfois reléguées. Les jeunes ruraux l'éprouvent en particulier : comme l'a montré le sociologue Nicolas Renahy, les espaces ruraux sont toujours des pays d'interconnaissance où être « du coin » a un sens. Mais l'isolement y est prégnant, surtout dans les communes qui ont perdu leur identité avec leur principale activité dans le sillage d'une fermeture d'entreprise. Lorraine, Champagne-Ardenne, Nord-Pas-de-Calais et Haute-Normandie connaissent fréquemment les affres voire les drames d'une telle situation. « L'isolement géographique devient un isolement social », fait d'échecs scolaires, de chômage et de désarroi moral.

Faire paysage, faire image

Les connexions plus ou moins accentuées entre sphères urbaine et rurale trouvent un autre point de rapprochement : la tendance à « faire paysage ». À partir des années 1980, un attrait pour l'« authentique », les « terroirs » et le patrimoine s'imprègne d'un passé à protéger voire à reconstituer. Comme le dit Pierre Sclaminec, un paysan âgé de Plozévet cité par Emmanuel Laurentin : « Il y a trop de gens qui regrettent le passé qu'ils n'ont pas vécu » – façon d'expliquer que ce passé est pour partie fantasmé. Mais à ce regard jeté en arrière, dans une histoire autant réelle qu'imaginée, fait aussi écho le goût de l'avenir à savourer dans des paysages préservés.

Ces paysages peuvent être réinventés, voire « folklorisés », explique David Montembault : prenant le cas des vallées de l'Anjou, entre Saumur et Angers, ce chercheur paysagiste évoque un « habillage de l'espace », entre « haies champêtres » et « ceintures vertes » pour figurer des campagnes « plus vraies que nature », où la nature n'a précisément plus sa part mais où les conséquences sur les agriculteurs ne sont pas négligeables (recul des dates de fauche et limitation de sa vitesse). On a là un bon exemple des concurrences d'usages qui peuvent tendre les relations entre les populations, en même temps que d'une demande sociale de paysages aptes à faire de belles images.

La remarque ne vaut pas que pour l'espace rural : les paysages urbains sont sans cesse mieux mis en scène. Toute grande ville a ses écologues et paysagistes soucieux de dessiner les traits de ce qu'il est désormais convenu de nommer la « qualité de vie ». Les monuments publics s'éclairent pour faire briller, la nuit, leurs atouts jusque-là négligés. Des cathédrales renouent avec leur passé en se revêtant des couleurs qu'elles arboraient à l'âge médiéval, par projection de lumières irisées. Quand elles sont traversées par un fleuve ou une rivière, nombre de cités donnent un nouvel éclat à leurs quais – Bordeaux, Lyon et Rennes en sont sans doute les cas les plus exemplaires. Des villes en tout point éloignées des stations balnéaires se dotent de plages pour y ressembler : le mouvement est lancé à Saint-Quentin (Aisne) en 1996 lorsque la municipalité offre à ses administrés qui ne peuvent partir en vacances un succédané de leurs réjouissances sur la place de l'Hôtel-de-Ville ; « Paris Plages » est inauguré en 2002 ; depuis lors, plusieurs villes entrent chaque été dans la danse des plages fabriquées : de Tourcoing à Rodez, de Metz à Toulouse, de Cahors à Clermont-Ferrand. Les « coulées vertes » permettent de redécouvrir les promenades à vélo ou à pied, lorsque l'urbain se fait aussi jardin. Avec un certain retard par rapport à l'Europe du Nord, nombre de villes valorisent « la petite reine » modernisée en vélos de libre service : après l'exemple pionnier de La Rochelle et de ses « vélos jaunes » en 1974 sont venus ceux de Rennes (1998), les « Velo'v » à Lyon (2005), les « Velib » à Paris (2007), les « V'hello » d'Aix-en-Provence (2007), les « Vélivert » de Saint-Étienne (2010) et de bien d'autres villes encore. Les quartiers anciens, populaires mais aussi délabrés au début des années 1980, sont réhabilités ; comme à Lille, les vieilles maisons sont repeintes aux couleurs d'autrefois, les bâtisses et les édifices valorisés. Mais c'est le plus souvent au prix d'une « gentrification » : le néologisme, forgé par la sociologue germano-britannique Ruth Glass, renvoie à l'embourgeoisement de certains quartiers qui se vident peu à peu de leurs classes populaires rejetées vers une périphérie parfois mal desservie. « Les villes européennes refaites, écrit la romancière Nathalie Quintane dans *Tomates* (2010), se reconnaissent à ce que rien ne doit clocher et c'est justement ce rien ne cloche qui cloche » : les quartiers réhabilités sont à la fois ranimés et comme lissés.

Parties de campagne

De tout ce que l'on vient de décrire – influence de la mondialisation et importance des marchés, relations densifiées entre villes et campagnes, diversité sociale et fragilités, espaces valorisés comme paysages –, l'agriculture porte les traces. Les exploitants de la terre continuent de travailler 50 % de la superficie des sols français. Le nombre d'actifs agricoles est de 1,869 million en 1980, 1,456 million en 1990 et un peu moins de 1 million en 2010 : ils passent ainsi, dans la population active totale, de 8 à 4 %. La population agricole, de surcroît, vieillit : en 2007, les moins de 35 ans ne représentent plus que 13 % des exploitants. Les femmes en revanche affichent davantage leur présence et une certaine assurance quant à l'affirmation de leur statut. En 1982, elles forment 12 % du nombre total d'exploitants, mais 24 % en 2007 – et 42 % des plus de 60 ans. Depuis 2000, elles peuvent aussi bénéficier du statut de « conjointe collaboratrice » et, depuis 2005, elles n'ont plus besoin pour le revendiquer de l'accord du chef d'exploitation – leur mari. Enfin, si les « actifs familiaux » forment toujours la grande majorité des actifs (84 % en 2007), la proportion de salariés reste stable (autour de 16 %). On les retrouve, permanents ou saisonniers, dans des régions très demandeuses de main-d'œuvre pour l'arboriculture, le maraîchage, l'horticulture et la viticulture.

La mondialisation des échanges ne crée pas une situation nouvelle, mais elle vient bien plutôt l'aiguiser : faut-il faire le choix d'une agriculture productiviste ou prôner un modèle agricole alternatif, fondé sur la qualité ? Le courant dominant de l'agriculture française se montre compétitif à l'échelle mondiale, arc-bouté sur une industrie agroalimentaire puissante. Il se révèle aussi très concentré : pour les dix premières productions françaises, dix départements offrent l'équivalent de ce qu'en proposent quarante-cinq autres, moins performants. Certaines régions comme le Massif central et ses pourtours, le Berry et le Morvan, le Bassin aquitain et les contreforts pyrénéens ou encore la Bretagne centrale connaissent des difficultés traditionnelles mais aussi accentuées : les agriculteurs y sont plus nombreux qu'ailleurs – en moyenne un actif sur cinq y est un exploitant agricole –, mais pour des résultats modestes et des conditions de vie précaires.

Les agriculteurs demeurent parmi les actifs les plus fragilisés. En 2010, une enquête de l'Institut de veille sanitaire enseigne qu'il y a trois fois plus de suicides parmi eux que chez les cadres. Beaucoup sont endettés, les prix de vente ne cessent de baisser et la volatilité des prix engendre une très forte variabilité de revenus. En 2011, un quart des agriculteurs a gagné moins que le SMIC et 10 % ont eu un revenu négatif. La Politique agricole commune (PAC), depuis la réforme vivement contestée de 1992, ne garantit plus les prix par le système qui prévalait jusque-là d'aides indirectes versées pour compenser la différence entre prix garantis et prix du marché. Outre les catastrophes naturelles qui peuvent détruire un capital et des mois de travail, les « crises » qui émeuvent l'opinion publique, comme celle de la « vache folle », affectent un peu plus l'agriculture par l'ampleur des dégâts causés.

Face aux enjeux de cette agriculture mondialisée, certains exploitants se tournent vers une reterritorialisation de leurs productions. C'est le cas avec les appellations d'origine contrôlée (AOC), qui reconnaissent les qualités d'un terroir en s'appuyant sur deux principes : l'exclusivité et la non-reproductibilité. Le chercheur en agronomie Julien Frayssignes a pu en faire la démonstration avec l'exemple du camembert en Normandie. Cette appellation est protégée à partir de 1983 ; mais c'est dans les années 1990 qu'intervient une prise de conscience quant aux possibilités de valoriser le territoire lui-même, en l'occurrence le village de Camembert (Orne) : en 1992 est créée une « Maison du Camembert » puis en 2000 un musée, la « Ferme Président », installée dans une bâtisse restaurée de la fin du XVIIIe siècle. Dans ce village de quelque 200 habitants, 30 000 touristes chaque année recherchent les sources du passé et les ressources d'un produit réputé. Ce mouvement est en outre favorisé, à partir des années 2000, par une demande sociale croissante de qualité. Inspiré d'une pratique qui trouve ses origines au Japon, le réseau d'Associations pour le maintien d'une agriculture paysanne (AMAP) est officialisé en 2003. Il établit des liens entre des consommateurs et une exploitation agricole au niveau local : les premiers s'engagent en payant d'avance une saison de produits ; ces contrats sont donc marqués par la proximité, la confiance et la solidarité. C'est également une réaction contre la mondialisation des circuits, peu écologiques en raison du coût des transports sur l'environnement. Au contraire, ces agriculteurs et ces consommateurs promeuvent des circuits courts, en réhabilitant les productions locales.

Alimentant, accompagnant et parfois suscitant une conscience écologique plus affirmée qu'auparavant, des agriculteurs décident donc de se tourner vers une production de qualité. Le courant de l'agriculture « biologique » se développe à partir des années 1990. Bien sûr, certains y voient un filon dans le renouvellement des productions. D'autres – et sans qu'il y ait forcément incompatibilité – la pratiquent à la manière d'une démarche éthique et politique. Selon le sociologue britannique Johannes Michelsen, il faut y percevoir, davantage qu'une simple méthode agricole, un « mouvement social » qui récuse le modèle dominant et s'impose comme une forme de résistance au système productif global. C'est aussi durant cette période que s'affirment des courants opposés aux organismes génétiquement modifiés (OGM) et à leur culture en plein champ. Menée sous la houlette du militant syndicaliste José Bové, membre de la Confédération paysanne, la première action a lieu en juin 1999 à La Valette, au Centre de coopération internationale en recherche agronomique qui expérimente un riz génétiquement modifié. Puis, quelque 400 personnes, dont le même José Bové, détruisent les cultures d'un champ de colza transgénique à Belpech (Ariège). Les condamnations se multiplient, avec parfois de la prison ferme, comme pour le démontage du McDonald's de Millau en août 1999. Ces militants, qui à partir de 2003 s'organisent en un mouvement des Faucheurs volontaires, se revendiquent de la non-violence et de la désobéissance civile, en réclamant l'application du principe de précaution face aux manipulations transgéniques. Les affrontements avec les forces de l'ordre venues empêcher leurs actions, mais aussi avec les exploitants qui parfois organisent des contre-manifestations, font de ces engagements un puissant sujet de politisation.

On retrouve ces enjeux avec une force démultipliée, en 2010-2013, d'abord dans la Drôme et l'Aveyron où militants, paysans et habitants se mobilisent contre l'exploitation des gaz de schiste, qui augmenterait les risques sismiques et contaminerait des nappes phréatiques, en plus de détruire les paysages ; puis, en 2012 et 2013, sur le site de Notre-Dame-des-Landes au nord de Nantes : militants de gauche et d'extrême gauche, paysans et habitants s'unissent par milliers lors de grands rassemblements mais aussi par une résistance quotidienne pour s'opposer au projet d'aéroport défendu par le gouvernement et notamment par le Premier ministre et ancien maire de Nantes Jean-Marc Ayrault. La Zone d'aménagement différé (ZAD) y est rebaptisée Zone à défendre, contre la destruction de 2 000 hectares de terres agricoles et de bocage, l'expulsion des paysans et des habitants. Les opposants y font alors revivre une grande lutte des années 1970, celle du Larzac, ranimée en 2011 par *Tous au Larzac*, le superbe film de Christian Rouaud.

Un espace intermédiaire : le « pavillonnaire »

À la charnière de la ville et de la campagne, dans ces espaces interstitiels entre l'urbain et le rural, les quartiers pavillonnaires font l'objet d'une attention renouvelée des chercheurs – géographes, sociologues et politistes – en raison des évolutions qui marquent les observateurs à chaque échéance électorale. En 1988 en effet s'y affirme pour la première fois un vote Front national assez marqué et dès lors remarqué, qu'Hervé Le Bras et Emmanuel Todd sont parmi les premiers à étudier. Ils décrivent alors un univers « recroquevillé », où les relations de voisinage se sont amoindries et où les habitants ont perdu leur identité. Il peut s'agir de populations ouvrières qui ont quitté les grands ensembles pour acquérir leur maison, symbole de leur ascension. Mais avec cet éloignement de leurs quartiers d'origine, fondés sur des sociabilités liées aux métiers et à la culture populaire, ces habitants auraient « rompu un lien anthropologique essentiel ». Arpentant ces quartiers pavillonnaires, le démographe et le sociologue sont frappés par l'importance des grilles qui enferment, des haies qui protègent et des panneaux « Chien méchant », comme s'il fallait à toute force se défendre contre une éventuelle intrusion, voire contre une invasion.

Or ces pavillons sont de plus en plus prisés : ils représentent aujourd'hui 20 % des résidences principales mais 40 % de la construction des logements neufs. Ceux qui les occupent se laissent difficilement enfermer dans des catégories sociodémographiques. Les sociologues Marie Cartier, Isabelle Coutant, Olivier Masclet et Yasmine Siblot forgent à leur sujet le terme de « petits-moyens » pour indiquer combien leur statut est intermédiaire : « entre le haut des classes populaires et le bas des classes moyennes ». Ce sont des ouvriers qualifiés, des employés et des techniciens, parfois des cadres moyens. Ils font le plus souvent partie des quelque 57 % de ménages propriétaires. L'acquisition du pavillon représente plus qu'une amélioration du confort au quotidien : une prise de distance à l'égard des quartiers plus populaires, ceux des grands ensembles notamment. Ils ressentent de plus en plus cependant la crainte du déclassement. Tout quartier décidément, et le pavillonnaire en particulier, est bien le « théâtre d'une affirmation statutaire ».

Vivre sa ville

« Les quartiers populaires sont impopulaires auprès de ceux qui en sont distants », relève le sociologue Marwan Mohammed. Il souligne là l'importance de la désignation et des assignations extérieures, tout en interrogeant les formes de réappropriations ou de rejets face à ces images-clichés. Parmi les chercheurs qui ont étudié ces quartiers, le sociologue David Lepoutre est de ceux qui ont observé de près la culture des lieux. Après s'être installé dans la cité des 4 000 à La Courneuve, dans la petite couronne nord de Paris où vivent environ 15 000 habitants, il a pu décrire ces « parallélépipèdes monolithiques parfaits » qui ceinturent le regard sur 500 mètres de largeur, ces immeubles qui portent « la marque de leur temps et la marque du temps » : construits à la hâte durant les années 1960, sans la moindre recherche architecturale et dans une indifférence radicale à toute ambition esthétique, ces hauts blocs de béton cachent le ciel et ferment l'horizon ; les mornes « espaces verts » y sont de moins en moins verts tandis que sur les façades cinquante nuances de gris, peut-être, déclinent leur spectre monotone. Les habitants savent leur quartier fustigé. Parfois, aux outrages du temps et de l'absence de réhabilitation, s'ajoutent les dégradations. Évoquant un « effet de lieu », Pierre Bourdieu expliquait : « Le quartier stigmatisé dégrade symboliquement ceux qui l'habitent et qui, en retour, le dégradent symboliquement. » Mais ces habitants, évidemment, aiment leur quartier le plus souvent, qui représente des lieux d'enfance, de souvenirs et d'attachements. Or ils sont de plus en plus vus par les pouvoirs publics et une partie du discours médiatique comme des « territoires » sans commune mesure avec le reste de l'espace national, des « cités » qui seraient hors de la Cité, des « banlieues » dont le nom bien trop général et figé a au moins le mérite de rappeler la résurgence de son sens premier : ce qui est mis au ban.

L'administration française ne veut plus être prise en défaut de raisonner en termes « ethniques » et dès lors, Ivan Jablonka y a insisté, les sujets de ses politiques publiques sont moins les populations que les territoires : après les Zones à urbaniser en priorité (ZUP) décrétées en 1958 viennent en 1982 les Zones d'éducation prioritaire (ZEP) puis en 1996 les Zones urbaines sensibles et en leur sein les Zones franches urbaines (ZFU). Mais le paradoxe tient dans le fait que, pour bénéficier de ce label, les communes n'ont pas intérêt à voir le sort de leurs populations s'améliorer. Ainsi pour être classé en ZFU et obtenir pour les entreprises qui y sont implantées d'importantes exonérations sociales et fiscales, il faut une forte présence de jeunes sans qualification : cette condition n'incite pas à en réduire la proportion.

« Le foisonnement de ces acronymes en Z, écrit Ivan Jablonka, n'a pas transformé en "zonards" les adolescents qui y vivent. » Du moins passent-ils pour des cibles visibles des politiques sécuritaires. Les interventions policières s'y multiplient après les « rodéos » de 1981 dans le quartier des Minguettes à Vénissieux ; elles se spécialisent au début des années 1990 avec le développement des Brigades anti-criminalité (BAC) qui interviennent en civil à la recherche du flagrant délit. En 2006, le maire UMP de Montfermeil Xavier Lemoine va jusqu'à prendre un arrêté interdisant aux 15-18 ans de « se déplacer de jour comme de nuit à plus de trois dans le centre-ville » ; mais cet arrêté est annulé par le tribunal administratif de Cergy. En revanche, au niveau national et depuis la loi de 2003, le rassemblement dans les halls d'immeubles est un délit.

Les représentations élaborées à propos de ces jeunes ont transformé les « blousons noirs » des années 1960 en « jeunes des quartiers », en passant par les « loubards » et les « casseurs ». Leurs pratiques dessinent une culture de rue, faite à présent de rap, de hip-hop, de graff et de tag, un entre-soi du « monde des bandes » fondé sur l'idéal de la virilité, la valorisation du risque, la gouaille et le franc-parler, comme l'a montré Gérard Mauger. Entre disqualification scolaire, désouvriérisation et stigmatisation, la précarité confère à cette jeunesse populaire le statut de « jeunes à tout faire ». Alors, ils retournent le stigmate. Le groupe ZEP transforme l'acronyme en « Zone d'expression populaire » et propose, dans un rap très politique, une réappropriation de la ville et de la cité : « Elle est à nous cette rue qui bouillonne / Elle est à nous cette rage qui résonne / Elle est à nous cette voix qui empoisonne / Elle est à nous cette colère qu'on fredonne. »

Par-delà ces cités dont les bâtiments sans âme sont réinvestis par leurs habitants pour en faire de véritables « quartiers », se développent des « non-lieux » communs, pour suivre Marc Augé : ces centres commerciaux qui s'uniformisent alors qu'ils se mondialisent, ces chaînes de magasins et de fast-foods, tous semblables, offrent des repères au voyageur d'où qu'il vienne parce qu'il peut les retrouver partout, mais désamorcent en même temps les singularités. Décrivant le moderne « ventre de Paris », ce Forum des Halles qui est tout à la fois gare multimodale et hypercentre commercial, où chaque jour 800 000 personnes sont happées, la sociologue Françoise Moncomble évoque la mimétique « lente sans émotion » devenue « rituel de masse », prise entre deux rythmes : on y circule vite et sans s'arrêter ou bien on y flâne pour « respirer l'air du temps », celui de la marchandise et de la mode aux attraits troublants et puissants.

HABITER : SI LOIN, SI PRÈS

Loger, déloger

Vivre en ville, et de manière générale se loger, est au fil des années plus coûteux. À partir de la décennie 1980, la distribution des postes dans le budget des ménages évolue très sensiblement, du fait du logement qui devient peu à peu le poste le plus important ; il se situe bien avant l'alimentation, les transports, les loisirs et la santé. Ces modifications notables affectent surtout les classes moyennes et populaires.

Pour les « classes moyennes inférieures », les dépenses courantes de logement, qui représentent en 1980 environ 21 % de leur budget, s'élèvent jusqu'à 38 % à la fin des années 2000. Quant au « taux d'effort » des ménages les plus pauvres en matière de logement, il augmente de près de 10 % au cours de la même période, quand celui des plus aisés ne progresse que de 3 %. Les grandes villes voient le prix du foncier fortement augmenter : à Paris en particulier, le prix des appartements croît de 185 % en seulement dix ans, entre 1998 et 2008 ; le montant moyen des loyers s'alourdit de 50 %. Cette bulle immobilière, liée aux politiques monétaires qui encouragent le crédit à partir des années 1990, n'est pas connectée à l'amélioration des conditions de logement, réalisée pour l'essentiel durant les années précédentes et sans flambée des prix pour autant : en 1973, la superficie moyenne par habitant s'établit à 25 mètres carrés ; elle est de 37 mètres carrés en 2002. En 1980, 62 % des habitations disposent de l'eau courante et de W.-C. intérieurs ; la proportion s'élève aujourd'hui à 99 %.

Il reste qu'une partie de la population vit dans des conditions indignes. Ici, les statistiques administratives distinguent les habitants selon leur nationalité, ce qui fait apparaître de fortes inégalités. En 1982, on estime que 1,8 % des Français vivent dans des logements « en état de surpeuplement accentué », quand c'est le cas de 12 % des étrangers ; à la fin des années 2000, ces proportions sont bien plus élevées quoique toujours contrastées : 12,2 % et 30,9 %. En 2006, la Fondation Abbé-Pierre évalue à 1,15 million le nombre de personnes vivant sans confort de base, c'est-à-dire sans salle de bains, toilettes ni chauffage. Ce mal-logement peut procéder d'un « accident de la vie » – handicap, licenciement – ou de conditions d'existence structurelles. La couleur de peau y joue sa partie : comme a pu l'affirmer Patrick Weil, « certains constructeurs gèrent les immigrés comme des pièces détachées » ; les quotas selon les origines par immeuble et par quartier sont devenus une règle, dotée de seuils à ne pas dépasser. Et c'est bien la couleur de peau plus que la nationalité elle-même qui est en jeu ici puisque ces discriminations affectent aussi les populations venues des départements et territoires d'outre-mer.

Au milieu des années 2000, 640 000 logements sont considérés comme sans confort. Au même moment, on estime à 800 000 le nombre de personnes en manque de logements. Le parc public est très fortement sollicité : ses loyers sont moins élevés et la qualité de l'habitat y est en principe garantie. Cependant, la demande est sans proportion aucune avec l'offre : ainsi à Paris, en 2002, on recense 100 000 demandes de logements sociaux, quand seulement 8 000 dossiers sont acceptés chaque année. La construction continue certes de progresser : entre 1990 et 2005, 1 million de logements sont construits à des fins de location. Mais ce parc est géographiquement déséquilibré : il se concentre sur les zones ensoleillées comme la façade atlantique ou le bassin méditerranéen ; en 2008, pour 3,4 logements construits en Île-de-France, 10 le sont en Languedoc-Roussillon. Dans les logements les plus dégradés, il faut parfois attendre une situation d'extrême urgence pour que les pouvoirs publics interviennent – par un arrêté d'insalubrité et une interdiction d'habitation. Les drames ne peuvent que survenir, comme en 1984 l'incendie d'une cité à Nanterre ou, à l'été 2005, une vague d'incendies meurtriers dans des logements très dégradés ; l'opinion publique est tout particulièrement frappée par le décès de 17 personnes boulevard Vincent-Auriol dans le 13e arrondissement, au cœur de Paris. Mais par-delà ces tragédies qui font éclater aux visages la catastrophe des mal-logés, l'insalubrité a des conséquences en cascade : saturnisme qui touche surtout les enfants, affections respiratoires et dermatologiques, allergies, sur lesquels viennent souvent se greffer un mal-être scolaire ou professionnel et de profondes souffrances psychiques. Certes, le Conseil constitutionnel fait de l'accès à un logement décent un objectif à valeur institutionnelle en 1995. En 2000, la loi « relative à la solidarité et au renouvellement urbains » (SRU) permet au locataire d'attaquer le bailleur s'il ne lui propose pas un « logement décent ». Pour autant, la situation ne paraît pas évoluer. Les bidonvilles sont éradiqués de la capitale, l'insalubrité est moins visible parce qu'elle est plus disséminée, tapie derrière des façades qui ne laissent rien soupçonner. Baraquements et campements, « sous les ponts et les échangeurs d'autoroutes », autant d'« intolérables espaces de "non-vie" » écrit Dominique Kalifa, dans le prolongement de « bas-fonds » disparus mais sans cesse différemment revécus.

Les relégués de la grande pauvreté

Ainsi en va-t-il pour ceux qui n'habitent nulle part, privés de la possibilité même de se loger et de se poser. L'expression « sans domicile fixe » (SDF) (ré)apparaît à la fin des années 1980 – le terme avait surgi à la « Belle Époque » dans le langage de l'administration policière, précise Dominique Kalifa, mais sans prendre racine. La première enquête à leur sujet est menée par l'Institut national des études démographiques en 1995. On y apprend que moins de 10 % vivent « dans la rue ». Il y a aussi tous ceux qu'on ne voit pas, qui vont de lieu en lieu, de centres d'hébergement en logements hâtivement prêtés, qui ne connaissent en somme que le précaire et le temporaire. En 2013, le nombre de SDF est estimé à 140 000, parmi lesquels 30 000 enfants : c'est deux fois plus que dix ans auparavant. 30 % travaillent mais leurs revenus ne suffisent pas à leur payer un toit.

Sous la pression de diverses associations durant les années 1980, puis avec l'appel retentissant lancé par l'abbé Pierre aux futurs députés en février 1993, les SDF sont devenus un phénomène de société. Ils sont bien visibles dans les cités, mais cette visibilité les fait aussi oublier, comme une évidence qui traverse les existences sans les arrêter. Le SAMU social est fondé en 1993 par le docteur Xavier Emmanuelli pour venir en aide à ces démunis et les maraudes se multiplient chaque nuit, qui leur portent secours sans toujours pouvoir leur proposer un lit. Les associations, nombreuses, ne lâchent pas prise pour autant : Croix-Rouge, Camions du cœur, Médecins du Monde, Recueil social, Emmaüs, ou d'autres moins connues comme Chorba pour tous ou Les Robins des rues. Pour impulser une relance des consciences tout en tentant de préserver du froid des personnes sans abri, l'association Les Enfants de Don Quichotte, à l'initiative d'Augustin Legrand, un militant pour le droit au logement, monte à l'hiver 2006-2007 quelque 200 tentes en plein Paris, le long du canal Saint-Martin.

Une autre population est, dans des conditions différentes, affectée par ces relégations : les Roms. Gitans, Tsiganes, Bohémiens, Manouches, leurs noms varient dans l'espace et dans le temps. Ce sont des groupes en mosaïque, aux origines variées. Ils sont quelque 10 millions en Europe, entre 200 000 et 400 000 en France. Il leur est souvent difficile de trouver des terrains pour s'installer. La loi portée par Louis Besson de 2000 oblige certes les communes de plus de 5 000 habitants à disposer d'une aire d'accueil pour les « gens du voyage ». Mais la plupart contournent la législation. Au cours de ces dernières années, les expulsions de Roms étrangers (roumains et bulgares pour la plupart) se sont accentuées, passant de 2 000 environ en 2003 à 8 000 en 2008, prime de quelque 300 euros à la clé pour faciliter les « départs volontaires » lors de ces reconduites à la frontière. En 2010, Nicolas Sarkozy provoque une vive polémique, au retentissement international : il ordonne aux préfets le démantèlement de 300 campements. En septembre 2010, la commissaire européenne à la Justice, aux Droits fondamentaux et à la Citoyenneté Viviane Reding annonce son « intention de lancer deux procédures d'infraction contre la politique de la France à l'égard des Roms ». Pour autant, les expulsions et démantèlements se poursuivent, malgré l'alternance, sous le gouvernement suivant.

Bouts du monde ?

À l'autre bout du monde, d'autres drames se nouent, moins connus de l'Hexagone, tenus dans l'ombre de lointaines « possessions ». Au milieu de l'océan Indien, sur l'île de Mayotte – un territoire d'outre-mer devenu département en 2011 –, des immigrés venus des Comores voisines sont expulsés à raison de 20 000 par an – l'administration française va jusqu'à parler d'« abattage » à leur sujet. Les paysages ont beau paraître idylliques – eaux turquoise des lagons, sable d'un blanc pur, collines où poussent les manguiers et les fleurs d'ylang-ylang –, la vie quotidienne y est ruinée par la vie chère et les difficultés propres à l'insularité.

Assurément, toutes les îles des espaces ultramarins ne connaissent pas la même fragilité. Elles ne sont pas toutes des « bouts du monde », faites d'enclavement et d'isolement. Les Antilles françaises en particulier connaissent à partir des années 1980 une ouverture transatlantique qui fait reculer leurs frontières maritimes et nuancent leur exiguïté. Le trafic aérien décolle, si l'on peut dire : les liaisons transatlantiques concernaient 70 000 passagers par an durant les années 1960 ; au début des années 2010, ils sont 3,8 millions chaque année à franchir l'océan. D'avion en navire, de télévision en flux d'informations venues d'Internet, les îles sont-elles encore des îles ? Leur insularité du moins en est relativisée.

La fragilité n'en est pas moins à fleur de terre. Bien des îles d'outre-mer vivent sous la menace d'une catastrophe naturelle. Mais celles et ceux qui les habitent, assure l'écrivain guadeloupéen Daniel Maximin, sont des « peuples-roseaux », qui ne rompent pas devant les cyclones. Les inégalités criantes les font se mobiliser : « *Lagwadloup sé tannou !* » et « *Matinik sé tannou !* » (« La Guadeloupe est à nous ! », « La Martinique est à nous ! »), disent les manifestants lors de l'imposant mouvement de 2009, une grève générale qui ébranle le pouvoir. Cette réappropriation du territoire est particulièrement vive à La Réunion, depuis la réforme foncière amorcée durant les années 1970. Dans cette ancienne colonie fondée sur l'économie sucrière des grands domaines fonciers, où la propriété avait été accaparée par les « Grands Blancs », on estime aujourd'hui que la moitié de la surface agricole utile a été redistribuée – grands domaines et inégalités ne sont donc pas éradiqués. Cependant, selon l'anthropologue Jean-François Baré, les nouveaux exploitants agricoles n'y ont pas la même conception de cette exploitation : ils ne raisonnent pas en termes de « marge brute » ou d'« accumulation » ; leurs logiques leur sont spécifiques même s'il devient difficile d'échapper à l'impératif marchand. À l'heure où, à La Réunion, le chômage fait des ravages (son taux atteint 27 % en 2012), c'est vers le « jardinage » que la société créole se tourne : un maraîchage orienté, sur de petites parcelles, vers le kombawa, les litchis marcottés, les mandarines et les fraises des Hauts. Ce faisant, elle protège aussi ses paysages.

Telle est aussi la hantise des populations mélanésiennes, celles de Nouvelle-Calédonie en particulier. On le sait, c'est une terre déchirée, que les dichotomies Kanak/Caldoches, indépendantistes/loyalistes, ne sauraient résumer. Les anthropologues Alban Bensa et Denis Monnerie l'ont analysé : pour une large part de la société kanak, la terre n'est pas qu'une terre, elle est du passé au présent, un passé incorporé, fait des vivants et des morts intimement mêlés. Le temps y est orienté différemment : le passé est moins derrière qu'à côté. Anciens et ancêtres y jouent un rôle déterminant quant au respect de cette terre partagée, que disent aussi les cadastres coutumiers. En 1988, les accords de Nouméa reconnaissent que « la colonisation a porté atteinte à la dignité du peuple kanak qu'elle a privé de son identité. Des hommes et des femmes ont perdu dans cette confrontation leur vie ou leurs raisons de vivre ». Mais les accords ne tirent pas un trait sur ce passé : malgré l'aliénation des patrimoines fonciers, les mises en réserves et les déplacements forcés, la prise de possession par les colons en 1853 a aussi, disent-ils, apporté « détermination » et « inventivité », « jetant les bases du développement ». Quant au présent, il doit être celui « du partage, par le rééquilibrage », pour mener au « temps de l'identité » et du « destin commun ». Depuis la fin des années 1980, environ 150 000 hectares ont été redistribués. Dix ans plus tard, c'est aussi l'esprit des accords de Matignon (1998). Comme le souligne l'économiste Gaël Lagadec, ces accords doivent aider à recouvrer une certaine paix sociale afin d'attirer les investisseurs et d'enrayer la crise qui touche l'économie du nickel depuis la chute des cours amorcée durant les années 1970. La Nouvelle-Calédonie détient entre 20 et 30 % des réserves mondiales : c'est une richesse dont la France ne croit pas pouvoir se priver. Dans ces conditions, le référendum sur une éventuelle indépendance, prévu en 2012, a été une nouvelle fois repoussé.

Le monde est à notre porte, à portée de main ou du moins d'image. Lorsqu'en 2005, Google Earth lance son outil d'interpolation par cartographie satellitaire, il rend visible, dans sa précision, le sentiment qu'on peut le dominer. Mais cet imaginaire visuel, aux variations infinies d'échelles, capable par la technologie de regarder la Terre vue du ciel puis une colline, un quartier ou un sentier, s'accompagne d'une conscience planétaire déchirée par l'anxiété. Destruction de la couche d'ozone, pollutions de l'eau et de l'air, réchauffement, épuisement des ressources, risque nucléaire : « Aujourd'hui, écrit Edgar Morin, la mort plane dans l'atmosphère. » Les catastrophes nucléaires, de Tchernobyl (26 avril 1986) à Fukushima (11 mars 2011), ont aiguisé la conscience d'une fin possible. On sait désormais qu'à chaque minute, cinq hectares de forêt tropicale disparaissent, qu'une espèce de conifères sur quatre dans le monde est menacée – mais aussi un mammifère sur cinq et un oiseau sur huit. On sait encore que le grand inlandsis antarctique s'est réchauffé de 2,4 °C en seulement cinquante ans. On sait enfin qu'aucune grande ville française ne respecte les seuils de pollution admis par l'Organisation mondiale de la santé, ce qui fait perdre à leurs habitants plusieurs mois d'espérance de vie – ici, les inégalités sociales sont aussi des iniquités environnementales, car les populations les plus défavorisées sont les plus touchées.

Certains, tels le philosophe allemand Ulrich Beck et le sociologue britannique Anthony Giddens, estiment que la situation est « ontologique », que l'on ne peut plus même y percevoir les responsabilités. D'autres, après Hans Jonas, jugent que toute découverte technique doit être suspendue tant que les risques n'en ont pas été identifiés et désamorcés. D'autres encore, comme le géographe états-unien Jared Diamond, en appellent à lutter contre cet « écocide », entre meurtre de la Terre et suicide de l'humanité. Des projets tentent de contrer l'évolution implacable. Les tramways se sont multipliés ces dernières années dans les villes pour atténuer la pollution automobile. À l'imitation de Londres, de Coblence et de Barcelone, de New York, Rio, Caracas et Constantine, les téléphériques urbains, jugés économiques et écologiques, vont surgir, en 2015 à Brest, en 2017 à Toulouse – même si leur effet sur les paysages est contesté.

On a cependant le sentiment que ce ne sera pas suffisant et que, pour enrayer la catastrophe annoncée, il faudra des moyens et une volonté autrement considérables. La planète est « un village », comme l'avait dit Hervé Le Bras en 1992. Nous la parcourons en tous sens, dans nos sociétés de mobilité – nous nous déplaçons près de dix fois plus qu'en 1950. Mais nous découvrons sa fragilité et avec elle le seuil de potentialités que l'on croyait à tort illimitées.

QUATRIÈME PARTIE

Imaginaires de l'ère planétaire

CHAPITRE XIII

Écrire le temps

Goût du monde, bouts du monde ; monde ennuyé ou épuisé ; monde fermé en déclin ou au contraire pleinement ouvert : vaste monde. La littérature revendique tout cela : faire un monde, par l'écriture, et renouer avec lui. Une fois encore, les années 1980 sonnent une heure nouvelle, celle du retour au réel. Bien sûr, les « retours » n'en sont jamais tout à fait : ils reprennent mais innovent, conçoivent et recomposent. Après des années de déconstruction, le roman s'impose à nouveau, et avec lui le récit, le sujet, la recherche d'un « vrai ». Un réalisme se redessine, qui n'est ni Balzac, ni Flaubert : Brecht et Calvino, Duras et Sarraute, le théâtre de l'absurde et le Nouveau Roman sont passés par là. Les genres et les formes se renouvellent : minimalisme, réduction, autofiction. Mais le monde, loin d'être mis en quarantaine, revient en plein. Une sorte d'urgence à le décrire s'affirme comme un trait d'époque : est-ce le sentiment de la fin d'un monde, qu'il s'agirait dès lors de croquer avant sa mort ? Il y a de cela, et donc du tourment et des égarements, mais aussi une détermination à le voir tel qu'il va.

Le champ littéraire s'ancre évidemment dans les contraintes sociales de son temps. Auteurs, critiques, maisons d'édition, librairies et lecteurs forment une configuration aux diverses facettes dans laquelle prend place l'acte créateur. Il est doté de consécrations (les prix littéraires que se partagent souvent les grandes maisons d'édition comme Gallimard, Le Seuil, Grasset, Albin Michel et Flammarion) et de techniques de promotion. L'inflation éditoriale et la rotation qu'elle provoque – avec quelque 700 romans par an, dont 40 % environ sont des traductions – empêchent souvent les livres de s'installer dans le temps long, sauf exceptions. Par rachats ou fusions, les maisons d'édition sont de plus en plus rattachées à des groupes de communication, où la part littéraire se fait minoritaire. De nouveaux éditeurs tentent pourtant de demeurer indépendants – qu'il s'agisse d'Actes Sud, Verdier, Léo Scheer ou Le Temps qu'il fait. Les réseaux de diffusion souffrent de leur côté d'une fragilité liée aux impératifs de la rentabilité ; de petites librairies doivent fermer – un tiers des achats de livres se fait dans les grandes surfaces et un tiers dans les grandes enseignes culturelles. Mais l'intérêt pour la lecture, et en son sein pour la littérature, ne faiblit pas : si près de la moitié des Français n'achètent jamais de livre, 20 % en achètent plus de dix et un tiers en lit plus de dix par an. Foires et festivals du Livre attirent un public important. Des émissions de renom – d'« Apostrophes », présentée par Bernard Pivot entre janvier 1975 et juin 1990, jusqu'au plus court « Un livre, un jour » d'Olivier Barrot depuis septembre 1991 – sont d'autres ponts jetés sur l'univers littéraire.

Le théâtre n'échappe pas à cette empreinte sociale, entre baisse de la fréquentation, sous-représentation structurelle du public populaire et crise de l'édition. Il est aussi traversé d'autres tensions : fracture entre « théâtre privé », tourné surtout vers le succès et la rentabilité, et « théâtre public », plus soucieux d'expérimentation ; opposition entre metteur en scène et auteur, dans un jeu de rivalité et de complémentarité ; rapport complexe au texte, entre respect quasi sacré et volonté de s'en détacher.

Impossible ici d'évoquer une littérature de grand vent, qui passerait notamment par Philip Roth et Toni Morrison, Gao Xingjian et Kenzaburo Oe, Elfriede Jelinek et Herta Müller, Naguib Mafouz et Ohran Pamuk, dont on verrait les livres voyager et germer. Ils sont sans doute présents dans la manière dont la littérature française s'adonne au monde et au temps. Si cette écriture est bien au présent, elle n'y est pas repliée. Elle est grande ouverte au passé, aux passés dont elle est même parfois hantée. C'est là une de ses caractéristiques lancinantes, obsédantes, qui en fait un trait singulier sinon une radicale nouveauté. Et si elle peine à dire un avenir, elle tente du moins de le déchiffrer.

L'ÉCHO DU MONDE ET LES FILS DU QUOTIDIEN

Cicatrices intérieures

D'abord, il y a l'amour et la mort. Les écrivains qui les disent parlent certes du présent mais d'un présent qui, sans cesse répété, semble se détacher du temps. Chez Philippe Sollers, l'attente amoureuse trouve sa forme dans la radicalité de l'écriture non ponctuée, qui fait du texte une pure matière et dit le ressassement des sentiments : « pourrai-je encore tenir longtemps dans ce sang et toi dis donc mon autre vas-tu enfin me répondre je m'ennuie de toi je rêve de toi pour toi contre toi réponds-moi ton nom est un parfum répandu ta couleur éclate parmi les épines fais revenir mon cœur avec du vin fais-moi une couverture de matin » (*Paradis*, 1981). Avec *L'Amant* (1984), Marguerite Duras livre le récit autobiographique de ses amours d'adolescente avec son premier amant, à Saigon : elle y dit « la douceur du sexe », « la couleur dorée, l'inconnue nouveauté », les mains « expertes, merveilleuses, parfaites », la douleur et la jouissance ; *L'Amant* reçoit le prix Goncourt et s'écoule à plus de 2 millions d'exemplaires. Cet amour peut aller jusqu'à la mort : dans *Attends-moi* (1993), Françoise Xenakis évoque Jeanne Pottier, emmurée dans son amour fou et qui assassine l'homme qu'elle aimait. Il y est question du temps qui passe, de ces femmes qu'il blesse, comme encore Aurore, Babette, Gloria et Lola, campées par Paule Constant dans *Confidence pour confidence* (1998) : souvent quittées par leur mari ou leur amant, à l'heure des bilans, elles inspectent les ravages du temps et comme est lourd « le sac d'une femme qui vieillit avant que l'oubli ne l'allège ». Dire ce qu'est la « justesse » d'une rencontre, combien de temps il faut pour bâtir une histoire d'amour, combien aussi pour la détruire, c'est ce dont Alice Ferney rend compte avec une minutieuse précision dans *La Conversation amoureuse* (2000) : Gilles et sa femme Blanche, écrit-elle, « étaient venus à ce point de la vie commune où l'on découvre, dans l'inexorable quotidienneté de l'existence, dans la misère du désir disparu, dans les envoûtements dissipés, la vigilance qu'il faut pour restituer sans cesse à l'amour ce que le temps lui enlève et faire scintiller ce qu'il lui apporte ». Le temps entreprend de délier les êtres après les avoir noués l'un à l'autre. Avec une violente sobriété, Jean-Philippe Toussaint dit, dans *Faire l'amour* (2002), l'envie de s'unir encore pour un couple qui n'en est plus un : et le narrateur de se réfugier « dans l'illusoire protection de la nuit », car il sait « que l'avènement du jour apporterait la preuve que le temps passait, irrémédiable et destructeur, et avait passé sur [leur] amour ».

Et puis, donc, la mort : la mort sans phrase et qui pourtant doit s'écrire. Elle le fait dans un monde dont Dieu s'est absenté et où l'espérance des retrouvailles se tait. Avec *L'Attente. La Clôture* (1989), Jacques Borel évoque la douleur qu'éprouve le narrateur face à la mort de Marie, dans un décor où il n'est plus qu'un « survivant » : « Si seulement j'étais sûr de la revoir, Marie, de la rejoindre, comme toutes ces générations avant nous, tous ces aïeux, pendant des siècles, ces hommes, ces femmes, si naïvement qui y croyaient, à tout ça, à ces retrouvailles, éternellement ces épousailles, ces corps glorieux… » Mais cet espoir d'après la mort est mort ; c'est le legs implacable du présent. Même le quartier a changé : « Au moins, on ne risquait pas de rencontrer des fantômes. Les fantômes eux-mêmes étaient morts. » Pourtant, on ne s'en débarrasse jamais : les spectres réclament d'être vivants encore, ils s'imposent sans reposer. « Même nommés, touchés ou traversés, [ils] ne perdent ni en puissance ni en indulgence », écrit Marie Darrieussecq dans *Naissance des fantômes* (1998) ; la narratrice subit les affres d'un mari disparu sans laisser de traces et s'enfonce dans un temps sans fond, dans un monde sans bords. « Aux ombres, pour qu'elles se taisent », invoque Michel Schneider en exergue de *Bleu passé* (1990). Mais les ombres reviennent, enveloppantes et envoûtantes. L'œuvre de Patrick Modiano en est hantée. Le passé resurgit avec ses formes errantes, *Dans le café de la jeunesse perdue* (2007) : « Suis-je responsable de mon père et de toutes les ombres qui parlaient à voix basse avec lui dans les halls d'hôtel ou les arrière-salles de café et qui transportaient des valises dont j'ignorerai toujours le contenu ? » Des séquences de temps restent en suspens, prêtes à se ranimer, dans les allées du passé à nouveau arpentées : c'est ce que Patrick Modiano nomme, dans *L'Horizon* (2010), la « matière sombre », « plus vaste que la partie visible de votre vie. Elle est infinie » ; ce sont les existences du passé et celles qui continuent de se mener, « à l'abri du temps ».

Il n'y a alors pas d'autre choix que de mettre ses pas dans ceux des revenants, pour les retrouver dans un entre-deux du temps. Dans *La Quarantaine* de J. M. G. Le Clézio (1995), c'est le spectre de Rimbaud que le narrateur aimerait rejoindre : « Celui que je cherche n'a plus de nom. Il est moins qu'une ombre, moins qu'une trace, moins qu'un fantôme. Il est en moi, comme une vibration, comme un désir, un élan de l'imagination. » De Flaubert, Sartre et Breton, Philippe Sollers écrit quant à lui qu'ils sont « tous là, emportés par le flot des noms à travers la ville où l'afflux des morts se fait de plus en plus insistant et vivant » (*Les Voyageurs du temps*, 2009). C'est avec un autre écrivain « fantôme », Pierre Loti, que converse le narrateur de *Kampuchea*, le roman de Patrick Deville (2011) : le spectre de Loti est tout à coup vivant dans ce qui n'est plus son présent ; il hoche la tête lorsqu'il apprend l'existence des deux guerres mondiales, de la guerre froide et des Khmers rouges : « Alors vraiment, ce n'était que ça, le monde ? Ce n'était que ça, la vie ? » Finalement, quand Jérôme Ferrari, dans *Le Sermon sur la chute de Rome* (2012), décrit la mort du vieux Marcel, il sait

que meurt avec lui « le monde qui ne vit plus qu'en lui » :
« Nous ne savons pas, en vérité, ce que sont les mondes.
Mais nous pouvons guetter les signes de leur fin. »

Pour contrer cette fin des temps, restent les beautés de
l'instant, quand le présent se fait plus dense comme le passé
plus intense. Dans ces moments se remémorent les jours
parfaits, « ces journées orange, lumineuses et inégalées »,
écrit Olivier Adam dans *Le Cœur régulier* (2010). L'œuvre
de Christian Bobin rayonne de ce goût pour l'instant, de
cette « présence pure », des riens qui sont des touts : « Tu
ne vas quand même pas passer ta vie dans l'adoration d'un
brin d'herbe me disait celui qui passait sa vie dans l'adoration
du monde où rien ne pousse, pas même un brin d'herbe »,
relève-t-il dans *L'Éloignement du monde* (1993). C'est le cas
encore chez le Philippe Delerm des « plaisirs minuscules »,
de la « petite mélancolie », comme ces « vagues souvenirs
de promenades à pas comptés » évoqués dans *La Première
Gorgée de bière* (1997). Ou chez Charles Juliet, pour qui
Lambeaux (1995) est une manière de sortir vivant du passé
traumatisant : après avoir ressuscité sa mère morte de faim
dans un hôpital psychiatrique pendant la guerre, s'être revu
adolescent et souffrant, il offre son livre à « la cohorte des
bâillonnés, des mutiques, des exilés des mots ». Et soudain
l'écriture rend le passé présent : « Tu viens d'écrire. Tu
penses à cet adolescent que tu as été. Ou plus exactement,
en cet instant, il vit en toi. Il est là, aussi réel que tu peux
l'être, avec sa peur, ses blessures, ses frustrations, ses avidi-
tés. » Écrire permet d'arracher ces moments au néant et de
restituer leur étourdissante acuité.

Humeurs et rumeurs du monde

Comme l'observe Le Clézio, en de tels instants, le « bout
du monde » est aussi « l'extrémité du temps ». Toute son
œuvre en est imprégnée. Marina Salles l'a montré dans *Le
Clézio, notre contemporain* : loin du mythe de l'écrivain retiré
dans ses édens, hors terre et hors sol, il est « dans le siècle »,

arrimé à lui. Le voyage est une manière de le découvrir sans choisir. Il le confie : « Je ne peux pas entièrement me faire à l'idée d'être d'un monde ou de l'autre. » Alors il est ici et là : sur l'île Maurice, dans un phalanstère au Mexique ou quelque part en Afrique. Par moments, le temps semble s'arrêter, comme auprès de l'arbre de son enfance que retrouve le narrateur du *Chercheur d'or* (1985) : « Le temps a cessé de courir », « l'arbre chalta tient le monde au loin, par la force de ses branches » et au loin aussi la guerre, le malheur et la souffrance. Le voyage permet d'« aller d'un monde à l'autre », en se projetant même dans le temps du jamais-dit, de l'utopie. Dans *Ourania* (2006), Le Clézio imagine la république idéale de Campos, qui contraste avec des inégalités à regarder bien en face : « Les régions les plus pauvres de la planète continuent de sombrer dans les guerres larvées et l'insolvabilité. Il n'y a plus qu'un grand mouvement d'exode, une sorte de vague de fond qui se brise continuellement sur l'écueil de la frontière. » En 2008, lorsqu'il reçoit le prix Nobel de littérature, Le Clézio dit son souci d'être de son temps, même s'il est désenchanté.

L'écrivain avive ce que d'aucuns appellent de leurs vœux : une « littérature-monde », en langue française mais hors frontières. Le manifeste du même nom, signé en mars 2007 par 45 écrivains français et francophones, revendique une écriture « ouverte sur le monde, transnationale ». En 2010, à l'initiative de Michel Le Bris et de Jean Rouaud, paraît *Je est un autre. Pour une identité-monde.* Alain Mabanckou y appelle à la diversité, contre l'« uniformité de la France [qui] apaise les consciences » ; François Bégaudeau ressent son corps comme « empli de sang mêlé » ; « comment ne pas voir que nous sommes à la naissance d'un nouveau monde » fait de flux et de migrations volontaires et subies, s'interroge Michel Le Bris. Un autre manifeste, « Qui fait la France ? », publié en 2007 par des auteurs « catalogués écrivains de banlieue » tels Faïza Guène, Mohamed Razane ou Thomté Ryam, est bien davantage centré sur la nation ; il se termine par un « Nous, fils de France » dressés « comme un seul homme, comme une seule encre ». Entre une litté-rature hors frontières et une nation où trouver place, cette brassée de textes engagés renvoie aux luttes pour la dignité.

Dire la dignité

Les années 1980 sont marquées par l'affirmation d'identités complexes, tendues entre l'ici et l'ailleurs. Dans *Le Thé au harem d'Archi Ahmed* (1983), Mehdi Charef décrit les cités bétonnées, celles des banlieues populaires : « On ne se remet pas du béton. » Puis Nacer Kettane, avec *Le Sourire de Bra-him* (1985), dit le déchirement entre passé et présent, France et Algérie ; il raconte le racisme, le chômage, les « cités de béton » et les expulsions dans cette France qui « ampute sa mémoire » ; « l'arbre ne doit pas avoir de racine, la fontaine pas de source ». En 1986, c'est au tour d'Azouz Begag de raconter le bidonville – celui du Chaâba, dans la banlieue de Lyon : *Le Gone du Chaâba* relate les peurs d'Azouz, les humiliations rentrées pour l'enfant qu'il était, la difficulté de prouver qu'on est arabe et qu'on est français. D'autres lieux abritent ces identités déchirées. Dans le *Texaco* de Patrick Chamoiseau (1992), les mémoires de Marie-Sophie Laborieux déroulent l'histoire de ce quartier de Fort-de-France et de sa créolité. C'est un roman de l'insurrection anticoloniale, la geste de la résistance, « cette tristesse découpée en virgules pour instruire des silences ». Dans la lutte pour empêcher les « békés du pétrole » de détruire le quartier, contre les « casiers d'achélèmes » et les programmes du « temps-béton », Marie-Sophie attend ; mais, au creux de cette attente, « Texaco mourait dans [s]es cahiers ».

On retrouve cette détermination dans une autre génération. C'est en elle que Marie NDiaye puise l'inflexible volonté qui anime ses récits. Dans *Trois Femmes puissantes* (2009), Norah, Fanta et Khady luttent contre les humiliations venues de l'immigration ; ainsi Khady se fait-elle, face au racisme, « lente, paisible, hors d'atteinte, à l'abri de son inaltérable humanité ». Presque au même moment, Natacha Boussaa publie un premier roman, *Il vous faudra nous tuer* (2010). Lena, hôtesse d'accueil, subit une vie faite d'« emplois stupides où des types d'une vulgarité crasse jouissaient de [lui] donner des ordres » ; elle s'échappe dans la littérature, puis dans la révolte au présent – l'opposition au CPE en 2006, vécue comme un affrontement radical et violent. Deux ans plus tard, l'historien Sylvain Pattieu fait paraître un roman, *Des impatientes* (2012), qui a pour cadre un magasin où Alima-Nadine et Bintou sont caissières : à ce « laboratoire managérial » elles décident de résister, dans « une lutte de classes à basse intensité » ; la grève qu'elles mènent avec d'autres salariés plonge le directeur dans l'effroi : c'est pour lui « le mur de Berlin qui resurgit d'un coup, les chars russes, les otages de la Commune de Paris, la gueule de Renaud en Étienne Lantier dans *Germinal*, un truc de livres d'histoire, de film, mais en vrai cette fois, en plein dans son siècle, celui des gagnants et des entrepreneurs, celui du capitalisme enfin seul et triomphant ».

Cette veine littéraire ancrée dans la réalité sociale traverse les pages du présent depuis le début des années 1980. Deux romans parus en 1982, *Sortie d'usine* de François Bon et *L'Excès l'usine* de Leslie Kaplan, s'implantent dans la sphère usinière. Laurent Mauvignier peut évoquer ainsi l'œuvre de François Bon et son « épaisseur » qui « nous met sous les yeux et le nez un monde qui sent le fer, la rouille, le plastique, les zones urbaines, la chair meurtrie, la misère subie, le monde subi, une réalité qui sent le réel ». Ses livres contrastent avec l'oubli des ouvriers qui marque alors l'époque. Littérature à contretemps ? Elle est bien plutôt dans son temps, quoique à contre-courant. Vœu de peindre la « beauté du mort » au cœur de son agonie ? Mais ce monde est résistant plus que mourant. Certes, dans *Temps machine* (1992), François Bon parle d'« un monde emporté vivant dans l'abîme, et nous accrochés au rebord » ; mais s'il est emporté, il est vivant. En épigraphe, l'auteur cite Rainer Maria Rilke : « Chaque mutation du monde accable ainsi ses déshérités, ne leur appartient plus ce qui était et pas encore ce qui vient. »

Alors François Bon dépeint ce quotidien, les moteurs et les pompes, le bruit des machines, la santé ravagée, les grèves, les piquets et les occupations. Dans *Daewoo* (2004), il évoque les licenciements de « Cellatex la morte », de Daewoo Fameck et d'autres usines de Lorraine ; il montre les reclassements dans les centres d'appels qui sont aussi des usines, « une boîte en tôle, et des gens dedans ». Gérard Mordillat les parcourt lui aussi. Ainsi de *Rouge dans la brume* ; en 2011 : Carvin, l'ouvrier licencié, se voit « comme une maison vide peuplée de fantômes ». Il refuse les protestations usuelles et les soulèvements inconséquents, et le dit à ceux qui luttent avec lui : « Non, vous n'avez pas peur. Pas peur de l'ordinaire, de ce qui se fait, des occupations, des grèves, des manifs, mais vous avez peur de l'extraordinaire, de ce qui changerait tout si on osait seulement une fois ! » Après la mort de son camarade Weber assassiné par un vigile, il fait exploser une partie de l'usine.

Ce sont donc des éclats de quotidien, de norme et de hors-norme, plongés dans l'ordinaire des jours et le cri des révoltes. C'est là que se retrouve un Jean Echenoz, grand arpenteur du contemporain, dans ses détails banals qui prennent sous sa plume ironique des accents réjouissants ou inquiétants. Dans *Je m'en vais* (1999), le politique perce au hasard d'une actualité commentée avec une dérision amère sur le vaste monde à frontières : les accords de Schengen « autorisent les riches à se promener chez les riches, confortablement entre soi, s'ouvrant plus grand les bras pour mieux les fermer aux pauvres qui, supérieurement bougnoulisés, n'en comprennent que mieux leur douleur ».

Sans doute entend-on là les échos des déceptions nées de la modernité. Mais ces voyages presque immobiles, dans les confins du quotidien, créent aussi les triomphes de l'époque. *L'Élégance du hérisson* de Muriel Barbery (2006) et *La Liste de mes envies* de Grégoire Delacourt (2012) font partie de ces *long sellers* au succès aussi impressionnant qu'imprévu (plus de 1 million d'exemplaires vendus pour le premier, près de 500 000 pour le second). Leur point commun réside dans leur temps simple, une sorte de plus-que-présent. *L'Élégance du hérisson* fait découvrir Madame Michel, concierge de son état, que les gens ne regardent pas, ignorant sa vaste culture : comme elle le dit à la mort de son mari, pour les autres « un concierge qui s'éteint, c'est un léger creux dans le cours du quotidien ». *La Liste de mes envies* raconte la vie de Jocelyne Guerbette, mercière à Arras, qui ouvre un « blog » sur la broderie et le tricot, gagne au loto mais voit partir l'homme de sa vie ; face au « brise-lames fendu de [s]on amour », les liens noués grâce à son site entretiennent des sociabilités riches et pleines de vie. Ces romans ne marquent ni un temps arrêté ni un repli sur le présent ; leur étoffe est tissée des fils du quotidien et comme façonnée à la main, avec ses envers et ses revers, mais jamais coupée du passé.

Temps incertains

Des passés recomposés

Le passé, même, s'impose intensément : celui surtout, lancinant et fascinant, de la « Grande Guerre », sans cesse revisitée. Des fragments resurgissent dans la mémoire de vieilles personnes, entremêlant les temps, comme dans le subtil récit de Jean Rouaud, *Les Champs d'honneur* (1990) : Marie, parvenue à un « âge sans âge », vit « dans une quatrième dimension de l'espace-temps » pour mieux retrouver Joseph, son frère aimé, mort en 1916 à 21 ans. Ce peut être des hurlements venus des tranchées, « longue colonne d'ombres » que « la pluie de pierres » fait « taire à jamais » : ainsi dans *Cris* de Laurent Gaudé (2001). L'évocation emprunte encore les traits de vastes fresques, de sagas comme les aime Anne-Marie Garat : à la fin d'un de ses romans, *Dans la main du diable* (2006), on regarde la photographie d'une famille, fixée comme figée à l'été 1914, juste avant le grand basculement. Sur un mode sec et sarcastique face à l'horreur implacable, dans *14* (2012), Jean Echenoz dit sans fioriture ce que peut faire « un éclat d'obus retardataire » : « Comme s'il s'agissait de régler une affaire personnelle sans un regard pour les autres, il a directement fendu l'air vers Anthime en train de se redresser et, sans discuter, lui a sectionné le bras tout net, juste au-dessous de l'épaule. »

La guerre encore, et plus encore : l'autre, la « Seconde », qui enfante un monde déchiré. Bien des romans la prennent à bras-le-corps, pour s'en emparer ou l'exorciser. Les pères, puis les grands-pères, peuvent être sur la sellette des accusés ou au contraire au panthéon de ceux qui ont dit « non » ; mais, dans les deux cas, il s'agit de les retrouver. Comme l'écrit Erik Orsenna dans *L'Exposition coloniale* (1988), « il y a deux sortes de secrets qui font rougir les enfants : les habitudes d'un père au lit et son attitude de 1939 à 1945 ». Dans *Un roman russe* (2009), l'auteur-narrateur Emmanuel Carrère lui fait écho quand il écrit qu'il n'arrive pas à être « un écrivain heureux comme, je ne sais pas, Erik Orsenna » : est-ce parce que Gabriel Orsenna fut un Français libre quand le grand-père d'Emmanuel Carrère fut abattu à la fin de la guerre pour fait de collaboration ? Il y a de fait plus de tourment dans la condamnation des (grands-)pères comme exutoire littéraire : que l'on songe à *Des gens très bien* d'Alexandre Jardin (2011) qui décrit l'engagement vichyssois de l'aïeul, Jean Jardin. Mais chez les narrateurs descendants de résistants, le passé n'obsède pas moins. En 2009, Sorj Chalandon en réfère à *La Mémoire de nos pères* ; un fils enterre son père, résistant sous le nom de « Brumaire » : « J'étais devant la tombe et j'avais les mains vides de lui » ; il entreprend de restituer son passé et y pénètre comme on entre dans une journée – « Ça y était. J'avais la première phrase de la biographie. "Novembre. C'était novembre, et il pleuvait sur nous." Non. Trop solennel. Il fallait dépouiller chaque mot. "C'était novembre, et il pleuvait." Les élaguer encore. "Il pleuvait. C'était novembre." Les tailler davantage. "Novembre, et il pleuvait." » Le chambardement des temps se fait plus pressant encore chez Dan Franck et ses *Champs de bataille* (2012) : un juge passe sa vie à refaire le procès de René Hardy, l'homme qui livra Jean Moulin ; bien que le magistrat sache « remettre ses pieds dans les souliers de son temps », le passé de Caluire se confond avec sa vie, au point de s'achever dans la cellule du torturé ; en exergue du roman, l'auteur a inscrit cette phrase de l'écrivaine russe Anna Akhmatova : « Mon avenir est dans mon passé. »

Les récits se font donc quête des gens, des parents, non sans interrogation sur la légitimité de les arracher au passé. Avec *Dora Bruder* (1997), Patrick Modiano lance son roman à la recherche d'une jeune fille disparue en 1941 : il repère un lieu, une rue où elle a vécu, mais « cette précision topographique contraste avec ce que l'on ignorera pour toujours de [sa] vie – ce blanc, ce bloc d'inconnu et de silence ». *La Compagnie des spectres* de Lydie Salvayre (1997) dit dès son titre à quel point les morts hantent encore les vivants : cinquante-quatre ans après, Rose ne parvient toujours pas à se départir de la mort de son jeune frère, assassiné par des miliciens ; et toujours revient sa « marche arrière qui la catapultait dans son enfance de désastre », comme un temps arrêté à jamais. Dans *Le Siècle des nuages* de Philippe Forest (2010), le narrateur est pénétré d'une interrogation accablante lorsqu'il interroge sa grand-mère, au seuil de la mort : il veut « [s]e disculper un peu de la faute qu'[il avait] conscience d'avoir commise, celle d'évoquer les morts, de faire revenir sous la lumière pâle les formes de quelques fantômes qui avaient pourtant mérité qu'on les laisse en paix ». La quête peut être aussi une conquête, offerte en mémoire des ancêtres disparus dans l'horreur de l'histoire. Parti à la recherche de Matès et Idesa, ses grands-parents, deux Juifs polonais communistes exilés en France, déportés et assassinés à Auschwitz, Ivan Jablonka, avec *Histoire des grands-parents que je n'ai pas eus* (2011), mène son métier d'historien en faisant feu de toutes sources pour ranimer les lieux où ils sont passés, ont combattu et se sont aimés ; mais c'est aussi une œuvre littéraire, où il sent les temps s'imbriquer ; et le vertige peut naître face au passé incarné dans ses ultimes témoins – en rendant visite à Shlomo Jablonka, le cousin de son grand-père, l'auteur le sait : « J'ai rencontré le dernier homme et j'ai vu ses yeux et ses yeux m'ont vu à leur tour. »

La littérature n'en finit pas d'explorer cet abîme toujours ouvert. En 1985, Marguerite Duras publie *La Douleur* à partir de son journal écrit pendant la guerre ; elle y décrit le retour de son mari Robert Antelme, rescapé de Buchenwald et de Dachau. Sa première réaction est un cri devant cet être si affaibli qu'elle le fuit : « La guerre sortait dans des hurlements. Six années sans crier. » Puis vient la lutte contre la mort, cette mort qui finit par « s'essouffler » : Robert est sauvé. L'écrivain espagnol Jorge Semprún, communiste, résistant, déporté à Buchenwald, exilé en France et dont l'œuvre est écrite en français, en est lui aussi pénétré. Le souvenir des camps réapparaît dès que « la mémoire remplie à ras bord de balivernes » s'en extrait pour retrouver « cet estuaire de mort », lorsque affleure enfin « la vérité de cet événement ancien, originaire » (*L'Écriture ou la vie*, 1994) ; Jorge Semprún ne cessera plus d'évoquer « la splendeur, la douleur de la mémoire » (*Le Mort qu'il faut*, 2001), une mémoire marquée au « fer rouge ». Avec *Les Bienveillantes* (2006) et son personnage fictif mais si « vrai », l'officier SS Maximilien Aue, Jonathan Littell provoque une vive polémique qui dit ces déchirements continués : le cinéaste et écrivain Claude Lanzmann condamne une « fascination » « pour l'horreur » ; l'historien Édouard Husson et le philosophe Michel Terestchenko appellent au boycott ; le journal allemand *Die Zeit* parle d'une « banalisation du mal » : l'hyperréalisme serait signe d'une abjection. Mais d'autres, comme l'historien Jean Solchany, saluent le « travail de forge romanesque », un « romancier-démiurge » qui a su faire de sa « monstrueuse matière » une grande œuvre. Dès lors, comment dire encore ? Chez Philippe Claudel, dans *Le Rapport de Brodeck* (2007), c'est par le détour et ce qu'en psychanalyse on nomme l'« après-coup » : un événement du passé resurgit dans un moment du présent ; en l'occurrence, un meurtre dans un paisible village renvoie à la violence radicale des camps ; pour le narrateur, effaré, « peut-être est-ce la faute de ce siècle dans lequel [il] vi[t] et qui est gros comme un entonnoir où se déverse le trop-plein des jours, tout ce qui coupe, écorche, écrase et tranche » ; lui, le rescapé, le reconnaît : « Nous sommes des plaies qui jamais ne guériront. »

Ces blessures vivantes proviennent d'autres guerres encore, du conflit franco-algérien lui aussi resurgi. En 1984, c'est dans un roman policier que réapparaît le sanglant 17 octobre 1961 avec le massacre de dizaines d'Algériens à Paris ; l'assassinat d'un fils, au début des années 1980, fait remonter à celui de son père en cette nuit d'octobre 1961 et, plus avant encore, aux internés de Drancy : avec *Meurtres pour mémoire*, Didier Daeninckx signe un livre sur les strates du temps, à l'enseigne de la « Série noire ». À la fin des années 2000, la guerre d'Algérie revient en force au sein d'une génération d'écrivains. Dans *Des hommes* (2009), Laurent Mauvignier évoque d'anciens appelés chez qui surviennent, quarante ans après, le racisme, la souffrance, les traumatismes, les images sèches et les souvenirs lourds – en somme, tout ce mal pour être « des hommes comme rêvaient qu'on soit nos parents et nos grands-pères », ceux qui ont « fait » les autres guerres. Cet *Art français de la guerre* est décrit en 2011 par Alexis Jenni, dans une fresque entre Indochine et Algérie, entre exaltation et détestation : « La pourriture coloniale rongeait notre langue, écrit-il ; lorsque nous entreprenions de la creuser, elle sentait. »

Et puis vient un dernier spectre dont l'« omniprésence », écrit Michelle Zancarini-Fournel, « hante » elle aussi le présent tel un « fantôme » : Mai 1968. Comme le relève Annie Ernaux dans *Les Années* (2008), « 1968 était la première année du monde » parce que porteuse d'une révélation : « Au fur et à mesure que sa mémoire se déshumilie, l'avenir est à nouveau un champ d'action. » Les personnages d'anciens militants sont foison mais ne trouvent pas de lieu ni le bon temps après avoir vécu ce passé si présent. Dans *Au fond du paradis* (2002), Georges-Olivier Châteaureynaud évoque Saule, un ancien révolutionnaire pétri de doute, devenu aventurier et qui ne sait où se réfugier si ce n'est dans cette île volcanique du Pacifique, Consolation Island, où il n'est « pas vraiment heureux, pas vraiment malheureux non plus malgré des souvenirs et des remords qu'il ne pouvait assumer qu'ici, dans un éloignement de tout ce qui en faisait des sortes de mauvais rêves à demi oubliés ». La même année, dans *Tigre en papier*, Olivier Rolin campe son narrateur en ancien maoïste soucieux de voyager, de « faire parler les fleuves et les forêts » parce que « toutes les autres voix s'étaient tues : mortes. Et c'est comme ça souvent : on n'a vraiment envie d'entendre parler des choses que lorsque les voix qui pourraient vous les apprendre se sont tues ». L'épigraphe dit un passé qui voudrait être mais n'est plus ; elle est extraite du *Temps retrouvé* : « Mais ces histoires dormaient dans les journaux d'il y a trente ans et personne ne les savait plus. » À moins qu'il s'agisse de les dire autrement, ancrées dans le présent. Avec *Les Manifestations* (2005), Nathalie Azoulai décrit le passage du temps, d'une mobilisation à l'autre : trois amis entrent dans l'histoire en 1986 contre le projet de loi Devaquet ; ils sont encore là pour protester contre la profanation antisémite du cimetière de Carpentras, en mai 1990 ; puis vient le temps des éloignements et des déchirements ; Anne, avec son histoire familiale, juive, comme « un fatras au fond d'un jardin foisonnant », ne manifeste pas avec ses amis contre la guerre en Irak en 2003 ; ses racines viennent l'en empêcher ; « si l'histoire revient, c'est qu'elle n'est plus l'histoire, c'est que la Shoah n'est pas loin derrière moi mais devant, là, sous mes yeux, que c'est ce qui m'attend alors que personne ne le sait, personne ne veut le voir ». L'histoire alors n'est plus guère un passé, elle s'inscrit au présent, quand bien même il serait fantasmé.

L'auteur et son « je »

On le sent à lire ces récits : le « je » se fait très présent et rouvre le questionnement sur la place de l'auteur sous les masques de son narrateur. Pierre Michon assume le « je » d'un auteur qui fait face aux morts et vit, par l'écriture, avec eux ; dans *Vies minuscules* (1984), il écrit : « À leur recherche pourtant, dans leur conversation qui n'est pas du silence, j'ai eu de la joie, et peut-être fut-ce aussi la leur ; j'ai failli naître souvent de leur renaissance avortée, et toujours avec eux mourir. » Porter les morts est une responsabilité. Pour raconter l'attentat contre l'officier SS Reinhard Heydrich par deux résistants tchécoslovaques en mai 1942, Laurent Binet dans *HHhH* (2009) se dit presque à chaque page, entre scrupules et désarrois puisqu'il le sait : « C'est un combat perdu d'avance. Je ne peux pas raconter cette histoire telle qu'elle devrait l'être. » Et là encore, les spectres l'assaillent : « Un fantôme n'aspire qu'à une chose : revivre. Moi, je ne demande pas mieux, mais je suis tenu par les impératifs de mon histoire, je ne peux pas laisser toute la place que je voudrais à cette armée des ombres qui grossit sans cesse et qui, pour se venger peut-être du peu de soin que je lui accorde, me hante. »

Accablants ou plus légers, leurs sujets ne laissent pas les auteurs en paix. Alors, ils font dire à leurs personnages leur volonté de ne plus se dérober. Dans *Le Salon du Wurtemberg* (1986), Pascal Quignard laisse à Karl le soin d'exprimer cette difficulté à décrire : « Comment dire : "Elle avait des seins qui…, les cuisses qui…, les fesses qui…", et aussitôt parler de buisson ardent ? De Dieu ? De soleil ? Nous sommes des fous. » Bien des années plus tard, en ouverture de *La Barque silencieuse* (2009), il confie : « J'aurai passé ma vie à chercher des mots qui me faisaient défaut. Qu'est-ce qu'un littéraire ? Celui pour qui les mots défaillent, bondissent, fuient, perdent sens. Ils tremblent toujours un peu sous la forme étrange qu'ils finissent pourtant par habiter. Ils ne disent ni ne cachent : ils font signe sans repos. » « Sans repos » : les auteurs, plus ou moins dissimulés derrière leurs narrateurs, apparaissent malmenés par l'aporie du « dire ». Ainsi en va-t-il pour le personnage d'écrivain dessiné par Yves Simon dans *La Dérive des sentiments* (1991) : « Cet hiver-là, j'avais eu horreur des deux points et des guillemets. Il dit : "...", ou bien, elle s'écria : "...", ou encore il rajouta : "..." Non, ce n'était pas possible ! Quand les coups de feu claquent ou que les enfants hurlent, ça déchire le monde sans guillemets. La parole, c'est comme la balle sortie du canon d'un revolver, ça brûle et ça disparaît, et bien sûr on n'a pas le temps d'enrubanner la vitesse avec des guillemets. » Amélie Nothomb n'en est pas moins obsédée, mais son style est plus ironique et plus léger : dans *Hygiène de l'assassin* (1992), Prétextat Tach, le modèle du Grand Écrivain, raille la métaphore, car « la métaphore, c'est la mauvaise foi ; c'est mordre dans une tomate et affirmer que cette tomate a le goût du miel, ensuite manger du miel et affirmer que ce miel a le goût du gingembre, puis croquer du gingembre et affirmer que le gingembre a le goût de la salsepareille ». C'est cette distance ironique et ludique qu'Éric Chevillard déploie dans ses romans comme dans son « blog », « terme fort malencontreux et malsonnant dont il a confié déjà à quel point il le rebutait : "on croirait entendre éclater un chewing-gum, à moins que ce ne soit plutôt un poulpe qui se mouche ou une grenouille qui gobe un hanneton" (*Libération*, 17 mars 2011) », peut-on lire dans *L'Auteur et moi* (2012). Éric Chevillard est tout entier dans ce titre mystérieux, sarcastique et autoparodique, qui laisse son lecteur bien marri dans une incertitude réjouie – l'auteur serait dans ses notes de bas de page, mais est-ce bien lui ?

C'est l'œuvre d'Annie Ernaux qui, peut-être, exprime le mieux la volonté d'affronter ce « je » et d'en faire l'axe instable d'un temps à passer. Les changements de mondes sociaux qu'elle décrit, et qui ont été sa vie, depuis le café-épicerie de Lillebonne jusqu'à la gloire littéraire à Paris, butent sur la difficulté à désigner ce qui, par l'écriture, se fait : « Je souhaite rester, d'une certaine façon, au-dessous de la littérature », annonce-t-elle dans *Une femme* (1987). Cet entre-deux se révèle douloureux, comme elle l'avait déjà expliqué dans *La Place* (1983) : « Naturellement, aucun bonheur d'écrire, dans cette entreprise où je me tiens au plus près des mots et des phrases entendues, le soulignant parfois par des italiques. Non pour indiquer un double sens au lecteur et lui offrir le plaisir d'une complicité, que je refuse sous toutes ses formes, nostalgie, pathétique ou dérision. Simplement parce que ces mots et ces phrases disent les limites et la couleur du monde où vécut mon père, où j'ai vécu aussi. » Et plus tard, dans *L'Occupation* (2002) : « Le geste d'écrire, c'est comme planter des aiguilles. » Car l'écriture, à ce point autobiographique, pose la question harcelante de la vérité au miroir de la littérature : à propos de son « histoire d'enfant issue d'un milieu dominé, passée ensuite dans le milieu dominant », Annie Ernaux se tourmente encore, dans *Écrire la vie* (2011) : « J'ai l'impression de n'avoir pu offrir que ma ressemblance, je veux dire la ressemblance d'une déchirure et d'un passage entre deux mondes. »

Le monde à nu

Il faut dès lors s'attarder sur celui qui fait se rejoindre les questionnements sur le présent, le creux du monde et ses fins supposées, la violence et le désespoir : Michel Houellebecq. Entre consécration et polémiques, adulation et détestation, il apparaît tour à tour en imprécateur réactionnaire ou en meilleur conteur du présent. À propos du succès des *Particules élémentaires* (1998), l'écrivain Dominique Noguez suggère qu'il correspond « miraculeusement à l'*horizon d'attente* de cette fin de [XXe] siècle ». Une fin de siècle, ou un siècle auquel précisément il met fin, selon Laurent Mauvignier pour qui l'œuvre de Houellebecq est une révolution littéraire : « La littérature avait repris son avance sur le monde et il n'y avait pas de meilleure nouvelle. Le XXe siècle, avec son orthodoxie moderniste et ses impasses formalistes, venait de prendre fin. » D'autres y voient une pose si ce n'est une posture, stratégie commerciale autant que littérature. Que signifient l'impudeur de Houellebecq, son apparente jubilation misogyne et xénophobe, son évident accablement ? Est-ce l'écrivain « présentiste » que l'on a décrit ?

Chez lui, la sexualité est exposée dans sa crudité, parfois sa cruauté, en descriptions quasi cliniques. Dès *H. P. Lovecraft. Contre le monde, contre la vie* (1991), la sexualité de cette fin de siècle, décrite comme une performance sans liens, renvoie à la libre concurrence poussée à l'extrême de ses moyens : « Le capitalisme libéral s'est étendu du domaine économique au domaine sexuel. » C'est aussi une aspiration déçue à l'amour ; telle Valérie dans *Plateforme* (2001), peut-être Houellebecq pourrait-il s'arrêter à dire : « Je n'aime pas le monde dans lequel on vit. » Ce monde où la compétence vaut par la concurrence et où la publicité vaut déchiffrement de la société : le narrateur d'*Extension du domaine de la lutte* (1994) a la brochure des Galeries Lafayette pour livre de chevet tandis qu'on lit, dans *Les Particules élémentaires* : « Le Catalogue des 3 Suisses, pour sa part, semblait faire une lecture plus historique du malaise européen. » La chanson se vend comme du dentifrice, bien emballée – *La Possibilité d'une île* (2005) rappelle l'aphorisme du groupe Début de soirée : « On est comme tous les artistes, on croit à notre produit. » Les objets, trop familiers, deviennent étrangers et révèlent des néants : dans *La Carte et le Territoire* (2010), le narrateur s'aperçoit qu'il serait jusqu'au bout « dans la vie comme il l'était à présent dans l'habitacle à la finition parfaite de son Audi Allroad A6, paisible et sans joie, défi-nitivement neutre ».

Houellebecq, avec ses narrateurs coutumiers, les « Michel » qui peuplent ses pages, sait bien comment il est jugé : « En résumé, j'étais un *observateur acéré de la réalité contempo-raine* ; on me comparait souvent à Pierre Desproges », dit l'homme de *La Possibilité d'une île*. Mais ce statut est tué dans l'œuf par la satire et l'autodérision, qui est aussi une déception. Car l'œuvre est hantée par ce qui a disparu, chez ceux qui sont revenus de tout : « Nous avions tant simplifié, tant élagué, tant brisé de barrières, de tabous, d'espérances erronées, d'aspirations fausses ; il restait si peu, vraiment. » Ce qui préside aux textes de Houellebecq, c'est la douleur que crée la désespérance. Comme il le dit dès *Rester vivant* (1991) : « ... l'univers crie. Le béton marque la souffrance avec laquelle il a été frappé comme mur. Le béton crie. L'herbe gémit sous les dents de l'animal. Et l'homme ? Que dirons-nous de l'homme ? » Plus tard, il relate la canicule de 2003, révélatrice d'une société « où les vieillards sont traités comme des déchets ». Le « style hostile » dont parle à son sujet Philippe Muray prend source dans l'indifférence supposée qui frappe le monde de sa marque sommaire – et impose une nouvelle forme littéraire : « cet effacement progressif des relations humaines n'est pas sans poser de problèmes au roman » ; « la forme romanesque n'est pas conçue pour peindre l'indifférence, ni le néant ; il faudrait inventer une articulation plus plate, plus concise et plus morne ».

Mais cette forme n'est pas dissoute dans le présent ; au contraire, comme celle des utopistes, elle travaille au futur. Se projeter dans ces avenirs où l'humanité prendrait fin – au profit, comme dans *La Possibilité d'une île*, de « néohumains » dont les sentiments sont amoindris et presque abolis – est une façon de rendre « hommage à l'homme, cette espèce torturée, contradictoire, individualiste et querelleuse, d'un égoïsme illimité, parfois capable d'explosions de violences inouïes, mais qui ne cessa jamais pourtant de croire à la bonté et à l'amour ». Ainsi s'achèvent *Les Particules élémentaires* : « Ce livre est dédié à l'homme. » Comme les strates que revêt son style – jamais « premier » mais pas tout à fait « second degré », plutôt multiplicité de degrés enchevêtrés –, les futurs chez Houellebecq forment le « royaume des potentialités innombrables » pour contrer un monde épuisé.

COUPS DE THÉÂTRE :
LA SCÈNE ET SES PASSAGES DE TÉMOINS

Maux de scène : le théâtre de l'après-modernité ?

À l'aube des années 1980, le philosophe Jean-François Lyotard définit la « condition postmoderne » comme une « crise des récits » : la suspicion pèserait désormais sur le désir de « raconter ». La postmodernité serait frappée du sceau de l'éphémère, de la fragmentation et du chaos. Au théâtre, cette rupture s'empare-t-elle des tréteaux ? La scène française est traversée par des débats qui sont aussi des enjeux de combats. Il s'agit chaque fois de rapports compliqués : entre auteurs et metteurs en scène, textes et images, réel et virtuel.

Les années 1980 marquent l'apogée des metteurs en scène, dont le pouvoir paraît sans partage. C'est le temps des imposantes représentations, aux décors et costumes somptueux, à l'ingéniosité renouvelée. Patrice Chéreau, Jacques Lassalle, Daniel Mesguich, Roger Planchon, Jean-Pierre Vincent ou Antoine Vitez règnent en maîtres du grandiose et de la beauté des choses. Pourtant, ils sont peu à peu contestés. En 1988, le critique théâtral Bernard Dort évoque un « retour des comédiens » conçu comme une opposition à leur domination. Neuf ans plus tard, le metteur en scène Stanislas Nordey s'en réjouit d'ailleurs, en pensant aux auteurs et aux spectateurs : « Un fait est certain, c'est la fin du règne et de la toute-puissance des metteurs en scène. L'avenir, c'est l'auteur et le public. »

On assiste alors à un basculement de génération et à un changement d'ambition. Aux yeux du dramaturge Didier-Georges Gabily, la décennie 1980 aurait inauguré une certaine « peur du texte » : les effets de scène étonnants et imposants seraient l'expression de cette anxiété. Nombre d'auteurs veulent ensuite revenir à une épure. Valère Novarina est de ceux-là, qui voient la langue comme une « chair », comme une « terre ». Dans *Pendant la matière* (1991), il note que les acteurs au théâtre sont les « gardiens de la langue et du mystère de parler. [...] À nous qui devenons muets à force de communiquer, le théâtre vient nous rappeler que parler est un drame ; à nous qui perdons la joie de la langue, le théâtre vient rappeler que la pensée est en chair ; à nous, pris dans le rêve de l'histoire mécanique, il montre que la mémoire respire et que le temps renaît ». Il le réaffirme dans *Devant la parole* (1999), en déplorant une réduction sur le présent, quand la langue devenue théâtre traverse au contraire le temps. On découvre donc les textes autrement, jusque dans leurs replis : les didascalies. Ces morceaux de texte muets peuvent être lus désormais ; c'est ce que fait Jean-Pierre Vincent lorsqu'il monte *Félicité* de Jean Audureau en 1983. Les répliques se disent en même temps, les énoncés s'enchevêtrent, comme s'il fallait dire beaucoup et urgemment. Les monologues, expérimentaux comme chez Philippe Minyana, ou plus spectaculaires comme chez Philippe Caubère, expriment une âpre sobriété.

Cette tension recoupe une autre querelle, celle des Anciens et des Modernes, aussi ancienne que les Anciens, aussi moderne que les Modernes. Les grands succès de la période vont aux pièces antiques et classiques : le cycle de tragédies de Shakespeare montées par Ariane Mnouchkine entre 1981 et 1984 rassemble 253 000 spectateurs ; entre 1990 et 1993, ses *Atrides* en attirent 286 000. Mais une fronde est menée par certains auteurs contre une attitude présumée négligente face à l'écriture vivante. L'écrivain Serge Rezvani regrette, dans *Le Théâtre, dernier refuge de l'imprévisible poétique* (2000), qu'il n'y ait « plus d'utopie, peu de présent » : « Et derrière, voyez ce passé d'une perspective immense ! L'homme d'aujourd'hui vit retourné. Tout ce qui est passé fait culture. [...] L'impasse serait-elle si terrible qu'il n'y aurait d'autre alternative que d'aller à reculons ? » Reprenant à Molière son goût du présent – « Les Anciens, monsieur, sont les Anciens. Et nous sommes les gens de maintenant » –, la coalition Écrivains associés du théâtre, parmi lesquels Jean-Claude Carrière, Valère Novarina, Yasmina Reza et Michel Vinaver, réclame que l'on représente enfin les auteurs contemporains ; pour Jean-Michel Ribes, « le théâtre, c'est du vivant qui s'adresse aux vivants ». Les metteurs en scène visés ne le diraient peut-être pas autrement, cependant. Selon Daniel Mesguich, Racine est notre contemporain : « Racine a lu Freud avant tout le monde », « toute son œuvre est zébrée par les brûlures de l'angoisse, du cauchemar. Il est en cela plus moderne que les Modernes ». Lorsqu'il monte *Andromaque* et *Mithridate* au Vieux-Colombier en 1999, Daniel Mesguich aimerait inverser « la flèche du temps » car « peut-être le XXe siècle précède le XVIIe, dans des moments comme ceux-là ».

À ce rapport au temps s'ajoute l'effritement du clivage entre réel et virtuel, à l'âge de la vidéo, des images numériques et des supports informatiques. Sur les plateaux, de nouveaux possibles se dessinent, telles ces scénographies faites d'images animées : on pense au travail de Jean Lambert-Wild et du plasticien Stéphane Blanquet ; en 2009, pour *Recours aux forêts*, les spectateurs sont dotés de lunettes stéréoscopiques : elles leur font voir, par purs effets d'optique, une brume et un miroir d'eau. Des « technologies immersives » plongent le public dans un monde virtuel : le présent est aussi absent, l'enregistrement se mêle au direct, les auteurs voisinent avec des plasticiens et les acteurs avec des danseurs. Jean Baudrillard déplore alors une virtualisation du monde et du sujet, tandis que Régis Debray réprouve la perte supposée des « distances donneuses de sens ». Cela ne va donc pas sans susciter de remous face à la levée de tabous. Fréquenté par un milieu sociologiquement restreint (son public est composé pour les deux tiers d'enseignants et d'étudiants), le festival d'Avignon est, certaines années, le cadre de ces rivalités ; ainsi en 2005 lorsque le plasticien Jan Fabre et la chorégraphe Mathilde Monnier ont droit à la Cour d'honneur. Le théâtre est-il encore théâtre ? Mène-t-il à la réalité ou tente-t-il d'y échapper ?

Juste la fin du monde ?

Le monde ne se perd pas au théâtre : il n'est jamais bien loin. Certains l'expriment en allant chercher ailleurs, dans d'autres lieux et d'autres temps. En 1985, Peter Brook crée en Avignon le *Mahabharata*, ce grand texte sanskrit source de toute la philosophie hindoue, adapté par Jean-Claude Carrière qui refuse d'en faire une tragédie occidentalisée. Cette mise en scène connaît le plus grand retentissement mondial des années 1980. Avec le Théâtre du Soleil, Ariane Mnouchkine monte deux épopées sur le monde moderne écrites par Hélène Cixous : *L'Histoire terrible mais inachevée de Norodom Sihanouk, roi du Cambodge* (1985) puis *L'Indiade ou l'Inde de leurs rêves* (1987), dans lesquelles l'histoire se mêle aux mythes. En 2004, elle met en scène *Le Dernier Caravansérail* (2004), une odyssée contemporaine, forgée de fragments au présent ; à la frontière du Kirghizistan et du Kazakhstan, comme à Sangatte près de Calais, des hommes et des femmes, exilés, entrecroisent leurs histoires tragiques. « Si l'on voulait parler du monde entier, explique Ariane Mnouchkine, il fallait qu'il y ait tous ces petits univers. »

Si « petits univers » il y a, ils sont ici dispersés pour dire le monde sans être abstrait. D'autres, plus ordinaires, s'imposent dans le théâtre de Michel Vinaver : ceux d'un monde de chiffres d'affaires, où la concurrence fait violence, où le chômage frappe les sujets et les laisse brisés. Dans *L'Émission de télévision* (1988), il mêle une réflexion sur le spectaculaire télévisuel, qu'il voit comme la représentation d'une absence d'expression, et une interrogation sur la perte d'emploi comme perte de soi : « L'homme il ne le voit plus en lui », dit Mme Delile à propos de son mari ; « Avec le chômage savez-vous que la mémoire s'atrophie ? ». Dans *Vous qui habitez le temps* de Valère Novarina (1989), Jean du Temps est hanté par cette dégradation du monde dont il apprend régulièrement « qu'il venait d'empirer dans la nuit » ; le spectacle télévisé ressemble à une fin du monde sans cesse reportée et scande le temps au rythme de ses pulsions : « la télévision d'action nous vélocidorédopétait tellement son sermon, qu'à chaque fois que j'y prenais des nouvelles du temps, j'avais grand peur de partir avec ».

Le théâtre happe donc le monde, sans conteste, même si c'est un monde désespéré. La mort y rôde : le SIDA passe aussi par là. Deux dramaturges au talent exceptionnel connaissent cette mort prématurée : Bernard-Marie Koltès et Jean-Luc Lagarce. Chez le premier domine le sentiment d'un temps pressé, « comme s'il fallait remplir au maximum le petit espace de durée dévolu à chacun », écrit Anne Ubersfeld à son sujet. *Dans la solitude des champs de coton* (1985) puis *Roberto Zucco* (1986) renvoient toutes deux à un rapport de forces, à la vie à la mort, pour sauver ce qui peut l'être ; la violence, latente ou exacerbée, accompagne ce temps resserré sur chaque instant vécu pleinement. Bernard-Marie Koltès meurt en 1989, à 41 ans. Chez Jean-Luc Lagarce, l'imminence de la mort est dite plus encore. Le personnage principal de *Juste la fin du monde* (1990), Louis, sait à 34 ans qu'il va bientôt mourir ; il imagine que le monde pourrait disparaître avec lui ; ou qu'il pourra regarder les autres après sa mort : « On les imagine à la parade, on les regarde, ils sont à nous maintenant, on les observe et on ne les aime pas beaucoup » ; ou bien enfin que le monde se fige autour de lui : « Il m'arrivait aussi parfois, "les derniers temps", de me sourire à moi-même comme pour une photographie à venir » ; le futur est ici délié du présent, le jeune homme est déjà mort au moment où il écrit. Jean-Luc Lagarce meurt en 1995, à 38 ans.

Un sentiment de génération perdue étreint jeunes auteurs et metteurs en scène, à la suite de ce qu'écrit Jean-Luc Lagarce dans *Les Solitaires intempestifs* (1987) : « Nous faisons l'amour en pensant à la mort et nous sommes inquiets de la paix. Nous ne voyons rien des batailles et des réalités du monde. » Dix ans plus tard, Stanislas Nordey évoque une époque qui ressemblerait bien à « la chute de l'Empire romain ». Ce à quoi Olivier Py rétorque : « Oui, le monde

est crépusculaire, douloureux, violent, mais c'est le nôtre. »
Il s'agit de le montrer tel qu'il est et de s'y engager. C'est
ce que fait Olivier Py en luttant pour les sans-papiers : « Il
y a des souffrances qu'on ne peut accepter. » Au festival
international du théâtre de rue à Aurillac, en août 1996, de
nombreux artistes manifestent au cri de « Sans papiers, je
suis en règle partout sur la planète ».

Le théâtre ne se déprend pas du monde. Il le porte à bras-
le-corps, parfois matériellement, comme durant les années
1990 et 2000 lorsque, loin des théâtres subventionnés, des
friches industrielles, des entrepôts de banlieue et des gares
abandonnées sont métamorphosés en scènes destinées au
public des lieux : un ancien atelier de couture à Bagnolet,
une usine à Colombes, une gare à Vitry, un entrepôt à
Aubervilliers...

Repasser le passé

En 2003, pour la première fois depuis 1981, une pièce
de théâtre composée par un auteur vivant est montée à la
Comédie-Française ; il s'agit en l'occurrence d'une auteure,
Marie NDiaye, avec *Papa doit manger*. Ce père trop absent
est le symbole de tout un temps : sa peau noire dit le passé
des colonies ; l'homme n'y a pas renoncé tout en embrassant la France à travers la femme qui l'incarne. Comme le
dit « la mère », cette femme : « J'étais la France. J'étais la
France entière pour lui. Pas un être, pas une fleur immobile
et fraîche, pas un objet d'amour. Non, il ne le voyait pas, et
bien plus que cela : toute la France au bras de laquelle il se
montrait, plus haut, plus fin, plus beau qu'elle. »

Temps postcolonial et temps postmilitant : le théâtre
contemporain semble exprimer un après du passé. Pour
Hartman, l'un des personnages d'*Anne-Laure et les fantômes*
de Philippe Minyana (1999), « le capitalisme est misérable
je suis ex-mao ex-poète ex-acteur ex-joueur de foot je suis
complètement ex ». Dans *Hôtel des deux mondes* (1999),
Éric-Emmanuel Schmitt explore une sorte de temps en

suspens, où chaque seconde est « épaisse » et profonde, entre la vie et la mort : cet hôtel, c'est le théâtre lui-même où il existe « une mémoire profonde, tapie dans les replis de l'esprit ». Alors l'écriture est comme condensée dans un enchevêtrement des temps. Avec *De la révolution* (2007), Joseph Danan propose une pièce dont les répliques s'étirent sur deux colonnes en vis-à-vis : l'une pour le passé – les années 1970 et la lutte armée –, l'autre pour le présent – les années 2000 des anciens militants ; mais toutes ces répliques doivent se dire ensemble, sans distinguer passé et présent. C'est une autre manière d'abolir la distance, de la franchir par un voyage dans un temps qui ne serait plus fléché.

Dans *Le Frigo* de Copi (1983), une femme de ménage tue l'auteur resté seul en scène ; elle s'écrie : « Fini le théâtre ! Finies les belles robes et les couronnes de strass, finies les têtes d'affiche et les soubrettes [...] les rideaux rouges et les perruques vertes [...] Le théâtre est fini ! » Il y a bel et bien, toujours, une tentation des fins. Pourtant, le théâtre n'est en rien fini et, comme le roman, il agrippe le monde, parfois avec mélancolie. Il a conscience de vivre avec le passé et ceux qui l'ont habité : « Le théâtre, dit Ariane Mnouchkine, est le lieu où les morts reviennent. » Il est aussi, selon Daniel Mesguich, « le seul lieu au monde où l'on répète sans fin l'éphémère, le "jamais plus", où l'on mélange les temps ».

En cela, il rejoint le roman qui, dans sa version contemporaine, enlace les temporalités. Loin d'être « présentiste », enfermée dans l'instant, la littérature de cette période montre une grande sensibilité au passé rendu vivant. Elle ne colle pas au présent comme une poix où l'on s'engluerait, mais porte sur lui un regard distant et l'interroge sans le traquer. Ainsi le fait, pour finir, l'historien et écrivain François Cusset. Dans *À l'abri du déclin du monde* (2012), le « je » n'est autre que « l'époque » elle-même, rude et violente, qui tend à s'uniformiser mais a aussi ses brèches de temps lui permettant de s'apaiser. Vêtue d'« une camisole de fils et de câbles, de marques et de labels, de réclames et de peurs, la camisole d'une seule idée du monde corsetant tous ses gens, en informant chaque émotion, chaque sensation », elle dit pourtant : « J'ai mes exceptions, je ne suis pas non plus un grand tout sans reste. Il y passe un peu d'air, parfois, un air libre que certains essaient de respirer. Il me rafraîchit. Je peux alors, enfin, me reposer. »

CHAPITRE XIV

Regards-caméra
Nouveaux visages
et paysages du cinéma

Comme la littérature et davantage peut-être encore, arrimé qu'il est au « monde » par ses enjeux financiers et les lois de son marché, parce qu'il touche des millions de gens, parce que enfin il est incarné au sens fort, le cinéma plonge son écriture dans les battements de l'air du temps. Il le dit et il le dicte : il en est imprégné à la manière d'un reflet, mais il le rythme tout autant au point parfois de l'imposer. Antoine de Baecque a évoqué la « capacité historienne du cinéma », son « haut degré d'historicité » : c'est un capteur et un catalyseur, il peut faire l'histoire et l'exposer, dans son intensité comme dans ses à-côtés, dans sa puissance comme dans ses silences. Une séquence, un plan, une entrée dans le champ sont à même d'en exprimer, davantage que des phrases, la densité des phases.

Bien sûr, « *le* Cinéma » n'existe pas : il n'a pas l'identité d'une entité à majuscule. Il est fait de sa diversité, des relations entre auteurs, producteurs et distributeurs, des contradictions de ses intérêts : être un art en restant un divertissement, faire œuvre et rapporter de l'argent. Mais il est projection du monde : il le donne en spectacle, le montre et le transforme, l'interprète et le déforme.

S'il n'est pas tout un, il a ses grandes tendances et la période en est marquée. Peut-on la distinguer comme l'ère du « Visuel » ? C'est l'expression dont usent les critiques Serge Daney puis Jean-Michel Frodon pour désigner « l'image qui montre trop » comme le disait François Truffaut. Dans le légendaire planétaire, la fascination pour la sensation conduirait à une image plus que valorisée : fétichisée, manipulée, éclatée. Elle le serait au détriment du récit et des mythologies, de celles qui portaient le cinéma naguère et lui offraient des repères. Il y a de cela dans le grand basculement que les années 1980 ont ouvert : l'attraction du spectaculaire, la forme impressionnante voire déréalisante, l'hybridité des genres qui puisent aux avènements du temps : le clip, la vidéo numérique, les grands sauts des effets spéciaux. Mais parallèlement travaillent sur les écrans des histoires voire de l'Histoire. Et dès lors, même à l'heure du monde, même au moment où Hollywood est plus que jamais un modèle pour explorer le temps, on peut se demander ce que peut bien être un « film français ».

GRAND SPECTACLE

Salles combles ?

Moins que tout autre art, le cinéma ne peut se préserver du monde, confronté qu'il est à la nécessité d'être, « par ailleurs, une industrie » selon le mot de Malraux. Or son monde est ébranlé. Ses spectateurs s'en vont : on comptabilise 200 millions d'entrées en 1982, un chiffre élevé qui brutalement va plonger (175 millions en 1985 – soit le plus faible niveau depuis la guerre –, 115 millions en 1992). De surcroît, ce public qui se met à bouder les salles de cinéma est celui qui privilégiait les films français – les jeunes demeurent de fidèles spectateurs mais sont davantage tournés vers le « rêve américain » ou vers ses cauchemars fantasmés. L'année 1986 voit pour la première fois la part de marché des films produits aux États-Unis dépasser celle des films français. Le magnétoscope est passé par là, qui fait son cinéma dans les foyers : il y en a 235 000 en 1980, 12 millions treize ans après. La création de chaînes à haut débit de films et de séries télévisées, Canal Plus en 1984, la Cinq en 1986, M6 en 1987, fait aux salles une autre concurrence d'importance : à partir du milieu des années 1980, il y a plus de films à la télévision que dans les salles. Ces chaînes, impliquées dans l'achat et le financement du cinéma, y ont tout intérêt mais elles sont aussi dans l'obligation de le faire : leur participation doit être proportionnelle à leur chiffre d'affaires. En échange, elles peuvent diffuser les films entre un et trois ans après leur sortie. La salle dès lors n'est plus qu'une vitrine ; elle rapporte moins que la publicité entourant leur diffusion télévisée et que les produits dérivés.

Il faut alors tout repenser pour attirer à nouveau des publics segmentés. En 1991, un décret du ministère de la Culture définit et classe certaines salles dans la catégorie « Art et essai » : reconnues par le Centre national de la cinématographie, ces lieux privilégient des œuvres de qualité qui ne trouvent pas leur public dans les réseaux plus commerciaux, les reprises de films anciens ou encore la diffusion de films étrangers sans rapport avec le modèle hollywoodien. Ces salles permettent ainsi à un public, certes restreint (15 % environ de la fréquentation totale), de découvrir le cinéma iranien, chinois ou argentin. Pour ce public de cinéphiles, les revues continuent de jouer un rôle important ; certaines sont devenues des institutions comme *Les Cahiers du cinéma* lancés en 1951 ou *Positif* créé en 1952 ; mais d'autres voient le jour au cours de cette période : *Vertigo* (1987), *Trafic* (1991), *Fantastyka* (1993) ou *Contre Bande* (1995) et, sur Internet, *cadrage. net* (1998). Les années 1990 consacrent aussi l'émergence de multiplexes conçus comme des lieux de consommation du cinéma. Et la fréquentation repart à la hausse, favorisée par d'immenses succès : l'ampleur des *Visiteurs* de Jean-Marie Poiré en 1993 (13,7 millions d'entrées), un record de titan, *Titanic* de James Cameron en 1998 (20,6 millions), la folie des *Taxi* (10,2 millions pour le second volet réalisé par Gérard Krawczyck en 2000), les potions magiques d'*Harry Potter à l'école des sorciers* (9,3 millions) en 2001 puis d'*Astérix et Obélix, mission Cléopâtre* l'année suivante (14,3 millions), le baume financier passé par *Les Bronzés 3* de Patrice Leconte en 2006 (10,3 millions), enfin les triomphes aussi impressionnants qu'inattendus de *Bienvenue chez les ch'tis* de Dany Boon en 2008 (20,4 millions) et d'*Intouchables* d'Olivier Nakache et Éric Toledano en 2011, qui en fait exploser le record (21,4 millions d'entrées). Un retournement s'opère donc au milieu des années 1990 (170 millions d'entrées en 1998) puis se poursuit (195 millions en 2004, 203 millions en 2012).

Le regain s'explique aussi par ce qui est proposé en salles et que seule la salle peut donner, du moins avec une telle intensité : les sensations fortes, exacerbées. La matière sonore est amplifiée par le son Dolby et la stéréophonie, qui multiplient les canaux d'émission et la puissance de perception. Le « morphing » qui transforme les visages, les images de synthèse, l'introduction de la « 3D » et le montage virtuel font sortir peu à peu du réel. Comme le dit Christian Guillon, l'un des meilleurs spécialistes en France des effets spéciaux : « L'image est maintenant la matière première de l'image » ; elle n'a plus besoin d'être connectée à la « réalité » puisqu'elle devient sa propre réalité. C'est ce qu'avait commencé d'expérimenter George Lucas avec *Star Wars* en 1977 : entre étoile noire et vaisseaux spatiaux, tout y vivait par les effets spéciaux. Puis est venu le temps où un Forrest Gump a pu serrer la main de trois présidents morts pourtant depuis longtemps (1994), où les dinosaures de *Jurassic Park* (1993), l'univers de *Matrix* (1999) et les corps artificiels d'*Abyss* (2009) se sont imposés « comme si l'on y était ». L'image numérique a brisé la frontière entre le réel et le virtuel. Mais elle n'a pas eu que cet effet : les caméras ultra-légères, « DV » (*digital video*), permettent un peu plus encore de « se mettre à tu et à toi » avec le corps des acteurs, comme le disait déjà Jean Douchet pour la Nouvelle Vague : elles offrent de filmer dans une extrême proximité, donnent vie aux détails, au minuscule des gens et des objets. La grue de prise de vues Louma, télécommandée par un moniteur vidéo, fait virevolter les caméras dans des mouvements saisissants.

Amis américains

La manière de raconter des histoires, sur ces deux plans technique et esthétique, est plus que jamais influencée par Hollywood, qu'il serve de phare ou de repoussoir. Il attire certains cinéastes comme un aimant, au point qu'ils ne sont plus tout à fait des réalisateurs français – eux-mêmes sont prêts à le proclamer. Parmi eux, trois figures que Serge Daney avait appelées des « promauteurs » : Jean-Jacques Annaud, Jean-Jacques Beineix et Luc Besson. Pour chacun, la réalisation tient de la superproduction.

Le premier le déclare sans ambages : il n'est pas un cinéaste français mais un Français qui fait du cinéma et invente des langages transnationaux. C'est la langue des Ulam et des Kzamm dans *La Guerre du feu* en 1981 : conçue par le linguiste britannique Anthony Burgess, elle s'inspire d'une synthèse tirée d'idiomes existants quoique très différents. L'action se passe il y a 80 000 ans, sans craindre les anachronismes, et est dramatique à souhait. C'est encore le langage des animaux, entre grognements et halètements, pour *L'Ours* (1988), ce film-paradoxe puisqu'il entend montrer la nature comme absolument pure au moyen des techniques les plus sophistiquées ; pour faire que « les ours jouent aussi bien que Depardieu » comme le relève Annie Coppermann, il faut un découpage illimité des images ; *in fine*, c'est la puissance de l'effet qui fait croire à l'absence d'effet et qui se donne pour naturelle quand elle est tout artificielle. Les films de Jean-Jacques Annaud, même plus « humains » – *Le Nom de la rose* (1986), *L'Amant* (1992) –, sont pensés pour un public mondialisé qui ne s'encombre pas des frontières. Leur langage n'est ni français ni américain : il est hollywoodien.

Jean-Jacques Beineix est plus évidemment « français » et *Diva* (1981) n'hésite pas à le revendiquer. « On nous envie dans le monde entier pour ça, nous autres les Français » ; pour quel art, donc ? L'art de la baguette de pain frais, *dixit* Gorodish/Richard Bohringer. *Diva* dessine un nouveau monde : un cinéma du coup, du clip et du look, un univers « pop », une hybridité. Des passionnés vont sauver un film d'abord mal accueilli ; après avoir reçu 4 Césars, il triomphe à New York comme à Paris (au total, en France, 2,8 millions d'entrées). Jean-Jacques Beineix devient un symbole de sa génération marquée par l'univers publicitaire et la recherche des effets. *37°2 le matin* (1986) connaît le même succès (3,6 millions d'entrées) ; il « fait génération ». Film d'initiation, il exacerbe les émotions en emmenant une femme-volcan, Betty/Béatrice Dalle, sur les chemins de l'hystérie poussée jusqu'à la folie. Zorg/Jean-Hugues Anglade dit en voix *off* à son sujet qu'elle est une « fleur étrange munie d'antennes translucides et d'un cœur en skaï mauve » ; tout est là, dans cette rencontre incongrue de la poésie et du faux au sein d'images recherchées. Nombre d'adolescents se reconnaissent dans ce désir d'échapper à un monde désolé, dans la nudité crue de Betty et ses orgasmes assumés, son désespoir inconsolé.

Un film-génération : c'est aussi ce que propose Luc Besson, sans l'avoir forcément imaginé, lorsqu'en 1988 *Le Grand Bleu* est propulsé en tête des triomphes de l'année (9,1 millions d'entrées). Une génération du grand bleu à l'âme, broderont les commentateurs. C'est indéniable, bien des jeunes se plongent dans les océans de Besson et s'y perdent comme dans un monde où on ferait silence pour ne pas voir l'autre, celui de la rive où Johanna/Rosanna Arquette attend son amant ; mais Jacques/Jean-Marc Barr lui préfère la fuite dans les abysses. On peut y voir tout aussi bien une évasion qu'une régression : Jacques vit au milieu des dauphins mais il recherche les sirènes. Luc Besson, à partir de là, multiplie les films-chocs que son public, jeune, transforme vite en films-cultes. Quatre ans après *Subway* (1984), « le chef-d'œuvre authentique du ciné-clip » comme l'écrit Fabien Gaffez, il passe du grand bleu au grand noir, délaisse les flots pour le bitume où Nikita/Anne Parillaud se noie, perdue et droguée. La DST vient l'aspirer et la mue en tueuse au service de l'État. Dès la première scène de carnage, le film « fait image ». Le mémorable « Victor, nettoyeur », campé par Jean Reno, dissout tout ce qui bouge dans des baignoires de soude, comme le fait le cynisme pour la raison d'État. Après avoir réalisé *Léon* aux États-Unis, Luc Besson s'installe un peu plus encore dans l'univers hollywoodien avec *Le Cinquième Élément* (1997), tourné dans les studios de Pinewood. Avec ses 2 millions de spectateurs dès la première semaine d'exploitation, le film démarre aussi vite que le taxi de Korben Dallas, le personnage interprété par Bruce Willis en superstar d'une aventure intersidérale. Entre embouteillages de voitures volantes sur des périphériques géants et effets spéciaux renversants, Besson est dans son élément. Son Ève future, Leeloo/Milla Jovovich, livre ce message simple : l'amour peut sauver le monde. L'actrice s'y emploie à nouveau en devenant *Jeanne d'Arc* (1999). Besson n'est pas Bresson, c'est un euphémisme ; là où ses prédécesseurs – de Carl Dreyer à Otto Preminger et jusque, donc, Robert Bresson – avaient cherché pour Jeanne d'Arc le dépouillement, il privilégie au contraire le foisonnement du mouvement. Un an plus tard, il fonde sa maison de production et de distribution, EuropaCorp, qui contribue à le faire passer pour le « Spielberg français ». Il scénarise et produit ainsi la série des *Taxi* (quatre films dont le premier est réalisé par Gérard Pirès en 1998 et les trois suivants entre 2000 et 2007 par Gérard Krawczyck), films de la profusion, de cascades à foison, de scènes d'action. En 2008, Luc Besson crée une société présentée comme la première agence française d'*advertainment*, entre publicité (*advertising*) et divertissement (*entertainment*) : c'est le parti pris des choses, de la réclame et de l'argent, pétri d'un talent évident.

Les clés du succès

Pourtant, les grands succès du cinéma français sont finalement plus « français » : moins débordants d'effets, repliés sur des espaces modestes voire confinés, où les dialogues font mouche et parfois font tout. À cet égard, l'année 1981 est mi-chèvre, mi-chou : ses triomphes vont à *La Soupe aux choux* de Jean Girault et à *La Chèvre* de Francis Veber. La nostalgie d'un monde qui meurt, dans le premier, n'est pas éteinte par le futurisme de La Denrée, l'extraterrestre interprété par Jacques Villeret. Deux vieux paysans se racontent le passé, celui de la *Valse brune* et d'une terre sous la lune menacée par des promoteurs immobiliers ; deux vieux acteurs, Louis de Funès et Jean Carmet, semblent se dire aussi leur cinéma qui s'en va. *La Chèvre* a une autre mélancolie avec le corps funambule de Pierre Richard qui donne à son personnage une souplesse de pantin, porté comme un bagage à main. Le duo Pierre Richard-Gérard Depardieu continue à creuser ses écarts d'où naissent le rire et parfois la poésie, dans l'univers de Francis Veber : *Les Compères* (1983) puis *Les Fugitifs* (1986). Le réalisateur prolonge ces succès avec *Le Dîner de cons* (1998) : il y multiplie les clichés – femme adultère, hommes fans de foot, contrôleur fiscal implacable – et campe un savoureux imbécile heureux, un « con » de « classe mondiale » peut-être mais qui entend aussi montrer comment la bêtise peut se retourner.

C'est dans un registre proche, hérité du café-théâtre, que trouve place *Le Père Noël est une ordure* (1982). Le film de Jean-Marie Poiré réunit les acteurs venus de la troupe du Splendid (Josiane Balasko, Marie-Anne Chazel, Christian Clavier, Gérard Jugnot et Thierry Lhermitte) ; il assume le cadre étriqué d'un huis clos transposé de la scène. Pas de spectaculaire ici, donc, mais le spectacle d'une certaine misère que Poiré parvient pourtant à rendre hilarant. Le centre d'écoute « SOS détresse amitié », tenu par une vieille fille et un jeune homme coincé, est le lieu d'un ballet d'épaves : M. Preskovic et son « kloug » décomposé, Josette battue par son mari à coups de fer à souder, Jean-Jacques/Katia en transsexuel sensuel mais désespéré... La potion pourrait être amère – elle l'est par certains côtés –, mais le burlesque rocambolesque en fait tout le succès (1,6 million d'entrées). Dans cette lignée, celle de comédies portées par le talent de leurs acteurs, par un mélange de loufoque, d'incongru voire de saugrenu, s'inscrit un triomphe immense mais imprévu : *Trois Hommes et un couffin* de Coline Serreau (1985, 10,2 millions d'entrées). Ce film modeste par ses moyens décrit un certain air du temps : couples éclatés, mères célibataires, nouveau rôle du père. Voir trois dragueurs impénitents devenus fous d'un bébé est peut-être une revanche pour les femmes – et ce film est le film d'une femme.

Ces ingrédients, la drôlerie mêlée d'un « social » de comédie, font encore le succès des films d'Étienne Chatiliez. *La vie est un long fleuve tranquille* (1988, 4 millions d'entrées) oppose deux familles, l'une bourgeoise, pincée et coincée, l'autre populaire et parfaitement vulgaire, dont les codes sont bouleversés par un enfant de l'entre-deux. L'humour est acide, les répliques décalées, le ridicule ne tue pas même quand on chante « Jésus revient » comme dans un *show* américain. Venu de la publicité, Étienne Chatiliez retrouve ces recettes dans un film au rire cruel, *Tatie Danielle* (1989). Avec *Le bonheur est dans le pré* (1995, 4,9 millions d'entrées), il brosse en quelques formules simplifiées un moderne *carpe diem*. Quant à *Tanguy* (2001), c'est un phénomène de société : son personnage éponyme est vite considéré comme le parangon d'une génération qui vit jusqu'à 30 ans chez ses parents. Symbole d'un cinéma capable de dire son temps tout en le déformant, « Tanguy » devient une formule-clé que les médias ne cessent d'employer.

Un sillon peut donc être tracé dans les terres du succès : à la croisée du « social » et de la légèreté, ces comédies jouent une sorte de mélodie du bonheur qui n'oublie pas la réalité mais préfère l'outrepasser. *Le Fabuleux Destin d'Amélie Poulain* (2001) est de ces films-là : son Montmartre est de carton-pâte, ses images un peu surannées ; son esthétique aimerait retrouver le réalisme poétique. Jean-Pierre Jeunet cherche là une enfance, peut-être celle du cinéma. Malgré sa légèreté, le masque de la mort y rôde ; qu'Amélie fasse des ronds dans l'eau ou se déguise en Zorro, elle est hantée par des fantômes. Quand elle regarde en larmes le film de sa propre mort, on pense au réalisateur pleurant quant à lui un monde englouti, celui d'un certain cinéma, celui de Prévert et Kosma. Le film chante une France d'amour, de poésie et de rêve, figée dans le sépia d'images travaillées électroniquement, une France atemporelle – celle que viennent chercher les touristes, mais que rencontrent volontiers les millions de spectateurs émus devant la solidarité harmonieuse d'une vie de quartier : en France, *Le Fabuleux Destin d'Amélie Poulain* atteint 9,3 millions d'entrées, mais l'accueil qui lui est réservé est mondial, avec 32,4 millions d'entrées au total.

Pourtant, trop triturée, la réalité est vite caricaturée, l'équation supposée étant que l'excès engendre le rire et dès lors le succès. *Bienvenue chez les ch'tis* (2008) repose sur cette formule : dans le Nord tel que l'imagine le grand-oncle/Michel Galabru, « ça descend, ça descend, ça descend », du moins pour la température. On sait bien que c'est un cliché et que le film va le balayer. Mais c'est pour en étaler d'autres : l'alcoolisme, la bêtise, un monde d'arriérés et d'assistés. Dany Boon aime certainement le Nord, sa région natale, mais il en nourrit les poncifs archaïques et misérabilistes. Par son incroyable succès – il devient en 2009 le film français le plus vu dans toute l'histoire du cinéma (avec, donc, 20,4 millions d'entrées) –, il a forcément des effets sur la réalité. Lors du match PSG-Lens le 29 mars 2008, une banderole déployée par des supporters du PSG le soir de la finale de la Coupe de la Ligue accentue les clichés injurieux : « Pédophiles, chômeurs, consanguins : bienvenue chez les ch'tis ». *Intouchables* d'Olivien Nakache et Éric Tdedano (2011), qui devient à son tour le plus grand succès français de tous les temps, joue sur le même registre, avec plus de subtilité. La rencontre entre deux univers sociaux – un aristocrate tétraplégique et un « jeune de banlieue » rappeur à ses heures – mène évidemment aux clichés. Ainsi Driss/Omar Sy ne connaît Mozart que par la petite musique téléphonique des Assedic – « Bonjour, votre temps d'attente est d'environ deux ans. » Mais l'humour a vite fait de les dépasser.

Dernière clé du succès : le passé mué en objet de rire. Ici, plus de réalité, mais un surréel bâti sur la loufoquerie et les mécanismes de l'anachronisme. Foin alors des scrupules historiques si l'incongru peut rendre comique, comme le montrent quelques films sur la guerre, *L'As des as* réalisé par Gérard Oury (1982, 5,3 millions d'entrées) ou *Papy fait de la Résistance* de Jean-Marie Poiré (1983, 4,1 millions d'entrées). C'est aussi le principe de *Deux heures moins le quart avant Jésus-Christ* de Jean Yanne (1982, 4,6 millions d'entrées), une parodie de péplum qui vaut par ses quiproquos. Plus tard, deux des plus grands succès français, *Les Visiteurs* de Jean-Marie Poiré (1992, 13 millions d'entrées) et *Astérix et Obélix, mission Cléopâtre* d'Alain Chabat (2002, 14,3 millions), mélangent les mêmes ingrédients. Leurs répliques devenues cultes puisent aux onomatopées (« Okayyyyy »), aux jeux de mots et à la publicité. Le télescopage des temps et des âges en assure et le comique et le succès.

LE MONDE À BRAS-LE-CORPS

Petites morts

À la charnière grinçante de la comédie dissonante et de la noirceur obsédante, des « policiers » à succès contreviennent désormais aux lois du genre : en fait, il n'y a plus de Loi, ni en morale ni au cinéma. *Les Ripoux* de Claude Zidi (1985) sont là pour en témoigner : film d'initiation à la corruption, il s'inscrit dans un relativisme sans foi ni loi. Bien plus noir parce que plus imprégné de désespoir, *Police* de Maurice Pialat, sorti la même année, pourrait être une histoire banale de truands, de flics et d'avocats si sa crudité n'était pas si désenchantée : l'inspecteur Mangin, interprété par Gérard Depardieu, en tombant amoureux d'une jeune femme mêlée à un trafic de drogue, Noria (Sophie Marceau), bascule dans une zone de non-droit, qui brise une nouvelle fois les repères de la loi. Mélange de sensibilité et de trivialité, ces personnages sont désemparés. C'était déjà le cas dans *À nos amours* (1983), qui révéla Sandrine Bonnaire en

Suzanne errant d'échec en échec et que hantait la phrase prononcée par Van Gogh sur son lit de mort : « La tristesse durera toujours. » Le cinéaste y reviendra, en filmant les soleils noirs du peintre, dans *Van Gogh* (1991). De *Sous le soleil de Satan* (1987) au *Garçu* (1995), la filmographie de Pialat est faite de cela : une tristesse sans nom et un refus de toute concession.

Une filiation va de Maurice Pialat à Bruno Dumont en passant par Catherine Breillat et Xavier Beauvois. Ces cinéastes décrivent l'époque d'une empreinte ténébreuse mais généreuse, tant elle offre de sincérité par sa radicalité. Catherine Breillat, la scénariste de *Police*, assume de regarder les êtres « par là où ils ne sont pas regardables » – comme le dit la jeune femme/Amira Casar dans *Anatomie de l'enfer* (2004). La réalisatrice filme le désespoir dans lequel sombrent les gens qui ne sont pas aimés ou qui n'aiment pas assez ; elle montre le sexe, sans interdit ni liturgie, comme dans *Romance* (1999) ou *Sex Is Comedy* (2002). Elle aspire à « être jugée sur le cinéma et pas sur la morale » même s'il est difficile de briser les tabous que ses films voudraient surmonter.

L'œuvre de Bruno Dumont a cette même aspiration, comme quand l'art brut se fait poésie. Depuis *La Vie de Jésus* (1997), il recherche une épure. Il choisit pour cela des acteurs non professionnels, vivant le plus souvent dans cette ville du Nord dont il vient, Bailleul. Cinéaste de l'ordinaire et de ce qu'il porte de mystère, il montre de « vrais gens » dans la banalité du quotidien – la monotonie, l'ennui, le temps qui passe sans passer. Pas de spectaculaire, évidemment, mais pas de documentaire pour autant. En fait, Bruno Dumont entend filmer « l'humanité », comme son film du même nom (1999). Et puis ces *Flandres* (2006), paysages de chemins et de champs dont l'ampleur désolée rappelle Terrence Malick ou Gus Van Sant : sublime et dépouillée.

Les films de Xavier Beauvois n'ont sans doute pas cette poésie, ou pas du moins à ce degré, mais ils partagent une même sobriété. Trois ans après *Les Nuits fauves* (1992), l'œuvre incandescente de Cyril Collard signée aux portes de la mort, Xavier Beauvois offre lui aussi un film sur le SIDA : *N'oublie pas que tu vas mourir* est ce *memento mori* moderne et dévasté, partagé entre fuite dans les plaisirs et recherche d'un amour qui perd toute possibilité. Benoît, atteint par la maladie, finit par aller mourir dans la guerre de Croatie, et redouble la tragédie. On retrouve le réalisme écorché de Xavier Beauvois dans *Selon Matthieu* (2000) ; il montre une famille ouvrière ravagée par le licenciement puis la mort du père, et un fils révolté qui voudrait se venger. Sa lutte de classes à lui passe par l'adultère avec la femme du PDG ; mais, comme le dit celle qui n'est pas qu'une « bourgeoise empaillée », Matthieu a « cru qu'en baisant la femme du patron [il] allait baiser le patronat » : il ne peut qu'échouer, renvoyé à son appartenance sociale et à son humiliation radicale – l'ordre établi ne se combat pas ainsi. Puis Xavier Beauvois propose un « faux » film policier, *Le Petit Lieutenant* (2005) ; « faux » parce que l'enquête criminelle n'est qu'un prétexte à l'exploration de vies fracassées par la vieillesse, la souffrance et la misère – des SDF et des sans-papiers y interprètent leur « rôle », qui n'en est pas un en réalité. Antoine/Jalil Lespert a choisi de devenir policier « à cause des films » ; mais *Le Petit Lieutenant* brise les mythologies et les récits édulcorés des séries télévisées.

Pourtant, c'est sans doute l'œuvre d'Abdellatif Kechiche qui s'impose avec le plus d'évidence, de sobriété et de puissance comme l'héritière de Pialat et, au-delà, d'une veine réaliste qui ne délaisse pas pour autant le mystère et l'éclat. Depuis *La Faute à Voltaire* (2000) jusqu'à *La Vie d'Adèle* – Palme d'or au festival de Cannes en 2013 –, en passant par *L'Esquive* (2004) et *La Graine et le Mulet* (2007), le cinéaste dépouille les images de toute emphase et, servi par des acteurs le plus souvent non professionnels, filme les gens, entre insignifiant et déroutant, dans leur détermination à s'aimer, à se retrouver, à résister. Ainsi, autour du vieux Slimane dans *La Graine et le Mulet*, est-il question d'horaires flexibles à accepter, de traites à payer, de grèves que l'on mène et de batailles qui se gagnent, mais aussi de cuisine à faire ensemble, de danse et de fête, d'un oud que l'on entend vibrer. Abdellatif Kechiche ne caricature rien, jamais : il regarde vivre, sur un mode que l'on croirait documentaire et improvisé s'il n'était pas minutieusement travaillé pour faire ressortir la simple beauté.

Des mondes sans pitié

Le cinéma français n'hésite donc pas à affronter « un monde sans pitié », comme le film par lequel Éric Rochant clôt la décennie 1980 – *Un monde sans pitié* sort en 1989. Son antihéros interprété par Hippolyte Girardot proclame d'entrée le sentiment diffus de sa génération perdue : « Mais qu'est-ce qu'on nous a laissé ? Les lendemains qui chantent ? Le grand marché européen ? On n'a que dalle. On n'a plus qu'à être amoureux, comme des cons, et ça c'est pire que tout. » Jeunesse parfois détruite par la drogue et qui en meurt : ce lugubre destin plane sur *Tchao Pantin* (1983) ; Claude Berri y invite un Coluche à contre-emploi, abîmé dans le désarroi après la mort de son fils par overdose. Générations marquées par le SIDA et qu'André Téchiné raconte dans *Les Témoins* (2007). Générations des « cités », dans des films de révoltés : *La Haine* de Mathieu Kassovitz (1995), *Ma 6-T va crack-er* de Jean-François Richet (1997), *Wesh wesh qu'est-ce qui se passe ?* de Rabah Ameur-Zaïmeche (2001), qui tous se refusent à confiner les jeunes dans l'enfermement d'un déterminisme étouffant. Films des initiations implacables, *Un prophète* de Jacques Audiard (2008) et *La Désintégration* de Philippe Faucon (2012), avec les mêmes lames aiguisées d'âpreté, décrivent la prison, les réseaux de l'islamisme intégriste et des jeunes hommes qui se cognent à leur précarité.

« Si on ouvrait les gens, on trouverait aussi des paysages », explique Agnès Varda. C'est sans doute là un autre don du cinéma : pour apprendre à voir, il faut montrer des territoires, donner chair en passant par des terres. De longs travellings en mouvements lents, Agnès Varda prend le temps de filmer

Mona, sans feu ni lieu, dans *Sans toit ni loi* (1985), périple d'une jeune femme sur des routes cabossées, marchant encore et marchant sans fin jusqu'à mourir de froid au bas-côté d'un chemin. Plus tard, on retrouvera Agnès Varda, toujours dévoreuse d'images, de gens et de paysages, grappillant ici et là les visages de ceux qui, dans les poubelles ou dans les champs, ramassent de quoi subsister : dans *Les Glaneurs et la Glaneuse* (2000), la glaneuse est Agnès Varda, avec la légèreté de sa caméra. Le mode documentaire permet d'arpenter ces terres et d'en montrer le « vrai » – quoique toujours découpé et remonté. En 1983, dans *Biquefarre*, Georges Rouquier revient tourner dans son village de l'Aveyron, trente-huit ans après le succès de *Farrebique*. Avec une écriture épurée, il décrit les gestes quotidiens de ces paysans, les rythmes intenses et le goût du temps, la force physique déployée ; mais la colère y pointe aussi face à la spéculation qui bouleverse les exploitations et pousse à s'agrandir ou mourir. Vingt ans plus tard, Raymond Depardon se lance dans ce qui deviendra une trilogie, *Profils paysans* (2001-2008). Le cinéaste aime ces gens, il les montre dans leur dignité, sans « lien de subordination ». Eux comme lui ont le souci de ne pas trop « faire image » et surtout pas « image du passé », un passé figé qu'on ne peut s'empêcher néanmoins d'apercevoir chez ces vieux paysans dépassés par la modernité.

Ce sont là des façons de dire le goût des autres sans les cloîtrer dans leur altérité. *Le Goût des autres* est aussi un film d'Agnès Jaoui (1999), autre manière de décrire ces partages de territoires, culturels cette fois. Le titre fait écho à ce qu'écrit Pierre Bourdieu dans *La Distinction* : « Les goûts sont avant tout des dégoûts, faits d'horreur ou d'intolérance viscérale pour les autres goûts, les goûts des autres. » M. Castella, le patron bougon que joue Jean-Pierre Bacri, n'a pas le « capital culturel » qui pourrait le rendre digne, aux yeux des artistes qu'il est amené à fréquenter, d'avoir accès à leur milieu. Pourtant il est ému par Racine et Ibsen, qu'il découvre bouleversé. Film opposé au snobisme méprisant et blasé, *Le Goût des autres* montre comment on acquiert le goût de l'autre.

On est loin du regard impitoyable de Claude Chabrol, qui poursuit l'exploration de ce qu'il aime appeler « les petits sujets », disséquant les milieux sociaux, la bourgeoisie de préférence, avec ce mélange de cynisme et de talent qui a fait sa pâte cinq décennies durant : le petit commerce et la perversité cachée (*Les Fantômes du chapelier*, 1982), l'univers étroit de la petite bourgeoisie (*Betty*, 1992 ; *L'Enfer*, 1994), la revanche des bonnes à tout faire (*La Cérémonie* d'après *Les Bonnes* de Jean Genet, 1995), le blanchiment d'argent (*Rien ne va plus*, 1997), la grande bourgeoisie des Charpin-Vasseur, politiciens en quête d'électeurs (*La Fleur du mal*, 2003), l'affairisme des aigrefins et des hommes politiques véreux (*L'Ivresse du pouvoir*, 2005)... Avec les « Jabac » – le couple Jaoui-Bacri –, on est plus proche de l'univers bâti par Cédric Klapisch, où ils s'invitent d'ailleurs comme dans *Un air de famille* (1996) : empathie mêlée de drôlerie sur quelques tranches de vie, pérégrinations de quartier (*Chacun cherche son chat*, 1996 ; *Paris*, 2008), rites de passage du jeune âge (*Le Péril jeune*, 1994 ; *L'Auberge espagnole*, 2001 ; *Les Poupées russes*, 2005), rencontre d'univers sociaux opposés (*Ma part du gâteau*, 2011).

La conscience du monde

Mai 2008, festival de Cannes : lorsqu'il remet la Palme d'or à Laurent Cantet pour son film *Entre les murs*, le président du jury Sean Penn salue « un réalisateur qui manifeste la conscience du monde dans lequel il vit ». Laurent Cantet, pour son cinquième long-métrage, a filmé des collégiens dans un établissement du 20e arrondissement de Paris réputé « difficile ». Cette récompense, assortie d'un tel hommage, sonne comme le symbole d'un cinéma plus que « social » : militant, qui retrouve de la vigueur dans les années 1990. Un cinéma conscient, éveillé à sa propre responsabilité, engagé. Après une décennie dominée par le clinquant du clip et du chic, les années 1990 sont davantage tournées vers la réalité. À l'heure du renouveau des grands mouvements sociaux, la concomitance n'est pas une coïncidence. Une veine cinémato-graphique se dessine, qui mêle questionnement ouvert sur les classes populaires, politisation de la fiction et attachement instinctif au collectif. Elle est inaugurée par *En avoir (ou pas)* de Laeticia Masson (1995), se poursuit avec *La Vie rêvée des anges* d'Érick Zonca (1998), *Rosetta* de Jean-Pierre et Luc Dardenne (1999), *Ressources humaines* de Laurent Cantet (1999), *Nadia et les hippopotames* de Dominique Cabrera (2000), *Welcome* de Philippe Lioret (2009), jusqu'à *Louise Wimmer* de Cyril Mennegun (2012). Chaque fois, qu'il s'agisse d'une manutentionnaire dans une conserverie de poisson, d'un ouvrier du bâtiment, d'une demandeuse d'emploi, d'un réfugié clandestin, d'une femme sans logement qui se débat avec son existence précaire, l'ordinaire des prolétaires se dit sans fioriture ni caricature. On montre les corps au travail, la détresse de sa perte, l'éclat des explosions sociales et radicales. À propos de *Rosetta*, Jacques Rancière évoque une caméra tremblée et mouvante, qui « nous colle à ses corps à corps », « fait retentir dans nos oreilles le halètement de ses efforts ». Robert Guédiguian est de ceux-là qui, dans la lignée de *Marius et Jeannette* (1997), s'affirme en cinéaste de la solidarité, de la tension entre la résistance et la rési-gnation. Tous ces films agrippent le réel pour en faire un cinéma sans compromis ni concession sur les étouffoirs du chômage, de la précarité et du désespoir, mais aussi sur les refus, l'indignation et l'insurrection. D'autres s'en emparent aux confins de l'absurde, de l'excentrique et de la critique, comme Benoît Delépine et Gustave Kervern, de *Louise-Michel* (2008) jusqu'au *Grand Soir* (2012) : leur loufoquerie dévoile l'aberration des lieux et des situations, qu'il s'agisse d'une usine délocalisée ou d'une zone commerciale, du profit féti-chisé ou d'un monde marchandisé. D'autres enfin montrent des entre-deux déchirés, chez ceux qui viennent de loin pour devenir français : la France, pour le cinéaste franco-sénégalais Alain Gomis, devient *L'Afrance* (2002) ; ce préfixe, un « a » privatif, dit le rapport compliqué à un pays désiré et rejeté pour ce qu'il promet mais ne donne jamais tout à fait.

CINÉMONDE

En quête d'auteurs

Y a-t-il pour autant une identité du « cinéma français » ?
Lorsqu'en 2012, le film de Michel Hazanavicius *The Artist*
reçoit 3 Golden Globes, 5 Oscars et 6 Césars, la productrice
Michèle Halberstadt déclare à son sujet que « ce n'est pas un
film français ; ce n'est pas un film de Desplechin ». Hommage au cinéma muet des années 1920, *The Artist* évoque
aussi le rêve hollywoodien. D'où vient qu'il soit opposé au
réalisateur Arnaud Desplechin, qui personnifierait quant à
lui un certain cinéma français ?

Ce qu'on a commencé d'appeler le « jeune cinéma français » durant les années 1990 est un cinéma d'auteur et un
cinéma d'intérieur : il prend place souvent dans une forme
de confinement pour explorer l'intériorité des personnages
et leur intimité. Arnaud Desplechin, depuis *La Vie des morts*
(1991) et *La Sentinelle* (1992) jusqu'à *Un conte de Noël* (2008),
l'incarnerait en plein. C'est un cinéma de la subtilité et du
for privé même si, comme dans *La Sentinelle*, il peut se
mêler à la « grande Histoire » (celle en l'occurrence de la
guerre froide puis de la chute du mur de Berlin). Arnaud
Desplechin raconte des histoires, souvent douloureuses et
blessées, et ce que font les gens avec ces histoires. Péné-
trés de psychanalyse, ses films visitent le passé non dans ce
qu'il a de passé mais au contraire dans ses resurgissements
incessants. Cinéma choral et « roman familial », il s'intéresse
aux liens noués entre des personnages dont aucun n'est un
héros mais fait pièce dans un tableau.

Cette forme de minimalisme – parfois baptisé *french under-
statement* – se retrouve chez des réalisatrices et réalisateurs
qui forment une génération : Chantal Akerman, Olivier
Assayas, Mathieu Amalric, Claire Denis, Laurence Ferreira
Barbosa, Cédric Kahn et Noémie Lvovsky. Toutes et tous

s'inscrivent dans une filiation qui partirait de la Nouvelle Vague, passerait par Éric Rohmer et mènerait vers Philippe Garrel. À la manière de Rohmer, leurs œuvres sont des films parlants : la parole et la voix ne se masquent pas sous le sens, elles résonnent comme elles le feraient au théâtre, dans un goût pour le texte prononcé. Chez Éric Rohmer en effet, le texte, très écrit, la musique des phrases, l'attention au débit dessinent une architecture de la parole, où les moments importants ne sont pas des événements mais des dialogues : dans *Les Nuits de la pleine lune* (1986), *L'Amie de mon ami* (1987) puis les *Contes des quatre saisons* (1992-1998), Éric Rohmer filme ce que signifient parler et écouter, avant de célébrer la littérature en adaptant *L'Astrée* d'Honoré d'Urfé (*Les Amours d'Astrée et de Céladon*, 2005). Et si généalogie il y a avec Philippe Garrel, de *L'Enfant secret* (1982) aux *Amants réguliers* (2005), c'est que ces films décrivent l'initiation et la contemplation, l'errance et la lucidité. Ils expriment une exigence dont la distance n'est pas absente : comme le dit non sans ironie Arnaud Desplechin à la sortie de *Comment je me suis disputé... (ma vie sexuelle)* (1995) : « J'ai voulu faire un film de genre, le genre jeune cinéma français. »

Retours vers le passé

Le cinéma est l'art des temporalités trouées : il ouvre des brèches où s'engouffrer pour retrouver le passé, ce passé dont il semble obsédé. Pourtant, il ne conjugue pas les temps à la manière des grammaires ordinaires : il n'y suffit pas d'un flash-back, comme on userait de l'imparfait. Une technique ne peut à elle seule faire remonter le temps : il faut du lien entre passé et présent, des manières de faire croire à un temps retrouvé. À cet égard, l'œuvre qui marque l'époque bien au-delà des années 1980 est un film-monument : *Shoah* (1985) n'entend ni faire histoire ni faire mémoire. L'extermination des Juifs d'Europe ne doit pas, selon Claude Lanzmann, se dire par l'archive héritée du passé parce qu'elle ne doit pas se prouver. Son souvenir vient flotter à la surface du présent, des heures durant (neuf heures et demie exactement), rien qu'en écoutant témoigner. Explorer le temps exige d'arpenter les lieux où dorment les ombres des absents, notamment ces lieux que les nazis ont eux-mêmes détruits pour effacer la trace de leur crime et jusqu'au souvenir de leurs victimes. C'est ce que Jacques Derrida nomme la « survivance » à propos de *Shoah*, et qui est propre au cinéma.

Pour évoquer cette fabrique cinématographique du passé, l'historienne états-unienne Vanessa Schwartz propose le terme « *cinehistory* », sur le modèle de « *metahistory* » : le cinéma n'est pas un reflet du passé, il en est la vision enveloppante et englobante. Les « compagnons de la nostalgie », selon l'expression de Jean-Michel Frodon, avancent ainsi fébrilement sur les traces d'un monde aboli. En 1980, le triomphe du *Dernier Métro* (10 Césars et 3,3 millions d'entrées) n'est pas l'apothéose du « rétro » – la simple mode du passé. Le spectre que poursuit François Truffaut est aussi la mort qui menacerait le cinéma : sur une scène de théâtre, en pleine Occupation, le metteur en scène juif traqué et caché est relégué dans une cave, comme un homme déjà mort ; d'en bas, il regarde son univers lui échapper. On peut y voir l'obsession de François Truffaut : face à la concurrence de la télévision, il faut tenter de préserver le goût pour la beauté. Si cela même s'en va, « ce sera la fin de notre cinéma, ce sera le moment de nous en aller ». Deux films encore, *La Femme d'à côté* (1981) puis *Vivement dimanche !* (1983), et en effet Truffaut s'en va – il meurt des suites d'une tumeur le 21 octobre 1984.

D'autres continuent de cheminer sur les voies du passé. Bertrand Tavernier par exemple qui, dans *La Vie et rien d'autre* (1989), filme la société d'après la « Grande Guerre », celle qui cherche ses disparus et invente le soldat inconnu ; comme le *J'accuse* d'Abel Gance cinquante ans plus tôt, Bertrand Tavernier et son personnage interprété par Philippe Noiret voudraient faire resurgir « le défilé des pauvres morts de cette folie », mais ils sont déjà engloutis. Bertrand Tavernier est un « cinéaste du passé, écrit Jean-Michel Frodon, au sens où il filme ce qui arrive du point de vue de celui qui s'en va ».

Les films sur la Seconde Guerre mondiale sont nombreux à alimenter le feu qui couve encore sous ses cendres brûlantes. Louis Malle dans *Au revoir les enfants* (1987) soulève des culpabilités, celles des comportements, des regards qui dénoncent, de l'insouciance face à la déportation. Claude Berri quant à lui propose dans *Uranus* (1990) un portrait de la complexité : les collabos n'apparaissent pas seulement comme des salauds. Avec *Amen* (2002), Costa Gavras reprend la question du « silence de Pie XII » sur le génocide ; tout autant que le film lui-même, son affiche conçue par Oliviero Toscani fait scandale en entrelaçant une croix chrétienne et une croix gammée. *L'Armée du crime* de Robert Guédiguian (2009) fait revivre le groupe Manouchian, les Francs-tireurs et partisans. Enfin, *La Rafle* de Roselyne Bosch (2010) raconte sur un mode sentimental la rafle du Vel' d'hiv'. Ce film à succès (2,8 millions d'entrées) livre une vision consensuelle d'une France réticente voire résistante à la déportation, dans un « Montmartre d'opérette » où chacun s'affirme digne, courageux et valeureux. « *La Rafle*, observe Annette Wieviorka, ne confronte pas les Français à leur passé. Elle les réconcilie avec lui. »

De critiques en polémiques, le cinéma montre par là qu'il agit sur le présent. Lorsque Rachid Bouchared réalise *Indigènes* en 2006, prenant à bras-le-corps la question du racisme et des discriminations subies pendant les combats de la Libération par des tirailleurs algériens, le Premier ministre Dominique de Villepin annonce le jour de sa sortie que les pensions versées aux vétérans de l'ex-Empire seront désormais égales à celles que touchent les anciens combattants français : le cinéma a hâté la prise de conscience et précipité la décision politique relative à une question laissée en suspens depuis 1945. Quand Rachid Bouchared s'attaque ensuite à la guerre d'Algérie, dans *Hors-la-loi* (2010), le député UMP

Lionnel Luca dénonce l'image négative réservée par le film à la police et à l'armée françaises, et quelques manifestations d'opposition sont organisées durant le festival de Cannes.

On n'en finirait pas d'énumérer les films dont la trame s'ancre dans un passé qui leur offre le succès, souvent sous forme d'adaptations : *Fort Saganne* d'Alain Corneau (1984, 2,1 millions d'entrées), *Jean de Florette* et *Manon des Sources* de Claude Berri (1986, 7,2 et 6,6 millions), *Cyrano* de Jean-Paul Rappeneau (1990, 4,5 millions), *La Gloire de mon père* et *Le Château de ma mère* d'Yves Robert (1990, 6,2 et 4,2 millions), *Germinal* de Claude Berri encore (1993, 6 millions)... Mais c'est peut-être *Le Temps retrouvé*, l'adaptation de Proust proposée par Raul Ruiz (1999), qui transpose le mieux l'écriture sur le temps ; une nouvelle fois, les flash-back n'y suffisent pas : il y a bien plutôt là des glissements, des inserts de passé dans l'image du présent, des arrêts et des ralentissements, tout un monde mouvant et flottant qui entremêle très intimement les temps.

De leur côté, Alain Resnais et Claude Sautet ont moins de nostalgie que de mélancolie. Le premier confie n'être pas ému par « les images jaunies » ; il se sent « à l'aise dans chaque présent, successivement ». Son rapport « instinctif » à l'histoire passe par des expérimentations – « que se passerait-il si ? » comme dans *Smoking/No smoking* (1993) – ou par le chant – dans *On connaît la chanson* (1997). Claude Sautet quant à lui ne part pas en quête du passé, il le traque dans le présent. Dans *Un cœur en hiver* (1992), le marchand de violons interprété par André Dussollier est ainsi « bien de son temps », ancré dans la modernité, là où le luthier joué par Daniel Auteuil ne s'accommode pas du présent et reste silencieux face à ce temps dans lequel, replié, il ne vit pas vraiment. La filmographie de Claude Sautet est à l'avenant ; elle renvoie à une fidélité, fidélité au cinéma comme empreinte du temps.

La fidélité

Claude Sautet s'inscrit dans cette génération de cinéastes qui s'enracine aux sources mêmes du cinéma. « Traverser la moitié de la durée d'un art donne une formidable mémoire », explique Jean-Luc Godard. Dans un dialogue avec Antoine de Baecque, il confie : « Cette mélancolie est tuante, mais fait aussi renaître. » Or ce Godard qui renaît à partir des années 1980 abandonne le côté expérimental de sa décennie radicale. Il se tourne de plus en plus vers le passé, le sien et celui du cinéma – Antoine de Baecque l'a montré : « Godard filme donc un certain cinéma qui s'en va, comme le soulignent alors *Détective* (1985) et *Grandeur et décadence d'un petit commerce de cinéma* (1986). » Puis il se lance dans *Histoire(s) du cinéma* (1995), tout entier consacré à produire des « étincelles » : « art du montage » plus que jamais, le cinéma est chez Godard un surgissement de l'histoire né du collage et du télescopage des images. Il a beau aller chercher quelques stars, Johnny Hallyday, Alain Delon ou Nathalie Baye, c'est pour désamorcer les liens trop voyants entre cinéma et argent. Les « professionnels de la profession » restent un repoussoir pour Godard même quand, en mars 1987, ils lui remettent un César.

Ces films de la fidélité, fondés sur une certaine idée de la pureté, évoluent hors des circuits commerciaux et revendiquent d'être marginaux. C'est le cas d'un Robert Bresson dont l'écriture en quête d'épure se dit dans *L'Argent* (1983), un film d'une implacable sobriété sur la contamination de la corruption ; l'économie de moyens épouse ici une éthique et une esthétique. Tout le travail de Jean-Marie Straub et Danièle Huillet est lui aussi dans ce dépouillement ; « artisans » politiques face à l'industrie cinématographique, ils puisent chez Hölderlin, Engels, Kafka, Brecht ou Duras la beauté de textes toujours engagés. « Le temps joue pour les Straub », avait écrit Serge Daney : le couple de cinéastes se place dans une durée qui semble s'affranchir de la temporalité ;

dans la lenteur de leurs plans, le temps qu'ils prennent est un temps gagné sur l'éphémère des succès. Même réponse éthique au bruit médiatique chez Chris Marker, même souci de se tenir à distance du « spectacle », des modes accrocheuses et des sollicitations tapageuses. Depuis *Sans soleil* (1982), réflexion poétique sur la fragilité de la durée, il multiplie les expérimentations techniques (vidéo, informatique) pour enrichir sa matière artistique de rencontres et de hasards : entremêlement des temps, histoire et mémoire. Dans *Level Five* (1997), il revient sur le suicide collectif de la population d'Okinawa, au printemps 1945. Le film est une enquête sur les images que la tragédie a laissées et sur la manière dont elles interfèrent avec notre réalité ; au bord de la falaise, juste avant de sauter dans le vide, une femme sait qu'elle est regardée ; peut-être même est-ce ce regard qui la pousse à s'y jeter. Chris Marker livre une réflexion sur ce que font le regard et dès lors le viseur, l'œil de la caméra qui peut se faire voyeur.

Ici le cinéma est une immense réserve d'histoires ; il est peuplé de spectres, morts et vivants : morts parce que aussitôt figés à peine enregistrés ; vivants parce que sans cesse ressuscités à l'écran. Cette passion de faire de la mémoire cinématographique sa propre matière filmique se transmet à travers le temps. Dans *Irma Vep* d'Olivier Assayas (1996), tourner un *remake* d'un film de Louis Feuillade datant de 1915 devient l'occasion de faire image avec d'anciennes images, de confronter la technologie de l'extrême modernité à la nostalgie d'une origine retrouvée. Dans *Beau Travail* (2000), Claire Denis rend hommage au *Petit Soldat* tourné par Jean-Luc Godard quarante ans auparavant ; son personnage, nommé Bruno Forestier comme dans le film de son aîné, reprend l'une de ses phrases au mot près : « Je n'étais pas amer et j'avais du temps devant moi » ; le cinéma se fait héritage par-delà les âges. Enfin, chez Leos Carax, dans *Holy Motors* (2012), le cinéma devient un monde en soi : Denis Lavant y interprète un acteur qui compose d'infinies métamorphoses. Dès la première scène, Leos Carax lui-même apparaît en rêveur endormi ; soudain éveillé au cœur de la nuit, il ouvre un mur donnant sur une salle de cinéma ; et c'est alors comme si un film pouvait porter en lui tous les autres films et se projeter dans leur histoire ranimée.

Si le cinéma possède à ce point le pouvoir de faire histoire, c'est en raison, relève Arlette Farge, de « sa maîtrise du temps, qui le rend naturellement historien » : le cinéma « permet seul une intégration mouvementée, au sens fort du mot, dans une réalité inventée » ; il « propose, presque par définition, l'intégralité d'un récit historique qui, selon moi, ne sera jamais écrit ». Le cinéma détient cette puissance singulière de faire, de quelques images-clés, une histoire et l'Histoire. Tout son art tient d'abord dans l'enregistrement, une saisie du présent qui devient aussitôt passé. Le cinéma vit aussi de ses fantômes et revient sans cesse sur sa propre histoire : chaque spectateur peut être habité de cette mémoire, universelle et individuelle.

Le cinéma demeure la sortie culturelle la plus pratiquée, en France comme dans le reste de l'Europe, même si les habitants des métropoles sont, pour des raisons évidentes, à cet égard privilégiés : en 2012, 39 % des habitants des communes rurales sont allés au moins une fois au cinéma dans l'année (et en moyenne 9 fois), contre 62 % pour les villes de plus de 100 000 habitants (et en moyenne 14 fois). La pratique est différenciée socialement : deux tiers des cadres vont au cinéma, mais deux tiers des ouvriers n'y vont jamais. Toutefois, le cinéma étant un art populaire et très divers, l'effet de diplôme joue peu par rapport à d'autres pratiques culturelles. De véritables institutions, la cérémonie des Césars ou le festival de Cannes, alimentent la fascination pour les stars, tout en promouvant les films français à l'étranger.

On ne saurait oublier la dimension économique qui fait de plus en plus du cinéma un « produit d'appel » pour des sociétés de financement investissant dans l'audiovisuel comme elles le feraient sur tout autre marché. Il devient un objet de spéculation, entre escalade des coûts de production, niveaux aberrants de rémunération qu'un scandale – l'exil fiscal de Gérard Depardieu en 2012 – n'a fait que souligner. Dans une économie concurrentielle, la masse des films se révèle pléthorique : on comptait quelque 150 films français produits par an dans les années 1970, contre environ 300 aujourd'hui. La plupart sont avant tout destinés à une diffusion télévisée, signe que l'on est passé à de nouvelles manières de faire écrans.

CHAPITRE XV

Mises en culture
Les pratiques culturelles du quotidien

La nouveauté surgie dans les pratiques culturelles ne tient certes pas à la présence des écrans, mais davantage à leur envahissement. Complémentaires et concurrents, la toile et la Toile, le petit et le grand écran ne sont plus seulement des instruments : l'insistance qu'ils manifestent dans nos existences dessine un champ d'expérience différent – Internet, écrit Jean Viard, « fait dorénavant comme une deuxième peau au monde ». Et c'est le monde ainsi qui s'impose aux esprits tant ces pratiques s'enracinent dans un imaginaire planétaire.

L'influence de tels médias porte la « culture de masse » à son apogée. À la fin des années 1960, le poste « loisirs et culture » dans les dépenses des ménages se situait à la septième place ; il occupe à présent le quatrième rang. Cette « culture » mêle imaginaires, pratiques savantes et populaires, métissages, « vagabondages » et « braconnages » selon les mots de Michel de Certeau. Celui-ci y voyait des « arts de faire » et sous sa plume le terme « art » ne tenait pas du hasard. Car la culture du quotidien peut bel et bien s'inventer, faite qu'elle est d'appropriations, de circulations, parfois de subversions. Dans cette vision optimiste, l'individu fait preuve de créativité et n'est pas réduit à la passivité face à un conditionnement supposé. Le « grand public », abstrait et indifférencié, n'existe pas vraiment ; il se compose d'individus qui ont, selon leur statut social, leur histoire et leur trajectoire, mille manières de faire avec une offre culturelle de plus en plus diversifiée. Après Bernard Lahire, nombre de sociologues cherchent à établir des « nuanciers culturels individuels ». Les pratiques cependant demeurent segmentées socialement : elles alimentent autant qu'elles symbolisent les identités et les positionnements.

De tels comportements engagent un puissant rapport au temps : au temps libre qui n'a cessé de s'étirer, au temps accéléré permis par les nouvelles technologies, au temps enfin de la mémoire et de l'oubli, à l'heure où les réseaux mondiaux tissent un immense réservoir de traces qui se comptent par milliards et ne sont pas près de s'effacer.

FAIRE ÉCRANS

Télévision : haute définition ?

Le quotidien s'est empli peu à peu de la télévision. Le temps qui lui est consacré est passé de 2 h 47 en 1983 à 3 h 25 en 1998 et 3 h 50 en 2012. Au milieu des années 1990, 77 % de la population la regardent tous les jours ; ce taux atteint 87 % à la fin des années 2000. Cette progression du temps passé devant la télévision s'est toutefois stabilisée : l'élévation du niveau moyen de diplôme en est un facteur d'explication, comme le comportement des générations : entre 2000 et 2010, le temps d'écoute diminue de deux heures chez les 15-24 ans, attirés par d'autres écrans. Le taux d'équipement continue quant à lui d'augmenter – on relèvera d'ailleurs que le téléviseur est le seul poste dont le taux d'équipement est moins élevé chez les cadres (90 %) que chez les ouvriers (96 % en 2003). Quant au marché, il ne cesse de se renouveler pour s'attirer les faveurs des consommateurs : télévisions « haute définition », écrans plats, « home cinéma »... La télécommande, dont les premiers usages pour les personnes handicapées datent des années 1970, s'impose dans le « grand public » durant la décennie 1980 : seule la multiplication des chaînes peut justifier un tel objet. De fait, le nombre de chaînes connaît un développement

impressionnant, ce qui fragilise la notion classique de chaîne
« généraliste » rassemblant potentiellement tous les publics ;
de trois au début des années 1980, ce chiffre est multiplié par
trente en vingt ans, accentué par l'arrivée du câble (1986),
du satellite (1992) puis de la télévision numérique terrestre
(TNT) (2005). De 25 000 heures de programmes par an en
1983, on passe à plus de 600 000 trente ans plus tard. Avec
le développement des chaînes thématiques – une centaine
aujourd'hui –, le public est de plus en plus « ciblé ».

Or la télécommande fait naître un geste quasi démiurgique,
le « zapping », pratique portée aux nues dans le miroir que
se tend la télévision en lui dédiant des émissions – telle la
« Nuit du zapping » lancée en 1996. Le modèle diffusé au
milieu des années 1980 est à cet égard italien : la télévision
commerciale de Silvio Berlusconi a ses codes culturels et
visuels – insistance sur les feuilletons, les jeux et les variétés,
images fragmentées, zooms et plans rapprochés, esthétique
du clip au lieu des plans fixes et des cadrages plutôt statiques
qui étaient l'apanage de la télévision publique. La planète
elle-même entre dans ces montages heurtés, vastes collages
d'images prises aux chaînes du monde entier. Dans le même
esprit, les « speakerines » sont remplacées par des bandes-
annonces qui anticipent les programmes à coups de montages
au rythme accéléré. En payant un « péage » à Canal Plus
puis en achetant et composant lui-même ses « bouquets »,
le téléspectateur devient consommateur, d'autant plus prisé
que la concurrence est rude pour garder des parts de marché en termes de publicité. L'« Audimat » est devenu un
critère majeur pour les dirigeants de l'audiovisuel public et
privé depuis que les premiers systèmes audimétriques ont
été installés au début des années 1980.

Il s'agit donc de « faire événement ». L'information à la
télévision crée un temps de l'instant et de l'urgent, dont les
« sujets courts » privilégient l'émotion et la sensation, l'ins-
tantané et la volatilité. Roger Gicquel, présentateur-phare du
journal télévisé jusqu'en 1981, en livrait déjà les clés : « C'est
la dramaturgie inhérente à l'information que j'exploite »,

expliquait-il. Cette dramatisation est amplifiée par la concurrence que se font désormais les chaînes. Cette compétition exige d'elles le « scoop », le temps d'avance, l'anticipation. Parallèlement, comme l'ont analysé Pierre Bourdieu, Patrick Champagne, Érik Neveu et Cyril Lemieux, les chaînes – et, au-delà, l'ensemble des médias – doivent parler de ce dont les autres parlent, une pratique de l'« intertextualité médiatique » qui entrave l'originalité. « Nous nous sentons planétaires par flashs », écrit Edgar Morin : le monde entre certes dans les foyers, mais il s'oublie à peine passé. À partir de 1991 avec l'apparition de l'« information continue » à l'instar de la pionnière états-unienne CNN, les chaînes « tout info » contribuent à créer des événements : loin d'être seulement un enregistrement, la télévision produit aussi de la réalité. Le spectaculaire s'y dit abruptement, comme dans la bouche de l'animateur Patrick Sébastien cité par François Cusset : « Les nouvelles guerres ont ceci d'extraordinaire que grâce [...] à la télévision, elles font vivre plus de gens qu'elles n'en tuent. »

Animateurs et producteurs pensent leurs émissions comme des « concepts » qu'ils vendent très cher, à l'instar des *talk shows* et *reality shows*. Un spectacle de la transparence s'y joue et noue tout ensemble familiarité avec le spectateur qui peut intervenir et juger (notamment en payant le droit de « voter »), insolence et décontraction du ton, intimité exposée. Hommes et femmes politiques, vedettes du sport et de la variété y sont soumis au feu roulant des mêmes questionnements, où leur vie privée occupe une place privilégiée. Comme le relève le philosophe Michaël Fœssel, ces *talk shows* ne sont pas faits pour informer mais pour vérifier : « Rien qu'on ne sache déjà, puisque tout le monde en parlait avant. » Le titre d'une émission de Thierry Ardisson est à cette aune très éloquent ; l'animateur le dit lui-même : « Tout le monde en parle, alors "Tout le monde en parle" en parle. »

Les jeux, toujours si présents à la télévision au point que certains, tels « Des chiffres et des lettres » (1972) ou

« Questions pour un champion » (1988), sont devenus des institutions, voient aussi leur mise en scène évoluer, avec des défis qui relèvent de la compétition physique (« Fort Boyard » depuis 1990), de l'épreuve psychologique (« Le maillon faible » 2001-2007, « Zone rouge » depuis 2003), de l'intimité (« L'île de la tentation » depuis 2002) voire de la survie (« Koh-Lanta » 2002-2013), au seuil de la « télé-réalité ». Ce terme fait son entrée dans le dictionnaire en 2004 – l'émission-phare à cet égard, « Loft Story », est diffusée sur M6 en 2001. Dans son dispositif, les images ne sont pas volées mais accordées en flux continu par les participants, dont la motivation première est d'être « vus à la télé ». Des émissions qui relèvent de la confession, du « Jeu de la vérité » au milieu des années 1980 à « C'est mon choix » (1999-2004), de « Psy show » lancée en 1983 à « Vie publique, vie privée » (2000-2011), sont supposées tendre un miroir à la société qui se regarde à ce reflet. Elles créent un mélange des genres, entre public et privé : le psychanalyste Serge Tisseron parle à son sujet d'« extimité ».

Ce mélange se retrouve dans la tension entre histoire et fiction que fait naître la télévision. Depuis les années 1980, de nouveaux genres se sont imposés, comme les « docudramas », les « docufictions » et les « fictions du réel », dont on ne sait plus très bien s'ils relèvent du documentaire ou de l'imaginaire : ils entretiennent la confusion, comme l'a montré Isabelle Veyrat-Masson. Par ce biais, des pans entiers de l'histoire sont à présent traités par la télévision. Bien sûr, les reconstitutions et autres « dramatiques historiques » existent de longue date. La nouveauté vient des choix parfois opérés pour renforcer l'effet de réel, le suspense ou la dramatisation : détournement de sources, création de fausses archives, colorisation… Ces falsifications ne contaminent pas toutes les émissions historiques, loin s'en faut ; mais elles s'expliquent par les contraintes propres à la télévision.

Ces contraintes – formatage et technique d'écriture fondée sur la rapidité – sont très présentes dans une catégorie elle aussi renouvelée : les séries télévisées. Ainsi le format (le « 52 minutes » s'est peu à peu imposé) implique-t-il d'y semer les rebondissements, les drames et les retournements : le temps mort en est l'ennemi juré. Pour autant, c'est aussi un temps long que proposent ces séries : leurs spectateurs en retrouvent les personnages durant des mois voire des années. En France, Navarro, Julie Lescaut, les Cordier ou Joséphine, parmi d'autres, sont entrés dans les foyers et y sont devenus familiers, de même que les personnages des séries américaines qui ont ravivé les codes du genre (*Friends, X-Files, Urgences, Ally McBeal, Sex and the City*, jusqu'aux *Soprano*). Des études ont pu observer leur influence dans les formes de socialisation : signe qu'il n'y a pas de pure passivité face à ces images fabriquées, mais bien des façons de se les approprier. Au début des années 1980, Tamar Liebes et Elihu Katz avaient montré à propos de *Dallas* que l'on peut voir ce feuilleton de manière « référentielle » – en le prenant pour le réel – ou « oppositionnelle » – en s'en distanciant.

Si certaines émissions sont regardées à égalité par des groupes sociaux variés (« Thalassa », « Ça se discute », « Capital »…), d'autres nourrissent les écarts socioculturels : « Qui veut gagner des millions ? » est vue par 53 % des ouvriers mais par 29 % des cadres, « Les enfants de la télé » par 43 % des ouvriers mais par 26 % des cadres et, à l'inverse, « Les guignols de l'info » par 28 % des ouvriers contre 35 % des cadres. Si la télévision produit de l'homogénéité, sa pratique est aussi socialement différenciée.

Des objets nommés désirs

En août 1987, un représentant en France de Silvio Berlusconi, Carlo Freccero, confie : « La télévision commerciale est un spectacle essentiellement conçu pour favoriser l'écoute du spot publicitaire. » C'est ce que Patrick Le Lay, le PDG de TF1, confirme en 2004 : « Pour qu'un message publicitaire soit reçu, il faut que le cerveau du téléspectateur soit disponible. Nos émissions ont pour vocation de le rendre disponible, c'est-à-dire de le divertir, de le détendre pour le préparer entre deux messages. Ce que nous vendons à Coca-Cola, c'est du temps de cerveau humain disponible. » Et ce temps n'a cessé de s'allonger : en 1968, date de l'introduction de la publicité à la télévision, il est de deux minutes par jour ; en 2008, il s'élève à deux heures sur la seule première chaîne. En 1983, FR3 s'ouvre à la publicité ; la création de plusieurs chaînes commerciales (Canal Plus, la Cinq, M6) au cours des années 1980 puis la privatisation de TF1, les radios FM privées, l'explosion d'Internet, enfin l'apparition de quotidiens gratuits au début des années 2000, en accroissent considérablement le marché. Les investissements sont à l'avenant : entre 1995 et 2005, les sommes allouées à la publicité augmentent de 10 milliards d'euros pour atteindre 31,8 milliards, soit 2 % du PIB.

Les techniques mises en œuvre changent elles aussi radicalement. Dans un spot ironique de Canal Plus, un téléspectateur réveille son voisin parce que « c'est la pub » : par un paradoxe renversant, la publicité devient le moment à privilégier. Des réalisateurs comme Georges Lautner, Édouard Molinaro, Claude Miller, Patrice Leconte, Étienne Chatiliez ou Gérard Pirès circulent entre cinéma et publicité et confèrent à cette dernière une dimension artistique selon des codes renouvelés : il faut moins désormais décliner les qualités d'un produit que faire rêver et désirer. Jacques Séguéla explique à partir des années 1980 : « Toutes les lessives lavent plus blanc. Le choix se fait sur l'âme de la lessive » ; l'essentiel ne serait pas la « valeur d'usage » mais la « valeur imaginaire ajoutée ». Par rapport aux décennies précédentes, les images publicitaires optent pour l'imagination, l'humour et la dérision au détriment de l'information sur le produit. Les techniques se font plus raffinées : recours à la sémiologie pour élaborer une narration singulière, prise en compte des neurosciences et des mécanismes mémoriels non conscients, volume sonore plus élevé – d'un décibel en moyenne – que les programmes où les publicités sont insérées...

Dans cet imaginaire publicitaire s'imposent des thèmes récurrents qui énoncent l'air du temps. À partir des années 1980, un retour à la nature et à une simplicité supposée paraît se dessiner : les produits vantés offrent des « sensations pures » ou sont « bons comme la campagne » ; des jeunes femmes «baguenaudent dans les pâturages », tandis qu'on propose de « ne pas passer à côté des choses simples ». La famille traditionnelle y figure en majesté, au soleil régulier d'« une belle journée ». Samuel Beckett avait dit au sujet de la publicité : « À force d'appeler ça la vie je vais finir par y croire. » Car la publicité loue « la vie » et « l'authenticité », contre « la vie austère », « pour être vrai, pour être bien » : en somme, « la vie, la vraie », comme croit pouvoir l'assurer une publicité des années 2000 pour une enseigne de grande distribution. La nostalgie d'images puisées aux sources du passé cohabite avec le goût fasciné d'un temps accéléré – « Prenez le temps d'aller vite » – ou la projection d'un avenir fantasmé – « C'est déjà demain » et autres « voitures du futur ». Une même opposition place face à face le repli sur les terroirs – tant d'images bucoliques à cet égard – et l'ouverture à un monde sans frontières – un coucher de soleil capté à son lever à l'autre bout de la planète (« Nous allons vous faire aimer l'an 2000 »), une invitation au mélange des cultures à travers un café (« *Open your mind, open your heart* »), l'image d'un Orient frelaté (« C'est bon comme là-bas »). La jeunesse y est préférée, associée qu'elle est à la vie, la vitesse et la modernité (des spots-clips sur les « tickets chic et tickets choc » à l'éloge d'une « source de jeunesse pour votre corps »). La confusion avec l'objet possédé est censée aider à fonder son identité (« Deviens ce que tu es », grâce à une paire de chaussures).

La période est aussi traversée par un relâchement des tabous : intimité, sensualité voire sexualité deviennent les manières privilégiées de « vendre » n'importe quel produit, une voiture (« Je suis Giulietta. Essaie-moi, n'essaie pas de me résister »), un café (« nommé désir ») ou toute autre boisson (forcément « chaude » même quand elle est fraîche). L'image de la femme y est souvent malmenée : au début des années 1980, dans une publicité pour une marque de jeans, la chanteuse Grace Jones apparaît nue, enfermée dans une cage à la manière d'une panthère ; près de trente ans plus tard, une marque de vêtements livre la représentation d'une femme à quatre pattes comme un mouton. Entre-temps se sont diffusés les spots sexistes campant des femmes-objets, qu'il s'agisse de promouvoir une voiture (« Il a l'argent, il a le pouvoir, il aura la femme »), un voyage (« Je ne paie qu'une des deux », assure un homme d'âge mûr qui tient dans ses bras deux jeunes filles en maillot de bain) ou une crème fouettée (« Je la lie, je la fouette et parfois elle passe à la casserole »).

Si les professionnels se défendent au nom de l'humour et du second degré, la publicité est de plus en plus contestée. Après une relative discrétion durant les années 1980, des opposants se structurent en associations au cours des deux décennies suivantes : organisations du type des « Casseurs de pub » qui mènent des actions ciblées en déchirant, taguant ou détournant les publicités et invitent, « au lieu de dépenser », à « penser » ; associations comme les « Paysages de France » qui entendent lutter contre la « pubtréfaction » et obtiennent en justice le démontage de panneaux illégaux ; mouvements féministes comme la Meute qui protestent contre la publicité sexiste ; associations plus anciennes telle l'Union fédérale des consommateurs qui intente des actions juridiques contre la publicité mensongère. Un retournement s'opère, qui n'échappe pas aux publicitaires. Jacques Séguéla le confesse : « Le monde change, c'est son habitude. Le fait nouveau est qu'il change contre nous. » Cependant, la critique elle-même est récupérée : des images miment les tags des militants « antipub » (un faux graffiti ironise ainsi « Ça c'est du vol » sur une affiche publicitaire pour une compagnie d'aviation) ou s'emparent de l'imaginaire contestataire et anticonsumériste de 1968 pour en déjouer la portée (« Il est interdit d'interdire de vendre moins cher »).

L'État ne reste pas muet face à ce déploiement publicitaire. La loi du 10 janvier 1991 (dite « loi Évin ») interdit toute publicité pour le tabac ; celle du 9 août 2004 impose l'affichage de mentions sanitaires pour les produits alimentaires. À l'initiative de Nicolas Sarkozy enfin, la loi du 5 mars 2009 supprime la publicité sur les chaînes publiques ; il s'agit cependant d'une redistribution des recettes, transférées un peu plus encore vers les chaînes commerciales pour favoriser leur compétitivité ; cette loi prévoit d'ailleurs pour elles l'autorisation d'une deuxième coupure pendant les films et l'augmentation du temps consacré à la publicité. Il faut plus que jamais attirer les annonceurs, tentés de faire d'Internet leur support privilégié.

Les cités numériques

Si le terme « internet » a été forgé en 1972 par l'ingénieur états-uniens Robert E. Kahn, c'est à la fin des années 1990 qu'il commence à s'imposer. Dix ans auparavant, le « Minitel » (pour Médium interactif par numérisation d'informations téléphoniques), une invention française, avait connu un vrai succès en raison de la distribution gratuite de terminaux proposés aux usagers par les Postes et télécommunications (PTT) : il avait permis d'expérimenter l'annuaire électronique et la vente par correspondance informatisée, tout en familiarisant aussi certains utilisateurs avec les sites de rencontres et les « messageries roses ». Mais en juin 1997, le journaliste François-Henri de Virieu, alors président de l'Institut de l'audiovisuel et des télécommunications en Europe, déplore le retard de la France, selon lui « tragiquement à la traîne », en matière d'outils numériques et d'Internet en particulier : avec moins de 1 % des foyers équipés, le pays se situe au quinzième rang mondial. Quinze ans plus tard, la France compte près de 40 millions d'utilisateurs, soit 80 % de sa population (contre 67 % en Europe et 30 % dans le monde). 67 % se connectent tous les jours et la durée moyenne de connexion est de douze heures par semaine. La progression, spectaculaire, consacre Internet comme « média à tout faire ». Sa fonction de gestion quotidienne arrive en tête de ses usages (avec, en particulier, la consultation de comptes bancaires) devant la communication (messagerie) et la consommation culturelle (information, musique et vidéos en ligne, jeux divers). Encore cette distribution est-elle affaire de générations : chez les jeunes, la diversité des usages est plus marquée. C'est aussi parmi les jeunes que l'utilisation est la moins socialement différenciée : là où les ouvriers et employés en activité sont deux fois moins internautes que les cadres (l'écart allant de un à treize pour les retraités), leurs enfants ont des pratiques quasiment similaires en la matière.

Ces nouvelles technologies ne sont pas de simples outils. Elles remodèlent l'espace et le temps : retransmission à volonté, flux de communication, interactivité compriment la durée et ouvrent au rêve d'ubiquité, tout en se jouant des frontières. Avec le « nuage » (*cloud*), la circulation des informations, dématérialisée, se fait par les airs. Les internautes sont de plus en plus impliqués : le « Web 1.0 » des premières années les plaçait dans une situation d'information mais de relative passivité ; au contraire, le « Web 2.0 » suppose une interaction : navigation sur le mode de l'association d'idées, participation à l'élaboration comme Wikipédia en lance le principe à partir de 2001, mise en ligne à la manière de YouTube, site d'hébergement de vidéos créé en 2005 et dont le partage est l'apanage...

Des « personnalités digitales » s'affirment. Internet est devenu une agora moderne, qui facilite l'expression et la circulation d'opinions, mais qui en retour peut brouiller les hiérarchisations. La critique lui est bien souvent adressée : c'est le « tout se vaut » des blogs, forums et réseaux sociaux. Sur Myspace (2001), Copains d'avant (2003) et surtout Facebook (2004), de microsociétés se créent, formées d'« amis », où se postent commentaires, photos et vidéos, autant de traces que laissent les internautes sur leur vie. Or ces traces (statut social, comportement amoureux, sexualité, livres, musiques et films préférés, goûts et dégoûts, rêves et projets) sont des informations précieuses pour les professionnels qui proposent des publicités ciblées et créent un « marketing personnalisé ». Narcissisme, exhibitionnisme, voyeurisme, diffusion à échelle massive de proférations antisémites, racistes ou sexistes, disent les critiques ; lieu d'expression, de création, de politisation et de mobilisation, rétorquent les optimistes. Aux usages de ces réseaux sociaux font en tout cas écho des questions sur la protection de la vie privée : des milliards d'informations sont désormais possédées par des sociétés aux pratiques incontrôlées. « La vie privée, c'est terminé », croit pouvoir proclamer Eric Schmidt, le dirigeant de Google. Face à ces ambitions, les positions se multiplient qui réclament le « droit à l'oubli » numérique et cherchent les moyens techniques pour effacer ces traces dispersées.

AIRS DU TEMPS

Adoucir les mœurs ?

La musique n'est évidemment pas séparable de ces nouvelles technologies et des pratiques culturelles qui y sont associées. Il en va ainsi de son interaction avec la radio et la télévision : les années 1980 consacrent le succès de stations et de chaînes purement musicales, chez les jeunes en particulier. Outre les émissions de variétés qui se renouvellent dans leur présentation – images saturées et montage nerveux –, les clips – le mot entre dans le dictionnaire en 1986 – proposent des habillages visuels qui forment comme un écrin aux airs qu'ils mettent en scène. Des émissions leur sont tout entières dédiées qui établissent le classement des ventes (« Top 50 » à partir de 1984) et alimentent le marché. Des spectacles à vocation humanitaire (« Les Enfoirés » lancé en 1986) réunissent des vedettes rassemblées pour l'occasion et qui chantent à l'unisson. Des émissions de télévision, inspirées des traditionnels « crochets » (« Popstars », « Star Academy », « Nouvelle Star », « The Voice »), côtoient la téléréalité et entrent dans l'intimité de vedettes à repérer : aux enfants de « L'École des fans » succèdent de jeunes adultes cherchant à gagner les galons qui leur donneront l'éclat des stars, de plus ou moins longue durée. Internet enfin permet de faire émerger, sans autre forme de publicité, des interprètes de talent qui postent leur musique sur le Web et qui parfois deviennent célèbres.

L'écoute est un peu plus encore individualisée, grâce au Walkman (le terme s'introduit dans le dictionnaire en 1982) que supplantent des appareils plus sophistiqués exploitant des fichiers numériques MP3. Le marché de la musique en est aussi bouleversé : après les années d'euphorie que sont les décennies 1980 et 1990, le piratage des CD puis le téléchargement illégal viennent le mettre à mal. Un rebond est toutefois réalisé grâce à une législation qui les traque (loi Hadopi de mai 2009) et à la multiplication d'offres numériques payantes. En revanche, Internet porte un sérieux coup à la radio chez une cible qu'elle privilégiait, les jeunes : entre le début des années 1980 et l'aube de la décennie 2010, l'écoute quotidienne de la radio chez les 15-24 ans passe de 71 % à moins de 55 %.

Les pratiques sociales liées à la musique évoluent donc dans leurs modalités : l'éclectisme s'affirme plus que jamais avec des styles diversifiés. La « variété française » reste en tête des musiques favorites (33 % des personnes interrogées à la fin des années 2000 disent la préférer), devant le rock et la pop (10 %), les variétés internationales (9 %), la musique classique (8 %), le rap et le hip-hop (4 %), la techno et les musiques électroniques (4 %), le jazz (3 %) et l'opéra (1 %). Mais l'écoute est socialement différenciée : quand les cadres et professions intellectuelles sont 41 % à écouter de la musique chaque jour en dehors de la radio, les professions intermédiaires sont 39 %, les employés 33 %, les artisans et chefs d'entreprise 31 %, les ouvriers 31 % également et les agriculteurs 8 %. Des « genres mineurs » sont de plus en plus légitimés par les élites savantes et des revues généralistes ou spécialisées (comme *Les Inrockuptibles*, titre apparu en 1986) contribuent à les consacrer. Avec le temps et la succession des générations, le rock qui naguère touchait surtout les jeunes devient une culture largement partagée. En revanche, l'écart générationnel naît de musiques nouvelles (techno et rap) et de sociabilités : « festivals techno », « free » et « rave parties », que leurs participants conçoivent comme des espaces d'hédonisme, de transgression et de liberté.

Les envies et les sentiments

L'air du temps en est-il changé ? La variété continue de chanter l'amour, l'amitié et la mort, ou bien encore le rêve d'« un autre monde » comme le fait le groupe Téléphone en 1984. La sexualité y est plus affirmée. L'un des « tubes » de 1981, *J'aime regarder les filles* de Patrick Coutin, décrit celles « qui se déshabillent et font semblant d'être sages ». Le succès étourdissant de Mylène Farmer à partir des années 1980 peut en partie s'expliquer par son érotisme assumé, accompagné d'une mise en images raffinée – ses clips sont conçus comme des courts-métrages à l'esthétique ambitieuse. La chanteuse oscille entre vulnérabilité et sensualité (« Je suis libertine / Je suis une catin / Je suis si fragile / Qu'on me tienne la main »), privilégie la nudité (« C'est nue que j'apprends la vertu »), fait le blason du corps féminin (*Pourvu qu'elles soient douces*). En 1987, la danseuse Guesh Patti connaît un succès plus éphémère mais tout aussi spectaculaire avec sa chanson *Étienne* aux paroles explicites et aux vers répétés (« Tiens-le bien »). Étienne Daho impose cette même sensualité dans sa volonté d'« audace, indécence exigée ». Alain Bashung en appelle à « juste faire hennir / les chevaux du plaisir ». Même une jeune chanteuse comme Elsa, lancée dans la carrière à la frontière de l'enfance, demande à se faire « bousculer » pour ne plus être « une poupée mondaine en quarantaine » (1992). En 2002, Carla Bruni, dans une chanson toute en « X », se dit « excessive », « aime quand ça explose », sait qu'« il y en a que ça excite avec tous ces X dans le texte ».

Les femmes dans les paroles des hommes ne sortent pas pour autant des clichés sexués. En 1981, Michel Sardou chante la « femme des années 1980 », une « femme jusqu'au bout des seins » mais qu'on a « envie d'appeler monsieur » dès qu'elle endosse des responsabilités. Le groupe Cookie Dingler sort un « tube » en 1984 dont la « femme libérée » est « abonnée à *Marie-Claire* » et « dans *Le Nouvel Obs* ne lit que le Brétecher », c'est-à-dire la bande dessinée, certes féministe. Jean-Jacques Goldman privilégie davantage la liberté compliquée de la « nouvelle féminité », avec *Elle a fait un bébé toute seule* (1987). Alain Souchon se montre plus prompt à chanter chez les femmes « la seule chose qui compte sur terre » : « leurs robes légères » (1993).

L'époque semble marquée du sceau d'une inquiétude face à ce que le même Alain Souchon appelle l'« ultramoderne solitude », où une « foule sentimentale » a « soif d'idéal » et de « choses pas commerciales » (1993). Une mise en abyme de la chanson elle-même et de sa « mécanique des tubes », pour reprendre le mot du journaliste et critique Emmanuel Poncet, est proposée avec un humour décalé par Lagaf' : à partir de rimes ultrasimplistes et de thèmes choisis pour leur loufoquerie parodique – un lavabo et un bidet –, il montre qu'il peut faire « un Top 50 » – et en fait un en effet avec la chanson *Bo le lavabo* qui totalise 440 000 ventes en 1989. Mais l'amertume peut être aussi plus désolée. Francis Cabrel se fait le chantre d'une nature prisonnière d'exigences marchandes et artificielles : « Mon ami le ruisseau dort dans une bouteille en plastique / Les saisons se sont arrêtées au pied des arbres synthétiques » (1981). Michel Berger évoque son « village-capitale / Où l'air chaud peut être glacial / Où des millions de gens se connaissent si mal » (1981). France Gall en appelle à « rester maître du temps et des ordinateurs », à la nécessité de « débrancher » (1984). Pour François Cusset, le *C'est comme ça* des Rita Mitsouko (1986) serait une bonne expression de la résignation dominant les années 1980 devant la présumée fatalité du marché. Stephan Eicher évoque une femme aimée qui voudrait, loin du tumulte du monde et de l'actualité, « déjeuner en paix » (1989). En 2001, le groupe Noir Désir s'inquiète d'une « génétique en bandoulière / Des chromosomes dans l'atmosphère / Des taxis pour les galaxies / Et mon tapis volant dis ? ». En 2002, Florent Pagny chante avec Cécilia Cara : « Puisque dans l'air du temps / On n'aime plus vraiment / Puisque c'est l'ère du vide / Et que les envies priment sur les sentiments. » La pauvreté incarnée par les SDF qui vivent et meurent dans les rues inspire à Calogero des textes désabusés : « Qui parlait de lumière des villes / Comme un paradis en bout de plage / Une terre d'accueil à son exil / Alors que je marche sur des trottoirs parsemés de sacs de couchage » (2004). La Grande Sophie parodie de son côté les « guerriers à la télé », les « héros dans [s]a salle à manger » (2008).

D'autres entendent davantage s'engager, dans un sillage humaniste et antiraciste. Daniel Balavoine en est sans doute le symbole au cours des années 1980 avec une chanson comme *L'Aziza* (1985) : « Ta couleur et tes mots tout me va / Que tu vives ici ou là-bas / Danse avec moi / Si tu crois que ta vie est là / Il n'y a pas de loi contre ça. » « Est-ce que les gens naissent égaux en droit / À l'endroit où ils naissent », demande Maxime Le Forestier (1987), quand Bernard Lavilliers continue de chanter le reggae, le ghetto et les barbelés. Julien Clerc exprime quant à lui les mélodies des Tsiganes sans papiers, qui vivent au présent : « Il n'est pas bon de voyager sans carte / Sur les grandes ailes du vent » (1990). Même une comédie musicale à succès lointainement inspirée de Victor Hugo, *Notre-Dame de Paris*, évoque les « étrangers / Des sans-papiers / Des hommes et des femmes sans domicile » qui demandent asile (1998). Plus cosmopolite, Manu Chao se revendique « citoyen du monde » et « citoyen du présent » : interprétées dans les rassemblements altermondialistes où il se produit en militant, ses chansons entremêlent les langues dans une Babylone moderne et rebelle, où le *Clandestino* (1998) est une figure de la subversion des frontières et de la solidarité planétaire. Dix ans plus tard, Zaz célèbre les « mille couleurs de l'être humain / Mélangées de nos différences / À la croisée des destins ».

La politique et la crise rattrapent la chanson même quand elle se voudrait légère et distanciée. Après que Noir Désir a chanté le « banquet des banquiers » et *L'Homme pressé*, Louis Chedid fredonne un *Chacha de l'insécurité* : « Tous ces faits divers qui envahissent nos livings / À écouter nos transistors / Faudrait vivre dans des coffres-forts » (2007). Albin de la Simone parle d'une « crise qui s'éternise » et qui « [l]'épuise » (2013). Alors, disent certain-e-s interprètes, il serait temps de se révolter. Entre identités déchirées et volonté de s'engager, des musiques mêlées expriment le refus d'accepter le monde tel qu'il est.

Rap n'raï : métissages et braconnages

« Je ne suis pas une rappeuse mais une contestataire qui fait du rap », explique Keny Arkana. Le hip-hop et le rap ne se sont pourtant pas immédiatement affirmés comme des chants de la contestation ; du moins la subversion s'y impose-t-elle d'emblée. On suivra Karim Hammou lorsqu'il insiste sur un succès de 1981, *Chacun fait (c'qui lui plaît)* du duo Chagrin d'amour, peut-être la première chanson de rap français avec son interprétation rappée de paroles dites plus que chantées, entre humour noir et désespoir. Le genre se danse en discothèque, sous influence américaine. En 1984, « Hip Hop », sur TF1, est la première émission de télévision qui, en France, diffuse de la musique rap.

Les années 1990 le reconfigurent et le désignent comme rythme des « banlieues », associé à une culture de « la rue » et des « quartiers ». Certaines radios « jeunes » et commerciales (NRJ, Fun Radio, Sky Rock) refusent d'abord de le diffuser, devant la réticence voire le rejet des annonceurs. Porté par des radios locales et des labels indépendants, le rap s'impose cependant, dans des versions consensuelles susceptibles d'une large diffusion. Au même moment, un rap *hardcore* se fait plus engagé. Il annonce l'insurrection d'une génération, comme NTM (Joey Starr et Kool Shen) dans *Le Monde de demain* (1991) : « Je ne suis pas un leader / Simplement le haut-parleur / D'une génération révoltée / Prête à tout ébranler / Même le système / Qui nous pousse à l'extrême » ; il raconte l'héritage postcolonial, le racisme et la xénophobie, comme MC Solaar dans *Les Colonies* : « On a connu les colonies / L'anthropophage économie / La félonie, la traite d'esclaves, la dette, le FMI » ; il décrit les déchirures d'identités malmenées, comme La Rumeur avec *Blessé dans mon ego* (1997) : « Un statut de paria ici, d'intrus en canceva au bled / Une culture dissoute et corrompue de A à Z » ; il rappelle les cités bétonnées, comme IAM (Akhenaton et Shurik'n) dans *Demain c'est loin* (1997) : « Ici tout est gris / Les murs, les esprits, les rats, la nuit », « la forêt de ciment ».

Avec l'arrivée au pouvoir de Nicolas Sarkozy, comme ministre de l'Intérieur puis président de la République, le ton se durcit encore ; certains rappeurs sont poursuivis en justice. En 2002, le ministre porte plainte pour diffamation envers la police nationale contre Hamé, chanteur de La Rumeur, pour un propos tenu lors d'un entretien : « Les rapports du ministère de l'Intérieur ne feront jamais état des centaines de nos frères abattus par les forces de police sans qu'aucun des assassins n'ait été inquiété. » Suite aux trois appels du ministère, Hamé est finalement relaxé au bout du quatrième procès, huit ans après. En 2012, le rappeur Saïdou, du groupe ZEP, est mis en examen tout comme le sociologue et militant antiraciste Saïd Bouamama pour « injure publique » en raison d'un livre et d'une chanson du même nom, *Nique la France* : « Nique la France et son passé colonialiste, ses odeurs, ses relents et ses réflexes paternalistes / Nique la France et son histoire impérialiste, ses murs, ses remparts et ses délires capitalistes. » Le clivage s'accentue donc entre un rap commercialisé, acceptable et accepté, et un rap plus radical et dès lors plus marginal, dans lequel s'inscrit ZEP : « Ils ont dit Trop radicaux / Pas assez cocorico / Trop piquants trop pimentés / Pour passer dans leurs radios. »

Le rap frappe par son phrasé syncopé, le *flow*, flux verbal qui donne une force physique aux mots. « Brassens aurait aimé », déclare en 2013 le rappeur Mokobé. Il peut se mêler à d'autres genres, rock ou pop : en 2004, Calogero et le rappeur Passi interprètent *Face à la mer* : « On ne choisit ni son origine ni sa couleur de peau / Comme on rêve d'une vie de château quand on vit le ghetto. » Ces mêmes hybridités se retrouvent dans le raï, qui dit aussi souvent des identités tiraillées. Entre raï et rap, Cheb Mami et K-Mel signent *Parisien du Nord* (1998) et y dénoncent les discriminations : « Quoi que tu dises quoi que tu fasses / T'es embauché tant qu'on n'a pas vu ta face. » En 2006, Faudel, baptisé le « petit prince du raï », expose aussi ces déchirements dans *Mon pays* : « Je ne connais pas d'autre terre que celle qui m'a tendu la main », mais « je traverse le désert » « pour aller voir d'où vient ma vie, dans quelle rue jouait mon père ». Soutien de Nicolas Sarkozy en 2007, il dira plus tard regretter d'y avoir été « l'Arabe de service ». Rap, raï et politique sont bel et bien mêlés.

SPORT NATIONAL

Quels dieux du stade ?
Les champions nationaux entre stars et héros

Politique, le sport ne l'est pas moins, même s'il est difficile d'en parler au singulier. Entre sport de haut niveau et pratiques du quotidien, un abîme se dessine. Le sport de compétition participe à l'image d'une nation : il alimente les imaginaires et exacerbe les identités nationales. La capacité de la France à organiser de grandes compétitions mondialisées est un enjeu politique décisif ; en témoignent le succès des jeux Olympiques d'Albertville en 1992 avec le triomphe des chorégraphies de Philippe Decouflé, la Coupe du monde de football accueillie en 1998 et, *a contrario*, l'échec des candidatures de Paris pour l'organisation des jeux Olympiques de 2008 et 2012 – le quotidien sportif *L'Équipe* va jusqu'à parler d'une « gifle humiliante » pour la France.

Il n'est qu'à voir les grands moments qui scandent la

succession des générations dans l'équipe de France de football pour en mesurer les effets. Première « belle équipe », durant les années 1980, celle des Michel Platini, Manuel Amoros, Luis Fernandez, Alain Giresse, Yannick Stopyra, Jean Tigana, José Touré ou encore Marius Trésor, ses victoires sont vite mythiques (la France championne d'Europe en 1984) comme le deviennent ses échecs (la défaite en demi-finale de la Coupe du monde à Séville face à l'Allemagne en 1982) : ces noms entretiennent une mémoire nationale et nourrissent les discours sur l'« intégration » en raison des origines variées des joueurs. Tout aussi héroïque apparaît l'équipe de France des « années 1998 » (championne du monde puis championne d'Europe en 1998 et 2000) qui repeint la France aux couleurs « black, blanc, beur » : Fabien Barthez, Alain Boghossian, Marcel Desailly, Youri Djorkaeff, Thierry Henry, Christian Karembeu, Bernard Lama, Bixente Lizarazu, Emmanuel Petit, Robert Pirès, Patrick Vieira et Zinedine Zidane, quand bien même certains d'entre eux, comme Christian Karembeu, ne se reconnaîtraient pas dans le patriotisme franco-français : le joueur originaire de Nouvelle-Calédonie ne chante jamais *La Marseillaise* pour protester contre la domination française sur l'île. Puis vient le temps des défaites et des désillusions : la diversité des origines naguère vantée pousse désormais au racisme et aux critiques xénophobes. La « main » de Thierry Henry lors du match France-Irlande le 18 novembre 2009, la « grève » des joueurs lors du Mondial 2010, les fiascos sportifs successifs provoquent des stigmatisations : l'équipe de France n'aimerait pas assez la France.

Yannick Noah a pu le dire aussi : lorsqu'il gagne, il apparaît comme Blanc, lorsqu'il perd il est jugé comme Noir. Comme l'ont montré Stéphane Mourlane et Philippe Tétart, ses échecs sont en effet souvent associés par les commentateurs à son « africanité » quand ses victoires, dont celle de Roland-Garros en 1983 (inédite pour un Français depuis 1946), l'imposent en grand représentant de la France. Au-delà, Yannick Noah continue d'être cité parmi les personnalités préférées des Français. Zinedine Zidane l'a un moment détrôné : son coup de tête à Marco Materrazi lors de la finale perdue de la Coupe du monde 2006 n'enlève rien à son aura populaire : le 9 juillet, à l'Élysée, Jacques Chirac lui exprime « l'affection de la nation tout entière ». Quelques sportifs « rebelles », dont Éric Cantona est sans doute le modèle, ont assis leur réputation et leur starification sur des comportements (violences physiques, contestation de l'arbitre) regardés comme des signes de virilité voire de témérité, à condition de gagner – Éric Cantona est tour à tour qualifié de « Dieu de l'Olympe », « Picasso du ballon rond » et même de « général de Goal ».

De telles hyperboles indiquent la puissance symbolique des champions nationaux. En 1995, une marque de chaussures de sport s'offre Basile Boli et Éric Cantona pour sa promotion tout en prenant pour slogan : « Les derniers héros sont des footballeurs. » En 2005, le calendrier « Dieux du stade » se vend à plus de 200 000 exemplaires. Outre Michel Platini, Jean-Pierre Papin connu pour ses « papinades » et l'« artiste » Zinedine Zidane, Marie-José Pérec qui dit courir pour « faire rêver », le judoka David Douillet, l'escrimeuse Laura Flessel, les joueurs de tennis Henri Leconte, Éric Pioline, Mary Pierce ou Amélie Mauresmo, les navigateurs Éric Tabarly (disparu en mer en 1998) ou Florence Arthaud, le rameur Gérard d'Aboville (qui en 1991 traverse le Pacifique à la rame), la nageuse Laure Manaudou, les cyclistes Jeannie Longo, Bernard Hinault, Laurent Fignon et d'autres champions figurent au panthéon des stars et des héros.

Hors jeu : éclats et esclandres du sport professionnel

Il n'est dès lors pas étonnant que le sport soit à ce point concerné par l'argent. Selon l'économiste Jean-François Nys, les années 1980 ouvrent une nouvelle ère : aux « 3S » (spectateurs-subventions-sponsors) succèdent les « 4M » (médias-magnats-merchandising-marchés). La télévision y est pour beaucoup : le sport ne peut plus désormais se détacher de sa représentation. Or, comme le démontre Georges Vigarello, « l'écran ne permet pas de voir mieux, il crée une autre façon de voir » : *computer* intégré dans le champ, images ralenties ou dédoublées, caméras embarquées, décryptage du moindre geste... Durant la décennie 1970, la télévision retransmettait environ 230 heures de sport chaque année ; au cours des années 2000, c'est de 56 000 heures qu'il s'agit. En 1974, l'ORTF versait 500 000 francs au football français en frais de retransmission ; en 1984, les trois chaînes publiques lui octroient 5 millions, en 1990 les montants s'élèvent à 230 millions et au milieu des années 2000, Canal Plus et TPS lui consacrent 8,7 milliards. Le football n'est pas seul concerné : le basket et le rugby sont aussi touchés par ces droits de retransmission qui deviennent leur première source de financement. Les annonceurs voient dans les compétitions des occasions en or de faire de la publicité. Les grands groupes médiatiques s'emparent d'ailleurs de certains clubs : M6 achète les Girondins de Bordeaux en 1991 ; la même année, Canal Plus devient l'actionnaire majoritaire du PSG ; en 2000, la Socpresse (groupe Hersant) se fait actionnaire du FC Nantes. Le sport est devenu un parangon pour le monde des patrons, comme le dit en 1986 Jean-Luc Lagardère, le dirigeant de Matra-Hachette, partie prenante dans le Matra-Racing : « Le modèle sportif est la clé de la réussite pour des entreprises qui se battent. » La formule aurait pu être ciselée par Bernard Tapie, qui achète l'Olympique de Marseille en 1986. La surenchère financière touche aussi les transferts de joueurs dans un sport aussi riche que le football (pour ses grands clubs) : là encore, l'accélération commence au début des années 1980 avec l'arrivée de Michel Platini à la Juventus de Turin ou celle de Diego Maradona au FC Barcelone, moyennant des sommes énormes dont tous les plafonds sont crevés, en 2012, quand le PSG est racheté par des investisseurs qatariens.

Ces enjeux financiers et l'envie de gagner à tout prix éclairent les scandales de dopage. Après l'exclusion du coureur états-unien Ben Johnson aux jeux Olympiques de

Séoul en 1988, c'est en France l'affaire Festina qui révèle son ampleur : en plein Tour de France 1998, neuf coureurs, dont Richard Virenque, sont placés en garde à vue et l'équipe Festina exclue d'un « Tour empoisonné » – Richard Virenque, finalement relaxé, n'hésitera pas à dire que cette affaire a « dopé » sa popularité. Depuis lors, les révélations sur un système de dopage généralisé, sophistiqué et planifié se sont multipliées. En juin 2013, la commission sénatoriale de lutte contre le dopage estime que tous les sports sont concernés.

Cette violence faite au corps des sportifs se retrouve chez les supporters. La France ne connaît pas de drame équivalent à celui survenu au stade du Heysel à Bruxelles, le 29 mai 1985, où des bagarres suivies de bousculades lors de la Coupe des clubs champions causent la mort de 39 personnes – la tragédie du stade de Furiani à Bastia le 5 mai 1992, qui fait 17 morts et 2 000 blessés, est due à l'effondrement d'une tribune. Mais les violences se répandent souvent dans les stades, accentuées par la constitution d'associations « ultras » : Boulogne Boys du PSG, Yankees à Marseille, Ultramarins à Bordeaux, Dogues à Lille, Bad Gones à Lyon... À partir de 2006, les tribunaux peuvent prononcer des interdictions administratives de stade. Mais cette violence, souvent assortie de racisme (cris de singes proférés contre les joueurs de couleur), se répand tout autant dans le sport amateur.

Prendre le meilleur : le sport au quotidien

À propos de la période qui part des années 1980 et court jusqu'à nos jours, Michaël Attali évoque un « âge mûr de la massification » pour désigner les pratiques sportives du quotidien. Si, en 1967, 38 % des plus de 15 ans disaient pratiquer une activité sportive au moins une fois par an, ils sont 74 % en 1985 et 83 % durant les années 2000. 33 % mènent ce type d'activité de manière régulière. Le spectre en est large et varié : 34 % privilégient la randonnée, 18 % le jogging ou le footing, 5 % le yoga. Une fois de plus, ces pratiques se révèlent socialement différenciées. Au milieu des années 1980, à une question sur le sport qu'ils pratiquent, les agriculteurs répondent d'abord la chasse (21 %), les ouvriers le football (13,5 %), les employés le jogging (21 %), les professions intermédiaires le tennis (19,5 %) tout comme les patrons et commerçants (16 %) et les cadres et professions intellectuelles (24,8 %) ; ces rapports se montrent stables au fil des années. Les différences sont tout autant sexuées, bien qu'on observe un accroissement de la part des femmes dans la pratique d'un sport régulier : en 1985, le vélo arrive en tête des sports pratiqués par les hommes (20,36 %) et la gymnastique pour les femmes (24,64 %) ; depuis lors, si la natation, le cyclisme et la marche se révèlent moins sexués et donc plus partagés, la gymnastique est pratiquée à 78 % par des femmes, la danse à 79 %, le patinage artistique à 71 % ; à l'inverse, le football est à 86 % masculin, tout comme les sports collectifs de manière générale (65 %). En revanche, l'âge n'est plus un critère discriminant : au contraire, outre un allongement de la vie sportive (à la fin des années 2000, 73 % des 55-75 ans ont une activité sportive au moins ponctuelle), les 55-75 ans sont même plus assidus que les 15-24 ans.

Le nombre de fédérations a considérablement augmenté, passant d'une quarantaine en 1945 (1,5 million de membres) à 105 en 2005 (15 millions de membres) ; à la même date, la France compte 180 000 clubs. Les équipements toutefois constituent un critère de différenciation spatiale et dès lors souvent sociale : certaines aires sont sous-équipées par rapport à la moyenne nationale, les villes de la banlieue parisienne notamment (20 équipements sportifs pour 10 000 habitants contre 35 pour l'ensemble des aires urbaines) ; les collectivités d'outre-mer sont également moins bien dotées.

Entre accroissement du temps libre et attention au bien-être, la période voit aussi l'apparition de sports nouveaux pensés comme « alternatifs » : vogue du *skate board* dans les espaces urbains tout au long des années 1980, découverte du *surf* et d'autres pratiques de glisse, diffusion de l'escalade hors des cercles fermés des professionnels. D'autres sports proviennent d'une hybridation, comme le triathlon dont les premières épreuves amateurs datent de 1983. Quant à la Fédération française handisports et la Fédération française du sport adapté aux handicapés, elles voient le nombre de leurs adhérents progresser régulièrement (environ 3 % par an). C'est donc aussi une époque de forte institutionnalisation : tous ces sports connaissent au cours de ces trois décennies une structuration en fédérations, la création de championnats, la quête de l'intérêt médiatique, la professionnalisation de l'élite. La recherche de la performance, parfois à toute force et à tout prix, n'est jamais bien loin.

« Ne faudrait-il pas imposer des règles antidopage aux programmes de télévision comme aux coureurs du Tour de France ? », s'est interrogé le sociologue Jean Viard. Le propos vise l'effet d'addiction que créeraient la télévision et, au-delà, les écrans en « dégradant le temps » selon le mot de Jean Chesneaux, en « interdisant toute réversibilité de la pensée » et en créant une temporalité accélérée et fragmentée. Pourtant, les modalités de l'appropriation sont diverses face à la télévision comme aux connexions qu'Internet permet : même dans les réseaux sociaux, les stratégies ne manquent pas qui rendent les internautes prudents et conscients. Il est certain néanmoins que, dans un contexte de concurrence exacerbée et de domination du marché, les programmateurs pensent aussi, voire d'abord, aux annonceurs : la culture relève du monde marchand, propice aux conditionnements.

Du moins la révolution numérique ne change-t-elle pas en profondeur les pratiques culturelles. La population est même de plus en plus demandeuse d'art et de culture. À l'aube des années 1980, 10 % des Français disent avoir une activité artistique ; ils sont 30 % aujourd'hui. En trente ans, la pratique d'un instrument de musique a progressé de 60 %, l'écriture, la peinture et le théâtre amateurs de 100 %, la danse de 300 %. L'un des changements les plus importants tient plutôt au recul de l'imprimé et à la fin de la légitimité culturelle qui lui était jusqu'alors accordée.

Mais la principale révolution vient d'une culture-monde qui s'impose désormais. De Madonna à Lady Gaga, les chansons se moquent bien des frontières et les émotions se font planétaires, comme celle qu'a suscitée la mort de Michael Jackson, en juin 2009, à l'échelle de la Terre presque entière. Pionnier du clip, *king of pop*, Jackson a été la star internationale absolue, symbole du mélange des genres, des *cross over* de toutes sortes et du métissage résolu. Emmanuel Poncet évoque à propos d'un « tube » devenu *tune* comme *I Gotta Feeling* des Black Eyed Peas (2009), produit par le DJ français David Guetta, un « hymne intime international », le « premier grand tube viral de notre ère Google/YouTube ». Internet confère à cette massification des dimensions jamais vues : en 2012, le clip *Gangnam Style*, interprété par le chanteur sud-coréen Psy, est vu un milliard de fois sur YouTube. Le monde connaît, on le voit là, un basculement de son centre de gravité, qui penche vers l'Asie désormais, même si les États-Unis gardent leur hégémonie. Le phénomène illustre aussi la nouveauté des temporalités, interconnectées et pleinement mondialisées.

Faire histoire encore

« Il n'y a plus d'histoire contemporaine ; les jours d'hier semblent déjà enfoncés bien loin dans l'ombre du passé. » Lorsque Lamartine publie en 1851 son *Histoire de la Restauration*, trente ans après son achèvement, il confie son trouble devant la fuite du temps, qui n'est déjà plus le sien bien qu'il en soit contemporain. Quelque trente ans après 1981, le même vertige saisit devant la période écoulée. Peut-être plus encore qu'au siècle de l'historien-poète, l'intensité des évolutions et des accélérations conforte l'impression que ce temps si proche pourtant a basculé dans le passé.

L'ampleur des bouleversements survenus étonne, pour un si mince segment de temps. Des ruptures historiques, économiques, géopolitiques et même anthropologiques se sont imposées, tandis que la conscience de ces changements s'aiguisait. L'époque a sonné le glas de la guerre froide, a vu le Mur de Berlin tomber puis l'Empire soviétique s'effondrer. Certains ont pu croire un moment, à la suite de Francis Fukuyama, que l'histoire allait s'arrêter là : à la domination imposante mais pacifiée de l'économie de marché. Pourtant, lorsque les tours jumelles du World Trade Center se sont écroulées le 11 septembre 2001, les contemporains ont compris que l'histoire était sans fin. Ils savent aussi, avec les frontières scientifiques et technologiques sans cesse repoussées, que le monde sera encore radicalement différent dans trente ans. La planète elle-même se révèle menacée, et c'est une nouveauté : aux yeux des géologues et

445

des climatologues, l'influence de l'homme est devenue plus puissante que ne l'avaient été durant des millions d'années les forces naturelles ; l'heure est à ce qu'ils nomment désormais l'« anthropocène », tout comme il y eut un paléocène, un oligocène ou un miocène.

Cette impression d'accélérations sans précédent interroge à nouveau notre rapport au temps. Si l'histoire n'a pas de fin, la conscience d'un monde en crise ne paraît pas en avoir davantage et laisse souvent désemparé. Au même moment, le changement est exalté à la manière d'une panacée, quand bien même il pourrait être aussi redouté. Mais n'est-ce pas au fond le propre de la modernité ?

LE CHANGEMENT : MAINTENANT OU JAMAIS ?

Tout juste nommé Premier ministre, en mai 1981, Pierre Mauroy annonce « le socle du changement ». Cinq ans plus tard, promu à la même fonction, Jacques Chirac proclame une « nouvelle frontière », comme l'avait fait le président des États-Unis John Fitzgerald Kennedy. En 1993, Édouard Balladur préfère parler de « nouvel exemple français ». C'est une « grande espérance » qu'Alain Juppé quant à lui dit porter en 1995. Plus soucieux de radicalité, Nicolas Sarkozy fait campagne en 2007 sur le thème de la « rupture ». Et, en 2012, François Hollande choisit pour slogan : « Le changement c'est maintenant. »

Alors que les années 1980 ont paru entériner l'idée que le temps des cerises ne viendrait plus et que les lendemains ne chanteraient plus, les responsables politiques n'ont pas pour autant cessé de pourvoir leur vocabulaire en promesses spectaculaires. Or très peu ont été tenues et cette conscience a ouvert une crise politique : la « société de défiance » dont parle Pierre Rosanvallon, marquée par la vision d'une représentation déçue.

Le politique, cependant, ne s'y réduit pas et ne saurait s'appréhender de manière définitive et figée : sa définition et son extension sont empreintes d'historicité. Ce sont les acteurs eux-mêmes, militants, citoyens, électeurs, qui décident à un moment donné de ce qui est politique, en mettant des thèmes, thèses et hypothèses sur la place publique. À cette aune, l'époque est traversée par des mobilisations puissantes et par de nouvelles formes d'engagements. La déploration sur la dépolitisation de la société, une antienne qui sillonne bien au-delà de la période, mérite d'être relativisée. Droit à la différence et droit à l'égalité, place des femmes, sexualité et parentalité, manières de vivre et de consommer, attention renouvelée à l'environnement, discriminations et oppressions, Europe et mondialisation : il y a là autant de sujets qui ont été au cours de ces années politisés ou repolitisés. Cette « capacité d'agir » – traduction encore tâtonnante du terme *agency* que les sciences sociales utilisent désormais – est une autre manière de « faire société ».

Faire société

Toute lecture du monde social questionne les catégories et les appartenances, les pratiques et les expériences, les représentations que produisent les identités. Elle suppose d'interroger les expressions toutes faites qui proposent et parfois imposent un certain imaginaire sur l'agencement des sociétés. Ainsi du « vivre-ensemble » : il y a là tout à la fois un lieu commun, un projet – le « nous » que formerait la société – et une anxiété – la « cohésion sociale » trouvant son reflet opposé dans la « déliaison », un thème exploré depuis Tocqueville au moins mais aujourd'hui revivifié.

Car la société, loin de former un tout, est en réalité fragmentée et cette division s'accentue avec le creusement des inégalités. Entre 1998 et 2006, le revenu moyen des 10 % les plus riches a augmenté de 8,7 %, celui des 1 % les plus riches de 19 %, celui des 0,1 % les plus riches de 32 % et celui des 0,01 % les plus riches de 42 %. Dans le même temps et pour la première fois depuis la Libération, le pouvoir d'achat de 90 % des salariés a stagné ou régressé. À partir du milieu des années 1980, le rapport entre salaires et dividendes versés aux actionnaires s'est modifié : ces derniers équivalaient à 4 % de la masse salariale en 1982 ; ils atteignent près de 13 % au début des années 2010. Un autre changement dont la profondeur est historique, étudié par l'économiste Thomas Piketty, tient au flux annuel de la richesse produite par voie d'héritage : durant près d'un siècle, entre 1820 et 1910, il avait représenté un quart du revenu national, pour chuter ensuite et n'être plus que de 5 % en 1950 ; or, en 2010, il s'élève à 15 %, une remontée qui elle aussi accroît les inégalités selon que l'on détient ou non un patrimoine familial. Avec une telle évolution « le passé dévore l'avenir » : le legs des fortunes héritées trace plus qu'avant les contours du futur.

Le chômage enfin et toutes les formes de précarité renforcent les disparités. Les deux phénomènes sont de surcroît liés : l'ampleur du chômage crée une résignation à la précarité et autorise de nouvelles flexibilités au nom d'un certain « mieux que rien ». S'aiguise dans le même temps la peur du déclassement, grande anxiété qui pour la période forme une autre singularité. Ce déclassement de fait, la régression de la situation sociale des enfants par rapport à celle de leurs parents, s'il touche d'abord les familles d'ouvriers et d'employés, concerne aussi les cadres, notamment dans le secteur privé. Il s'accompagne de peurs amplifiées. Au début des années 2010, 0,16 % de la population vit « dans la rue » ; mais 60 % des personnes interrogées à ce sujet pensent que ce sort pourrait un jour les concerner.

Il n'est dès lors pas étonnant que cette époque soit marquée par « le retour des classes sociales ». Mais si « retour » il y a, c'est en fait davantage dans la manière de les étudier : car si le paradigme sociologique qui avait dominé les années 1980 avait abandonné la lecture du social en termes de classes, celles-ci n'avaient pas cessé pour autant d'exister. Le cycle de mouvements sociaux inauguré en 1995 a fait reconsidérer la question, sous un angle à la fois objectif – celui des conditions – et subjectif – celui de la conscience des appartenances.

L'HISTOIRE FAITE MONDE

Certaines de ces mobilisations n'ont pas manqué de se prononcer sur la mondialisation, en dépassant elles-mêmes les frontières et les divisions qu'elles opèrent. Le temps du monde s'affiche comme celui du rapprochement et du rétrécissement planétaire. En cela, la mondialisation diffère de la seule « globalisation » entendue comme extension du marché et des réseaux de communication. La mondialisation n'est pas qu'une internationalisation au sens des liens noués entre les nations ; elle se fait transnationale par ses nouvelles mobilités et ses cultures partagées. À l'aube des années 2010, 1 milliard de touristes parcourent en tous sens la planète et ces circulations modifient les imaginaires. Il subsiste évidemment bien des hégémonies : le « MacWorld » décrit par le philosophe états-unien Benjamin Barber désigne un impérialisme bien réel, entre modèle hollywoodien, marchandise fétichisée et culture standardisée. La thèse demande néanmoins d'être nuancée. La mondialisation culturelle est faite de réappropriations qui forgent elles-mêmes des formes hybrides : un feuilleton « américain », un mets « chinois » ou « japonais », la salsa, le raï ou le reggae ne s'apprécient pas de la même façon selon les lieux de leur réception. Ils se superposent à l'existant, se transposent et créent des métissages par la variété de leurs usages.

Dans ce cadre global, l'« exception culturelle » peut-elle encore se penser comme telle ? La France entend du moins toujours défendre sa position en la matière, qui contribue pour une large part à son rayonnement. Chaque année, elle accueille plus de 80 millions de touristes, venus goûter au prestige des traces de son passé, à ses paysages et à sa gastronomie réputée – en 2010, l'UNESCO classe le « repas gastronomique des Français » au patrimoine mondial de l'humanité. C'est l'un de seuls pays européens à voir ses productions culturelles franchir les océans et se jouer des frontières.

LE SACRE DU PRÉSENT ?

La mondialisation est aussi celle des bouleversements nés de l'information et de la communication. Cette révolution du « haut débit » amplifie forcément les changements du rapport au temps. Les technologies n'ont cessé de faire « gagner du temps ». D'où vient alors que les contemporains aient à ce point le sentiment d'en manquer ? Comment expliquer l'impression d'une accélération elle-même exponentielle qui bouleverse l'imaginaire temporel ?

Objectivement, nous disposons de plus en plus de temps : le travail et le sommeil occupaient 70 % de la vie en 1900 ; ils n'en prennent plus aujourd'hui que 40 %. Mais les sollicitations de toutes sortes n'ont cessé d'augmenter et, avec elles, les demandes laissées en suspens, les potentialités non réalisées et leurs cortèges d'anxiétés, de déceptions et de frustrations, d'où proviendrait ce sentiment du temps manquant. L'« urgence » ne renvoie plus au seul domaine recouvert auparavant : le secteur hospitalier ; cette urgence, loin d'être exceptionnelle, devient l'ordinaire de notre univers temporel. Le vocabulaire courant consacre ces nouveaux maux du temps : en 2008, « chronophage » fait son entrée dans le dictionnaire, suivi de près par « burn out » et « surbooké » (2010). « Nous sommes obsédés du temps et pourtant orphelins du temps », regrette le sinologue Jean Chesneaux.

Ce à quoi un autre sinologue, François Jullien, répond en s'inspirant d'une conception chinoise du temps : « Le temps mort n'a rien de mort. » Depuis plusieurs années, un « éloge de la lenteur », selon l'expression du philosophe Pierre Sansot, tente de se frayer un chemin dans ces déplorations sur l'accélération. Edgar Morin en appelle à « décélérer » pour « révolutionner le devenir ». Contre les *fast food* et la rapidité comme loi intériorisée apparaissent, d'abord à Rome et à Berlin, puis dans quelques villes en France, des restaurants prônant le *slow food*. Les dénonciations se multiplient qui pointent du doigt l'« obsolescence intégrée » aux produits, conçus industriellement pour durer peu de temps et être sans cesse renouvelés : au contraire, il s'agit de défendre un retour à la durée et à la longévité comme vertus reconnues.

Y a-t-il là, ainsi que Zaki Laïdi l'a suggéré, un « sacre du présent » ? François Hartog l'a théorisé en forgeant le néologisme de « présentisme » comme nouveau régime d'historicité. Cet « omniprésent » aurait « cannibalisé » le passé comme le futur : « Tout se passe comme s'il n'y avait plus que du présent, sorte de vaste étendue d'eau qu'agite un incessant clapot. » Le succès du mot dit sans nul doute la conscience de sa pertinence : le « présentisme », à lire les commentaires sur l'imaginaire du temps, paraît bien devenu la clé de lecture ouvrant les portes de l'époque.

Ce serait même une pathologie, nouvel avatar de la mélancolie : si l'on suit le sociologue Alain Ehrenberg, la « fatigue d'être soi » comme nouveau mal du siècle viendrait d'individus « happés par un présent sans avenir », incapables désormais de l'imaginer. Cette dissolution de l'horizon consacrerait une « postmodernité », puisque la modernité quant à elle se serait caractérisée par son rapport confiant à un futur évident. Selon cette interprétation, la modernité se tiendrait tout entière dans la capacité à se tourner résolument vers l'avenir, quand la postmodernité, amputée de l'aptitude à le rêver, verrait le futur lui-même privé de tout avenir. Le présent imposerait donc sa domination, coupé de son passé et fait seulement d'un « futurisme de l'instant », selon les mots de Paul Virilio.

Sens de l'histoire

L'histoire pourtant n'a rien perdu de son intensité et le rapport au passé garde toute son acuité. Des moments et des sujets en témoignent d'abondance, qui confirment l'attachement accordé en France à l'histoire comme pratique disciplinaire mais surtout comme imaginaire. Le succès des

Lieux de mémoire, parus sous la direction de Pierre Nora entre 1984 et 1992, atteste cet engouement ; dans cette vaste fresque qui entend s'éloigner du « roman national » – bien qu'elle occulte certains thèmes, la place des femmes, l'esclavage, le racisme ou le passé colonial –, Pierre Nora fait le constat que la nation « n'est plus un combat mais un donné » : sa mémoire peut devenir un objet d'histoire. Ces livres-monuments souhaitent offrir la vision d'un pays réconcilié, « comme si la France cessait d'être une histoire qui nous divise pour devenir une culture qui nous rassemble, une propriété dont on relève le titre indivis comme un bien de famille », avance leur maître d'œuvre.

Cependant, l'histoire continue de déchirer et ses enjeux ne sont pas apaisés. En 1989, la Révolution française est commémorée avec fastes et fracas. Le spectacle est dans la rue : des manifestations ont lieu partout en France et le défilé du 14 juillet sur les Champs-Élysées, sous la houlette de Jean-Paul Goude, en constitue l'acmé. Cette parade sur le thème de *La Marseillaise* est suivie par 1 million de spectateurs et peut-être 800 millions de téléspectateurs dans le monde entier. Mais la virulence du débat est à l'université comme dans les émissions de télévision et par tribunes interposées. L'intensité des discussions sur l'héritage de la Révolution montre qu'elle n'est pas « achevée » comme François Furet l'assurait. La Première Guerre mondiale se révèle plus consensuelle et son centenaire apparaît comme la commémoration de toute la nation ; mais la plupart de ses historiens plaident bien plutôt pour dépasser les frontières et pour y trouver l'occasion de faire une histoire transnationale contre, précisément, le « roman national ».

Les heures noires de la Seconde Guerre mondiale continuent de nourrir les passions. En 1994, Éric Conan et Henry Rousso évoquent l'« avenir d'une obsession ». Vichy et l'Occupation n'ont pas fini de hanter l'histoire et les mémoires, une « mémoire désunie » comme l'écrit Olivier Wieviorka seize ans plus tard. Le débat vient notamment du sommet de l'État. Jusqu'à la fin de son mandat, François

Mitterrand refuse de reconnaître la responsabilité française dans le génocide des Juifs de France, en soutenant que seul le régime de Vichy était en cause. Au contraire, le discours prononcé par Jacques Chirac le 16 juillet 1995 sur le site de l'ancien Vélodrome d'hiver, lors du cinquante-troisième anniversaire de la rafle à laquelle prirent part quelque 4 500 policiers français, marque une rupture décisive et illustre les évolutions du cadre mémoriel produit par la nation. Car c'est au nom de sa tradition, celle des Lumières et des Droits de l'Homme, que le chef de l'État évoque la « dette imprescriptible » que « nous conservons » à l'égard des victimes livrées à leurs bourreaux. Comme l'indiquent les déchirements sur la participation française au génocide perpétré par les nazis, les « verrous mémoriels » sautent un à un à partir des années 1980, ainsi que le relève Jean Solchany, pour qui cette évolution dépasse le cadre national : la destruction des Juifs d'Europe devient peu à peu « la première référence historique transnationale structurant en profondeur l'horizon historique et civique des Allemands, des Français, des Autrichiens et des Hollandais ».

La demande sociale apparaît aussi forte pour la guerre d'Algérie même si, comme Raphaëlle Branche l'a souligné, « le temps de la mémoire n'est pas homogène et ses rythmes sont heurtés ». De fait, en 1991, Benjamin Stora peut encore parler, du côté français, d'« amnésie » et de « fabrique de l'oubli ». Mais, au cours des années 2000, une génération – anciens appelés, « pieds-noirs » et harkis – s'interroge plus que jamais sur ce passé ; elle interpelle l'État et les historiens. En 1999, la loi admet qu'il s'agissait, non de simples « événements », mais d'une guerre, ce qui conduit à une reconnaissance, parfois à des réparations et à des indemnisations. Néanmoins, comme l'observe Raphaëlle Branche, « assumer la part coloniale de l'histoire nationale est encore un chantier politique à construire ». En témoigne la vive polémique suscitée par l'article 4 de la loi du 23 février 2005 exigeant que « les programmes scolaires reconnaissent en particulier le rôle positif de la présence française outre-mer, notamment en Afrique du Nord » ; une mobilisation d'historiens et de citoyens conduit au retrait de l'article controversé.

Elle indique aussi la puissance de la vigilance toujours exercée sur l'utilisation politique et idéologique du passé. C'est d'ailleurs en 2005 que des historiens, autour de Gérard Noiriel, fondent le Comité de vigilance face aux usages publics de l'histoire (CVUH). Les débats sur l'« identité nationale » alimentent la méfiance chez celles et ceux qui tentent au contraire, contre les « problématiques identitaires », de « dénationaliser le cadre national » ou du moins de le bousculer – comme le propose Laurence De Cock, l'une des animatrices du collectif Aggiornamento créé en 2011.

L'histoire, pour autant, n'appartient pas aux seuls historiens. La critique des lois dites « mémorielles » – « loi Gayssot » du 13 juillet 1990 qui punit la contestation des crimes contre l'humanité et en particulier le génocide des Juifs par les nazis, loi du 29 janvier 2001 qui reconnaît le génocide arménien, « loi Taubira » du 21 mai 2001 qui considère la traite et l'esclavage comme des crimes contre l'humanité – signale la contradiction des intérêts entre certains historiens qui réclament la « Liberté pour l'histoire » (titre d'une pétition et d'une association du même nom présidée par René Rémond en 2005) et le volontarisme d'État. La tension resurgit en 2011-2012 autour de la « loi Boyer » qui entend pénaliser la contestation du génocide arménien : adoptée par l'Assemblée nationale et le Sénat, elle est cependant censurée par le Conseil constitutionnel selon lequel le Parlement n'a pas vocation à « dire l'histoire ». Ces déchirements illustrent en tout cas le poids dont le passé continue de peser.

Parmi les événements dont les traces brûlent encore et empêchent de les tenir pour morts, 1968 apparaît finalement comme celui qui divise avec le plus d'âpreté. Mai non, Mai si ? Les usages de Mai sont sans cesse réactivés, célébrés ou au contraire réprouvés à la manière d'un repoussoir voire d'un « astre noir », comme le dit Jean-François Sirinelli. L'enjeu est de taille puisque Mai-Juin 1968 symbolise toujours la tentation de la révolution et l'aspiration à rouvrir l'avenir.

Un avenir pour le futur

Car l'avenir aussi a une histoire. Du moins les réflexions qu'il inspire s'inscrivent-elles dans une évolution qui a ses méandres, entre exaltations et déplorations. L'idée que l'avenir serait désormais fermé ne date certes pas des années 1980. Au début des années 1930, Paul Valéry écrivait par exemple : « Le corps social perd tout doucement son lendemain. » Mais il est certain que cette idée s'est durablement installée dans les imaginaires contemporains, qui iraient vers le futur à reculons, sans plus l'associer au progrès mais au contraire au sentiment inquiet qu'il pourrait être pire. « Un avenir de ténèbres » : telle est la façon dont l'historien britannique Eric Hobsbawm achève en 1994 son maître ouvrage, *L'Âge des extrêmes*. « Le fond de l'air effraie », titre une pièce de théâtre en 2012 : le futur ne semble plus rien avoir de la promesse.

Pourtant, cette inquiétude est peut-être le propre de la modernité, et nous serions ainsi en son cœur même, plus que dans une époque « postmoderne ». Le sentiment de l'accélération en est constitutif, face aux temps immobiles des sociétés de tradition et d'élitisme aristocratique. Les philosophes allemands Walter Benjamin, Hannah Arendt, puis Reinhart Koselleck, Hans Blumenberg et Jürgen Habermas, en France Paul Ricœur et aujourd'hui Myriam Revault d'Allonnes l'ont analysé avec acuité. La modernité est faite de cette inquiétude taraudante parce que l'humanité y est seule garante de son destin : plus de transcendance ni de tradition pour éclairer son chemin. Elle est maîtresse de sa propre action et cette immense responsabilité face à la tâche à accomplir peut certes plonger dans un vertige. Mais ce souci du monde et de l'avenir fait aussi agir.

Dans *Les Misérables*, Enjolras, certes en mal de lucidité visionnaire, s'écriait, peu avant de mourir : « Citoyens, le XIXe siècle est grand, mais le XXe sera heureux. » Le XXIe siècle n'a, et pour cause, pas trouvé son épithète. Pour autant, sans l'enfermer dans des mots qui déjà l'emprisonneraient, tout un chacun peut bien l'imaginer et même le rêver. Écrire et lire de l'histoire sont d'autres façons de ne pas renoncer à l'histoire. Il s'agit même peut-être de faire histoire encore et dès lors de goûter à l'avenir, sans le prédire.

Chronologie indicative

1981

24 janvier	Première diffusion de *Dallas* à la télévision française.
10 mai	François Mitterrand est élu président de la République avec 51,7 % des suffrages exprimés.
21 mai	Pierre Mauroy Premier ministre.
22 mai	Instauration du contrôle des changes forcé.
23 au 27 mai	Premier Salon du livre (120 000 visiteurs).
18 septembre	Abolition de la peine de mort.
22 septembre	Inauguration de la première ligne de train à grande vitesse (TGV).
4 octobre	Dévaluation du franc, gel de 15 milliards de dépenses.
20 octobre	Discours de François Mitterrand sur la place de la Révolution à Mexico.
29 novembre	Jacques Delors annonce une « pause » dans les réformes.
12 décembre	État de guerre décrété en Pologne.

1982

13 janvier	La semaine de travail est réduite à trente-neuf heures ; cinquième semaine de congés payés.
24 janvier	Naissance d'Amandine, premier bébé « éprouvette » fécondé *in vitro*.
13 février	Promulgation de la loi sur les nationalisations.
2 mars	Lois Defferre sur la décentralisation.
4 mars	Discours de François Mitterrand à la Knesset, le Parlement israélien ; il y défend le droit

d'Israël à sa sécurité et le droit des Palestiniens à se doter d'un État « le moment venu » ; c'est la première visite d'un président français en Israël.

avril	Mise sur le marché du four à micro-ondes.
juin	Sommet du G7 à Versailles ; la France s'oppose à la politique de sanctions menée par les États-Unis envers l'URSS et rejette la « guerre économique froide ».
12 juin	Deuxième dévaluation du franc et premier plan de rigueur.
27 juillet	Suppression du délit d'homosexualité dans le Code pénal.
27 juillet	Première loi Auroux relative aux « libertés des salariés dans l'entreprise ».
25 août	Sortie de *Le Père Noël est une ordure* de Jean-Marie Poiré.
novembre	Le seuil des 2 millions de chômeurs est franchi.
1983	Début de la commercialisation des ordinateurs personnels auprès du grand public.
19 janvier	Maurice Papon est inculpé de crimes contre l'humanité.
20 janvier	Discours de François Mitterrand sur les euro-missiles devant le Bundestag à Bonn.
29 janvier	Création des Verts.
mars	Recul de la gauche aux élections municipales.
mars	Début de la commercialisation du compact disc (CD) en France.
21 mars	Décision de maintenir le franc dans le Système monétaire européen, accompagnée d'une nouvelle dévaluation et d'un second plan de rigueur.
mai	Le professeur Luc Montagnier identifie le virus du SIDA.
5 juin	Victoire de Yannick Noah au tournoi de tennis de Roland-Garros.
10 août	Déclenchement de l'opération militaire française « Manta » au Tchad.

14 septembre	Le candidat du Front national, Jean-Pierre Stirbois, obtient 17 % des suffrages à Dreux.
23 octobre	Attentat contre « le Drakkar » à Beyrouth.
3 décembre	Arrivée à Paris de la Marche pour l'égalité et contre le racisme.

1984

13 février	Jean-Marie Le Pen à l'émission « L'Heure de vérité ».
mars	Plan de restructuration industrielle qui prévoit des réductions massives d'emplois dans la sidérurgie, les charbonnages et les chantiers navals ; grève générale des sidérurgistes de Lorraine.
4 avril	Autorisation de la publicité sur les radios privées.
24 juin	1 million de manifestants à Paris contre la loi sur l'école libre.
27 juin	L'équipe de France est championne d'Europe de football.
17 juillet	Démission de Pierre Mauroy ; Laurent Fabius Premier ministre.
17 septembre	Accord franco-libyen sur l'« évacuation totale et concomitante » des troupes françaises et libyennes présentes au Tchad.
22 septembre	François Mitterrand et Helmut Kohl ensemble devant l'ossuaire de Douaumont.
26 septembre	Lancement des travaux d'utilité collective (TUC).
octobre	Sortie du premier volume des *Lieux de mémoire* sous la direction de Pierre Nora.
4 novembre	Première émission de Canal Plus.
8 décembre	Manifestation pour la défense de NRJ menacée de suppression.

1985

7-28 janvier	État d'urgence en Nouvelle-Calédonie.
mars	Premiers tests de dépistage du SIDA.
avril	*Shoah* de Claude Lanzmann.
22 mai	Enlèvement à Beyrouth de Jean-Paul Kauffmann et Michel Seurat.

15 juin	Concert de SOS Racisme place de la Concorde à Paris.
10 juillet	Le navire de Greenpeace, *Rainbow Warrior*, est coulé par une équipe de la DGSE.
septembre	*Trois hommes et un couffin* de Coline Serreau.
octobre	Visite de Mikhaïl Gorbatchev à Paris.
décembre	Visite du général Jaruzelski à Paris.
21 décembre	Inauguration du premier « Resto du cœur » par Coluche.

1986

17 février	Signature de l'Acte unique européen.
20 février	Lancement de la Cinquième chaîne, première chaîne de télévision privée.
13 mars	Inauguration de la Cité des sciences et de l'industrie à la Villette.
16 mars	Victoire de la droite aux élections législatives.
20 mars	Première cohabitation ; Jacques Chirac Premier ministre.
avril	Dévaluation du franc ; suppression de l'impôt sur les grandes fortunes.
9 avril	Sortie de *37°2 le matin* de Jean-Jacques Beineix.
26 avril	Catastrophe nucléaire de Tchernobyl.
31 juillet	Vote de la loi sur les privatisations.
18 octobre	Expulsion de 101 Maliens à bord d'un charter.
17 novembre	Georges Besse, PDG de Renault, assassiné par des membres d'Action directe.
17 novembre	Début du mouvement étudiant et lycéen contre le projet de loi Devaquet.
1er décembre	Ouverture du musée d'Orsay.
5 décembre	Mort de Malik Oussekine.
décembre	Abrogation des ordonnances de 1945 sur le contrôle des prix.
30 décembre	Suppression de l'autorisation administrative de licenciement pour cause économique.

1987

| décembre 1986 -janvier 1987 | Puissantes grèves à la RATP et à la SNCF. |
| 4 avril | Privatisation de TF1. |

mai	Procès à Lyon de l'ancien officier SS Klaus Barbie.
31 mai	Inauguration du Futuroscope de Poitiers.
13 septembre	Propos de Jean-Marie Le Pen sur les chambres à gaz « point de détail de l'histoire de la Seconde Guerre mondiale ».
19 octobre	Krach boursier mondial ; effondrement des cours à la Bourse de Paris.
6 décembre	Premier « Téléthon ».

1988

22 janvier	Annonce par Helmut Kohl et François Mitterrand d'un Conseil franco-allemand de Défense et de Sécurité.
22 avril-5 mai	Prise d'otages à Ouvéa en Nouvelle-Calédonie.
4 mai	Libération des derniers otages français retenus au Liban.
8 mai	Réélection de François Mitterrand à la présidence de la République.
11 mai	Sortie du *Grand Bleu* de Luc Besson.
septembre-octobre	Grève des infirmières.
novembre	Instauration du Revenu minimum d'insertion (RMI).
novembre-décembre	Visites de François Mitterrand en URSS, en Tchécoslovaquie et en Bulgarie.

1989

9 mars	Visite de François Mitterrand en Algérie ; il manifeste son soutien au régime de Chadli.
30 mars	Inauguration de la pyramide du Louvre.
2 mai	François Mitterrand reçoit Yasser Arafat à l'Élysée ; Arafat y affirme que la destruction de l'État d'Israël prévue par la charte de l'OLP est désormais « caduque ».
juillet	Célébrations du bicentenaire de la Révolution française.
octobre	Exclusion de trois jeunes filles portant le foulard du collège de Creil (Oise).
9 novembre	Chute du mur de Berlin.

1990

1er janvier	Suppression du contrôle des changes.
mars	Congrès de Rennes du Parti socialiste.
10 mai	Découverte de la profanation de tombes juives dans le cimetière de Carpentras (Vaucluse).
mai	Fondation de l'association Droit au logement (DAL).
19 juin	Signature de la convention de Schengen sur la libre circulation des personnes dans la Communauté européenne.
2 août	Sur ordre de Saddam Hussein, les troupes irakiennes envahissent le Koweït.
3 octobre	Réunification allemande.
novembre	Manifestations lycéennes contre le « plan Jospin ».
15 novembre	Instauration de la Contribution sociale généralisée (CSG).

1991

	Avec le World Wide Web, 1 million d'ordinateurs dans le monde sont connectés à Internet.
17 janvier	Déclenchement des opérations militaires « Tempête du désert » contre l'Irak.
29 janvier	Démission du ministre de la Défense Jean-Pierre Chevènement, hostile à cette intervention.
15 mai	Démission de Michel Rocard ; Édith Cresson Première ministre.
juin	Déclarations d'indépendance slovène et croate ; début du processus de désintégration de la Yougoslavie.
sept.-déc.	Siège de Vukovar.
novembre	Affaire Pechiney.
1er décembre	La France remporte la Coupe Davis de tennis pour la première fois depuis 1932.
décembre	Désintégration de l'URSS.

1992

janvier	Paris reconnaît l'indépendance des républiques croate et slovène.

7 février	Signature à Maastricht du traité instituant l'Union européenne.
février	Jeux Olympiques d'hiver à Albertville.
31 mars	Fermeture de l'usine Renault de Billancourt.
2 avril	Démission d'Édith Cresson ; Pierre Bérégovoy Premier ministre.
12 avril	Ouverture d'Eurodisney à Marne-la-Vallée, le plus important parc de loisirs en Europe.
5 mai	Effondrement d'une tribune au stade de Furiani à Bastia.
21 mai	Réforme de la Politique agricole commune (baisse des prix de soutien aux produits agricoles, extension des jachères).
28 juin	Visite de François Mitterrand à Sarajevo assiégée.
septembre	Le général Morillon commande les forces de l'ONU en Bosnie.
20 septembre	Référendum français sur le traité de Maastricht.

1993

1er janvier	Entrée en vigueur du Marché unique.
27 janvier	Sortie des *Visiteurs* de Jean-Marie Poiré.
21 et 28 mars	La coalition RPR-UDF remporte les élections législatives avec une écrasante majorité ; le 30 mars, Édouard Balladur devient Premier ministre.
1er mai	Suicide de Pierre Bérégovoy.
mai	Début de l'affaire de corruption lors du match de football Valenciennes/Olympique de Marseille.
22 juillet	Réforme du Code de la nationalité.
août	La barre des 3 millions de chômeurs est franchie.
27 septembre	Création de la chaîne franco-allemande Arte.
octobre-novembre	Privatisation de la BNP et de Rhône-Poulenc.
1er novembre	Entrée en vigueur de l'Union européenne.

1994

16 janvier	Plus de 600 000 personnes manifestent contre la révision de la loi Falloux portant sur l'extension

	des possibilités de financement pour l'enseignement privé par les collectivités locales.
4 février	Manifestations de marins pêcheurs, destruction du Parlement de Bretagne à Rennes.
25 février	Assassinat de Yann Piat, députée du Var qui luttait contre la corruption dans son département.
février	Ultimatum de l'OTAN à la Serbie, sur initiative des États-Unis et de la France.
mars	Retrait du Contrat d'insertion professionnelle (CIP).
avril	Début du génocide des Tutsi au Rwanda.
6 mai	Inauguration du tunnel sous la Manche.
juin-août	Opération « Turquoise » de l'armée française au Rwanda.
septembre	Laurent Fabius, Georgina Dufoix et Edmond Hervé sont poursuivis pour « complicité d'empoisonnement » dans le scandale du sang contaminé.

1995

13 janvier	L'évêque Jacques Gaillot est suspendu par le Vatican.
20 janvier	Inauguration du pont de Normandie, le plus grand pont à haubans du monde.
21 janvier	Loi d'orientation et de programmation relative à la sécurité.
1er mai	Brahim Bouarram se noie dans la Seine, poussé par des skinheads, en marge d'une manifestation du FN.
7 mai	Jacques Chirac est élu président de la République.
17 mai	Alain Juppé Premier ministre.
28 mai	*La Haine* de Mathieu Kassovitz remporte le prix de la mise en scène au festival de Cannes.
30 mai	Inauguration de la Très Grande Bibliothèque.
13 juin	Jacques Chirac ordonne la réalisation d'une campagne d'essais nucléaires dans le Pacifique.
15 juin	Une résolution de l'ONU autorise la Force

	de réaction rapide anglo-franco-néerlandaise à se déployer à proximité de Sarajevo.
18 juin	Le FN remporte les municipalités de Marignane, Orange et Toulon.
juillet	Massacre perpétré contre quelque 8 000 hommes et adolescents bosniaques à Srebenica, à l'est de la Bosnie-Herzégovine, par des unités de l'Armée de la République serbe de Bosnie dirigée par le général Ratko MLadić.
16 juillet	Jacques Chirac reconnaît la responsabilité de l'État français dans la déportation des Juifs durant la Seconde Guerre mondiale.
25 juillet	Attentat au RER Saint-Michel à Paris, revendiqué par le GIA algérien, 7 morts et 84 blessés.
15 novembre	Alain Juppé annonce une réforme de la Sécurité sociale et du système de retraites des agents de l'État.
nov.-déc.	Grèves et manifestations contre le plan Juppé.

1996

8 janvier	Mort de François Mitterrand.
31 janv.-1er fév.	Visite d'État de Jacques Chirac aux États-Unis.
mars	Début de l'affaire de la « vache folle ».
28 mai	Abrogation du service militaire obligatoire.
23 août	La police évacue l'église Saint-Bernard à Paris occupée depuis le 28 juin par 300 personnes sans papiers d'origine africaine, dont 10 grévistes de la faim.
9 septembre	Déclaration de Jean-Marie Le Pen sur l'inégalité des races.
22 octobre	Incidents avec les services de sécurité israéliens lors de la visite officielle de Jacques Chirac en Israël.

1997

	Début de l'essor du téléphone portable.
22 février	100 000 personnes manifestent à Paris contre le projet de loi Debré.
6 mai	Appel « Nous sommes la gauche » lancé par Act Up et auquel se rallient un grand nombre d'associations, d'artistes et d'intellectuels.

25 mai et 1er juin	Élections législatives que remporte la « gauche plurielle » ; Lionel Jospin est nommé Premier ministre.
mai	Visite officielle de Jacques Chirac en République populaire de Chine.
17 juin	Adoption du Pacte de stabilité européen à Amsterdam.
décembre	Mouvement des chômeurs.
31 décembre	Le cap des 5 millions d'abonnés au téléphone portable est dépassé.

1998

6 février	Assassinat du préfet de Corse Claude Érignac.
12 février	Loi Aubry sur l'aménagement du temps de travail.
avril	Vote par l'Assemblée nationale du transfert de souveraineté monétaire de la France à la Banque centrale européenne.
12 juillet	L'équipe de France remporte la Coupe du monde de football.
octobre	Environ 500 000 personnes dans les manifestations lycéennes.
15 octobre	Mise en vente du « Viagra » dans les pharmacies.

1999

février	Manifestations contre la réforme de la Politique agricole commune.
mars	Grèves et manifestations contre la politique du ministre de l'Éducation nationale Claude Allègre.
24 mars	La France contribue à l'opération « Force alliée », une campagne de frappes aériennes contre la Serbie ; elle va durer trois mois.
8 juillet	Révision constitutionnelle permettant au législateur de « favoriser l'égal accès des hommes et des femmes aux mandats électoraux et aux fonctions électives ».
12 août	Saccage du McDonald's de Millau.
13 octobre	Adoption du PaCS.

novembre	Mobilisations contre le sommet de l'OMC à Seattle.
12 décembre	Naufrage du pétrolier *Erika*.

2000

1er janvier	Passage avec succès des systèmes informatiques à l'an 2000.
1er février	Entrée en application de l'aménagement du temps de travail et des trente-cinq heures hebdomadaires (en moyenne annuelle).
mai	Calais devient le premier club amateur à atteindre la finale de la Coupe de France de football.
2 juillet	L'équipe de France remporte la Coupe d'Europe de football.
25 juillet	Un Concorde s'écrase sur un hôtel à Gonesse.
24 septembre	Référendum sur le quinquennat.
novembre	Loi sur la parité aux élections.

2001

26 février	Signature du traité de Nice.
9 juin	Manifestations contre les « plans sociaux ».
11 septembre	Attentats perpétrés par Al-Qaïda contre le World Trade Center à New York et contre le Pentagone à Washington.
21 septembre	L'usine AZF de Toulouse est détruite par l'explosion d'un stock de nitrate d'ammonium, entraînant la mort de 31 personnes et faisant 2 500 blessés.
octobre	La France participe à l'opération militaire « Enduring Freedom » engagée par les États-Unis en Afghanistan.

2002

1er janvier	Entrée en vigueur effective de l'euro.
mars	*Le Fabuleux Destin d'Amélie Poulain* de Jean-Pierre Jeunet remporte un succès dans le monde entier.
21 avril	Au premier tour de l'élection présidentielle,

Lionel Jospin est éliminé ; ne restent en lice que Jacques Chirac et Jean-Marie Le Pen.

5 mai   Jacques Chirac est réélu avec 82 % des voix.

9 et 16 juin   L'Union pour la majorité présidentielle (UMP) créée le 23 avril remporte les élections législatives.

septembre   Opération « Licorne » en Côte d'Ivoire.

5 octobre   Loi pour la sécurité intérieure.

17 novembre   Fondation de l'Union pour un mouvement populaire (UMP) dont Alain Juppé devient le président.

décembre   Fermeture du centre de réfugiés de Sangatte.

2003

14 février   Discours de Dominique de Villepin, ministre des Affaires étrangères, au Conseil de Sécurité de l'ONU.

février   Manifestations massives contre la guerre en Irak.

printemps   Grèves et manifestations contre la réforme Fillon sur les retraites.

été   Mobilisation des intermittents du spectacle.

été   Canicule et décès d'au moins 15 000 personnes âgées.

décembre   Manifestations antifrançaises en Côte d'Ivoire.

2004

15 mars   Loi interdisant les « signes religieux ostentatoires » à l'école.

21 et 28 mars Défaite de la droite aux élections régionales.

5 avril   Élection du Conseil français du culte musulman.

23 avril   Fermeture de la dernière mine de charbon française à Creutzwald en Moselle.

2005

29 mai   Le Traité constitutionnel européen est rejeté en France par référendum avec 54,68 % de « non ».

31 mai   Dominique de Villepin remplace Jean-Pierre Raffarin à Matignon.

27 octobre   Zyed Benna et Bouna Traoré, deux adolescents, meurent par électrocution dans un poste élec-

trique de Clichy-sous-Bois en tentant d'échapper à un contrôle de police ; c'est le début de plusieurs semaines de révoltes dans certaines banlieues.

2006

16 janvier	Présentation du Contrat première embauche (CPE) par Dominique de Villepin.
6 février	Première greffe du visage.
7 février	Début d'un mouvement de deux mois contre le CPE.
13 février	Ilan Halimi assassiné par le « gang des barbares ».
17 février	Premier cas de grippe aviaire en France dans un élevage de l'Ain.
10 mai	La France célèbre pour la première fois l'abolition de l'esclavage.
20 juin	Jacques Chirac inaugure le Musée du quai Branly, à Paris, consacré aux arts premiers.
3 octobre	L'Assemblée nationale vote la privatisation d'EDF.
10 novembre	L'INSEE annonce une croissance nulle au troisième trimestre 2006.
17 novembre	Ségolène Royal remporte les primaires socialistes.

2007

janvier	L'association Les Enfants de Don Quichotte installe un « village » de 200 tentes environ au bord du canal Saint-Martin à Paris pour y loger des sans-abri.
13 janvier	Le gaulliste Nicolas Dupont-Aignan annonce sa démission de l'UMP.
26 janvier	Funérailles solennelles pour l'abbé Pierre en la cathédrale Notre-Dame à Paris.
6 mai	Nicolas Sarkozy est élu président de la République avec 53,06 % des voix.
10 mai	Création du Mouvement démocrate (MoDem).
17 mai	François Fillon Premier ministre.
26 juillet	Dans son « discours de Dakar », Nicolas

	Sarkozy affirme que « l'homme africain n'est pas entré dans l'histoire ».
juillet	Début de la crise des *subprimes* et extension de la crise financière.
28 septembre	Dominique Strauss-Kahn est élu président du Fonds monétaire international.
17 octobre	Début d'un important mouvement social contre la réforme des retraites, notamment dans les transports publics ; grèves étudiantes contre la loi relative aux libertés et responsabilités des universités (LRU).
25 au 27 novembre	« Émeutes » à Villiers-le-Bel.
10 décembre	Début de la visite officielle de Mouammar Kadhafi en France.

2008

1er janvier	Entrée en vigueur de l'interdiction de fumer dans les lieux publics.
2 avril	La France envoie des renforts de troupes en Afghanistan.
mai	Le film *Bienvenue chez les ch'tis* de Dany Boon établit un record historique (plus de 20 millions d'entrées).
1er juillet	La France prend la présidence de l'Union européenne.
12-15 septembre	Visite du pape Benoît XVI en France.
23 octobre	Premier plan de sauvetage des banques.

2009

5 janvier	Entrée en vigueur de la loi sur l'audiovisuel public qui supprime la publicité sur les chaînes publiques après 20 heures.
janvier-mars	Grève générale en Guadeloupe ; la grève s'étend à la Martinique et à La Réunion.
février	Début du conflit dans les universités sur le statut des enseignants-chercheurs et la LRU.
4 avril	La France réintègre officiellement le commandement intégré de l'OTAN.
décembre	Débat sur l'identité nationale.

2010

28 janvier	Relaxe de Dominique de Villepin dans l'affaire Clearstream.
14 mars	Abstention de 53,64 % au premier tour des élections régionales.
mai	Grèves et manifestations contre la réforme Fillon des retraites.
mai	« Sauvetage » de la zone euro sous l'impulsion conjointe du FMI et de la Banque centrale européenne.
juin	Début de l'affaire Bettencourt.
30 juillet	Discours de Grenoble prononcé par Nicolas Sarkozy sur la délinquance, la sécurité, les motifs de déchéance de la nationalité française et l'évacuation de campements de Roms.
septembre	Quelque 3 millions de personnes manifestent contre la réforme des retraites.

2011

2 février	Nathalie Kosciusko-Morizet annonce la suspension de l'autorisation de prospection du gaz de schiste.
14 mars	Promulgation de la loi LOPPSI 2.
19 mars	Début de l'intervention militaire française en Libye.
14 mai	Arrestation à New York de Dominique Strauss-Kahn, accusé d'agression sexuelle.
25 septembre	La gauche remporte la majorité au Sénat pour la première fois sous la Ve République.
2 novembre	Sortie du film *Intouchables* d'Olivier Nakache et Éric Toledano.
30 novembre	Fin de la télévision analogique en France, remplacée par la TNT.
décembre	Le chômage atteint son plus haut niveau depuis douze ans.

2012

13 janvier	L'agence Standard & Poor's dégrade la notation de la France, qui perd son « triple A ».
26 février	Jean Dujardin devient le premier acteur français

à remporter l'Oscar du meilleur acteur pour *The Artist* de Michel Hazanavicius, également Oscar du meilleur film.

19 mars   Tuerie perpétrée par Mohammed Merah dans l'école juive Ozar Hatorah à Toulouse.

6 mai   François Hollande remporte l'élection présidentielle avec 51,6 % des voix.

16 mai   Formation du gouvernement de Jean-Marc Ayrault.

10 et 17 juin   Aux élections législatives, le Parti socialiste obtient la majorité absolue à l'Assemblée nationale.

Bibliographie sélective

OUVRAGES GÉNÉRAUX

Agulhon Maurice, Nouschi André, Olivesi Antoine, *La France de 1848 à nos jours*, Paris, Armand Colin, 2008.

Becker Jean-Jacques, avec la collaboration de Pascal Ory, *Crises et alternances, 1974-2000*, Paris, Seuil, 2002.

Bernard Mathias, *La France de 1981 à 2002 : le temps des crises ?*, Paris, Librairie générale française, 2005.

Berstein Serge, Milza Pierre, *Histoire de la France au XXᵉ siècle. De 1974 à nos jours*, Bruxelles, Complexe, 2006.

–, *Histoire du XXᵉ siècle. De 1973 aux années 1990 : la fin d'un monde bipolaire*, et *Des années 1990 à nos jours : vers le monde nouveau du XXIᵉ siècle*, Paris, Hatier, 2010.

Cusset François, *La Décennie. Le grand cauchemar des années 1980*, Paris, La Découverte, 2006.

Garrigues Jean (dir.), *La France de la Vᵉ République, 1958-2008*, Paris, Armand Colin, 2008.

Garrigues Jean, Guillaume Sylvie, Sirinelli Jean-François (dir.), *Comprendre la Vᵉ République*, Paris, PUF, 2010.

Judt Tony, *Postwar. A History of Europe since 1945*, New York, Vintage, 2010.

Judt Tony, Snyder Timothy, *Thinking the Twentieth Century*, New York, Penguin Press, 2012.

Le Bras Hervé, Todd Emmanuel, *L'Invention de la France. Atlas anthropologique et politique*, Paris, Gallimard, 2012.

Rémond René, avec la collaboration de Jean-François Sirinelli, *Histoire de France. Le siècle dernier, de 1918 à 2002*, Paris, Le Grand Livre du mois, 2003.

Rioux Jean-Pierre, Sirinelli Jean-François, *La France d'un siècle à l'autre, 1914-2000*, Paris, Hachette Littératures, 2002.

Schwartz Vanessa, *Modern France. A Very Short Introduction*, Oxford, Oxford University Press, 2011.

Sirinelli Jean-François (dir.), *La France de 1914 à nos jours*, Paris, PUF, 2004.

Sirinelli Jean-François, *Comprendre le XXᵉ siècle français*, Paris, Fayard, 2005.

–, *Les Vingt Décisives, 1965-1985. Le passé proche de notre avenir*, Paris, Pluriel, 2012.

Zancarini-Fournel Michelle, Delacroix Christian, *La France du temps présent, 1945-2005*, Paris, Belin, 2010.

ÉVOLUTIONS DE LA VIE POLITIQUE

Appleton Andrew M., Brouard Sylvain, Mazur Amy (ed.), *The French Fifth Republic at Fifty ? Beyond Stereotypes*, Basingstoke, Palgrave, 2008.

Baldini Gianfranco, Lazar Marc (a cura di), *La Francia di Sarkozy*, Bologne, Il Mulino, 2007.

Becker Jean-Jacques, *Histoire politique de la France depuis 1945*, Paris, Armand Colin, 2010.

Bernard Mathias, *Histoire politique de la Vᵉ République. De 1958 à nos jours*, Paris, Armand Colin, 2008.

Berstein Serge, Milza Pierre, Bianco Jean-Louis (dir.), *François Mitterrand. Les années du changement, 1981-1984*, Paris, Perrin, 2001.

Berstein Serge, Winock Michel, Wieviorka Olivier, *Histoire de la France politique. Vol. 4, La République recommencée. De 1914 à nos jours*, Paris, Seuil, 2004.

Cole Alistair, *Governing and Governance in France*, Cambridge, Cambridge University Press, 2008.

Duclert Vincent, Prochasson Christophe (dir.), *Dictionnaire critique de la République*, Paris, Flammarion, 2002.

Duclert Vincent, Prochasson Christophe, Simon-Nahum Perrine (dir.), *Il s'est passé quelque chose... le 21 avril 2002*, Paris, Denoël, 2003.

Favier Pierre, Martin-Roland Michel, *La Décennie Mitterrand*, 4 vol., Paris, Seuil, 1990-2001.

Jankowski Paul, *Shades of Indignation. Political Scandals in France, Past and Present*, New York, Bergham Books, 2008.

Perrineau Pascal, Rouban Luc (dir.), *La Politique en France et en Europe*, Paris, Presses de Sciences Po, 2007.

Roussel Violaine, *Affaires de juges. Les magistrats dans les scandales politiques en France*, Paris, La Découverte, 2002.

Sirinelli Jean-François (dir.), *Dictionnaire historique de la vie politique française au XXe siècle*, Paris, PUF, 2003.

Sirinelli Jean-François, *La Ve République*, Paris, PUF, 2013.

CULTURES POLITIQUES

Agulhon Maurice, *Histoire et politique à gauche*, Paris, Perrin, 2005.

Bantigny Ludivine, Baubérot Arnaud (dir.), *Hériter en politique. Filiations, générations et transmissions politiques (Allemagne, France et Italie, XIXe-XXIe siècle)*, Paris, PUF, 2011.

Becker Jean-Jacques, Candar Gilles (dir.), *Histoire des gauches en France*. Vol. 2, *À l'épreuve de l'histoire*, Paris, La Découverte, 2010.

Bergounioux Alain, Grunberg Gérard, *L'Ambition et le Remords. Les socialistes français et le pouvoir (1905-2005)*, Paris, Hachette Littératures, 2007.

Bergounioux Alain, Cohen Daniel (dir.), *Le Socialisme à l'épreuve du capitalisme*, Paris, Fayard, 2012.

Bernard Mathias, *La Guerre des droites. Droite et extrême droite en France de l'Affaire Dreyfus à nos jours*, Paris, Odile Jacob, 2007.

Berstein Serge (dir.), *Les Cultures politiques en France*, Paris, Seuil, 2003.

Bréchon Pierre, Laurent Annie, Perrineau Pascal (dir.), *Les Cultures politiques des Français*, Paris, Presses de Sciences Po, 2000.

Castagnez-Ruggiu Noëlline, *Histoire des idées socialistes en France*, Paris, La Découverte, 2010.

Cefaï Daniel (dir.), *Cultures politiques*, Paris, PUF, 2001.

Chebel d'Appollonia Ariane, *L'Extrême Droite en France de Maurras à Le Pen*, Bruxelles, Complexe, 1996.

Gautier Jean-Paul, *Les Extrêmes Droites en France. De la traversée du désert à l'ascension du Front national (1945-2008)*, Paris, Syllepse, 2009.

Geenens Raf, Rosenblatt Helena, *French Liberalism from Montesquieu to the Present Day*, New York, Cambridge University Press, 2012.

Goodliffe Gabriel, *The Resurgence of the Radical Right in France from Boulangisme to the Front National*, Cambridge, Cambridge University Press, 2012.

Guillaume Pierre, Guillaume Sylvie, *Réformes et réformisme dans la France contemporaine*, Paris, Armand Colin, 2012.

Guillaume Sylvie, Garrigues Jean (dir.), *Centre et centrisme aux XIXᵉ et XXᵉ siècles. Regards croisés*, Bruxelles-Berne-Berlin, Peter Lang, 2006.

Haegel Florence (dir.), *Partis politiques et système partisan*, Paris, Presses de Sciences Po, 2007.

Haegel Florence, *Les Droites en fusion. Transformations de l'UMP*, Paris, Presses de Sciences Po, 2012.

Julliard Jacques, *Les Gauches françaises. 1762-2012 : Histoire, politique et imaginaire*, Paris, Flammarion, 2012.

Kergoat Jacques, *Histoire du Parti socialiste*, Paris, La Découverte, 1997.

Keucheyan Razmig, *Hémisphère gauche. Une cartographie des nouvelles pensées critiques*, Paris, Zones, 2010.

Lazar Marc, *Le Communisme, une passion française*, Paris, Perrin, 2005.

Lefebvre Rémi, Sawicki Frédéric, *La Société des socialistes. Le PS aujourd'hui*, Paris, Le Croquant, 2006.

Mayer Nonna, Perrineau Pascal, *Le Front national à découvert*, Paris, Presses de Sciences Po, 2012.

Orfali Birgitta, *L'Adhésion à l'extrême droite. Étude comparative en France, Hongrie, Italie et Roumanie*, Paris, L'Harmattan, 2012.

Prochasson Christophe, *Le Socialisme, une culture*, Paris, Fondation Jean-Jaurès, 2009.

Raynaud Philippe, *L'Extrême Gauche plurielle. Entre démocratie radicale et révolution*, Paris, Autrement, 2006

Sirinelli Jean-François, Vigne Éric (dir.), *Histoire des droites*, 3 vol., Paris, Gallimard, 2006.

Vigreux Jean, Wolikow Serge, *Cultures communistes au XXᵉ siècle. Entre guerre et modernité*, Paris, La Dispute, 2003.

Winock Michel, avec Séverine Nikel, *La Gauche au pouvoir. L'héritage du Front populaire*, Paris, Bayard, 2006.

Winock Michel, *La Gauche en France*, Paris, Perrin, 2006.

–, *La Droite hier et aujourd'hui*, Paris, Perrin, 2012.

POLITISATIONS ET FORMES DE L'ENGAGEMENT

Béroud Sophie, Gobille Boris, Hajjat Abdellali, Zancarini-Fournel Michelle, *Engagements, rébellions et genre dans les quartiers populaires en Europe (1968-2005)*, Paris, Archives contemporaines, 2011.

Braconnier Céline, Dormagen Jean-Yves, *La Démocratie de l'abstention. Aux origines de la démobilisation électorale en milieu populaire*, Paris, Gallimard, 2007.

Collovald Annie, Gaïti Brigitte (dir.), *La Démocratie aux extrêmes. Sur la radicalisation politique*, Paris, La Dispute, 2006.

Crettiez Xavier, Sommier Isabelle (dir.), *La France rebelle*, Paris, Michalon, 2006.

Della Porta Donatella (ed.), *Democracy and Social Movements*, New York, Palgrave, 2009.

Della Porta Donatella, *Can Democraty be Saved ? Participation, Deliberation and Social Movements*, Cambridge, Polity Press, 2013.

Déloye Yves, Ihl Olivier, *L'Acte de vote*, Paris, Presses de Sciences Po, 2008.

Donegani Jean-Marie, Sadoun Marc, *Qu'est-ce que la politique ?*, Paris, Gallimard, 2007.

–, *Critiques de la démocratie*, Paris, PUF, 2012.

Fillieule Olivier, Roux Patricia (dir.), *Le Sexe du militantisme*, Paris, Presses de Sciences Po, 2009.

Fillieule Olivier, Mathieu Lilian, Péchu Cécile (dir.), *Dictionnaire des mouvements sociaux*, Paris, Presses de Sciences Po, 2010.

Fillieule Olivier, Sommier Isabelle, Agrikoliansky Éric (dir.), *Penser les mouvements sociaux. Conflits sociaux et contestations dans les sociétés contemporaines*, Paris, La Découverte, 2010.

Kriesi Hans-Peter, Rucht Dieter, Della Porta Donatella, *Social Movements in a Globalizing World*, Basingstoke, Macmillan, 1999.

Mathieu Lilian, *La Démocratie protestataire. Mouvements sociaux et politique en France aujourd'hui*, Paris, Presses de Sciences Po, 2011.

Muxel Anne, *Toi, moi et la politique. Amours et convictions*, Paris, Seuil, 2008.

–, *La Politique au fil de l'âge*, Paris, Presses de Sciences Po, 2011.

Neveu Érik, *Sociologie des mouvements sociaux*, Paris, La Découverte, 2011.

Perrin Évelyne, *Chômeurs et précaires au cœur de la question sociale*, Paris, La Dispute, 2004.

Pigenet Michel, Tartakowsky Danielle (dir.), *Histoire des mouvements sociaux en France de 1814 à nos jours*, Paris, La Découverte, 2012.

Robertson David, *A Dictionary of Modern Politics*, New York, Europa, 2012.

Rosanvallon Pierre, *Le Modèle politique français. La société civile contre le jacobinisme de 1789 à nos jours*, Paris, Seuil, 2006.

–, *La Contre-démocratie. La politique à l'âge de la défiance*, Paris, Seuil, 2008.

–, *La Légitimité démocratique. Impartialité, réflexivité, proximité*, Paris, Seuil, 2010.

Siméant Johanna, *La Cause des sans-papiers*, Paris, Presses de Sciences Po, 1998.

Sommier Isabelle, *Le Renouveau des mouvements contestataires à l'heure de la mondialisation*, Paris, Flammarion, 2003.

Tarrow Sidney, *Strangers at the Gates. Movements and States in Contentious Politics*, Cambridge, Cambridge University Press, 2012.

MONDIALISATION ET GLOBALISATION

Abélès Marc, *Anthropologie de la globalisation*, Paris, Payot, 2012.

Amselle Jean-Loup, *Vers un multiculturalisme français. L'empire de la coutume*, Paris, Flammarion, 2001.

Augé Marc, *Pour une anthropologie des mondes contemporains*, Paris, Flammarion, 1994.

Barber Benjamin, *Jihad vs McWorld*, Londres, Corgi Books, 2003.

Beck Ulrich, *Pouvoir et contre-pouvoir à l'ère de la mondialisation*, Paris, Aubier-Flammarion, 2003.

Chaubet François, *La Mondialisation culturelle*, Paris, PUF, 2013.

Giddens Anthony, *Europe in the Global Age*, Cambridge, Polity, 2007.

Hutton Will, Giddens Anthony, *In the Edge. Living with Global Capitalism*, Londres, J. Cape, 2000.

Rodrik Dani, *Nations et Mondialisation. Les stratégies nationales de développement dans un monde globalisé*, Paris, La Découverte, 2008.

Sassen Saskia, *La Globalisation. Une sociologie*, Paris, Gallimard, 2009.

Wihtol de Wenden Catherine, *La Globalisation humaine*, Paris, PUF, 2009.

ÉVOLUTIONS ÉCONOMIQUES ET PRATIQUES DU NÉOLIBÉRALISME

Askenazy Philippe, *Les Décennies aveugles. Emploi et croissance, 1970-2010*, Paris, Seuil, 2011.

Askenazy Philippe, Cohen Daniel (dir.), *5 crises, 11 nouvelles questions d'économie contemporaine*, Paris, Albin Michel, 2013.

Asselain Jean-Charles, *Histoire économique du XXᵉ siècle*, Paris, Presses de la FNSP, 1995.

Audier Serge, *Néo-libéralisme(s). Une archéologie intellectuelle*, Paris, Grasset & Fasquelle, 2012.

Boltanski Luc, Chiapello Ève, *Le Nouvel Esprit du capitalisme*, Paris, Gallimard, 1999.

Bonelli Laurent, Pelletier Willy (dir.), *L'État démantelé. Enquête sur une révolution silencieuse*, Paris, La Découverte, 2010.

Castells Manuel (ed.), *Aftermath. The Cultures of the Economic Crisis*, Oxford, Oxford University Press, 2012.

Chavagneux Christian, *Économie politique internationale*, Paris, La Découverte, 2010.

Cohen Élie, *Penser la crise*, Paris, Fayard, 2010.

Dardot Pierre, Laval Christian, *La Nouvelle Raison du monde. Essai sur la société néolibérale*, Paris, La Découverte, 2009.

Denord François, *Néo-libéralisme version française. Histoire d'une idéologie politique*, Paris, Demopolis, 2007.

Duménil Gérard, Lévy Dominique, *The Crisis of Neoliberalism*, Cambridge, Harvard University Press, 2011.

Dupuy Jean-Pierre, *L'Avenir de l'économie*, Paris, Flammarion, 2012.

Feiertag Olivier, Margairaz Michel (dir.), *Les Banques centrales à l'échelle du monde. L'internationalisation des banques centrales du début du XXᵉ siècle à nos jours*, Paris, Presses de Sciences Po, 2012.

Harvey David, *A Brief History of Neoliberalism*, Oxford-New York, Oxford University Press, 2005.

Lordon Frédéric (dir.), *Conflits et pouvoirs dans les institutions du capitalisme*, Paris, Presses de Sciences Po, 2008.

Sennett Richard, *La Culture du nouveau capitalisme*, Paris, Albin Michel, 2006.

CONSTRUCTION EUROPÉENNE ET RAPPORTS À L'EUROPE

Beers Marloes, Raflik Jenny (dir.), *Cultures nationales et identité communautaire : un défi pour l'Europe ? National Cultures and Common Identity : a Challenge for Europe ?*, Bruxelles-Berne-Berlin, Peter Lang, 2010.

Bossuat Gérard, *La France et la construction de l'unité européenne. De 1919 à nos jours*, Paris, Armand Colin, 2012.

Buffotot Patrice, *Europe des armées ou Europe désarmée ?*, Paris, Michalon, 2005.

Bussière Éric, Dumoulin Michel, Schirmann Sylvain, *Milieux économiques et intégration européenne au XXe siècle. La relance des années quatre-vingt (1979-1992)*, Paris, Comité pour l'histoire économique et financière de la France, 2007.

Dulphy Anne, Manigand Christine (dir.), *Les Opinions publiques face à l'Europe communautaire : entre cultures nationales et horizon européen*, Bruxelles, Peter Lang, 2004.

Dulphy Anne, Manigand Christine, *La France au risque de l'Europe*, Paris, Armand Colin, 2006.

Gaxie Daniel, Hubé Nicolas, Rowell Jay (ed.), *Perceptions of Europe. A Comparative Sociology of European Attitudes*, Colchester, ECPR Press, 2006.

Réau Élisabeth du, *L'Idée d'Europe au XXe siècle. Des mythes aux réalités*, Bruxelles, Complexe, 2008.

Salais Robert, Villeneuve Robert (ed.), *Europe and the Politics of Capabilities*, Cambridge, Cambridge University Press, 2004.

Topaloff Liubomir, *Political Parties and Euroscepticism*, Basingstoke, Palgrave Macmillan, 2012.

POLITIQUE ÉTRANGÈRE

Bozo Frédéric, *Mitterrand, la fin de la guerre froide et l'unification allemande. De Yalta à Maastricht*, Paris, Odile Jacob, 2005.

–, *La Politique étrangère de la France depuis 1945*, Paris, Flammarion, 2012.

Bozo Frédéric, Mélandri Pierre, Vaïsse Maurice (dir.), *La France et l'Otan*, Bruxelles, André Versaille, 2012.

Bussière Éric, Davion Isabelle, Forcade Olivier, Jeannesson Stanislas (dir.), *Penser le système international (XIXᵉ-XXIᵉ siècle). Autour de l'œuvre de Georges-Henri Soutou*, Paris, PUPS, 2013.

Chrétien Jean-Pierre, *L'Invention de l'Afrique des Grands Lacs. Une histoire du XXᵉ siècle*, Paris, Karthala, 2010.

Cohen Samy (dir.), *François Mitterrand et la sortie de la guerre froide*, Paris, PUF, 1998.

Frank Robert (dir.), *Pour l'histoire des relations internationales*, Paris, PUF, 2012.

Gordon Philip, Meunier Sophie, *The French Challenge : Adapting to Globalization*, Washington, Brookings, 2001.

Grosser Alfred, *Wie anders ist Frankreich ?*, Munich, Beck, 2005.

Grosser Pierre, *1989. L'année où le monde a basculé*, Paris, Perrin, 2009.

Hassner Pierre, *La Terreur et l'Empire*, Paris, Seuil, 2006.

Hassner Pierre (dir.), *Les Relations internationales*, Paris, La Documentation française, 2012.

Lequesne Christian, Vaïsse Maurice, *La Politique étrangère de Jacques Chirac*, Paris, Riveneuve, 2013.

Milza Pierre, *Le Nouveau Désordre mondial*, Paris, Flammarion, 1983.

–, *Les Relations internationales de 1973 à nos jours*, Paris, Hachette, 2006.

Vaïsse Maurice, *Les Relations internationales depuis 1945*, Paris, Armand Colin, 2011.

GROUPES SOCIAUX ET ENJEUX DE SOCIÉTÉ

Baudelot Christian, Establet Roger, *L'Élitisme républicain. L'école française à l'épreuve des comparaisons internationales*, Paris, Seuil, 2009.

Beaud Stéphane, Pialoux Michel, *Retour sur la condition ouvrière*, Paris, Fayard, 1999.

Beaud Stéphane, Confavreux Joseph, Lindgaard Jade (dir.), *La France invisible*, Paris, La Découverte, 2006.

Beaud Stéphane, Pinçon Michel, Pinçon-Charlot Monique, *Classes en lutte*, Paris, B. Leprince, 2010.

Bouffartigue Paul (dir.), *Le Retour des classes sociales. Inégalités, dominations, conflits*, Paris, La Dispute, 2004.

Cartier Marie, Coutant Isabelle, Masclet Olivier, Siblot Yasmine, *La France des « petits-moyens ». Enquête sur la banlieue pavillonnaire*, Paris, La Découverte, 2008.

Castel Robert, *Les Métamorphoses de la question sociale. Une chronique du salariat*, Paris, Fayard, 1995.

Chauvel Louis, *Les Classes moyennes à la dérive*, Paris, Seuil, 2006.

Cours-Salies Pierre, Le Lay Stéphane, *Le Bas de l'échelle. La construction sociale des situations subalternes*, Ramonville-Saint-Agne, Érès, 2006.

Dubet François, *Les Sociétés et leur école. Emprise du diplôme et cohésion sociale*, Paris, Seuil, 2010.

–, *Le Travail des sociétés*, Paris, Seuil, 2009.

–, *Les Places et les Chances. Repenser la justice sociale*, Paris, Seuil, 2010.

Forsé Michel, Galland Olivier (dir.), *Les Français face aux inégalités et la justice sociale*, Paris, Armand Colin, 2011.

Galland Olivier, Lemel Yannick (dir.), *La Société française. Un bilan sociologique des évolutions depuis l'après-guerre*, Paris, Armand Colin, 2011.

Gaullier Xavier, *Le Temps des retraites. Les mutations de la société salariale*, Paris, Seuil, 2003.

Gershuny Jonathan, *Changing Time. Work and Leisure in Postindustrial Society*, Oxford, Oxford University Press, 2000.

Goux Dominique, Maurin Éric, *Les Nouvelles Classes moyennes*, Paris, Seuil, 2012.

Lahire Bernard, *Dans les plis singuliers du social. Individus, institutions, socialisations*, Paris, La Découverte, 2013.

Laurentin Emmanuel, *La France et ses paysans*, Paris, Bayard, 2012.

Lojkine Jean, Cours-Salies Pierre, Vakaloulis Michel (dir.), *Nouvelles Luttes de classes*, Paris, PUF, 2006.

Maurin Éric, *La Peur du déclassement. Une sociologie des récessions*, Paris, Seuil, 2009.

Paugam Serge, Duvoux Nicolas, *La Régulation des pauvres*, Paris, PUF, 2008.

Peugny Camille, *Le Déclassement*, Paris, Grasset, 2009.

–, *Le Destin au berceau. Inégalités et reproduction sociale*, Paris, Seuil, 2013.

Piketty Thomas, *L'Économie des inégalités*, Paris, La Découverte, 2008.

Pinçon Michel, Pinçon-Charlot Monique, *Sociologie de la bourgeoisie*, Paris, La Découverte, 2007.

Renahy Nicolas, *Les Gars du coin. Enquête sur la jeunesse rurale*, Paris, La Découverte, 2006.

Rosanvallon Pierre (dir.), *Refaire société*, Paris, Seuil, 2011.

Schwartz Olivier, *Le Monde privé des ouvriers*, Paris, PUF, 2012.

Vigna Xavier, *Histoire des ouvriers en France au XXᵉ siècle*, Paris, Perrin, 2012.

TRAVAIL, RELATIONS ET CONFLICTUALITÉS DE TRAVAIL

Andolfatto Dominique, Labbé Dominique, *Sociologie des syndicats*, Paris, La Découverte, 2011.

Arborio Anne-Marie, Cohen Yves, Hatzfeld Nicolas, Lomba Cédric, *Observer le travail*, Paris, La Découverte, 2008.

Askenazy Philippe, *Les Désordres du travail. Enquête sur le nouveau productivisme*, Paris, Seuil, 2004.

Auer Peter, Besse Geneviève, Méda Dominique, *Délocalisations, normes de travail et politique d'emploi*, Paris, La Découverte, 2005.

Béroud Sophie *et alii*, *La Lutte continue ? Les conflits du travail dans la France contemporaine*, Bellecombe-en-Bauge, Le Croquant, 2008.

Bouquin Stephen, *La Valse des écrous. Travail, capital et action collective dans l'industrie automobile*, Paris, Syllepse, 2006.

Cartier Marie, *Les Facteurs et leurs tournées. Un service public au quotidien*, Paris, La Découverte, 2003.

Chevandier Christian, *Cheminots en grève ou la construction d'une identité*, Paris, Maisonneuve et Larose, 2002.

Cohen Daniel, Garibaldi Pietro, Scarpetta Stefano (ed.), *The ICT Revolution. Productivity Differences and the Digital Divide*, Oxford, Oxford University Press, 2004.

Dejours Christophe, *Souffrance en France. La banalisation de l'injustice sociale*, Paris, Seuil, 2009.

Delmas-Marty Mireille, *Le Travail à l'heure de la mondialisation du droit*, Montrouge, Bayard, 2013.

Denis Jean-Michel (dir.), *Le Conflit en grève ? Tendances et perspectives de la conflictualité contemporaine*, Paris, La Dispute, 2005.

Devetter François-Xavier, Jany-Catrice Florence, *Les Services à la personne*, Paris, La Découverte, 2009.

Durand Jean-Pierre, *La Chaîne invisible. Travailler aujourd'hui : flux tendu et servitude volontaire*, Paris, Seuil, 2004.

Eckert Henri, *Avoir vingt ans à l'usine*, Paris, La Dispute, 2006.

Freyssinet Jacques (dir.), *Travail et emploi en France. État des lieux et perspectives*, Paris, La Documentation française, 2006.

Friedenson Patrick, Reynaud Bénédicte (dir.), *La France et le temps de travail (1814-2004)*, Paris, Odile Jacob, 2004.

Friedman Gerald, *Reigniting the Labor Movement : Restoring Means and Ends in a Democratic Labor Movement*, Londres-New York, Routledge, 2008.

Gautié Jérôme, Schmitt John (ed.), *Low-wage Work in the Wealthy World*, New York, Russell Sage Foundation, 2010.

Gollac Michel, Volkoff Serge, *Les Conditions de travail*, Paris, La Découverte, 2007.

Groux Guy, Pernot Jean-Marie, *La Grève*, Paris, Presses de Sciences Po, 2008.

Linhart Danièle, Moutet Aimée (dir.), *Le travail nous est compté. La construction des normes temporelles du travail*, Paris, La Découverte, 2005.

Marzano Michela, *Extension du domaine de la manipulation. De l'entreprise à la vie privée*, Paris, Grasset, 2008.

Méda Dominique, *Le Travail*, Paris, PUF, 2010.

Mouriaux René, *Le Syndicalisme en France*, Paris, PUF, 2009.

Nicole-Drancourt Chantal, Roulleau-Berger Laurence, *L'Insertion des jeunes en France*, Paris, PUF, 2002.

Paugam Serge, *Le Salarié de la précarité. Les nouvelles formes de l'intégration professionnelle*, Paris, PUF, 2000.

Pélisse Jérôme, *À la recherche du temps gagné, des salariés aux 35 heures*, Paris, DARES, 2002.

Pigenet Michel, Pasture Patrick, Robert Jean-Louis, *L'Apogée des syndicalismes en Europe occidentale, 1965-1985*, Paris, Publications de la Sorbonne, 2005.

Sirot Stéphane, *Le Syndicalisme, la politique et la grève. France et Europe, XIXᵉ-XXIᵉ siècles*, Nancy, Arbre bleu éditions, 2011.

Thoemmes Jens, *Vers la fin du temps de travail ?*, Paris, PUF, 2000.

ÂGES ET GÉNÉRATIONS

Attias-Donfut Claudine, Lapierre Nicole, Segalen Martine, *Le Nouvel Esprit de famille*, Paris, Odile Jacob, 2002.

Bantigny Ludivine, Jablonka Ivan (dir.), *Jeunesse oblige. Histoire des jeunes en France (XIXᵉ-XXIᵉ siècle)*, Paris, PUF, 2009.

Baudelot Christian, Establet Roger, *Avoir 30 ans en 1968 et 1998*, Paris, Seuil, 2000.

Becquet Valérie, Loncle Patricia, Van de Velde Cécile (dir.), *Politiques de jeunesse. Le grand malentendu*, Nîmes, Champ social, 2012.

Chauvel Louis, *Le Destin des générations. Structure sociale et cohortes en France du XXᵉ siècle aux années 2010*, Paris, PUF, 2010.

Cicchelli Vincenzo, Pugeaut-Cicchelli Catherine, Ragi Tariq (dir.), *Ce que nous savons des jeunes*, Paris, PUF, 2004.

Galland Olivier, *Sociologie de la jeunesse*, Paris, Armand Colin, 2011.

Galland Olivier, Roudet Bernard (dir.), *Une jeunesse différente ? Les valeurs des jeunes Français depuis trente ans*, Paris, La Documentation française, 2012.

Loncle Patricia (dir.), *Les Jeunes, questions de jeunesse, questions de société*, Paris, La Documentation française, 2007.

Muxel Anne, *Avoir vingt ans en politique. Les enfants du désenchantement*, Paris, Seuil, 2010.

Van de Velde Cécile, *Devenir adulte. Sociologie comparée de la jeunesse en Europe*, Paris, PUF, 2008.

Sexe et genre

Achin Catherine *et alii*, *Sexe, genre et politique*, Paris, Economica, 2007.

Allwood Gill, Khursheed Wadia, *Women and Politics in France, 1958-2000*, Londres-New York, Routledge, 2000.

Bard Christine, Baudelot Christian, Mossuz-Lavau Janine, *Quand les femmes s'en mêlent. Genre et pouvoir*, Paris, La Martinière, 2004.

Bard Christine, *Une histoire politique du pantalon*, Paris, Seuil, 2010.

–, *Le Féminisme au-delà des idées reçues*, Paris, Le Cavalier bleu, 2012.

Bard Christine, avec la collaboration de Frédérique El-Amrani et Bibia Pavard, *Histoire des femmes dans la France des XIXᵉ et XXᵉ siècles*, Paris, Ellipses, 2013.

Battagliola Françoise, *Histoire du travail des femmes*, Paris, La Découverte, 2008.

Bereni Laure, Chauvin Sébastien, Jaunait Alexandre, *Introduction aux études sur le genre*, Bruxelles, De Boeck, 2012.

Butler Judith, *Trouble dans le genre. Pour un féminisme de la subversion*, Paris, La Découverte, 2005.

–, *Défaire le genre*, Paris, Amsterdam, 2006.

Downs Laura Lee, *Writing Gender History*, Londres, Hodder Arnold, 2004.

485

Dulong Delphine, Guionnet Christine, Neveu Érik, *Boys don't cry ! Les coûts de la domination masculine*, Rennes, PUR, 2012.

Fabre Clarisse, Fassin Éric, *Liberté, égalité, sexualité. Actualité politique des questions sexuelles*, Paris, Belfond, 2003.

Forth Christopher E., Taithe Bertrand (ed.), *French Masculinities : History, Culture and Politics*, New York, Palgrave Macmillan, 2007.

Fraser Nancy, *Le Féminisme en mouvements. Des années 1960 à l'ère néolibérale*, Paris, La Découverte, 2012.

Laufer Jacqueline, Marry Catherine, Maruani Margaret (dir.), *Le Travail du genre*, Paris, La Découverte, 2003.

Lépinard Éléonore, *L'Égalité introuvable. La parité, les féministes et la République*, Paris, Presses de Sciences Po, 2007.

Maruani Margaret, *Femmes, genre et sociétés. L'état des savoirs*, Paris, La Découverte, 2005.

–, *Travail et emploi des femmes*, Paris, La Découverte, 2006.

Mazur Amy G., *Gender Bias an the State : Symbolic Reform at Work in Fifth Republic France*, Pittsburgh, University of Pittsburgh Press, 1995.

Méda Dominique, *Le Deuxième Âge de l'émancipation. La société, les femmes et l'emploi*, Paris, Seuil, 2007.

Rauch André, *Histoire du premier sexe. De la Révolution à nos jours*, Paris, Hachette Littératures, 2006.

Revenin Régis (dir.), *Hommes et masculinités de 1789 à nos jours. Contributions à l'histoire du genre et de la sexualité en France*, Paris, Autrement, 2007.

Sineau Mariette, *Femmes et pouvoir sous la Ve République. De l'exclusion à l'entrée dans la course présidentielle*, Paris, Presses de Sciences Po, 2011.

Stokes Wendy, *Women in Contemporary Politics*, Cambridge, Malden, 2005.

Thébaud Françoise, *Écrire l'histoire des femmes et du genre*, Lyon, Éditions de l'ENS, 2007.

Tronto Joan, *Women Transforming Politics. An Alternative Reader*, New York, New York University Press, 1997.

Zancarini-Fournel Michelle, *Histoire des femmes en France, XIXe-XXe siècles*, Rennes, PUR, 2005.

IMMIGRATION ET CRISE DU « CREUSET FRANÇAIS »

Attias-Donfut Claudine, Wolff Charles-François, *Le Destin des enfants d'immigrés. Un désenchaînement des générations*, Paris, Stock, 2009.

Banton Michael, *The International Politics of Race*, Cambridge, Polity, 2002.

Benbassa Esther, *De l'impossibilité de devenir français. Nos nouvelles mythologies nationales*, Brignon, Les liens qui libèrent, 2011.

Blanchard Pascal, Bancel Nicolas (dir.), *Culture postcoloniale, 1961-2006. Traces et mémoires coloniales en France*, Paris, Autrement, 2005.

Blanchard Pascal, *La France noire. Présences et migrations des Afriques, des Amériques et de l'océan Indien en France*, Paris, La Découverte, 2012.

Bouamama Saïd, *Les Discriminations racistes. Une arme de division massive*, Paris, L'Harmattan, 2010.

Chebel d'Appollonia Ariane, *Les Frontières du racisme. Identités, ethnicité, citoyenneté*, Paris, Presses de Sciences Po, 2011.

Crenshaw Kimberlé, *Critical Race Theory*, New York, New Press, 1995.

Deltombe Thomas, *L'Islam imaginaire. La construction médiatique de l'islamophobie en France, 1975-2005*, Paris, La Découverte, 2005.

De Rudder Véronique, Poiret Christian, Vourc'h François, *L'Inégalité raciste. L'universalité républicaine à l'épreuve*, Paris, PUF, 2000.

El Yasami Driss, Gastaut Yvan, Yahi Naïma, *Générations. Un siècle d'histoire culturelle des Maghrébins en France*, Paris, Gallimard, 2009.

Fassin Didier, Fassin Éric, *De la question sociale à la question raciale ? Représenter la société française*, Paris, La Découverte, 2006.

Fassin Didier (dir.), *Les Nouvelles Frontières de la société française*, Paris, La Découverte, 2010.

Gaspard Françoise, Khosrokavar Farhad, *Le Foulard et la République*, Paris, La Découverte, 1995.

Gastaut Yvan, *L'Immigration et l'opinion en France sous la Ve République*, Paris, Seuil, 2000.

Guénif-Souilamas Nacira (dir.), *La République mise à nu par son immigration*, Paris, La Fabrique, 2006.

Hargreaves Alec G., *Multi-Ethnic France : Immigration, Politics, Culture and Society*, Londres-New York, Routledge, 2007.

Jablonka Ivan, *Les Enfants de la République. L'intégration des jeunes de 1789 à nos jours*, Paris, Seuil, 2010.

Laacher Smaïn (dir.), *Dictionnaire de l'immigration en France*, Paris, Larousse, 2012.

Lagrange Hugues, Oberti Marco (dir.), *Émeutes urbaines et protestations. Une singularité française*, Paris, Presses de la FNSP, 2006.

Le Bras Hervé, *L'Invention de l'immigré*, La Tour-d'Aigues, Éditions de l'Aube, 2012.

Le Cour Grandmaison Olivier (dir.), *Douce France. Rafles, rétentions expulsions*, Paris, Seuil/RESF, 2010.

Lepoutre David, *Cœur de banlieue*, Paris, Odile Jacob, 1997.

Mauger Gérard, *Les Bandes, le milieu et la bohème populaire. Études de sociologie de la déviance des jeunes des classes populaires (1975-2005)*, Paris, Belin, 2006.

–, *L'Émeute de novembre 2005. Une révolte protopolitique*, Broissieux, Éditions du Croquant, 2006.

Mohammed Marwan, *La Formation des bandes. Entre la famille, l'école et la rue*, Paris, PUF, 2011.

Mucchielli Laurent, *Violences et insécurité. Fantasmes et réalités dans le débat français*, Paris, La Découverte, 2002.

Mucchielli Laurent, Le Goaziou Véronique (dir.), *Quand les banlieues brûlent... Retour sur les émeutes de novembre 2005*, Paris, La Découverte, 2007.

Murji Karim, Solomos John (ed.), *Racialization. Studies in Theory and Practice*, Oxford, Oxford University Press, 2005.

Ndiaye Pap, *La Condition noire. Essai sur une minorité française*, Paris, Calmann-Lévy, 2008.

Noiriel Gérard, *Immigration, antisémitisme et racisme en France (XIXe-XXe siècle). Discours publics, humiliations privées*, Paris, Fayard, 2007.

Ribert Évelyne, *Liberté, égalité, carte d'identité*, Paris, La Découverte, 2006.

Sayad Abdelmalek, *La Double Absence. Des illusions aux souffrances de l'immigré*, Paris, Seuil, 1999.

Thomas Dominic, *Black France. Colonialism, Immigration and Transnationalism*, Bloomington, Indiana University Press, 2007.

Van Eeckout Laetitia, *L'Immigration*, Paris, Odile Jacob, 2007.

Weil Patrick, *La France et ses étrangers. L'aventure d'une politique de l'immigration de 1938 à nos jours*, Paris, Gallimard, 1995.

–, *Liberté, égalité, discriminations. L'« identité nationale » au regard de l'histoire*, Paris, Gallimard, 2009.

Wihtol de Wenden Catherine, *Les Nouvelles Migrations. Lieux, hommes, politiques*, Paris, Ellipses, 2013.

MODES DE VIE ET PRATIQUES DU QUOTIDIEN

Bajos Nathalie, Bozon Michel, *Enquête sur la sexualité en France. Pratiques, genre et santé*, Paris, La Découverte, 2008.

Baubérot Jean, *Histoire de la laïcité en France*, Paris, PUF, 2010.

Baudelot Christian, Establet Roger, *Suicide, l'envers de notre monde*, Paris, Seuil, 2006.

Bozon Michel, *Sociologie de la sexualité*, Paris, Armand Colin, 2009.

Corbin Alain, Courtine Jean-Jacques, Vigarello Georges (dir.), *Histoire du corps*. Vol. 3, *Les Mutations du regard. Le XXᵉ siècle*, Paris, Seuil, 2006.

De Luca Barrusse Virginie, *Démographie sociale de la France (XIXᵉ-XXIᵉ siècle)*, Paris, PUF, 2010.

Lalouette Jacqueline, *L'État et les cultes. 1789-1905-2005*, Paris, La Découverte, 2005.

Mayeur Jean-Marie (dir.), *Histoire du christianisme*, t. XIII, *Crises et renouveau de 1958 à nos jours*, Paris, Desclée, 2000.

Mossuz-Lavau Janine, *Les Lois de l'amour. Les politiques de la sexualité en France, 1950-2002*, Paris, Payot, 2002.

–, *La Vie sexuelle en France*, Paris, Seuil, 2005.

Perreau Bruno (dir.), *Le Choix de l'homosexualité. Recherches inédites sur la question gay et lesbienne*, Paris, EPEL, 2007.

Roy Olivier, *La Laïcité face à l'islam*, Paris, Stock, 2005.

Schlegel Jean-Louis, *Religions à la carte*, Paris, Fayard, 2012.

Viard Jean, *Nouveau Portrait de la France. La société des modes de vie*, La Tour-d'Aigues, Éditions de l'Aube, 2011.

TERRITOIRES ET PAYSAGES

Backouche Isabelle, Ripoll Fabrice, Tissot Sylvie, Veschambre Vincent, *La Dimension spatiale des inégalités. Regards croisés des sciences sociales*, Rennes, PUR, 2011.

Brunet Roger, *Le Déchiffrement du monde. Théorie et pratique de la géographie*, Paris, Belin, 2001.

–, *Le Développement des territoires. Formes, lois, aménagement*, La Tour-d'Aigues, Éditions de l'Aube, 2005.

Cailly Laurent, Vanier Martin (dir.), *La France. Une géographie urbaine*, Paris, Armand Colin, 2010.

Davezies Laurent, *La Crise qui vient. La nouvelle fracture territoriale*, Paris, Seuil, 2012.

Deléage Estelle, *Agricultures à l'épreuve de la mondialisation*, Versailles, Quae, 2013.

Di Méo Guy, Buléon Pascal (dir.), *L'Espace social. Une lecture géographique des sociétés*, Paris, Armand Colin, 2005.

Di Méo Guy, *Les Murs invisibles. Femmes, genre et géographie sociale*, Paris, Armand Colin, 2011.

Diamond Jared (ed.), *Natural Experiments of History*, Cambridge, Harvard University Press, 2011.

Dietrich-Ragon Pascale, *Le Logement intolérable. Habitats et pouvoirs publics face à l'insalubrité*, Paris, PUF, 2011.

Kalifa Dominique, *Les Bas-Fonds. Histoire d'un imaginaire*, Paris, Seuil, 2013.

Le Caro Yvon, Madeline Philippe, Pierre Geneviève (dir.), *Agriculteurs et territoires. Entre productivisme et exigences territoriales*, Rennes, PUR, 2007.

Lussault Michel, *L'Avènement du monde. Essai sur l'habitation humaine de la Terre*, Paris, Seuil, 2013.

Poirrier Philippe, Vadelorge Loïc (dir.), *Pour une histoire des politiques du patrimoine*, Paris, Fondation de la Maison des sciences de l'homme, 2003.

Tissot Sylvie, *L'État et les quartiers. Genèse d'une catégorie de l'action publique*, Paris, Seuil, 2007.

Vanier Martin, *Le Pouvoir des territoires. Essai sur l'interterritorialité*, Paris, Economica Anthropos, 2008.

PRATIQUES CULTURELLES

Abirached Robert, *Le Théâtre et le Prince*, 2 vol., Arles, Actes Sud, 2005.

Arnaud Pierre, Attali Michaël, Saint-Martin Jean, *Le Sport en France. Une approche politique, économique et sociale*, Paris, La Documentation française, 2008.

Baecque Antoine de, *L'Histoire-caméra*, Paris, Gallimard, 2008.

Beaud Stéphane, *Traîtres à la nation ? Un autre regard sur la grève des Bleus en Afrique du Sud*, Paris, La Découverte, 2011.

Chaubet François (dir.), *La Culture française dans le monde*, Paris, L'Harmattan, 2010.

Chaubet François, Martin Laurent, *Histoire des relations culturelles dans le monde contemporain*, Paris, Armand Colin, 2011.

Chauveau Agnès, Dehée Yannick (dir.), *Dictionnaire de la télévision française*, Paris, Nouveau Monde, 2007.

Darré Yann, *Histoire sociale du cinéma français*, Paris, La Découverte, 2000.

Dehée Yannick, *Mythologies politiques du cinéma français*, Paris, PUF, 2000.

Delage Christian (dir.), *La Fabrique des images contemporaines*, Paris, Cercle d'art, 2007.

Delporte Christian, Mollier Jean-Yves, Sirinelli Jean-François (dir.), *Dictionnaire d'histoire culturelle de la France contemporaine*, Paris, PUF, 2010.

Dietschy Paul, Gastaut Yvan, Mourlane Stéphane, *Histoire politique des Coupes du monde*, Paris, Vuibert, 2006.

Donnat Olivier, *Les Pratiques de la culture*, Paris, Presses de Sciences Po, 2003.

Duret Pascal, *Sociologie du sport*, Paris, PUF, 2010.

Frodon Jean-Michel, *Le Cinéma français de la Nouvelle Vague à nos jours*, Paris, Cahiers du cinéma, 2010.

Gastaut Yvan, Mourlane Stéphane, *Le Football dans nos sociétés. Une culture populaire, 1914-1998*, Paris, Autrement, 2006.

Goetschel Pascale, Loyer Emmanuelle, *Histoire culturelle de la France*, Paris, Armand Colin, 2011.

Jeanneney Jean-Noël, Chauveau Agnès (dir.), *L'Écho du siècle. Dictionnaire historique de la radio et de la télévision en France*, Paris, Hachette Littératures, 1999.

Lachaud Jean-Marc, Neveux Olivier (dir.), *Art et politique. Changer l'art, transformer la société*, Paris, L'Harmattan, 2009.

Lahire Bernard, *La Culture des individus. Dissonances culturelles et distinction de soi*, Paris, La Découverte, 2004.

Leymarie Michel, Sirinelli Jean-François (dir.), *L'Histoire des intellectuels aujourd'hui*, Paris, PUF, 2003.

McDonald Christie, Suleiman Susan Rubin (ed.), *French Global. A New Approach to Literary History*, New York, Columbia University Press, 2010.

Ory Pascal, *La Culture comme aventure. Treize exercices d'histoire culturelle*, Paris, Complexe, 2008.

Ory Pascal, Sirinelli Jean-François, *Les Intellectuels en France de l'Affaire Dreyfus à nos jours*, Paris, Perrin, 2004.

Poirrier Philippe (dir.), *Politiques et pratiques culturelles*, Paris, La Documentation française, 2010.

Poncet Emmanuel, *Éloge des tubes. De Maurice Ravel à David Guetta*, Paris, Nil, 2012.

Rioux Jean-Pierre, Sirinelli Jean-François (dir.), *La Culture de masse en France : de la Belle Époque à aujourd'hui*, Paris, Hachette, 2006.

Sand Shlomo, *Le XXᵉ siècle à l'écran*, Paris, Seuil, 2004.

Sauvage Monique, Veyrat-Masson Isabelle, *Histoire de la télévision française*, Paris, Nouveau Monde, 2012.

Tétard Philippe (dir.), *Histoire du sport en France*, t. II, *De la Libération à nos jours*, Paris, Vuibert, 2007.

Traverso Enzo, *Où sont passés les intellectuels ?*, Paris, Textuel, 2013.

TEMPS, USAGES DU PASSÉ ET IMAGINAIRES DU FUTUR

Anderson Perry, *Les Origines de la postmodernité*, Paris, Les Prairies ordinaires, 2010.

Andrieu Claire, Lavabre Marie-Claire, Tartakowsky Danielle (dir.), *Politiques du passé. Usages politiques du passé dans la France contemporaine*, Aix-en-Provence, PUP, 2006.

Audier Serge, *La Pensée anti-68*, Paris, La Découverte, 2008.

Augé Marc, *Où est passé l'avenir ?*, Paris, Éditions du Panama, 2008.

Beck Ulrich, Lau Christoph (Hrsg.), *Entgrenzung und Entscheidung. Was ist neu an der Theorie reflexiver Modernisierung*, Francfort, Suhrkamp, 2004.

Bertrand Romain, *Mémoires d'empire. La controverse autour du « fait colonial »*, Broissieux, Éditions du Croquant, 2006.

Branche Raphaëlle, *La Guerre d'Algérie : une histoire apaisée ?*, Paris, Seuil, 2005.

Conan Éric, Rousso Henry, *Vichy. Un passé qui ne passe pas*, Paris, Fayard, 1994.

De Kock Laurence, Picard Emmanuelle (dir.), *La Fabrique scolaire de l'histoire. Illusions et désillusions du roman national*, Marseille, Agone, 2009.

Fœssel Michaël, *Après la fin du monde. Critique de la raison apocalyptique*, Paris, Seuil, 2012.

Gildea Robert, *The Past in French History*, New Haven, Yale University Press, 1994.

Gleick James, *Faster : the Acceleration of Just About Everything*, New York, Pantheon Books, 1999.

Hargreaves Alec G. (ed.), *Memory, Empire, and Postcolonialism : Legacies of French Colonialism*, Lanham, Boulder, 2005.

Hartog François, *Régimes d'historicité. Présentisme et expériences du temps*, Paris, Seuil, 2012.

Kaplan Steven L., *Adieu 89*, Paris, Fayard, 1993.

Majumdar Margaret A., *Postcoloniality. The French Dimension*, New York, Bergham Books, 2007.

Nora Pierre (dir.), *Les Lieux de mémoire*, Paris, Gallimard, 1997.

Revault d'Allonnes Myriam, *La Crise sans fin. Essai sur l'expérience moderne du temps*, Paris, Seuil, 2012.

Rosa Hartmut, *Accélération. Une critique sociale du temps*, Paris, La Découverte, 2010.

Rousso Henry, *Vichy. L'événement, la mémoire, l'histoire*, Paris, Gallimard, 2001.

–, *La Dernière Catastrophe*, Paris, Gallimard, 2012.

Stora Benjamin, *La Guerre des mémoires. La France face à son passé colonial*, La Tour-d'Aigues, Éditions de l'Aube, 2007.

Traverso Enzo, *Le Passé modes d'emploi. Histoire, mémoire et politique*, Paris, La Fabrique, 2005.

–, *L'Histoire comme champ de bataille. Interpréter les violences du XXe siècle*, Paris, La Découverte, 2010.

Wieviorka Olivier, *La Mémoire désunie. Le souvenir politique des années sombres, de la Libération à nos jours*, Paris, Seuil, 2010.

Zancarini-Fournel Michelle, *Le Moment 68. Une histoire contestée*, Paris, Seuil, 2008.

Index

Figurent en italique dans cet index les noms des historiens, anthropologues, sociologues, géographes, psychologues, politistes et philosophes dont les travaux, cités dans cet ouvrage, ont analysé tel ou tel aspect de la période étudiée – ce qui ne les empêche pas parfois d'être aussi « acteurs » de cette histoire, par un engagement notamment.

Remerciements

Ma gratitude va en premier lieu à Johann Chapoutot, pour la confiance qu'il m'a témoignée en m'emmenant dans l'aventure de ce livre et pour la lecture qu'il en a faite. Je remercie aussi Séverine Nikel, au Seuil, pour sa vigilance bienveillante et son attention patiente, offertes avec une vraie générosité. Comme toujours, les suggestions de Ludovic Hetzel, par leur finesse et leur précision, ont été décisives ; je l'en remercie ici. J'adresse à Sylvain Billot, François Chaubet, Fanny Gallot, Jean-François Sirinelli, Xavier Vigna et Michelle Zancarini-Fournel des remerciements particuliers pour tout ce qu'elles et ils ont apporté à ce livre, de temps, d'encouragements et d'enrichissements. Sur nombre de chapitres, des collègues et ami-e-s m'ont accordé leur lecture exigeante et leurs remarques stimulantes, dont je leur suis très reconnaissante : Antoine de Baecque, Christine Bard, Raphaëlle Branche, Quentin Deluermoz, Hélène Dumas, Justine Faure, Olivier Feiertag, Robert Frank, Hugo Harari-Kermadec, Alec G. Hargreaves, Ivan Jablonka, Marc Lazar, Marwan Mohammed, Myriam Revault d'Allonnes, Enzo Traverso et Maurice Vaïsse. Merci à Jean Vigreux pour son accueil à Ménessaire, le lieu du temps en suspens. À Chantal et Jacques Bantigny pour leur soutien constant. À Stéphanie Sauget pour son indéfectible amitié. À Dominique Kalifa pour l'aide précieuse qu'il m'a apportée quand il le fallait. À Éléa et Numa, qui n'ont jamais cessé de rendre le temps heureux et vivant.

Table

RÉALISATION : NORD COMPO À VILLENEUVE-D'ASCQ
IMPRESSION : NORMANDIE ROTO IMPRESSION S.A.S. À LONRAI
DÉPÔT LÉGAL : NOVEMBRE 2013. N° 104754 (134004)
– *Imprimé en France* –

Dans la même collection

L'Empire des Français, 1799-1815
Aurélien Lignereux

Monarchies postrévolutionnaires, 1814-1848
Bertrand Goujon

Le Crépuscule des révolutions, 1848-1871
Quentin Deluermoz